天界と地獄

スエデンボルグ 著

suzuki daisetsu

鈴木大拙 訳

講談社文芸文庫

目次

地獄界

天界と地獄

天界

序言

一　主、諸弟子の前にて、世界の終焉、即ち教会の末期につきて説き給えるとき、愛と信とに関して教会は種種の変遷をなすべきことを預言し、其終りに云い給えるは、「是等*の日の患難《なやみ》ののち直ちに日はくらく、月は光を失い、星は空より墜ち、天の勢震うべし、そのとき人の子の徴《しるし》、天に現わる、また地上にある諸族は哭《なげ》き哀み、且つ人の子の権威と大なる栄光とをもて、天の雲に乗り来るを見ん。又其使等を遣わし、鏥《ラッパ》の大なる声を出ださしめて、天の此の極《はて》より彼の極まで、四方より其選ばれしものを集むべし」（マタイ伝、第二十四章、二九―三一）と。是等の言葉を文字の意義にのみ従いて解するものは、最後の審判と云われたる世界終焉のとき、是等の事件、字義の如くに起り来らんと信ずる外なかるべし。是の故に彼等は信ぜん、日月光を失い、星空より墜ち、主の徴天に現われ、又雲の中より鏥をもてる天人と共に主の来るを見るのみならず、又他処に預言せられたる如く、見る限りの世界は悉く滅びて、此に始めて新たなる天地の出現を見得んと。今日教会に属する人の意見は大抵此の如くなりとす。されどかく信ずるものは、聖言には微細の処に至るまで、密意を存せざるなきを知らざる也。何となれば聖言には残る処なく一一内義なるものを有すればなり。而してその裡には、文字の如く解すべき自然的・世間的のことにはあらで、心霊的・天界的のことを含みおれり。こは数多の文句を概括して解するときのみ然るにあらず、之を個個に分ちたるときも亦然るを見るべし。何となれば、各個分立の文句のうちに一一内義を含ましめんため、悉く相応の理によりて述べられたるもの、是れ即ち聖言なればなり。此意義の何ものなるかは『天道密意』(Arcana Cælestia) の中に説き示せる処にて明白なるべく、又黙示録に記せる白馬の義を解釈せんとて纂めたる諸文句によりても明白なるべし。上に引用せる文中、主が大空の雲に乗りて来るとのことも亦此の内義によりて会せざるべからず。即ち、暗くならんと云う日は愛の辺《がわ》より見たる主を表わし、月は信の辺より見たる主を表わし、星は善と真との知識又は愛と信との知識を表わし、天上における人の子の徴は神真の顕示を表わし、地上において哭き哀しまんと云う諸族は、真と善、又は信と愛とより来る万事《よろずのこと》を表わし、天の雲より権威と光栄とをもて主の来らんと云うは、聖言の中に主の現存するを表わし、かねて其黙示を表わし、雲は、聖言の文字に顕われたるを、而して栄光は聖言の内に潜める意義を表わし、又天人の篏をもちて大なる声を出すと云うは神真の由りて来るべき天界を表わす也。是の故に、主が宣《のたま》える如上の言葉は何の義なりやと云うに、教会の終期に当り、信と愛と亦共に滅ぶるとき、主は聖言の内義を啓き、天界の密意を表わし給うと云うにあるは明白なるべし。次の諸章において、われは、天界と地獄の事、及び死後の生命に関する密意を表わすべし。是等の事は総て聖言の中に記さるれども、今時の教会者流は嘗て之を知らず。実に教会の中に生れたるものすら此事を否まんとするもの少なからず。其心に思えらく、何者か能く彼の世より来りて是等の事を語れるぞ、と。此の如き非理を肯うもの、特に世智にたけたる人〻の中に多きを見る。其毒の或は真率純信の人に及び、遂にその壊乱を来たすことなきを図らざるが故に、われは過去十三年の間、天人と相交り、之と相語らうこと、猶人間の如くなるを許され、又親しく天界にある諸事件、及び地獄の模様をも見るを許されたり。而してわが今是等の見たる所、聞きたる所を書き記すは、世の無明を照らし破り、不信を除き去らんがためなり。今日、此の如き直下の黙示ある所以は、是れ即ち主の来降を義とするものとす。

＊以下、聖書からの引文は現行の聖書と一致しないが、原訳書通りとする。出典の示し方も英文原書通りとする（古田紹欽註記）。

主は天界の神なること

二　まず天界の神は誰人なるかを知らざるべからず、何となれば一切の余事皆此に係ればなり。天界における神として、普く到る処に認識せらるるは唯主一人あるのみ。天界にあるもの皆云う、主と父とは一なり、父は主に在り、主は父に在り、而して主を見るものは父を見る、と。又云う、一切の聖《きよ》きことは皆彼より来る也、と。彼等の云う所はすべて主自らが教え給える所の如し（ヨハネ伝、第十章、三〇・三八、第十四章、一〇―一一、第十六章、一三―一五）。此事につきて、われ屢〻天人と打語れり、彼等常に云う、天界に在りては、神格を分ちて三となすを得ず、何となれば彼等は、神格の一なること、神格の主に在りて一なることを知得し、又感得すればなり、と。彼等又曰う、神格三位の見を抱きて世間より来る教会の人〻は天界に入るを許されず、何となれば彼等の心は神格中各別位の間に移り行けばなり、と。又云う、心に三を念じて、而して口に一を云うを得ず、何となれば、天界に在りては人の言皆其心より出でて、云う所は即ち思う所、思う所は即ち云う所なればなり、と。是の故に世の人、神格を三分して、各位分立すと思い、これを一となして主の上に集中し得ざるものは、天界に入ること能わず。そは天界にては一切の所念常に相交感するが故に、もし人あり、心に三を念じて、口に一と唱えんには、其人直ちに露現して天界より逐い放たるべければなり。されど此に記すべき一事あり、即ち、真と善、又は信と愛とを別物視せざりしものは、他世に入るとき、人に教えらるるまま、遂に天界に行わるる見解を摂受して、主は宇宙の神なることを知るに至ること、是れ也。されど信と実際の生涯とを分ちて二となすもの、即ち実信の所解に従いて其生涯を営まざりしものは、上の如くなる能わず。

三　教会内に在りて、主を否み、只父をのみ認めて、此信条の上に安立せるものは、天界の外に在り。是等の人に対しては、主のみ崇めらるる天界より嘗て何等の内流あらざるが故に、彼等は次第に思索力を失い、何事につきても正当なる思念を有し得ざるに至り、遂に或は啞の如くなり、或は其云う所、痴呆の如くなりて、歩歩定まらず、その手は垂れて、震い動き、その肢節全く力を失いたらんが如し。又ソシニウス教徒の如く、主の神格を否みて、その人格をのみ認むるものも亦天界の外におれり。彼等は稍〻右側の前面に配置せられ、凹みたる処に落在して、基教国より来れる自余のものとは全く別処に分居せり。されど彼の見るべからざる神格を信ずと云うものに至りては、宇宙の実在をここに認むとなし、一切万法みな之より発し来るとなし、主に対しての信仰を拒絶するが故に、彼等は事実の上において神を信ぜざるものと謂うべし。何となれば、彼等の見るべからざる神格は「自然」の第一義と云うが如きものにて、思念の対境とならざるが故に、また信と愛との対境たることとなければ也。此の如きは、「自然」信徒と云うものの中に放ちやる。されどかの教会以外に生長して、異教徒と名づけらるるものに至りては、これと異なる所あり、そは下章において説き及ぶべし。

四　小児は天界を三分して其一を保てり、彼等は天界に摂取せらるるに従いて、主は彼等の父なること、又一切万物の主なること、故に天上・地下の神なることを認得し、信受するに至る。下章において、己れは天界における小児の生育、及び各種の知識に由りて完成の域に進み、遂に天人的智慧と証覚とを得ることを説くべし。

五　主は天界の神なりと云うことは、教会に属するものの皆疑い得ざる所なり。何となれば、主自ら教え給える所によれば、父に属する一切のものは亦主に属し（マタイ伝、第十一章、二七。ヨハネ伝、第十六章、一五、第十七章、二）、又、天上・地下、一切の権力は皆主のものなればなり（マタイ伝、第二十八章、一八）。主が天上・地下と云い給えるは、天上を統御するものは、亦地下をも統御するに由る。何となれば彼此相依ればなり。天上・地下を統御すると云うは、愛よりする一切の善と、信よりする一切の真、即ち一切の智慧と証覚、従いて一切の幸福、概して云えば、永遠の生命《いのち》を主より受くるとの義なり。主は下の如く説きて此旨を教え給えり。曰く、「御子を信ずるものは無窮の生命を獲、御子を信ぜざるものは生命を見ざるべし」（ヨハネ伝、第三章、三六）。又曰く、「われは復活なり、生命なり。われを信ずるものは死ぬるとも生くべし。すべて生けるもの、われを信ぜば、決定して死することなし」（ヨハネ伝、第十一章、二五―二六）。又曰う、「われは途なり、真なり、生命なり」（ヨハネ伝、第十四章、六）。

六　一類の精霊ありき、其尚お世に在るや、父を認めたれども、主に対しては尚お余の人類の如き感を抱けるにより、主が天界の神なることを信ぜざりき。是の故に彼等は、其心に任せて彼処此処に放浪し、到る処に尋ねて曰う、主が統御し給える外に天界なるものなきか、と。彼等は数日を費やして之を求めたれども、遂に得ざりき。彼等は天界の幸福を以て光栄と威力とに在りと思えるものなり。彼等は其願う所を得ず、却りて天界はかかる快楽の所感にあらずと諭されて、彼等は怒れり、而して其心に思うよう、願わくは、他の天界に往きて人を制抑すること、猶お地上におけるときの如く、かくして光栄の極に達するを得んと。

天界は主の神格によりて成ること

七　天人を総摂して之を天界と云う、そは天界は彼等によりて構成せらるればなり。されど天人と共に流入し、天人によりて摂受せらるる一物あり、之を主より起り来るところの神格となす。是に由りて天界の全体成り、個個の分体亦成る。主より起り来る所の神格とは、愛の善、信の真、是れ也。故に天人の天人たる所以は、主より善と真とを摂受するによりて定まり、而して天界は是等の天人の構成する所とす。

八　在天のものは、皆下の如き道理を知り、且つ信ぜり、否、実に之を見得せり。曰く、其の志す所、為す所の善なる所以は、自家よりするにあらず、その思う所、信ずる所の真なるも亦自家よりするにあらず、皆神格によりてのみ然るを得、即ち主によりてのみ然るを得、而して其自家より起り来るものは、善も善にあらず、真も真にあらず、そは這裡、神格よりせる活力をかけばなり、と。最奥の天界に住める天人は明かに此内流を見得し、又感得せり、而して彼等は此内流を摂受する限り、天界の人たるを得るを自覚せり。何となれば、此摂受によりて始めて彼等は愛と信とにおり、智慧と証覚との光明中に入りて、これより生ずる天上の悦楽を享け得ればなり。此の如く是等の事すべて主の神格より出で来り、天人はこのうちにありて天界を有するが故に、天界の成るは主の神格によりて、天人自家の所作と相干渉せざるを明らめ得べし。聖言の中に、天界をもて、主の所住となし、主の玉座となし、又天界に在るものは主に在るなりと云うは、是がためなりとす。されど神格の如何にして主より起り来りて、天界に充塞するかは、下に説く所を見るべし。

九　天人は自家の証覚によりて、更に歩を進めて曰う、ただに一切の善と真とのみ主より来るにあらず、生命を挙げて亦皆主より来る、と。彼等が此義を確かむるは下の理によれり、曰く、世に自在孤存のものあることなし、必ずや自家以前の存在を所依となす、故に一切のものは元始に由りて存在す、而して天人は此元始をもて一切生命の真実在と云えり。彼等又以為《おもえ》らく、万物の恒在し得るは亦同一の理によると、何となれば恒在とは永遠の存在の義にして、もし一種の連鎖によりて元始と不断の連結をなさざるものは、必ず直ちに滅びて全く散じ尽くべければなり。彼等又以為らく、生命の源頭は唯一なり、而して人間の生命は此源頭より来る一流なり、もし此流にして絶えず源頭よりの支給を受けざれば、直ちに枯れ果つべしと。又曰う、此生命の唯一源頭となるものは主なり、而して此より起り来るものは、神善と神真ならずと云うことなし、而して各自の運命は如何に之を摂受するかによりて定まるものとす。即ち信と生命とに在りて之を享くるものは、其中に天界を現出し、神善と神真とを否むもの、又は之を塞ぐものは、之を化して地獄となす、そは彼等は善を悪となし、真を偽となし、従いて生を死となせばなり。天人は又生命一切の事は主より来るとの道理を次の如くに確かむることあり、曰く、世に在る一切のものは悉く善と真とに関せずと云うことなし、即ち人間の意的生涯は愛の生涯にして善と相関し、智的生涯は信の生涯にして真と相関す。而して一切の真と善とは上天よりするが故に、生命一切のこと亦上天よりすると謂わざるべからず、と。天人は此理を信ずるが故に、其善行に対して他の感謝を受くるを喜ばず。もし人あり、是等の諸善を彼等の所有に帰せんとすれば、彼等は之を憤りて引退すべし。人の知、人の善、皆その人自らよりして然りと信ずる如きは、天人の解せざる所なり。自己のためになせる善は善にあらず、何となればそは自己の所為なればなり。されど善のために為せる善は神格より来る善なり、而して天人は曰う、天界は此の如き善によりて成る、そは此の如き善、即ち主なれば也、と。

十　一類の精霊あり、其尚お世に在りけるとき、自ら為せる善、自ら信ぜる真を以て、実に自家胸中より来るもの、又は当然自家の所属たるものと信ぜり、此の如き精霊は天界に入るを得ず。かの善行の功徳を求め、又自ら義とするものは此種の信を有せり。而して天人は是の如きものを以て、痴呆となし、賊人となして忌避す。彼等は断えず自家をのみ求めて神格を顧みざるが故に、痴呆也。彼等は固より主の所属となすべきものを己れに奪い取らんとするが故に、賊人なり。是の如き人は、天界における信仰、即ち天界の成るは主の神格を天人が摂受するによるとの信仰に逆えるものとなす。

十一　天界に在り、教会に在るものは、亦主に在り、而して主は彼等に在りと云うことは、次の所言に由りて主の教え給う所なり。曰く、「われにおれ、さらばわれ亦爾曹《なんじら》におらん。枝もし葡萄樹につらならざれば、自ら実を結ぶこと能わず、爾曹もわれにつらならざれば、また此の如くならん。われは葡萄樹にして、爾曹は其枝なり、人もしわれにおり、われ亦彼におらば、多くの実を結ぶべし、そはもし爾曹われを離るるときは、何事をも行う能わざればなり」（ヨハネ伝、第十五章、四―五）と。

十二　如上の次第によりて、次の理は今や明かなるべし。曰く、主は、天界の天人と共に、自家存在の中に住せり、故に主は天界における一切中の一切なり、そは、主より出で来る善とは天人と共に居給う主自らなるによる、何となれば主より来るものは主自らなるべければなり、是の理を推して天人より見れば、天界の天界たる所以は、主より出ずる善即ち之を然らしむるものにして、天人自らよりするものと相関渉せざるを知るべし、と。

天界における主の神格とは、主に対する愛、及び隣人に対する仁なること

十三　天界に在りては、主より出で来る所の神格を神真と呼びなせり、其理は下に述ぶ

る所にて明かなるべし。此神真は、主の神愛に由りて、主より天界に流れ入るものとす。神愛と、之より来る神真とは、此世における太陽の熱と、之より出ずる光とに譬うべし、即ち愛は太陽の熱に似、愛より来る真は其光に似たり。相応の原理によるも、火は愛を表わし、光は愛より来る真を表わすを知るべし。是に由りて之を観れば、主の神愛より来る神真とは、その実性において、神善の神真と相和合せるものなることを明らめ得べし。而して此和合あるが故に、天界の万物を通じて生命あること、猶此世に在りて、春夏の候、太陽の熱が光と和合して地上の万物を成熟せしむるが如し。熱もし光と和せざるときは、光、冷却して万物成熟せず、そはすべてのもの麻痺して、生気永く絶ゆべければなり。熱に喩うべき神善は、天人に在りては、愛の徳なり、而して光に喩うべき神真は、天人が由りて以て愛の徳を得る所のもの也。

十四　天界に在りて、天界を成せる神格とは愛なり、そは愛は霊的和合なるが故なり。愛は天人と主とを和合せしめ、又天人各自の間を和合せしむ、而して此和合あるが故に、天人の全部を挙げて、主の眼には一体の如く映ずる也。且つ愛は何人にとりても其生命をなせる真実在なり、即ち愛あるが故に、天人と人間と、皆よく其生命あるを得るものとす。人間最深の活力の、愛より来るものなることは、省察力ある人の皆知る所なり。何となれば、愛ある処には暖気を生じ、愛なき処には寒冷あり、而して之を奪い去るに及びて、そのもの枯死すればなり。されど又各自の一生は其所有の愛如何によりて定まることを知らんを要す。

十五　天界に在りては二種の愛を区別し得べし、主に対する愛と、隣人に対する愛と是れ也。最奥なる第三の天界には主に対する愛あり、第二なる中間の天界には隣人に対する愛あり。両つながら主より出で来りて天界を成就す。此二つの愛が、如何に分立して、又如何に和合するかは、天界に在りてこそ分明に看取せらるれ、世間においては、僅かに其髣髴を知り得るに過ぎず。天界にありて主を愛すと云うは、人格の上より見て、主を愛するの謂いにあらず、主より来る善を愛するの義也。而して善を愛するとは、その善に志し、その善を行うや、皆愛に由らざるなきの義也。此の如く亦隣人を愛するとは、人格より見て、その朋侶を愛するの謂いにあらず、聖言より来る真を愛するの義なり。而して真を愛すとは、之に志し、之を行うの義なり。故に知るべし、是等両種の愛は、善と真との如くに分立し、又善と真との如くに和合することを。されど是の義は、愛の何たるを知らず、善の何たるを知らず、隣人の何たるを知らざるものの会得し難き所とす。

十六　われ嘗て此事につき諸天人と物語れることありき。彼等云う、主を愛し、隣人を愛すると云うは、善と真とを愛し、自ら其心の向う所に従いて此善と真とを行うに在り、而して此理を教会の人が知らざるは怪しむに堪えたり、されど何人にても其愛を表わさんとするときは、その人の願う所を、自らも願い、且つ之を為さんとすべし、かくすれば自らも亦その所愛の人に愛せられて、之と和合するに至らん、世豈に他を愛して、而かも他の願う所を為さざるものあらんや、此の如きは其実彼を愛せざるなり、思うにこは教会の人の知る所なるべし、と。天人等又曰う、主より来る所の善は、主自らの像相なり、そは其善のうちに主いませばなり、善と真とを以て、自己の生涯に属せるものとなし、之を志し、之を行うものは、即ち主の像相となり、主と和合するに至るべし、こは諸人の知る所ならん、蓋し之を志すとは、之を行うを喜ぶの義也、と。主は聖言のうちに亦如上の理あることを教え給えり、曰く、「わが誡《いましめ》を有《たも》ちて、之を守るものは、即ちわれを愛する也。われまたこれを愛して、わが居宅を彼と倶にすべし」（ヨハネ伝、第十四章、二一・二三）と。又曰く、「もし爾曹わが誡を守らば、爾はわが愛に居るべし」（ヨハネ伝、第十五章、一〇）と。

十七　愛は主より起り来る神格にして、天人を薫陶し、天界を成就すると云うことは、天界における一切の実験、之を証拠す。何となれば、在天のもの、一人として愛と仁との形式によらざるはなく、其美言語に絶し、彼等の面貌・言語、乃至一挙手・一投足のうち、悉く愛の光を表わさずと云うことなければなり。又各人の生命に属する霊的円相なるものあり、一切の天人、一切の精霊より発し来りて、彼等を囲繞せり。而して此円相によりて、彼等は如何にその愛の動かす所となれるかを知り得べし。之を知り得るには必ずしも其人に近接するを要せざることあり、何となれば此円相は、各人の情動的生涯、従いて思索的生涯の裡より溢れ出ずればなり、即ち愛的生涯、従いて信的生涯より溢れ出ずればなり。天人より溢れ出ずる円相は愛にて充てるが故に、何人となく彼等と倶なるものは、其中心よりして、彼等のために動かさる。われ嘗て屢〻自ら之を看得し、かく動かされたることあり。天人が愛によりて其生命を保つと云うは、又次の事実にて明了なるを得べし、即ち他生にありては、人人其愛の如何に由りて、其面を向くる所を異にするなり。主及び隣人に対して愛をもてるものは常に主に向い、自らを愛するものは主に背けり、而して此向背は彼等が身体の動作如何に関せざる也。何となれば他生に在りては、空間の位置は其人の内心の状態に由りて定まり、方位の如きも此世の如くならず、其人の面貌の相好によりて決すればなり。されど天人は自ら主に向うにあらず、主より来る一切の事物を躬行するを喜ぶものは、主之をして自らに向わしめ給うなり。此事は他生における方位のことを説くに当り詳述すべし。

十八　愛は天界における主の神格なり、そは愛は天界における万事を容るる器なるに由る。万事とは、平和と、智慧と、証覚と、幸福と、是なり。何となれば、大となく小となく、愛はすべて己れと相和するものを容るればなり。愛は此の如くにして絶えず富み且つ全からんことを望むが故に、その己れと相和するものを願い、之を求め、之をその身に吸い入るること、自《おのずか》ら爾かるが如きものあり。こは亦人間の自知する所なり。何となれば人もし愛する所あれば、自己の記憶中にて其愛と相応する一切の事物を点検して、之を抽き出し来り、而る後、之を其愛の中に寄せ集めて、順序を立て、又之をその愛の下に隷属しおくべければ也。その愛の中に寄せあつめんとするは、之を己れのものにせんとて也、而してその愛の下に隷属せしめんとするは、之をして己れの用を弁ぜしめんためなり、而してその愛と相和せざるものに至りては、之を拒み、之を滅ぼすべし。愛の裡には己れと類を同じゅうするすべての真を容るべき余地あり、又この真を己れに和合せしめんとする希求あることは、天界に容れおさめられたる諸人を見ても明かなり。何となれば、彼等の尚此世にあるや、愚かなるものなりしも、天人と伍するに至りて、証覚を得、天界の慶福を得るに至りたれば也。此道理如何と云うに、彼等は善のために善を愛し、真のために真を愛し、之を自己の一生中深く心に植えたるにより、遂に天界に入りて、その不可説なる妙相を悉く受け得べき余地を作れる也。されど自己と世間とをのみ愛するものは、是等のことどもを其身に受くる能わず、彼等は却て之を避け、之を拒む、もしその来りて彼等に触るることあり、彼等の裡に流入せんとするときは、彼等は遁れ走りて地獄に入り、彼等のと相似たる愛を有するものと交わる。嘗て精霊あり、天界の愛に此の如き事あるべきかを疑い、其果して然るかを知らんと願いたるに由り、彼等はやがて障礙となるものを且らく除きて、天的愛の境涯に入れられ、少し隔りたる天人界の一方に導き行かれたり。此の時、彼等われに告げて曰う、彼等は此処にて一切世間の言葉に表わし難きほど内心の幸福を感じ、その再び以前の境涯に帰らざるべからざるを歎きたり、と。此外又天界にのぼせられたるものありけるが、其愈〻内に入るに従い、即ち愈〻高きに上るに従い、証覚と智慧と愈〻増し来りて、嘗て難解不可得と思えることも、その当時はこれを感得したりと云えり。是によりて之を見れば、主より来る愛は、天界及び天界にある一切のものを容るべき器なりと謂うべし。

十九　主に対する愛、及び隣人に対する愛は、其裡に一切の神真を摂せりと云う。こは主が嘗て是等二個の愛につきて云い給える所に見て明なるべし、曰く、「爾心をつくし、精神を尽して、爾の神を愛すべし。これ第一にして大なる誡なり。第二も亦これに同じ、己れの如く爾の隣人を愛すべし。律法と預言者とは此二つの誡に因れり」（マタイ伝、第二十二章、三七―四〇）と。律法と預言者とは聖言の全般なり、故に又一切の神真なりとす。

天界は二国土に分るること

二十　天界の種類は無限にして、各国必ずしも相同じからず、天人亦各〻相異なれり、故に天界をまず総体の上より分ち、次に部類に従いて分ち、又次に之を個個に分つ。総体より天界を分ちて二国土となし、部類に従いて三種となし、個個に分ちて無数の団結となす。今是等種種の分界につきて説く所あるべし、之を呼びて国土と云うは、天界を「神の国土」と呼びなすに由る也。

二十一　天人が主より来る神格をその内分に受くるに当り、一類のものは他よりも多きことあり。その内分に神格を受くるもの多きを天的天人と云い、少なきを霊的天人と云う。かくて天界を二個の国土に分ちて、其一を天国と云い、他を霊国と云う。

二十二　主の神格をその内心に受くること多きが故を以て、天国を構成するに至れる諸天人は、之を呼びて、内的天人又は高処の天人となし、彼等によりて構成せらるる天界を内的天界又は高処の天界と云う。之を呼びて、或は高しとなし、或は低しとなすは、内に在るものは高くして、外に在るものは低ければなり。

二十三　在天国の諸天人が居る所の愛を天愛と云い、在霊国の諸天人が居る所の愛を霊愛と云う。天愛は主に対する愛なり、霊愛は隣人に対する仁なり。凡そ人愛する所あれば、その所愛は彼にとりて善となるが故に、一切の善は愛より来るとなすを得べし。是を以て、天国の善を天的となし、霊国の善を霊的となす。これによりて、天国と霊国とを区分するは何の点にあるかを明らめ得べからん。即ち是等両国土の相異は、主に対する愛の徳と、隣人に対する仁の徳との相異なるが如し、而して又主に対する愛の徳は内善にして、主の愛は内愛なるが故に、天国の諸天人は内的なり、之を高処の天人と呼ぶ。

二十四　天国を呼びて又主の祭司的国土と云う、聖言には之を主の住処と呼べり。霊国は主の王土にして、聖言には之を玉座と呼べり。世に主を呼びて耶蘇と云うは主の天的神格により、基督と云うは主の霊的神格によるものとす。

二十五　主の天国における諸天人は、その内分に深く主の神格を受くるが故に、其証覚と光栄とにおいては、霊国の諸天人に遠く優れり。何となれば、彼等は主に対する愛を有するにより、主に近きこと他に勝れ、又主と和合すること他に秀でて深ければなり。彼等がよく此の如くなるを得るは、神真を其身に受け、又受けつづくること直接なるに由る。霊国の諸天人の、まずこれを記憶と想念とにうくるが如くならず。かくて神真は彼等の胸中に刻まれありと云うべし、彼等が之を感得し、之を見得すること、恰も自家胸中を見るが如きものあり、彼等は嘗て、真はかくあるべし、かくあるべからずなど云いて、之を論弁することあらず。猶お耶利米亜《エレミヤ》書中にしるされたる人の如し、曰く、「われはわが律法を彼等の衷《うち》におき、その心の上にしるさん。人各〻其隣人とその兄弟に教えて、「汝エホバを知れ」とまた云わじ。そは少より大に至るまで、悉くわれを知るべければなり」（第三十一章、三三・三四）と。彼等又は以賽亜《イザヤ》書に謂わゆる「エホバに教えられ」（第五十四章、一三）たるものなり。而してエホバに教えられたるものは、又主に教えられたるものなることは、約翰《ヨハネ》伝（第六章、四五—四六）に示し給う所なりとす。

二十六　是等の諸天人は神真を直截にその身に受け、又受けつづくるにより、他に優れて証覚と光栄とを有てりと云えり、こは、彼等神真を聞くや、直ちに之を志し、之を行うに由る。彼等は真を記憶の上に貯えおき、後にてこは果して真なりや否やと思い直すことなし。是等の諸天人は主よりの内流によりて一たび真を聞けば、直ちにその真なることを知れり。何となれば、主はまず直ちにその人の意志の中に流入し、此意志を経たる後、間接にその想念の上に入れば也。語を換えて之を云えば、主はまず直接に善に入りたる後、之を経て間接に真に入るとなすべし。そは、意よりするもの、かくて行よりするものを善となし、記憶よりするもの、かくて想念よりするものを真となせばなり。蓋し一切の真はまず意志の中に入るに及びて、善と化し、愛の上に植え付けらる。されど真にして、記憶の中、即ち想念の中に在る限りは、善とならず、生命を有することなく、又各人の所有とならず。そは人の人たるは、その意志よりする所に在り、意志を経て想念に及ぶ所に在り、而して意志を離れたる想念に由るにあらざれば也。

二十七　天国の諸天人と霊国の諸天人との間に、此の如き区劃あるが故に、彼等は互に其居処を共にせず、又相交わることなし。彼等が相互間の交通は天的にして霊的なりと呼ばるる天人の媒介的団体を通じて始めて行わる。天国が霊国に流れ入るを得るは実に此媒介に由る。されば天界は両個の国土に分劃せらるれども、尚おその間に統一あるを得る也。そは、相互の間に交通あり和合あらんため、主は常に此の如き媒介的天人を供えおき給えば也。

二十八　是等両個の国土における天人に関しては、後来尚お多言すべき折あるが故に、此に之を詳説せず。

三種の天界あること

二十九　三種の天界あり、一一の天界全く相同じからず。最奥を第三天となし、中間を第二天となし、最低を第一天となす、此順序乱るることなし。而して三天相互の関係は、猶お人身における最高の処を占むる頭と、中央部をなせる身体と、最下部の両脚との間における関係の如し、又一家屋中の上層・中層・下層、各楼間における関係の如し。主より起り、主より下り来る神格も亦此順序を逐えり、天界の三層に区分せらるるは、実に此順序の必要あるによるものとす。

三十　人間の内分は内心と外心とより成れるものなるが、此中に亦如上の順序ありて、最奥部・中央部・最外部と分れおれり。そは人の始めて造らるるや、神的順序に属せるものは悉く這裡に寓せられ、その形式においては神的順序そのままにして、人間は小模型の天界と謂い得べきものなればなり。是の故に人間は、其内分において諸〻の天界と相交渉せりとなすべく、而してその尚此世に生息せるとき、如何に神善と神真とを摂受したるかによりて、死後天人の間に来るとき、或は最奥の天、或は中間の天、或は最下の天と、各〻其居処を異にするに至る。

三十一　主より流れ入る神格にして、第三天即ち最奥の天に摂受せらるるを天的と名づけ、此処におる諸天人を天的天人と呼ぶ。主より流れ入る神格にして、第二天即ち中間の天に摂受せらるるを霊的と名づけ、此におる諸天人を霊的天人と呼ぶ。主より流れ入る神格にして、最下の天即ち第一天に摂受せらるるを自然的と名づく。されど此天の自然的なるは、人間界の自然的なると異にして、其うち亦自ら霊的且つ天的なるものあるが故に、此天を以て霊的且つ自然的なりとなし、又天的且つ自然的なりとなす、而してそこにおる諸天人を亦、霊的且つ自然的、及び天的且つ自然的なりと云う。霊的天界なる中間の天、即ち第二天より内流を受くる天人を霊的且つ自然的と云い、天的天界なる第三天、即ち最奥の天より内流を受くる天人を天的且つ自然的と云う。霊的且つ自然的天人と、天的且つ自然的天人とは相同じからざれども、同一程度の天人なるが故に、彼等は合して一個の天界を作れり。

三十二　各天界に内外の別あり、内におるを内天人と云い、外におるを外天人と云う。諸天界を通別して内外の別あるは、猶お人における意志と意志より来る智慧との別の如し。内を意的となし、外を智的となす。意よりするものには、必ず之に伴う智性あり、その意と智とは相待ちて全きを得るものなれば也。意よりするものを火焰に譬うれば、その智性なるを火焰の光明と看做すべし。

三十三　天人の天界における位地を定むるものは、其内分の如何に由ることを明かに知らざるべからず、彼等の内分が、主に対して、如何ほど豁開しおるかによりて、彼等が居る処の天界に上下深浅の差別あり。天人と、精霊と、人間とを問わず、各〻その内分に三段の度あり。第三度の内分豁開しおるものは最奥の天界に在り、第二度の豁開せるものは中間の天界に在り、只第一度のみ開けおるものは最下の天界に在り。而して内分を開く所以のものは、神善と神真とを摂受するに由るものとす。諸〻の神真を感じて、直ちに之を其躬《み》即ち其意に容れて、之をその行為の上に表わすものは、最奥即ち第三の天界に在り、而して此天における各天人の地位は、その如何に真を感じて、これより善を摂受するかに由りて定まる。神真を直ちに其意に納れず、まず之をその記憶のうちに納れ、次に之を分別智に納れ、それより後、始めて神真を志し、又之を行うものは、中間即ち第二の天界に在り。その道徳を修めて、一個の神的実在を信ずるも、深く其教を蒙らんと思わざるものに至りては、最下即ち第一の天界に在り。是に由りて、天界は各人内分の境涯いかによりて作られ、又天界は各人の裏《うち》に在りて、外にあらざるを明らめ得べし。こは亦主の教え給う所なるは、次の言にて知るべからん。曰く、「神の国はあらわれて来るものにあらず、此に視よ、彼に視よと、人の云うべきものにもあらず、それ神の国は爾曹《なんじら》の裏に在り」（ルカ伝、第十七章、二〇―二一）と。

三十四　一切円満の相は、内に進むに従いて増し、外に出ずるに従いて減ず、そは内に在るものは神格に近くして、自ら亦至純なるに由る。されど外に在るものは神格に遠ざかりて、自ら亦粗なるをまぬかれず。天人的円満の境涯は智慧・証覚・愛・諸善、及び是等より来る幸福を以て成るものとす。是等より来らざる幸福は以て天人的円満の境涯をなすを得ず、そは這般の幸福は外的にして内的ならざればなり。最奥の天界にある諸天人の内分は第三度まで開けおるが故に、彼等円満の境涯は、第二度まで開けおる中間の諸天人の境涯に比して遥かに優れるものあり。而して中間の天界における諸天人が享有する円満の境涯は、最下の諸天人のに比して優る所あるは、亦此の如しと知るべし。

三十五　此の如き差別あるにより、各天界の諸天人は互に来往すること能わず、即ち、下天のものは上天に昇るを得ず、上天のものは下天に降るを得ず。もし人あり、下天より上天に昇り来れば、必ず痛く其心を悩ます、また己が周囲のものを見る能わず、まして之と言語を交うるをや。上天より下天に来るものは、其証覚を失い、弁舌渋りて、意気全く沮喪す。嘗て下層の天人中に、天界は天人の内分より成れることを知らざるものあり、このもの信ずらく、上層の天人界裡に入り得ば、今一層高尚なる幸福を得べからんと。彼等、乃ち許されて上天に到り、諸天人と相交れり。されど彼等の一たび此処に来るや、如何に探し求むれども一個の天人を見ず、而かも諸天人は嘗て此処を去りしことあらず。蓋しこの外来者の内分は此処におれる諸天人のと同一の度に開けおらざりし也、故にその視覚も亦明なる能わざりき。暫くにして彼等はその心に痛みを覚ゆること甚しく、自ら生死のほどを覚えざるに至りぬ。是の故に彼等は直ちにもと来し天界に還り、己が朋類のうちに入るを喜べり。これより彼等は決して己が生涯以上に出でたるものを願わじと思い定めたり。われは又上天より降り来れる天人を見たり。彼等はその証覚を失いて、己が所属の天界の何たるかをも弁別せざるに至れり。されど屢〻ある如く、主自ら下層の天人を上天に導き来りて、其光栄を見せしめらるるときは、如上の事あらず、何となれば、是の時は天人予め準備する所あり、媒介的天人に伴われて、交通の途既に開けおればなり。是等の事情によりて、三層の天界は相互の間に儼然たる分劃を有するを明らむべし。

三十六　同一の天界におるものは相互の間に交通あり、而して彼等交通の歓楽は、各〻その居る所の善において、互に親和する度如何によりて定まるものとす。されど是の事につきては尚下に説くべし。

三十七　諸天界の分劃此の如くにして、上層の天人と、下層の天人と相伍するを得ざれども、主は二種の内流によりて諸天界の間に連絡を通じ給う。直接内流と間接内流と是れ也。直接内流とは主より直ちに諸天界に流れ入るもの、間接内流とは各天界の間に流れ通ずるもの、主はかくして三層の天界を打して一となし、一切の事物をして元始より終点に至るまで、悉く連鎖あらしめ、一物も不羈なるを得ざらしむ。何かの媒介的連鎖に由りて、元始と相繋がれざるものは継在するを得ず、遂に消散して、無有に帰す。

三十八　神的順序に度あることを知らざるものは、諸天界の如何にして分劃せらるるかを解する能わず、又内人・外人と云うは何の事なるかをすら解する能わず。世上多数の人は、物に内外あり又は上下あるは、相続性によりて両者の間に断絶せざる連結あること、猶お物の精なるものより粗なるものに移り行くが如しと思えり。されど其実内外の関係は連続的にあらずして間隔的なり。今事物の度に二種ありて、一を連続的なるものとし、一を連続的ならざるものとなす。連続性の度は火光の漸次に薄らぎ行きて遂に全く暗黒となるとき、又は吾人の視覚がひなたにある物体より日蔭にある物体に移るに従いて次第に消え去るとき、又は空気が下層より上層に進むに従い次第に其至純の度を加うるときに見るを得べし。是種の度は距離によりて定まるものと謂うべし。然るに、連続的ならざる、即ち間隔的なる度に至りては、其例を、前進者と後進者、又は原因と結果、又は能造者と所造者との間に見る如く、相互の区劃分明なり。究理の人は、世上到る処、総体の上に、個個の上に、万物皆此の如く発生と構成との度あることを会するならん。即ち此に一物あれば、之より又一物を生じ、此一物より更に第三者を生ずるが如し。是の如き度の道理を会得せざるものは、諸天界の区劃を知るを得ず、又人間の能力に内外の区別あることを知るを得ず、又霊界と自然界との差別、霊と肉との差別を知るを得ず。故に彼等は又、相応・表象とは何の義にして、如何に起り来れるかを会せず、又内流の何たるかを会する能わず。外感に使役せらるる人は、一切の増減を以て連続的のものとなし、嘗て前に云える度のことに思い到らざるが故に、如上の諸差別を領得せず、故に霊的事実を見るにも、ただ全く自然的なるものと同様の看をなさざるを得ず。是の理によりて、彼等は門の外に立てるもの、智慧を去ること遠しと謂うべし。

三十九　終りに臨み、是等三層の天界における諸天人につき少しく密意を述ぶべし。ここは度のことわりを明らめたるもの嘗てあらざりしが故に、何人の心にも未だ浮ばざりし所とす。即ち各天人及び各人間に、最奥即ち頭等《スープリーム》の度、又は分と云うべきものあり、主の神格はまず、即ち直接に此処より流れ入り、これより順序の度に従いて、次に自余の内分を整理す。この最奥、頭等の度を呼びて、主が天人及び人間に入るの門となすべく、又彼等のうちにおける主が殊別の居処となすべし。人に此の最奥、頭等の度あるが故に、人は人として畜生界を超出す、畜生界には此の如き度あることなし。是の故に人間は畜生界と異なりて、その心及び稟性の上に一切の内分を有し、是等の内分によりて、主のために高められて、主に到り、主を信じ、主を愛し、かくして遂に主を見るを得、又智慧と証覚とを受けて、合理的言論をなし得る也。是の故に人間の生くるは永遠なり、されど此最奥の処において主が成し給える施設と準備とに至りては、如何なる天人と雖も、明かに之を意識する能わず、そは天人の思慮の及ぶ所にあらず、証覚の達せざる所なればなり。

四十　以上を三層の天界に関する全般の事実となす、以下当に各個の天界につきて述ぶべし。

諸天は無数の団体より成れること

四十一　同一天界にある諸天人と雖も、一処に雑居することとなし、彼等各〻そのおる所の愛と信との徳を異にするによりて、大小の団体にわかる。かくて相似の善徳を有するものは、相集まりて一団をなす。諸天界には善徳の種類無限にして、而して諸天人の性相は各〻その善徳の如何によりて定まるものとす。

四十二　天人が所有の善徳に全般的と個体的との差別あるにより、諸天界における彼等の団体は、互に隔離せり。何となれば、霊界における距離は全く内分の情態の差異より来るものなるが故に、天界においては人人其おる所の愛の情態如何によりて相互の距離に差等あればなり。相違甚しき処は距離遠く、然らざる処は近し、蓋し同気相求むればなり。

四十三　同一団体中の天人も亦此の如くにして相隔離せり、円満の域に近きもの、即ち善徳に優れたるものは、又、愛・智慧・証覚に優れたるを以て、彼等は中心に当りて其位を占む。此の如く優秀ならざるものは周辺に在り、而してその中心を隔つの度は、円満の度に比例すること、猶お光明が中心を離れて次第に外辺に近づくに従い薄らぎゆくが如し。中心に位する天人は又最強度の光明中に住し、外辺に到るに従い、天人の光明愈〻微弱となる。

四十四　天人の間にて、同気相求め、同類相集まる趣は、自《おのずか》らにして然るが如きものあり。そは相似たるものと倶に居るは、自己と同居するが如く、己が家郷に住むが如くなれども、相似ざるものと倶なるは、外人と同居し、又他郷に住むが如くなればなり。又相似たるものと倶なるときは、己が自由を得たるときにして、従いて最も其生の楽しきを感ずるときなりとす。

四十五　故に知るべし、諸天界において一切を統合するものは善徳にして、此徳の性相如何に由り、天界に差別を生ずることを。されど此の如く諸天人を統合するは、天人自作の功に由るにあらずして、善徳の源泉たる主の所為なり。主は天人を導き、之を和合し、之を塩梅し、又その善徳に安住する限り、之をして自由に行動せしむ。かくて主は天人をして各〻其処に安んぜしめ、愛・信・智慧・証覚を得て、其生を楽しましむるなり。

四十六　相似の善徳を有するものは、未だ嘗て相見たることあらざるも、相識旧の如きものあるは、猶お此世の人がその眷族・親類・朋友を相知るに似たり、何となれば、他生における眷族・親類・朋友の関係は全く霊的にして、唯愛と信とによりて定めらるればなり。われ嘗て許されて、親しく之を見るを得たることあり。その時われは肉身を脱落して精霊の情態におれるを以て、諸天人と交わるを得たり。その時われ一類の天人を見たるに、彼等はわが幼時よりの相識に似たる思をなしき。されど自余のものに至りては全く知己の感をなす能わざりし也。かく幼時よりの相識の如く思われたる天人は、われと相似の霊的境涯におり、然らざるは、其境涯全くわれのと相異せしなり。

四十七　すべて同一の団体をなせる天人の容貌は、個個に相違せる所あれども、大体においては相似たり。如何にして大体に相似て、而かも個個に相違するかは、此世における同様の事例に見て、多少か会し得らるべし。即ち、人種の異同、殊に諸眷族間の異同を知らんとせば、まずその面と眼とにつきて一般類似の点を見るに在ることは、人の能く知る所なり。今之を天界に見るに、天人の内的感動は、すべて外に現われて、其面に輝き出ずるにより、上述の事実は今一層完全に認め得らるるものとす。何となれば、天界に在りては、人〻の面はその内的情動を外部に表象する形式なればなり。天界には内的情動に相応せざる面貌あることなし。われは又如何にして全体の上にある相似の点が、同一の団体に属する個人の上に一一別様となるかを見得たり。即ち此に一個の面貌の天人のに似たるありてわが前に現われたり、而して此面貌は、同一の団体中に在る諸天人の場合における如く、善と真との情動を受くる毎に、種種の変態を生じたり。而して是等の変態は永く継続せしが、われはそのうちに同一の全般的面貌が、一種の素地の如くなりて、絶えず相続するを認めたり。自余のものに至りては、此素地より転化せるもの、拡張せるものに過ぎざりき。われは又此面貌に由りてその団体全般の情動の何ものなるかを認め得たり、此団体中にある諸天人の面貌は、是等の諸情動に従いて変態するものとす、何となれば上述せる如く、天人の面貌は、その内分の形式、即ち愛と信との情動を表現する形式なればなり。

四十八　是の理によりて、天人の証覚に優れたるものは、他の面貌を見て直ちにその性相を看破す、何となれば、天界に在りては何人もその面を飾りて内分を矯むるを得ず、偽るを得ず、又如何なる方法に由りても、その技巧と仮装とを用いて詐欺を施すを得ざればなり。時に或は偽善者あり、自らその内分を包み、外分を和げて、その団体に属するものの如き徳相を装いて、其うちに混じ入り、以て光明の天人の如く擬し了せんとすれども、彼等は久しく其処に住まるを得ず、何となれば、彼等の衷《うち》に流れ入りて、彼等を衝動せしむる所の活力は、固より彼等のものにあらざるが故に、彼等は此逆抗に会いて、内分に苦悩を覚えて、煩悶に堪えず、面色蒼黒、さながら生命を奪却せられたる如くなるべければなり。故に彼等は直ちに其身を投じて地獄界に入り、己が同類と群居して、再び天界に上るを願わず。是等の人〻は、かの婚姻の筵に礼服を著けずして来り、既に招かれて座につける客人の間に入らんとして、却て外面の黒暗裡に投げ出されたる人〻なり（マタイ伝、第二十二章、一一以下を見よ）。

四十九　天界の諸団体の間には相互の交通あり、されどこは交通の途によるにあらず、何となれば、天人には自己の団体を出でて他に赴くが如きこと、絶えてなければなり。天人が自己の団体を出ずるは、自己の外に出ずるが如く、又自己の生命を離るるが如くにして、而して他の団体に赴くは、自己に宜しからざる処に往くなり。而かも尚お諸団体の間に交通あるは、各人の生涯より出で来る円相の延長によるものとす。こは各人の生涯が愛と信とに情動するより起る処の円相にして、自ら遠近に拡がりて周辺の諸団体に波及す。天人の内的情動、愈〻深く、愈〻円満にして、其波及、愈〻遠く、愈〻長し、故に天人の智慧と証覚とは此波及の遠近に比例すとなすべし。即ち最奥の天界に在りて、その中心に居るものの円相に至りては、天上到る処に波及せずと云うことなし。此の如くにして天界には全般と個体との間に相互重重の交通あることを知るべし。されど此円相の延長につきては、下に、天人の諸団体を排列する一定の天的形式なるものを説き、又天人と智慧と証覚とを説くとき、更に詳述すべし、何となれば、一切天人の情動と想念との延長は皆此形式によりて動けばなり。

五十　さきに諸天界の団体に大小あることを云えり、そは大なるものは、天人の数、万を以て計るべく、小なるものは数千、更に小なるものは数百の天人よりなる。又一類の天人ありて他と別居せること、猶お一家族・一眷族をなせる如きものあり。彼等はかく隔離しおれども、その一定の順序に従いて排列せるは、諸団体におるものと同じくして、賢なるものは中心に位し、愚なるものは外辺におれり。是等の天人は他よりも一層直接に主の冥護を蒙り、天人中の最も優なるものとす。

各団体は小形式の天界にして、各天人は極小形式の天界なること

五十一　各団体は小形式の天界にして、各天人は極小形式の天界なる所以は、天界は愛と信との徳より成り、而して此徳は、天界の各団体に在り、又団体中の各天人に在るに由る。到る処、此徳に不同あり変態ありと雖も、その天界の徳たるに至りては皆一也。その

不同なる点は、此の天界と彼の天界と性相を異にすると云うに過ぎず。故に何人なりとも天界の一団体に取り上げらるるときは、彼を以て「天界に行けり」となし、又そこに在るものは、天界に在りとなし、人各〻その所属の天界に在りとなす也。こは他生にあるものの皆知る所にして、かの天界の外、又はその下に立ちて、天人の群を遠くより望むものは、天界を此に在り、彼処に在りと云う。之を譬うれば一個の王宮又は王城内に数多の侯伯・大官・侍臣などの住まえるに似たり。彼等は、或は上方、或は下方に当りて、個個各自の家舎又は房室内に起居すれども、其一王宮又は王城内の人にして、各〻その能くする所を以て、王に事えんとするに至りては皆同じ。これによりて、主の言葉に、「わが父の家には第宅多し」（ヨハネ伝、第十四章、二）とあるを明らむべし、又預言者中に、「天の諸住処」及び「天中の天」とあるは、何の義なるかを明らむべし。

五十二　各団体は小形式の天界なることは、各団体の形式が天界全般の形式に等しきを見て明かなるべし。天界全般に渉りて、衆に優れたるものは中央に位し、之を繞りて周辺に至るまで、次第に劣等なる諸天人の位を列ぬるは、前節（四十三）に見たる所の如し。こは亦主が全天界を一個の天人の如くに統率し給うに見て明かなり、各団体における諸天人も亦此の如くに統率せらる。是を以て或る時は天人の団体の全部を挙げて、一個の天人の如き天人的形式を以て現わるることあり、こはわが嘗て主の許しを得て親しく見たる所なり。しかのみならず、主自ら諸天人の中に現われ給う時は、主は群衆に囲繞せらるる如く見えず、彼等と共に一個の天人的形式を有せるものとのみ見ゆる也。故に聖言には、主を天人と呼びなし、又団体全部をも爾か呼べり。ミカエル、ガブリエル、ラファエルと云うは、天人的団体をその職掌より見て、かく名づけたるに過ぎざるなり。

五十三　団体全部が一個小形式の天人なる如く、各天人は亦一個極小形式の天界なり、そは天界は天人の外辺にあらずして、却てその内に在ればなり。天人の内分はその心より成れるものにして、その排列の形式は即ち天界の形式なり、こは天人をして其外辺にある一切の天的事物を摂受するに便ならしめんがためとす。而して天人が是等の事物を受くるは、主によりて彼が衷《うち》に存する善徳の性相如何に由れり。是の故に天人は亦一個の天界なり。

五十四　如何なる義においても、天界は人の外辺に在りと云うを得ず、天界は実《まこと》に内に在り。何となれば天人はすべてその身内の天界によりて身外の天界を摂受すればなり。是の故に、かの天界に来るとは、其人の内的境涯の如何に拘わらず、単に諸天人の群に取り上げらるること、従いて天界は何人にも何等の条件なく、只仁恵的にのみ許さるることと信ずるものの、如何に誤れるかを明にすべし。実《まこと》に人もし其内に天界を有することなくば、その外に在る天界は決して彼に流れ入らず、而して彼はまた之を摂受し得ざる也。されど精霊の此の如く信ぜざるもの多し。此不信の故を以て、彼等は嘗て天界に取り上げられたれども、その内的境涯の嘗て天人的境涯と相容れざるが故に、彼等の天界に到るや、その智力は全く滅びて遂に痴呆の如くなり、その意力は煩悶に堪えずして、はては癲狂の如くなれり。之を要するに、罪悪の生涯を送りて天界に来るものは、息塞がりて悶ゆること、魚の水を離れて空気中に来れる如く、又動物の空気全く尽きたる空気喞筒《ポンプ》の中にてエーテル気内におるものの如し。故に知るべし、天界は人の身外に在らずして内心に在ることを。

五十五　何人も身辺の天界を摂受するは、その心内の天界の性相如何に由るが故に、彼等の主を摂受するも亦此の如し、そは天界は主の神格より成ればなり。されば主のその身を天人的団体の中に現じ給うや、その団体の主を見るは、各〻その居る所の善徳の性相如何によるが故に、甲団体の見る所の主は乙団体の見る所と同一ならず。不同の原因は主の身にあらずして、主を見る所の天人、各〻其善徳に由りて、自ら標準を定むるに在り。天人は又主の現身を見て、其心に情動を生ずること一様ならず、即ちその愛の性相、各〻相同じからざれば也。実にその中心よりして主を愛するものは、その情動最も内的にして、主を愛すること、かく深からざるものは、其情動亦深からず。天界外にある罪悪の徒に至りては、主を見れば、その苦悶に堪えざらんとす。主の天人の団体中に現身し給うときは、其相一個の天人に似たり、されど彼は他の諸天人と異なりて、自ら神格の其身より赫き出ずるあり。

五十六　主の認められ、信ぜられ、愛せらるる処には、天界あらずと云うことなし。諸種の団体における善徳の一ならざるより、主を礼拝するの法亦一ならざるは、損の因にあらずして、却て有利の事なり、そは天界の円満なるは此の如き不同あるに由れり。何故にその然るかを解明せんには、学者の間に普通行わるる術語を用うるを便とす。われらは今これに由りて、円満なる単元が如何にして各様の分体より成るかを説明すべし。凡そ単元にして各様の分体より成らざるはなし。何となれば各様の分体より成らざる単元は、無有なり、無相なり、故に亦何等の特性をも有せざるべければなり。されど今、単元にして各様の分体より成り、その各分体が円満なる形式を取りて、相互の間に親和・調諧を有つときは、これを以て円満なりとなすべし。今天界は各様の分体より成れる単元にして、その分体は最も円満なる形式中に排列せらる、何となれば天界の形式はあらゆる形式中の最も円満なるものなればなり。すべて円満の相はその諸分体の調節より来るものなることは、われらの諸感官及び外心を動かす所の、一切の美しきもの、楽しきもの、心ゆくものの性質を見ば分明なるべし。是等の事は、数多の相和し相協《かな》える分体ありて、或は同時に、或は連続して、節奏及び調和を生ずるより起り来るものにして、決して一個単独の事物より発せざるなり。故に云う、変化は快感を生ずと、而して此快感の性相を定むるものは、変化の性質如何に在るは、人の知る所なり。これによりて天界における円満の相は種種の変態に基因することを、鏡に見る如く、明らめ得べし。何となれば、自然界の事物より推して、霊界の事物をも鏡に見る如く明らめ得べければなり。

五十七　天界につきて云える所は亦教会につきても云い得べし。蓋し教会は地上における主の天界なり。数多の教会あれども、皆一様に之を呼びて教会となし、愛と信との徳、此に存する限りは、その教会なる所以を失うことあらず。此処にも主は亦各分体を合わせて単元を作り、数多の教会よりして一個の教会を作り給う。又教会全般につきて云える所を移して個個の教会に属する人の上に及ぼし得べし。即ち教会は人の衷に在りて、外にあらず。何人と雖も、其心に愛と信との徳を具えて、主を此に在らしめなば、彼は一個の教会なり。又そのうちに天界を有せる天人につきて云える所は、亦之を移して、そのうちに教会を有せる人間の上に及ぼし得べし、そは天人は一個の極小形式における天界なる如く、かの人は一個の極小形式における教会なればなり。実にそのうちに教会を有せる人間は、亦天人と同じく、一個の天界なりと謂い得べし。何となれば、人は天界に往きて天人とならんため造られたるものにして、主よりする善徳を具有するものは、人間にして亦天人なるべければなり。此処にて人間は、如何なるものを天人と共有し、如何なるものが天人に欠けて人間に有るかを述ぶるを適当とすべし。人の天人と同じきは、その内分の等しく天界の形像なること、愛と信との徳に在る限り、人は天界の形像たることとなり。人に存して、而して天人に存せざるは、人の外分是なり、而してこの外分の世間的形像なること是なり。而して人はその善徳に住する限り、世間的外分をして天界に隷属せしめ、天界の使役するままならしむ。是の時主は、己が天界に在る如く、此人のうちに在り、主は彼が天界的生涯のうちにも、世間的生涯のうちにも等しくおれり。何となれば、神的順序ある処には、主在らざることなければなり、神は順序なるが故に。

五十八　終りに、人もし胸中に天界を有せんには、その天界は、彼が行為の至大なるもの、即ち全般的なるものに現わるるのみならず、その至小なるもの、即ち個個の行為にも現わるることを記せざるべからず、此の如き人に在りては至小の事物と雖も、至大なるものの形像を留めずと云うことなし。こは如何なる人も、その人たる所以は、自己具有の愛に在りと云うこと、自己所主の愛は即ちその人格なりと云うことに基因せるなり。何となれば各人所主の愛は、その人の想念・行為の最も微細なる処にも流れ入りて、之を塩梅し、到る処に己れと相似たるものを誘出すればなり。諸天界に在りては、主に対する愛を以て、所主の愛となす。こは天界にては何ものも主の如く愛せらるることなきに由る。故にここには主を以て一切中の一切となす、主は、全般の上に、個個の上に、流れ入らざる処なく、之を塩梅し、之を導きて自己の形像を其上に留めずと云うことなく、又主の在る処は、往くとして天界を現ぜずと云うことなし。故に天人は極小形式における一個の天界にして、団体は之よりも大なる形式を有せる天界なり。而して諸団体を打して一となせるものは、天界の最大形式をなせるものとなすべし。天界を作すは主の神格にして、主は又一切中の一切なることは上に述べたる如し（七より十二）。

全天界を統一して見るときは、一個人に類すること

五十九　全天界を統一して、之を見るときは、一個の人に類することは、未だ世間に知られざる密意なれども、天界には十分に知れおれり。天界における諸天人は、此事実と、之に関せる大小・粗細の事項を知らんと勉む。彼等の智慧を用うる所は重《おも》に此点にあり。而して此密意を以て普遍の原則となさざれば、分明、徹底して彼等の心念中に入る能わざる数多の事項あり。是等は皆かの密意と連関せり。此の如く、諸天人は、天界はその一切の団体を挙げて一個の人に類することを知るが故に、彼等は天界を呼びて大神人と云う、その神的なるは、天は主の神格によりて成ればなり（上を見よ、七より十二）。

六十　霊的及び天的事物に関して正当なる観念を有せざるものは、是等の事物が一個人の形式と形像とに従いて排列せられ、和合せらるることを知る能わず。彼等は以為《おもえ》らく、人間の外分を作せる世間的・物質的事物、即ち是れ人格にして、これなくば人はその人たる所以を失うべしと。されど人の人たるは是等の事物によるにあらずして、その能く真を知り、能く善に志すの力量あるによることを知らんを要す。是等の霊的・天的事物は即ち人格を作す所以のもの也。且つ人格の上下は、その人の智性と意志との如何によることは、世人の能く知れる所なり。又この肉体は此世において意と智との役する所とならんた

め作られたるものにて、自然界の終極圏に在り、意と智との命令に応じて、その用を所弁するを以て務めとなす。是の故に肉体は何事をも自働的に作すを得ず、全く智と意との頤使するに任せて活動す、即ち此に思う所あれば、之を口舌の間に出し、此に決意する所あれば、その身と四肢とを以て之を行う。故に作為する所あるものは、智慮と意志とにして肉体にあらざる也。されば人の人たるは、其智性と意性とに在りて、その人間的形式内に存するは、肉体中、至微至細の処にまでゆきわたりて、之を活動せしめんためなるを明らむべし。猶お内分が外分の上に働くが如し。故に此点より見て、人を呼びて内的・霊的人格となす。天界は実に此の如き人格の最も大にして最も円満なる形式を有せるものなり。

六十一　如上を天人より見たる人間観となす。故に天人は決して人間がその肉体にて為せる所に留意せずして、之を動かす所の意志如何を看察す。何となれば天人は人格を以て此意志に存すとなせばなり。その智性も亦人格の一分ならざるにあらざれども、そは意志と一致して活動するときに限れり。

六十二　されど天人が天界を見て一個の形式となすは、その全般に行きわたりてのことにあらず。何となれば、如何なる天人の眼界と雖も、天の全般を測り知るべからざればなり。されど彼等は時に数千の天人よりなれる遠隔の諸団体を見て、人間的形式をなせる一団と看ずることあり。彼等は此一団を一分体と看做し、之れより推してその全体《ホール》をなせる天界も亦此くあるべしとなす也。そは極めて円満なる形式をなせるものに在りては、全班《ホール》は部分《パート》の如く、部分は全班の如くにて、両者の相異は只その分量の上にのみ存せるが故なり。故に彼等云わく、彼等が一団体を此の如く看ずると同様に、主は天界の全班を此の如く看じ給うと、蓋し神格は至奥至上の処に在りて、物として見給わざるはなければ也。

六十三　天界の形式既に此の如くなるに由り、主は亦之を一個人として、即ち単元として統御し給う。而して人体はその全分《ホール》に在りても、その箇体《パート》に在りても、千態万様の事物より成ることは、人の能く知る所なり。即ち全分より見れば、肢節あり、機関あり、臓腑あり、個体の上より見れば、繊維あり、神経あり、血管あり、かくて肢体の中に肢体あり、部分の中に部分あれども、個人の活動するは単元として活動する也。而して主が天界を統御し給うも亦是の如し。

六十四　一個の人体中に此の如く数多の異様のものあれども、皆一体となりて活動するは、一物として、その用を遂ぐるに当り、全般の福祉を計らんとせざるはなきに由る。即ち全局《ホール》は部分のために、部分は全局のために、何事か用を遂げずと云うことなし。蓋し全局は部分より成り、部分は全局を作るが故に、相互に給養し、相互に揖譲《ゆうじょう》するをわすれず、而して其相和合するや、部分と全局とに論なく、何れより見ても、統一的全体の形式を保持し、且つその福祉を進めんとせざるはなし。これを以て、彼等は一体となりて活動するを得るものとす。天界における統合も亦これに類似せり。すべて物の和合するは、各〻其の為す所の用が相似の形式を踏襲するときなるが故に、全社会のために用をなさざるものは、天界の外に放逐せらるるを常とす、そは他と相容れざればなり。用を遂ぐると云うは、総局の福祉を全うせんため、他の順利を願うの義なり。而して用を遂げずと云うは、総局の福祉如何を顧みず、只自家の為めの故に、他の順利を願うの義なり。此はすべてを捨てて只己れのみを愛し、彼はすべてを捨てて只主をのみ愛すと謂うべし。天界に在るもの、悉く一体となりて活動するは之がためなりと知るべし、而してその此の如くなるは主よりす、諸天人自らの故にあらず。何となれば、彼等は主を以て唯一となし、万物の由りて来る大根源となし、主の国土を保全するを以て、総局の福祉となせばなり。主は下の語によりて此意を説き給えり、「爾曹《なんじら》まず神の国土と其正義とを求めよ、さすれば総てのもの汝に加えらるべし」（マタイ伝、第六章、三三）と。その正義を求めよとは、その福祉を求めよとの義なり。此世に在りて、国家の福祉を喜ぶこと、私利を喜ぶより甚しく、隣人の福祉を以て己れの福祉の如く喜ぶものは、他生においては、主の国土を愛して、之を求むるもの也。蓋し天界における主の国土は、此世における国家と相対比すべきものなればなり。自己のためにあらず、只徳の故に徳を他人に施すものは、隣人を愛すとなすべし、天界にては、徳即ち隣人なるに由る。すべて此の如きものは皆巨人、即ち天界の中に住する也。

六十五　全天界は一個人に相似し、又その相貌において、最大形式を有せる霊的且つ神的人格なるが故に、天界は亦人の如く、肢節・肢体の区分を有し、其名も亦相似たり。而して天人は又一一の団体が肢体の如何なる部分に位せるかを知れり。彼等云う、甲団体は頭部に在り、又は頭部の某の局処に在り、乙団体は胸部に在り、又は胸部の某の局処に在り、丙団体は腰部に在り、又は腰部の某の局処に在り、と。概して云うに、最奥即ち第三の天界は頭より頸に至るまでを占め、中間即ち第二の天界は胸より腰及び膝の間を占め、最下即ち第一の天界は、脚部より脚底と、臂より指頭の間を占めおれり。こは臂と手とは身側にあれども、人体の終極部なるに由る。天界の三分せらるる所以は、これを見ても益〻明かなるべし。

六十六　天界の下面に住める精霊あり、天はその上方にも下方にも、一様に之れありと云うを見聞して驚くこと一方ならざりき。彼等は世上の人の如く、天は只上方にのみ在るものと思い信じたればなり。されど彼等は其実、諸天界の位地は、人体における肢節・機関・臟腑の如く、或は上方、或は下方に在り、又、各肢節・各機関・各内臓中の諸小肢体の如く、或は内部、或は外部に在ることを知らず。精霊が天界に関する思想の転倒せるは是を以て也。

六十七　如上、天界を以て巨人の相ありとなして、是等の事項を述べたるは、先ず此の知識を有しおくにあらざれば、後来天界につきての記述を、如何にもして会得し難きによる。又、天界の形式、主と天界との和合、天界と人との和合、霊界より自然界に来る内流、及び相応の理に関せる一切の事につきて、決して明晰なる概念を有する能わざるに由る。是等の事項につきては、後来、序を逐いて叙述すべければ、今はただ之が端緒を開きて、多少の光明を与えおくに止むべし。

諸天界における各団体は一個人に似たること

六十八　在天の各団体が一個人に似たること、又その面影を有することは、わが屢〻許されて見るを得たる所なり。嘗て摸擬の術に長けたるもの、其実、偽善者なるに拘わらず、自ら光明の天人を装いて、或る団体に交り入れることありき。われ天人が是等の偽善者と相分離せんとするを見るに、始めは全団朦朧として一体をなす如くなりしが、次第に人体的形式を容《かたち》づくれり。其時尚お朦朧たるを免かれざりしが、最後に至り、分明に一個人を現出するに至れり。此個人中に在りて、之を構成せるものは、皆此団体の善徳を具有せる天人にして、此中に在らず、従いて之を構成せざるものは、さきの偽善者輩なりき。彼等は外に斥けられたれど、天人はそのままに留めおかれ、分離はかくして成就したり。偽善者とは、善く語り、善く行えども、何事につけ己れをさきにするものの謂いなり。彼等は、主、天界、愛、天界の生涯などにつきて語ること天人の如く、又其云う所を行為に示さんとして、善くその行を飾れども、その実際に思惟する所は然らず、彼等は何事をも信ぜず、又己れを外にして徳を行ずるの念あることなし。故に彼等にもし善行ありとせば、そは皆自ら為めにする所あるに由る。もし又他人のためにすることあらば、そは他のしかく見んことを願うに過ぎざれば、畢竟ずるに亦自利のため也。

六十九　主自らその身を天人の一団に現わし給うとき、其一団はすべて一体となりて人体的形式をなすことは、わが又許されて見得たる所なり。東方の高処に当り、一片の白雲、薔薇色を帯びて輝きたるが、小さき星に囲まれて顕われぬ。此雲次第に下方に進み来り、進み来るに従いて、愈〻輝きを放ち、遂に一個円満なる人体的形式を示したり。この雲を繞りて、星の如く見えたるは天人にして、彼等がかく星の如く輝けるは、主の光を受けたるがためなりき。

七十　天界の団体中に在るものは、総て之を集めて見れば、単元となりて一個人間の面影を具うれども、各団悉く同一模型の面影を有すと思うべからず。彼等の相似ざるは、猶お同一の家族に属するものが、各〻其相貌を異にするが如くにて、前に述べたる如く(四十七)、天人が各自に具有せる善徳、千差万別なればなり。蓋し形式を限定するものはその人の善徳なるに由る。故に、最奥至高の天界にある団体、殊に此団体の中心にあるものは、最も円満にして、最も美わしき人体的形式を現ず。

七十一　此に記述しおくべき一事は、天界の団体中に入り来りて、何れも一体となりて活動するもの愈〻多きを加うるときは、その団体が現ずる人体的形式も亦愈〻円満なること、是れ也。そは前きに云える如く(五十六)、天界の形式に従いて、各種の変態を排列するときは、此に円満の相を現じ、而して多数は変態を生ずればなり。又天界の各団体は日〻

にその数を増進し、この増進につれて、円満の度益〻加わるが故に、此現象は各団体の上にのみ止まらず、天界の全般に渉りて見るを得べし。何となれば天界は是等の諸団体より成ればなり。此の如く数の増進は天界をして益〻円満ならしむる所以なるが故に、かの天界充満の時は即ち天界閉鎖の時なりと信ずるものの誤れるを知るべし。事実は之に反して、天界充満の度愈〻高くして、其円満を加うること愈〻大なるが故に、天界閉鎖の期は決してあるべからず。天人が何事よりも、新来の客を接するを、最も熱望するは、これがため也。

七十二　各団体を一体として見るとき、人体的形式を現ずと云うことは、前章に示したる如く、天界全般にわたりて此の如く見ゆるが故也。又円満無上なること、天界の形式の如きものにありては、各分体に全局の面影あり、小個体に至大なるものの面影あるが故也。天界を構成せる諸団体は、即ち天界の小なる分体・部分にして、所謂る小模型の天界なることは、上来（五十一より五十八）既に説ける所なり。天界における一切のものの善徳は、悉く一個の愛、従いて一個の源頭より来るが故に、今述べたる所の面影なるものは、之を無窮に見ることを得べし。一切在天のものの善徳を起し来ると云う、かの一個の愛とは、即ち主に対する愛なり、而して是の愛は主よりするものとす。故に知るべし、天界全般は総体的に、各団は分体的に、又各天人は個個に、主の面影を有することを。而してこは既に上来（五十八）述べたる所なり。

故に各天人は円満なる人体的形式を具すること

七十三　前二章において、天界の全般が一個人に相似すること、及び在天の各団も亦然ることを述べたり。その時開陳せる道理を推して、各天人も亦一個人に相似することを断結し得べし。天界は至大の形式を具えたる個人にして、天界の団体は之に次ぎて大なる形式を具えたるものなる如く、天人はその至小なるものなりと云う、その義如何と尋ぬるに、天界の如き極めて円満なる形式を有するものには、各分体に全般の面影あり、全般に各分体の面影あればなり。その理は、天界は一個の結社にして、その一切の所有を衆と共に相頒ち、衆はその一切の所有を結社より受領するが故なり。此の如く、天人は一切の天的事物の受領者なるにより、彼は一個天界の極めて小なるものとなすべし。こはその処に説ける如し。人も亦天界を摂受する限り、天人の如き受領者となり、一個の天界となり、又一個の天人となることは、既に上に述べたり（五十七）。又黙示録の記する所によれば、曰く、「彼は聖きエルサレムの石垣を測りしに、人の度《はかり》に従えば、百四十四キュビットあり、人の度は天人の度と同じ」（第二十一章、一七）と。此に云える「エルサレム」とは主の教会なり、勝義に従えば、即ち天なり。その「石垣」と云うは虚偽と罪悪との襲来を拒がんための真理なり。「百四十四キュビット」とは一切の真理と善徳とをすべて云えるなり。「度」

に天人は存するものの、即ちその衷《うち》に天界を有せるものを云う。而して天人は亦此義において人なるが故に、人の度、即ち天人の度と云う。これを如上の文句に含める霊的意義となす。此義なくば、誰か能く「聖きエルサレムの石垣」は、人の度、即ち天人の度なることを会得せんや。

七十四　これよりわれは実地の経験に進むべし。天人が人間の形式を有すること、即ち人間なることは、わが千回も実地に見たる所なり。われは彼等と相語ること、人間相互の間における如くにて、或は一人を相手とせることあり、或は数人の集りを相手とせることあり。われは嘗て天人の形態の上より見て人間と異なる所あるを認めざりき。われ時に此事の果して実際なるべきかを怪しめり、その或は錯誤、或は妄想的幻像ならんことを恐れ、わが十分に覚醒せる時を以て、天人を見んことを願いて、而してこれが許しを得たり、当時わが肉体の感官は活動して、明瞭なる感覚を受け得べき情態に在りき。われ屢〻天人に語りて曰く、基教国の人〻が天人及び精霊に関して少しも知る所あらざるや、彼等を以て、形体なき心、又は単に思想に過ぎずと信じ、只何となく精気のかたまりて、その中に生命を有するものとのみ思えり。此の如く是等の人〻は精霊及び天人の人間と同じき所は、只思索の能力を有する一事にありとなすが故に、彼等は信ずらく、精霊及び天人に、眼なきが故に見ることなく、耳なきが故に聴くことなく、口及び舌なきが故に語ることとなしと。天人これに答えて曰う、われらは世に此の如く信ずるもの多きを知れり、識者の間にも之れあり、而して殊に驚くべきは僧侶中にすら此の如く信ずるものあること是れ也、と。天人は又何が故に識者の間に此の如き信仰あるかを解きて曰う、学者は世を導くべきものなるに、まず此の如き妄想を抱くに至れるは、天人又は精霊を看ずるに当り、彼等は外的人間の感官上より来る想念のみを基となしたるに由る、此の如き想念のみを基として、内的光明及び各人の心中に深く銘ぜられたる普遍的想念を顧みざるものは、勢已むを得ず、上述の如き妄想を構うるものとす、何となれば外的人間の感官より得たる想念は、自然界の事物を解するに止まりて、毫も上天の事に及ぶ能わず、従いて霊界に関しては何等の知る所あらざればなり。而して是等の先達者が導くがままにして、嘗て自己胸中より思慮せざるものは、天人に関する此の如き誤見をも甘受して厭わず。蓋し他人の指導にのみ従うものは、他人の思想を以て自家の信条となし、後に至りて自家の智力を以て之を点検せんとするが故に、遂に先入の思想を擺脱《はいだつ》するを得ず。大抵は之を肯いて、之に聴従するを常とせり。天人又曰う、純信・直心を有するものは、天人に関して此の如き思想を有せず、彼等は天人を以て天界における人間なりと思惟す、そは彼等は学問上の所得に由りて本来天賦の所得を没却せざるのみならず、彼等は如何なるものを思惟するにも形態を離るるを得ざればなり。此の理によりて諸教会内における彫刻及び絵画の天人は人間の相をなせり、と。天人又曰う、本来の天賦とは信と生《いのち》との徳を具うるものに流れ入る所の神格是れなり、と。

七十五　形態上より見て、天人は少しも人と異なることなしと云うは、わが多年にわたれる一切の経験に徴して、今わが声明、公白するを憚らざる所なり。即ち天人には、顔あり、眼あり、耳あり、軀体あり、腕あり、手あり、足あり、而して彼等は、能く視、能く聴き、能く語る、一言にて尽せば、彼等は人間に属するすべてのものを有して欠くることなし。但〻人間と異なる所は、彼等は物質的形骸を以て其身を蔽うことなきこと、是なり。われ嘗て天人が自己の光明中に現わるるを見たるに、其煌燿《かがや》けるさまは、この世の日午の光に勝ること数度なりき。此光明の中にありて天人の相好を見るに、地上の人の面を見るよりも分明にして澄徹せるを覚えたり。われ又許されて最奥の天界に住める一天人を見たるに、その相貌の赫奕として燦爛なるは、下層の天界にある諸天人の及ぶ所にあらざりき。われ熟〻《つらつら》これを看察したるに、天人の有せる相好は、人間の最も円満なるものなるを認めき。

七十六　されど此に記すべきは、何人も天人を見るに、肉眼を以てすべからず、内的心霊の眼を以てすべきこと、是なり。そは、心霊は霊界に属し、肉体一切のことは自然界に属するに由る。同気相求むるは、固より同じき所あればなり。且つ皆人の知る如く、肉体の視覚を司どれる眼根なるものは、頗る粗雑にして、自然界の事物と雖も、その至微なるものに至りては、顕微鏡を仮らざれば見るを得ず、まして霊界の諸事物の如き、自然界を超絶せるものにおいてをや。霊界の事物を見得せんとせば、肉的視覚を離れて心霊の眼睛を開かざるべからず。而してこは、主、人間をして霊界を見せしめんと思い給うとき、直ちに起り来る現象なり。されど此の時、人は自ら肉眼を以て是等の事物を見るものとのみ思えり。アブラハム、ロト、マノア、及び諸預言者が天人を見得たるときは、此の如くありき、復活の後、諸弟子が主を見たるも亦此の如くありき、而してわが天人を見たるも亦実に此の如くありき。預言者を呼びて、「見者」(サムエル前書、第九章、九)と云い、又「眼の開きたる人」(民数紀略、第二十四章、三)と云うは、その此の如くにして見たるを以てなり。エリシャの下僕にも亦此の如きことありしは、次の言葉にて知らる。曰く、「エリシヤ祈りて、願わくばエホバよ、彼の眼を開きて見せさせ給えと云いければ、エホバその少者の眼をひらき給えり。彼のち見るに、火の馬と火の車、山に盈ちて、エリシヤの四面にあり」(歴王紀略下、第六章、一七)と。

七十七　われ此事を、さる心正しき精霊たちと物語りたるに、彼等は教会内のものにして、天界の性質、天人、及び精霊に関して此の如く無識なるを悲しみ、乃ち慨然として、われに託して、世の人に云わして曰わく、天人と精霊とは、形なき心にもあらず、又呼吸の気にもあらず、彼等は其形態においては人間なり、而して、能く視、能く聴き、能く感ずること、世上の人に異ならず、と。

天界の全般とその各分体とを挙げて一個人に類するは主は神的人格なるが故なること

七十八　天界が其全般《ホール》と各分《パート》とに渉りて、皆一個人に類するは、主の神的人格に因ると云うことは、上来述べたる所より結論し得らるべし。即ち、第一、主は天界の神なること、第二、天界は主の神格より成ること、第三、天界は無数の団体より成りて、各団は一小天界、各天人は至小の天界なること、第四、天界の全般を挙げて一個人に相似たること、第五、天界の各団は亦一個人に相似たること、第六、故に各天人は円満なる人間の形態を有すること、而して是等の諸命題より来るべき結論は、「天界は神格によりて成るが故に、神格はその形態において人間なり」と云うに在るべし。此神格とは即ち主の神的人格なることは、『天道密意』（Arcana Cælestia）よりの摘要を見れば、益〻明なるべきにより、われは是等の要点を列挙して此章の余論になしおけり（今略之。）。主の人格は神的なること、而して教会内に行わるる信仰、即ち主の人格は、神的ならずと云うは謬見なることを明かに会せんと思わば、『天道密意』よりの摘要、及び『新エルサレムとその教説』（The New Jersalem and its Heavenly Doctrine）中、主を説ける章の終りに臨んで云える所を参考すべし。

七十九　わが所言の真実なることは、わが多くの経験にて分明なれば、今此にその一分を述ぶべし。神格を認めて人間的形態以外のものとなす天人は、天界何れの処に往くも見得べからず。而して特に注目すべき事実は、天界の上層におる天人は、神格を以て此の如くならずと思惟せんと欲するも得ざること、是なり。こは彼等の衷《うち》に流れ入る神格そのものの所為にして、又天界の形式自ら然るに由るものとす。此天界の形式なるものは、天人がその想念を四辺に延長せんとするとき、遵守せざるを得ざる所なり。何となれば、天人が有する一切の想念は天界にわたりて延長し、彼等の智慧と証覚とは此延長に比例すればなり。かくて天界には主を除きて神的人格となすべきものあらざるが故に、主は天界到る処に是認せられずと云うことなし。是等の事は諸天人のわがために語れる所なるのみならず、わが親しく天界の内院に昇り得たるとき、之を看るを許されたる所なり。是によりて、天人の証覚益〻高くして、是事を徹見すること愈〻深きの道理を明らむべし。又主が天人のためにその身を現じ給う旨をも悟るべし、そは主の神格の可見的なるを認め、且つ之を信ずるものの前に現わし給う主の形態は、一個神的天人の相好即ち人格なればなり。されどこは神格を以て見るべからずとなすものの知らざる所なり、蓋し甲はその神を見得べけれども、乙は見得ざるに由る。

八十　天人は、見るべからざる神格を以て形なき神格となし、之を見得することなければども、その見るべき神格に至りては、彼等その人間的形態なるを認む、故に彼等常に云う、主のみ是れ人にして、彼等の人たるは主によれり、又何人も主を摂受する限り一個の人なり、と。主を摂受するとは、主よりする善と真とを摂受する義なりと、天人は云う、そは主は自有の善と真とに住すればなり。天人は亦之を呼びて証覚と智慧となす、而して云う、人の人たるは智慧と証覚とに在りて、之を欠ける人間の面貌にあらざるは、皆人の知る所なり、と。此真理は、内界の天上におる天人を見て明かなり、彼等は主より来る善と真とに住し、従いて証覚と智慧とにおるが故に、彼等が有せる人間の相好は、美を極め、円満を極めたり、然るに下層の天界に在る天人の形態は此の如く美ならず、又円満ならず。之に反して地獄に在るものを、天界の光明に照して見るときは、殆んど人間の相貌を有せず、彼等は一種の妖怪なり、其故如何と云うに、彼等は善と真とにおらずして、罪悪と虚偽とにおり、随いて智慧と証覚との正反対におればなり。是を以て地獄界における生涯を生命とは云わず、之を霊的死と云う。

八十一　天界は、その全般《ホール》と各分体《パート》とに渉りて、主の神的人格よりせざるはなく、此の如くにして一個人に相似するが故に、天人は自ら主におりと曰う、或は主の身のうちにおりと云うもあり、即ち彼等は主の愛の徳におるとの義なり。主自らも亦次の言によりて此義を誨《おし》えて曰う、「爾曹《なんじら》われにおれ、さらばわれ爾曹におらん。枝もし葡萄樹に連ならざれば自ら実を結ぶことなし、爾曹もわれにおらざれば、亦此の如くならん。そは爾曹われを離るる時は、何事をも行う能わざればなり。爾曹わが愛におれ、もし爾曹わが誡を守らば、爾曹はわが愛におるべし」（ヨハネ伝、第十五章、四—一〇）と。

八十二　天界には、神格に関して如上の見解を存するにより、何人と雖も、天界より内流を受くるものは、神を以て人間的形態を有すと思惟せざるはあらず。古の人はしかく思惟せり、今の人も亦、教会の内外を問わず、しかく思惟す。心の直《す》ぐなるものが胸中に見る所の神は、光明に包まれたる太古の人なれども、自得底の智慧及び罪悪の生涯にて天界よりの内流を截断したるものは、此の如き本然の所証を滅却し了せり。かく自得底の智慧にて此所証を滅却せるものは、見るべからざる神を希求し、而して罪悪の生涯にて之を滅却せるものは、常に神を希求せず。両者共に本来の所証あることを知らざるに至りては一也、そは彼等は夙《つと》に之を滅却したればなり。されど天界よりしてまず人間に流れ入る所の天界的神格そのものは、実に此本来の所証に外ならず、何となれば、人の生れたるは天界のためにして、而して何人も神格の概念なくして天界に入ることなければなり。

八十三　されば、天界の何たるを知らざるもの、即ち天界を成す所の神格の何たるを知らざるものは、天界の第一関に昇るを得ず。此人もし天界に近づかんとすれば、一種の反抗力と強き嫌悪の情を感ずべし。そは天界を摂受すべき彼の内分、未だ天界の形式中に入らざるを以て、尚お閉鎖せらるるによる也。もし強いて天界に進み入らんとすれば、其内分は益〻固く鎖されて如何ともすべからざるに至らん。教会内にありて主を否むもの、及びソシニウス教徒の如く、主の神格を肯わざるものには、此の如き命運あり。かの教会の外に生れて、聖言を有せざるが故に、主を知らざるものの命運に至りては、別に説く所あり。

八十四　古代の人が、神的存在を以て人間的なりと思えることは、アブラハム、ロト、ヨシュア、ギデオン、マノア、及びマノアの妻などに現われたる神の相貌を見て、之を明にすべし。彼等はかく一個人として神を見たれども、彼等は尚、之を崇めて、宇宙の神となし、之を呼びて、天地の神及びエホバと云えり。主のその身をアブラハムに現わし給えることは、主自ら之を「約翰《ヨハネ》伝」（第七章、五〇）に教え給う。又、アブラハム以外のものにも現われ給えることは、主の次の言葉にて明かなり、曰く、「たれも未だ父を見たるものあらず、また未だその声を聞かず、また其の形を見ず」（ヨハネ伝、第一章、一八、第五章、三七）と。

八十五　されど神を以て人なりとなすことは、何事をも外的人間の感覚より来れる想念にて判決せんとする人〻の了解に苦しむ所とす。そは感覚上のみの人は神格に関することすら世間及び世間的事物より推すにあらざれば思索する能わざればなり、故に彼は神的・霊的の人格をも肉的・自然的のものと思惟する外なく、従いて彼は結論すらく、神もし一個の人ならば、その大さ宇宙と等しかるべく、又彼もし天地を統御すとせば、世上の帝王の如く多数の官人を用うるならん、と。此の如き人に、天界には世間における如き空間的延長なしと告ぐるとも、彼は会得せざるべし。何となれば、自然界及びその光明にのみよりて思惟するものは、その眼の前に認むる如き延長を除きて、その外を考え得ざればなり。されど天界も亦此の如しと云うに至りては、誤りも亦甚しとなすべし。天界の延長は世間の延長と同じからず、世間の延長には限定あるが故に、之を測度し得べけれども、天界の延長には限定なきが故に、之を測度するを得ず。されどこの事につきては、後段霊界における時間と空間とを説くに当り、之を詳説すべし。

又われらの眼界は如何ばかり遠きに達し、極めて遠距離なる太陽・星辰をすら見得べしと云うことは、何人も能く知る所なり。又今少しく深く考うるものは、内分の視力即ち想界の視力は尚これよりも遠方に達し、更に内辺の視力に至りてはその限界更に遠大ならざるべからざるを知れり。果して然らんには、何物かよく神的視力の限界外に出ずるを得るとせんや。神的視力は実に一切視力の最も内的にして最も高上なるもの也。想念に此の如き延長の力あるが故に、天界一切の事物は、此処に住めるものの総てに伝わらずと云うことなし、天界を成就し、天界に遍満せる神格より起るものも、すべて亦此の如くならずと云うことなし、そは既に前章に説ける所の如し。

八十六　人〻神のことを考うるに、神を以て見るべからざるもの、即ち如何なる形態によりても思議すべからざるものとするを以て、自ら智あるものと信じ、然か思議せざるものを以て無智・魯直なりとなし、その実際は正に之と相反するを知らず、故に天界に住めるものは、之を怪しみて措かざる也。彼等曰く、此の如く自ら智慧ありと思えるものをして自ら問うて曰わしめよ、「わが見る所は神にあらずして、自然界なるにはあらざるか」

と。或は只眼前に現然たる自然界を見るもあるべし、或はその隠れて見るべからざる処を認むるもあるべし、されど彼等は果して神の何たり、天人・精霊、死後尚お生くると云う自己の霊魂の何たり、及び人の衷《うち》にある天界の生涯の何たるを知れるか、又其他数多の智慧上の諸問題を解し得るとせんか、彼等試みに自ら問いて見よ。然るにかの彼等が魯直と呼びなせるものは、是等の事物につきて皆それぐ\自家の見解を有しおれり、即ち彼等は、神は人間の形態を有せる神格なること、天人は天界に住める人間なること、死後尚お生くると云う自己の霊魂は猶お天人の如きものなること、人のうちにある天界の生涯とは、神の誡に従いて生息することを知悉せる也。故に天人は、是等の人〻を智ありとなし、天界に入るべき資格あるものとなし、かの然らずして自ら智ありと信ぜるものは、天人之を無智なりと云う。

天界一切の事物と人間一切の事物との間に一種の相応あること

八十七　今時の人は相応の何たるを知らず。此無知の原因に種種あれども、その重《おも》なるものは「我」と世間とに執著して、自ら天界より遠ざかれるに由る。何事をもさしおきて「我」と世間とを愛するものは、只外的感覚を喜ばし、自家の所欲を遂げしむる所の世間的事物にのみ留意して、嘗てその外を顧みず、即ち内的感覚を楽しませ、心霊を喜ばしむる所の霊的事物に至りては、彼等の関心せざる所なり、彼等が之を斥くる口実に曰く、霊的事物は高きに過ぎて思想の対境となる能わず、と。されど古の人は之に反して、相応に関する知識を以て一切知識中の最も重要なるものとなし、之によりて亦智慧と証覚とを獲たり、而して教会中のものは之に由りて天界と交通の途を開きたり。蓋し相応の理を知得するは天人の知識を獲る也。天的人間なりし太古の人民は相応の理そのものに基づきて思索せること、猶お天人の如くなりき。是をもて彼等は、天人と相語るを得、主をも屢〻見るを得て、その教えを受けたりしに、今時に至りては此知識全く絶えて、相応の何たるを知るもの絶えてあらず。

八十八　相応の何たるかを知らずしては、霊界につきて明白なる知識を有するを得ず。此く無知なるものは又霊界より自然界にする内流の何たるを知る能わず、又霊的事物の自然的事物に対する関係をすら知る能わず、又霊魂と称する人間の心霊、その身体に及ぼす活動、及び死後における人の情態に関して毫も明白なる思想を有する能わず。故に今、何をか相応と云い、如何なるものを相応となすかを説き示す必要あり。これによりて後来述べんとする所のために端緒を開き得べし。

八十九　さればまず相応とは何の義かを説くべし。全自然界は、之を総体《インゼネラル》の上より見ても、分体《インパテキュラル》の上より見ても、悉く霊界と相応あり、故に何事たりとも、自然界にありて、其存在の源泉を霊界に取るものは、之を名づけてその相応者と云う。而してわれらは、自然界の存在し永続する所以は霊界に由ること、猶お結果が有力因に由りて存するが如きを知らんを要す。自然界とは、太陽の下に在りて、之より熱と光とを受くる一切の事物を云うものなるが故に、これによりてその存在を継続するものは一として自然界に属せずと云うことなし。されど霊界とは天界のことなり、霊界に属するものは皆天界に在るものとす。

九十　人間は一小天界にして又一小世界なり、而して共に其至大なるものの形式を摸して成れるが故に（上を見よ、五十七）、人のうちには自然界あり、又霊界ありと謂うべし。その心に属して、智性と意志とに関せる内分は霊界を作り、その肉体に属して感覚と動作とに関せる外分は自然界を作す。故に彼が自然界にあるもの、即ち彼の肉体及びその感覚と動作とに属するものにして、その存在の源泉を彼が霊界に有するとき、即ち彼が心性及びその智力と意力とより起り来るときは、之を名づけて相応者と云う。

九十一　相応の如何なるものなるかを知らんと欲せば、人の面を見るべし。未だ偽りを装うことを学ばざる面には、その心のうちに起る情動、本来の典型に従いて、悉く自《おのずか》らに現われずと云うことなし、此の如き面を称してその心の索引なりと謂う。かくして人の霊界はその自然界に現われざるはあらず、彼が智性に属する諸想念は、その言語に現われ、彼が意志に属する決定は、その身の挙動に見るべし。故に人の身体にて為さるるものは、或はその面に現われ、或はその言語に発し、或はその挙動に見ゆるとを問わず、皆相応者なりとす。

九十二　是等の観察によりて、何を内人となし、何を外人となすかを明らめ得べし、内的とは霊の人にして、外的とは自然の人を謂う、両者の相違は猶お天界と世間との相違の如し。外人即ち自然の人が為す所、及びそのうちに在るものは、すべて内人即ち霊の人に由るものと知るべし。

九十三　内人即ち霊の人と、外人即ち自然の人との間に存する相応につきて云う所は此に止め、これより全天界と人間の各分体とにおける相応を述ぶべし。

九十四　全天界は一個人に類すること、天界は人間の形態を具うること、故に之を呼びて巨人となすことは、既に之を明らめ得たり。又天界をなせる天人の諸団体は、人身における肢体・機関及び内臓の如くに塩梅せらるるが故に、或る団体は頭に当り、或るは胸に当り、或るは腕に当り、或るは又是等諸肢体の各局部に当れりと云うことも既に明らめたる所なり（五十九より七十二）。故に天界において、某の肢体に当る団体は、人身における同一の局処に相応せるを知るべし、例えば、頭部に当れる団体は人身の頭部に相応し、胸部に当れるものは人身の胸部に相応し、双腕に当れるものは人身の双腕に相応す、其外の部分におけるも亦然り。而して人がその存在を永続し得る所以は相応に由るものとす、そは、人は天界以外に出でて、その継在の源泉を求むる能わざればなり。

九十五　天界を分ちて二となして、その一を天国と云い、他を霊国と云うことは、既に別章において之を記せり。概して云えば、天国は心臓及び全身にて心臓に属すべき一切のものと相応し、霊国は肺臓及び全身にて肺臓に属すべき一切のものと相応す。実に心臓と肺臓とは人における二国土なり。心臓は静動二脈に由り、肺臓は神経と運動繊維とに由りて、人身中に主治者となり、力の発する処、動作ある処、必ず両者の協力を認む。各人のうちにも、即ち彼の霊的人格をなせる霊界のうちにも、亦二国土ありて、一を意と云い、他を智と云う。意は善に対する情動により、智は真に対する情動によりて統治す。是等の二国土は亦肉体中の肺臓と心臓との二国土と相応せり。天界においても亦此の如き相応あり。天国は天界の意力にして、愛の徳此に統御し、霊国は天界の智力にして、真此に統御す。人における心臓と肺臓との官能に相応せりとなすべし。聖言の中に、心臓を以て、意を示し、亦愛の徳を示し、肺臓の呼吸を以て、智及び信の真を示すは、此相応によりてなり。又情動は心臓中にもあらず、心臓よりも来らざれど、之を心臓に帰するは、之がためなり。

九十六　天界の二国土と心臓及び肺臓との相応は、天界と人間との間における一般的相応也。而して人身の各肢体・各機関・各内臓に対しては、かく一般的ならざる相応あり、以下之を述ぶべし。巨人、即ち天界の頭部におるものは、愛・平和・無垢・証覚・智慧の中に在り、従いて歓喜と幸福とに住するを以て、天界到る処、その善徳に比すべきものあらず。是等は、人の頭部及び頭部に属すべき一切のものに流れ入りて、之と相応す。巨人、即ち天界における胸部に在るものは、仁と信との善徳中に住して、人の胸部に流れ入り、之と相応す。巨人、即ち天界において腰部及び生殖機能を司どれる部分は、夫婦の愛に住し、脚部にあるものは、天界最劣の徳、即ち自然的・霊的善徳の中に住せり。腕と手とに在るものは、善徳中より出で来る真理の力に住し、眼に在るものは、智に住し、耳に在るものは、注意と従順とに住し、鼻孔に在るものは、知覚に住せり。口と舌とに在るものは、智性と知覚とより出ずる言語の中に住し、内腎に在るものは、検査し、分析し、訂正する所の諸真理に住し、肝臓・膵臓・脾臓にあるものには、善と真とを種種に洗錬するに長ずるなど、以下次を逐いて知るべし。是等は何れも人体中の相似せる各局部に流れ入りて、之と相応す。天界よりの内流は諸肢体の働き及び用のうちに入り、而してこの霊界より出でたる用は、自然界にある如き事物を仮り来りて、此にその形態を託し、以て具象的結果を現ずるが故に、是においてか相応なるものあり。

九十七　是の故に聖言のうちに肢体・機関・内臓のことを云えるときは、上述の意義を有せるものなるを知るべし、聖言中一切の事物は、此相応の理によりて始めて深義あるものとす。即ち、頭部は智慧と証覚とを意義し、胸部は仁、腰部は夫妻の愛、腕と手とは真の力、足は自然的に属すること、眼は智性、鼻孔は知覚、耳は従順、腎臓は真を洗錬する所以を意義せり、以下之に準ず。又是の理によりて、平生談話の際にも、智あり、覚あるものを呼びて、彼は頭をもてりと云い、仁に厚きものを呼びて、彼は胸の友なりと云い、知覚に勝れる人を呼びて、彼は鋭敏なる嗅覚を有せりと云い、智慮に秀でたるものを呼びて、彼が視覚は鋭しと云い、強力ある人を呼びて、彼が手は長しと云い、愛の心を基として、所志を決するものを呼びて、彼の行動は心臓より出ずと云う。人間の言葉に是の如き諺、尚この外に数多あるは相応の理に基づきて、其実は霊界よりの言句なることは、人の未だ自覚せざる所なりとす。

九十八　天界の万物と人身との間に、此の如き相応あることは、わがいくたびとなく実見するを許されたる所にて、われは実にこれを以て、自明の事実、毫も疑を容るべき余地なきものと思うほどなり。されど此の実見を一一ここに列挙せん必要はあらず、余りに多きに過ぐるを以て、その便よからず。『天道密意』(Arcana Cælestia) 中、相応、表象、霊界より自然界への内流、及び霊魂と身体との交通を説ける処につきて、之を見るべし。

九十九　人間一切の事物は、かくその肉体の上より見て、天界一切の事物に相応すれども、人間が天界の形像なることは、その内相にありて、その外相にあらず。そは、天界を摂受するものは人の内分にして、その外分は世界を摂受するに過ぎざればなり。故に人は、その内分に天界を摂受する限り、その点においては至大者の形像をうつせる至小の一天界なりと謂うべし。されど彼が内分にして天界を摂受することなくば、彼は自ら天界たるを得ず、又至大者の形像を現ずるを得ず。さは云え、世間を摂受すと云う彼の外分にして、その形式もし世間の順序に従いおらば、その美を成すにおいて妨げざるべし。何となれば、この外面の美は身体に属するものにして、之を両親に享け、胎内にて成育したる後、世間に出でて、これよりする一般的内流の護持する所なればなり。故に人の自然に得たる相貌は、その霊的人格のに比して甚だその趣を異にするを常とす。われは折にふれて人の心霊は如何なる相貌を有せるものなるかを見得たることありき。或るものは、その面貌こそ白くして美なりけれ、その心霊は、形欠け、色暗くして、怪妖の如く、之を呼びて地獄の相好と云うべく、天界の面影は嘗て之れあらざりき。されど或るものは、其外面の美において欠くる所ありしも、その心霊に至りては、相好全く、色白くして、天人の如くなりき。而して死後における人間の心霊は、亦尚お世間にて体中にありたるときの如き相貌を有するものとす。

百　されど此相応の事実は人間界以外のことにも及べるものにて、即ち諸天界相互の間にも相応あり。第二即ち中間の天界は、第三即ち最奥の天界に相応し、第一即ち最下の天界は、第二即ち中間の天界に相応し、第一即ち最下の天界は、又人体の諸部をなせる肢体・機関、及び内臓に相応せり。此の如くにして、人の肉体は天界の最終点なり、又その基礎にして、天界は此上に立つものとす。されど此密意は尚お他処にて詳説すべし。

百一　されど此に深く注意すべきは、天界との諸相応は主の神的人格との相応なること是なり、そは前数章に示せる如く、天界の存在は主に依り、主即ち天界なるに由る。もし神的人格の天界万物に流れ入ることなく、又諸〻の相応によりて、世間一切の事物にも流れ入ることなくば、天人あることなく、人間あることなかるべし。故に知るべし、主は何が故に人となり給い、又彼の神格を始めより終りに至るまで人格の中に寓し給いたるかを。何となれば、主の来り給える以前に天界を保持したる神的人格は、天界の基脚点となれる人間が傾覆して順序を破壊したるがために、まだ万物を担荷し得ざるに至りたれば也。主の来り給える以前に存在したる神的人格の何なりしか、其特相は如何なりしか、又当時の情況は如何なりしかの疑問は、前章附録の摘要中に解述しおけり（今省之。）。

百二　天人は、世に万事を自然界の作用に帰して、神格を以て毫もこれに与かることなしと思い、又その体中に天界の諸〻の不思議を集めおれるをも自然界の作為なりと信ずる人ありと聞き、驚くこと一方ならず。その人〻の理性も亦自然界より来ると信ぜらるるに至りては、天人の驚き、更に一層を加う。されど人もし少しく其心を開きだにせば、是等の事物は神格より来りて、自然界よりせざるを明らめ得べき也。又自然は只霊的なるものを包まんため、相応の形式によりて、順序の最終点に現出するものなることを明らめ得べき也。天人は上述の如き人〻を梟に譬う、そは彼等は、明るきに見ずして、暗きに見れば也。

天界と地上一切の事物との間に相応あること

百三　相応とは如何なるものなるかは前章に述べたり。又動物体中の諸事物は一として相応者ならざるなきことをも既に述べたり。今此序を逐いて、地上の万物、及び概言して宇宙の万物も亦、相応者なることを述ぶべし。

百四　地上の万物を三大別して、之を三界と名づく、動物界・植物界・鉱物界、是なり。動物界に属するものは第一位の相応者なり、生あるが故に。植物界に属するものは第二位の相応者なり、只成育するのみなるが故に。鉱物界に属するものは第三位の相応者なり、生なく、又成育なきが故に。動物界の相応者とは、地上を歩むもの、匍うもの、空中に翔けるもの、即ち諸種の生物なり、今一一其名を挙げざるも、人皆之を知るべし。植物界の相応者とは、庭園・森林・田畠及び草原に成育し繁茂する一切のものを云う、是れ亦人の能く知る所なれば、一一その名を挙げず。鉱物界の相応者とは、貴金属と非貴金属、宝石と頑石、諸種の土砂、及び水を云う。この外、人間の技巧によりて、地上の三界より作り出され、人間の用を弁ずる相応者あり、諸種の食物・衣服・家屋、公共の建築物、及び其他種種の物件、是なり。

百五　日・月・星辰の如き地を離れたるもの、及び雲・霧・雨・電・雷の如き空気中にあるものも亦相応者なり。又太陽及び其存否によりて生じ来る現象、即ち明暗・寒暑の如きも、同じく相応者なり。又太陽に依りて交替的に生ずるもの、即ち、春・夏・秋・冬と云う如き年中の季節、朝・午・夕・夜と云う如き一日中の時期も亦皆然りとなす。

百六　概して云えば、自然界に存在するものは、その至大なるものより至小なるものに至るまで、相応者ならずと云うことなし。その然る所以は、自然界、及びそが中に在る一切のものは、霊界に依りて存在し恒存し、而して霊界と自然界とは共に神格に依りて存在し恒存すれば也。わがここに存在し恒存すと云うは、凡そ物の恒存するは、まずこれに存在を付与したるものあるがためにして、恒存とは存在の永続不断なるを云う。而して何ものも自《おのずか》らによりて恒存するはあらず、必ずや之が先に存在したる一物、即ち畢竟ずる処は、元始によりて然るものとす。而してかの物もし此より離るるときは、死却して、遂に全く滅絶すべし。

百七　神的順序に従いて、自然界に存在し恒存するものは、すべて相応者ならずと云うことなし。而してこの神的順序をなすものは、主より起り来る神善なり。此順序は、まず主より始まり、主より進み出でて、諸天界に行きわたり、それより次第に世間に入り来り、此にて終極点に止まる、而して此の終極点にあり、順序に従いて存在するものは、即ち相応者なり。此順序に従うものとは、善を具えて、用を遂ぐるに適するものの謂いなり。蓋し善の善たる所以は、善くその用を遂ぐるに在りて、その形式は真と相依れり、そは善は真の形式なれば也。故に全世界にある一切のものは、世間の性を帯びて、且つ神的順序に従うを以て、善と真とに関係せざるはあらず。

百八　世間一切の事物は、神格に依りて存在すること、而してその自然界にあるや、当に然るべくして、且つ用を遂ぐるに足るべき形式、即ち従いて相応の理に称《かな》える形式に頼りて存在することは、動物界・植物界にて観察せらるる諸事実に見て明かなり。苟くも内に思慮あるものは、是等両界における事実を見て、その天界よりせることを見得べし。今之を例証せんため、無数の事実より二、三を挙ぐべし。まず動物界より始めん。

各動物に本来植え付けられたりとも云うべき知識ありて、その驚くべきものなることは、一般に人の知る所なり。蜜蜂は如何にして花より蜜をあつめ、蠟にて作りたる巣に之を貯え、来らん冬に自らとその一族とのために食物を供給すべきかを知れり。而して女王蜂は卵を産みて、残りの蜂は之を護り、之を被《おお》いて、新種族の生れ来るを待つ。又彼等は生れながらにして一種の政体を組織するを知りて、その下に生息し、有用なるものは之を保存すれども、その無用なるものに至りては、之が翼を奪い去る。その外、尚お用を成就せんがため、天界より彼等のうちに植え付けられたる不思議の事多し、即ち蜜蜂の蠟は、人類のために蠟燭を作るの材料となり、其蜜は食物に甘味を添うるの効あるが如き是なり。

動物界の最下層におる螟蛉《あおむし》に見る所の不思議に至りては実に大なるものあり。即ち彼等は自己の性に適せる葉液をとりて自ら養うことを知り、又その時節来るに及べば、自ら一種の被布を作りて之を蒙り、此に居ること、胎内にある如し、これ自家の同族を孚化せんがためなり。又或る昆虫は、先ず蛹虫となりて糸を繰り出し、此仕事終るや、以前に異なれる形体をなして出で来る、即ち翼ありて空中をとぶこと、天界に在りしときの如し。而して彼等は又交尾して、卵を産し、自家の児孫を繁殖するを知れり。

是等特種の実例以外に在りても、空中を飛翔する動物は概して自ら適当の食物の何たるかを知れり、啻に之を知るのみならず、何処に之を発見すべきかを知れり。彼等は又如何にして其巣を作るべきかを知るが上に、之を作るに各自の特色を具えおれり。彼等は此巣の中に其卵を産み、之を抱き暖めて、其子を孚化し、養育し、その自ら養うの法を知るに及びて、之を母巣より逐い出す。彼等は又、如何なるものを敵として之を避くべく、如何なるものを友として之と親しむべきかを知るのみならず、之を知ること既に已にその最少時においてす。尚お此に更に不思議とすべきは、その卵の中に雛鳥を形成し養育すべき一切の事物、既に具わりおること、及び今悉く之を云わざれど、此外無数のこと、是なり。苟くも合理的証覚を基として考うるもの、誰か這般の現象を以て霊界ならざる源泉より来るべしと云わんや。自然界と云うは、霊界よりする事物に形体を具えしむること、即ちその原因において霊的なるものを、結果として此に現出せしむるに過ぎず。地上の動物、空中の鳥類が、此の如き本来の知識を具えおるに拘わらず、何が故に彼等よりも優れたる人類が之を具えざるかと尋ぬるに、そは、動物は当然の順序に従いて其生を営むが上に、彼等は理性的なるものを有せざるを以て、霊界よりして彼等のうちに具われる所のものを壊つことなければなり。されど人類は之と異なりて、その思索は霊界に通ずるものなれど、人理をのみ重んじて、天理当然の順序に背ける生涯を営みたるにより、其始め霊界よりして彼等のうちに具われる所のものを僻めたり、かるが故に人間は、必然の勢として、其生るるや、更に知る所なく、後来神的方便によりて始めて天界の順序に帰復することとなれり。

百九　如何にして植物界に相応あるかは、多くの実例によりて見るを得べし、即ち小さき種子より生じて木となり、葉を生じ、花を開き、而る後実を結び、此中に未来の種子を蔵するを見よ。又此次第年年変ることなく、一定の順序を守りて誤らざること嘆賞に余りあり、到底僅少の文字にて之を記述すべからず。之がためには実に数多の著述をなすとも、尚お内的密意の存するあるべく、その深く究竟の用に関するものに至りては、科学と雖も、その蘊奥をつくし得ざる也。而して是等の事物は、一切霊界即ち天界より来るものにて、その天界は、さきに云える如く、人間の形式をとれるものなるが故に、植物界のことは、既に一部の学者の知る如く、亦人間の事物に関係を有せり。植物界における一切のものが相応者なることは、わが多くの経験によりて、疾く知る所なり。何となれば、われは屢ゝ庭に出でて草木・果実・花、及び野菜類をながめいたるとき、天界における諸ゝの相応者を此間に認めたればなり、而してわれは是等の相応におるものと親しく相語らい、その根源及び性質につきて教えを受けたることありき。

百十　されど世間自然の事物が相応すると云う天界における霊的事物を知らんことは、天よりの黙示を受くるにあらざれば、今日の人の能くせざる所なり、そは相応の知識、今全く失せ去りたればなり。されどわれ今此に数例をあげて、自然的事物と霊的事物との間にある相応とは如何なるものなるかを説き示すべし。

地上の動物は一般に情動に相応す、畜い馴れて有用の動物は情動のよきもの、猛くして無用の動物は情動の不善なるものに相応す。即ち個個に云えば、牽牛及び犢牛は自然的心の情動に相応し、綿羊及び小羊は霊的心の情動に相応す、而して有翼の生物は、その種類に従いて、霊的及び自然的両心の智性の方面に相応するものとす。イスラエル人の教会に、牽牛、犢牛、牡羊、綿羊、雌雄の山羊、及び小羊、鳩、斑鳩の如き種種の生物を神の用に供えたるは之がためなり、何となれば、かの教会は表象的教会《リプリゼンタティブ・チャーチ》なりしを以て、是等の動物を犠牲に供し、又燔祭の供物となせり。是等の動物は此の如き用に供せられて、其霊的事物と相応する所以を全うし、而して天界に在りては、皆何れも相応の理によりて此義を解せり。動物はまた活けるものなるが故に、その部族・種類によりて情動なり。彼等各自の生涯は情動以外の源泉より来ることなく、実に之に依るものなるが故に、各動物は又その生活の情動に依りて、それ〴〵本来の知識を具有せり。人間は、その自然的人格の方面より見て、亦一種の動物なるを以て、俗には之を動物に比較することあり、即ち、柔和なる人は之を呼びて綿羊又は小羊と云い、猛きものは之を熊又は狼と云い、狡猾なるものは之を狐又は蛇と云うが如し。

百十一　植物界においても亦此の如き相応あり、即ち概して云えば、庭園は、智慧と証覚とより見たる天界に相応す、かの天界を呼びて、神の庭園と云い、又楽園と云い、又人間より之を見て、天の楽園と云うが如きは是の故なり。樹木は、其種類によりて、善と真との知覚及び知識に相応するが故に（智慧と証覚とは、此知覚及び知識より来る）、相応の理をよく知れる古の人は、森の中にて礼拝の聖式を行いたり。又聖言中に屢〻樹木のことを説きて、天界・教会・人間を葡萄樹・橄欖樹・松柏などの木に譬え、その善業を果実に譬うるは、これがためなり。是等より取れる食物、殊に田野の穀類より取れる食物は、善と真との情動に相応せり、そは是等の食物が霊的生命を養うこと、猶お地上の食物が自然的生命を養うが如くなれば也。故に一般に云えば、パンは一切の善に対する情動に相応すとなすべし。パンは生命を支うること他の食物に優り、又パンと云えば一切の食物を含めばなり。此相応の故に、主は自ら呼びて生命《いのち》のパンなりと云い給い、又同一の理によりて、イスラエル人の教会はパンを神用に供したり、即ち彼等は之を天幕内の机の上に置きて「供えのパン」と云い、亦犠牲及び燔祭を以て執り行う一切の礼拝式をもパンと呼びき。この相応の理によりて、基教教会中における最も神聖なる礼拝式を聖餐となし、此の時人はパンと葡萄酒とを用うる也。以上二、三の例証によりて相応の何たるかを明らむべし。

百十二　如何にして天界と世間との和合が、諸相応によりて出来得るかを今短く説くべし。

主の国土は目的の国土なり、目的とは用なり、即ち主の国土を用の国土と云うも亦可なり、用是れ目的なり。故に神格の始め宇宙を創造し形成するや、始めは天界において、次は世界において、到る処、動作の上、即ち結果の上に用を発揮せんとせり。種種の度を経、次第を逐いて自然界の終極点にまでも至らざれば已まず。故に知るべし、自然的事物と霊的事物、即ち世間と天界との相応は用によりて成就することを。即ち両者を和合せしむるものは用なり、而して此用を中に収むるものは形態なり、此形態を相応となす、即ち和合の媒介なり。されど此形態にして用と没交渉なるときは、此の如きことあらずと知るべし。自然界に在りて、その三重の国土中、順序に従いて存在するものは、すべて、用を収めたる形態なり、即ち、用のため、用によりて作られたる結果なり。故に此の如き自然界中の諸物は相応者なり。されど人間に在りては、神の法則に従いて生活する限り、即ち、主に対して愛、隣人に対して仁ある限り、彼の行動は以て用の形態に現われたるものとなすべし。由りて以て天界と和合する所の相応なりとなすべし。主と隣人とを愛するは、概して云えば用を遂ぐることとなり。而して尚お此に知らざるべからざることは、人間は自然界を霊界に和合せしむる方便、即ち和合の媒介者なること、是なり。こは人間には自然界と霊界との二つ具わりおるに由る（五十七を見よ）。即ち人間は、その霊的なることにおいて、和合の媒介者となれども、もし然らずして自然的となれば、此事あることなし。さは云え、神格の内流は、人間の媒介を経ずして、絶えず世間に流れ入り、亦人間内の世間的事物にも流れ入る、但〻その理性的には入らずと知るべし。

百十三　神の法則に従えるものは悉く天界に相応すれども、然らざるものは皆地獄と相応す。天界に相応するものは皆善と真とに関係あれども、地獄界と相応するものは罪悪と偽りとに交渉せずと云うことなし。

百十四　今少しく諸相応の知識と、その知識の用とに就きて説くべし。

さきに、霊界なる天界は諸〻の相応により自然界と和合す、故に人は諸相応によりて天界と交通すと云えり。そは在天の天人は、人間の如く、自然的事物によりて思索せざればなり。故に人間もし諸相応の知識に住するときは、その心の上にある思想より見て、彼は天人と相伍すとなすべし、即ち彼はかくしてその霊的・内的人格において天人と和合せりとなすべし。聖言なるものは、天と人との間に和合あらんがため、全然相応によりて書《しる》されたるもの也、蓋し聖言中一切の事物は、総体の上にても、個個の上にても相応ならずと云うことなければ也。故に人もし諸相応の知識に住せんには、聖言における霊的意義を読み得べく、従いて文字の上だけにては見るべからざる密意をも知り得るに至らん。そは聖言の中には、如字的意義あり、又霊的意義あれば也。如字的意義は在世間の諸事物より成るに過ぎざれど、霊的意義は在天の諸事物より成るものにして、而して天界と世間との和合は相応に依るが故に、此に聖言なるものあり、この聖言はその一字一劃に至るまで相応ならざるはなし。

百十五　地上における最太古の人は、天的人間にして、相応そのものに由りて思索し、彼等の眼前に横われる世間の自然的事物は、彼等が此の如き思索をなす方便に過ぎざりしと云うことは、わが天界より学び得たる所也。又彼等既に此の如くなりしにより、天人と相交わり、天人と相語らうを得て、天界と世間との和合は彼等を通じて成れりと云う。故にその時代を黄金時代と呼べり、そは又古来史家の説く所なり、曰く、天界の住民は人間と共におり、而して人間と交わること朋侶の如くなりき、と。されど此時代を継げるものは、相応そのものより思索せずして、相応の知識よりせり、当時尚お天と人との和合ありたれど、以前の如くには親密ならざりき。此時代を白銀時代と云う。此白銀時代を継げるものは、相応を知らざるにあらざれど、其思索は相応の知識によらざりき、彼等がおる善徳は自然的のものにして、前時代の人の如く、霊的ならざりし也。之を赤銅時代と云う。此時代より以後人は次第に外的となり、遂に肉体的となり了し、従いて相応の知識地に墜つると共に、天界の知識亦亡び、天界に関する数多の事項も亦会し難くなりぬ。是等の時代を黄金・白銀・赤銅と云えるは亦相応よりせる也、即ち黄金は相応によりて天国の善を表わし、最太古の人はこれに居れり、白銀は霊国の善を表わし、中古の人はこれにおれり、赤銅は自然界の善を表わし、古の人はこれにおれり。更に之を継げる時代を黒鉄時代となす、黒鉄は冷刻なる真を表わす、善此にあらず。

天界の太陽のこと

百十六　此世界の太陽、及び太陽より来る一切のものは、悉く自然的なるが故に、天界においては之を見るべからず。実に自然なるものは太陽より始まり、而して太陽より生ずるものは皆呼びて自然的となすなり。然るに物の霊的にして、そのうちに天界を包蔵せるものは超自然にして、全く自然的なるものと異なれり、両者間の交通は只相応によりてのみ存するを得。霊的と自然的との差別の如何なるものなるかは、度のことを説ける処にて（三十八を見よ）明なるべく、又その交通の如何なるものかは、前二章、相応を説ける処にて明なるべし。

百十七　此世界の太陽、及び太陽よりする一切の事物は、天上にて見るべからざれども、天界には亦一個の太陽ありて、光・熱、及び一切のこと、猶お此世の太陽の如し、されどこの外また数え難きほどのことありて、そは皆世間のと根源を異にせり。そは世上の事物は自然的なれども、在天のものは霊的なるによる。天界の太陽とは主なり、その光は神真なり、その熱は神善なり、而して此善と真と両つながら主なる太陽より来る。凡そ諸天界に存して、目に触るるものは、悉く此源泉よりせずと云うことなし。されど此光及び熱、及びこの二つより出で来る在天の諸事物につきては、尚お章を改めて説くべく、今は只太陽そのものにつきて述ぶべし。主が太陽として天界に現われ給う所以は、主は神愛にして、一切の霊的事物はこれに依りて存在せずと云うことなければなり、猶お一切の自然的事物が此世の太陽に依りて存在するが如し。

百十八　主が天界に在りて如実に太陽として現われ給うことは、わが天人より学びたる所なるのみならず、わが亦屢〻許されて親しく見たる所なり。されば今此に太陽としての主につき、わが見聞したる所を少しく記すべし。

主は太陽として天界に現われ給うにあらず、主は諸天界を超えて高くいませり。されど主の在処は、諸天人の頭上に在らず、又頂天にあらず、天人の面前、恰も中ほどの高さにあり。右眼の前にては、主は正に太陽の如く、その光明の耀き、及びその大さに至りては、世間の太陽と異なることなけれども、左眼の前にては、此の如くならず、主は月の如くに見ゆ、その大さ、その白さ、恰も地上の月に似たり。されどその耀きはこれに優りて、又そのめぐりに小さき月とも云うべきもの数体あり。その一一の月の、白さ、耀き相似たり。主のかく二処に在りて、而かも異様に現わるる所以如何と云うに、そは人の主を見得るは、その人が如何に主を摂受するかによるものにして、この摂受の度合各〻同じからざればなり。即ち愛の徳に住して主を摂受するものと、信の徳におりて主を摂受するものとは、相異なれり。愛の徳におりて主を摂受するものには、主は炎炎燃ゆる如き太陽となりて現わる、これその摂受の性質に称えばなり。主の天国におるものは此の如し。又信の徳におりて主を摂受するものには、主は月の如く白く、且つ照りわたりて見ゆ。これその摂受の性質に称えば也。主の霊国におるものは此の如し。その故如何と云うに、愛の徳は火に相応す、霊的意義にては、火は愛なり、又信の徳は光に相応す、霊的意義にては、光は信なり。

主が眼の前に現わるる所以は、人の心より成れる内分は眼によりて物を見ればなり。而して愛の徳にあるものは、右眼にて見、信の徳にあるものは左眼にて見る。人間と天人とを問わず、右側にあるものは総て善に相応す、真これより来る。左側にあるものは、真に相応す、善より来れる也。真の徳は、その実性において、善より来る真なり。

百十九　聖言のうちに、主を、愛より見て太陽に比し、信より見て月に比せるは之がためなり、又主より来りて主に対する愛を、太陽にて表わし、主より来りて主に安んずる信を、月にて表わすは之がためなり。即ち次に引用する所にて知るべし。曰く、「月の光は日の光の如く、日の光は七倍を加えて、七つの日の光の如くならん」（イザヤ書、第三十章、二六）と。「われ、汝を滅ぼすときは、空を蔽い、その星を暗くし、雲を以て日を掩わん、月は其光を放たざるべし。われ空の照る光明を尽く汝の上に暗くし、汝の地を闇となすべし」（エゼキエル書、第三十二章、七―八）と。又「われは日の出ずるとき之を暗くすべし、又月はその光をかがやかさざるべし」（イザヤ書、第十三章、一〇）と。又「日も月も暗くなり、星その光を失うべし。日は暗くなりて、月は血に変るべし」（ヨエル書、第二章、三一、第三章、一五）と。又「日は毛布の如く黒くなり、月は血の如くなり、天の星は地に隕ちぬ」（黙示録、第六章、一二―一三）と。又「是等の日の患難ののち、直ちに日は晦く、月は光を失い、星は空より墜つべし」（マタイ伝、第二十四章、二九）と。尚お他処を見よ。日は愛を表わし、月は信を表わし、星は善と真との知識を表わす、是等の諸徳亡ぶるとき、是等の諸天体暗くなり、其光を失いて、空より墜つと云う也。主が太陽として天に現われ給うことは、主が、ペテロ、ヤコブ、及び約翰《ヨハネ》の前にその変化身を現わし給えるとき、主の面、太陽の如く赫けりと云うにて明か也（マタイ伝、第十七章、二）。主がかく諸弟子の前に現われたるとき、諸弟子はその肉体より離れ、天界の光明中に在りて、主を見たり。表象的教会を有したる古の人が、礼拝の聖式を行うとき、東面して太陽に向いたるは、此理に由るものにして、寺院を建立するに当り、之をして東方に向けしめたるも亦これがためと知るべし。

百二十　神愛の如何に大なるか、又如何なるものなるかは、地上の太陽との比較により て推知すべし、即ちその頗る熱烈なるを推知すべし、されど人もし実に之を信ずることを得ば、神愛は太陽の熱烈なるに比して今一層強しと謂うべし。この理によりて、主は亦太陽の如く、直接に天界の中にかがやかず、その愛は下降するに従いて、熱烈の度柔らぎ行くものとす。此柔らぎの度合は一種の帯をなして太陽のほとりを輝きめぐれり。諸天人はまた太陽の内流によりて自ら傷つかざらんがため、適宜に薄き雲の如きものをもて、其身を覆えり。されば天界における諸天の位置は、天人が主の愛を摂受する度如何によりて、主を去ること、或は遠く、或は近しと知るべし。天界の高処におるものは、愛の徳に住するが故に、太陽たる主を去ること遠からず、されど天界の下層には信の徳に住するものおるが故に、主に離るること自ら遠し。その不善なるもの、例えば暗黒界におるものの如きに至りては、主を去ること極めて遠し。蓋しこの隔離の度は善に背くの度に比例するものとす。

百二十一　されど、屢〻ある如く、主の天界に現わるるときは、太陽にて包まるる如く見えず、一個天人の形態を具うれども、その面より発射する神格によりて自ら諸天人と異なるを認め得べし。そは主はその自格をもて此処に現われ給うにあらざればなり。主の自格は常に太陽にて包まるるが故に、主の天界に現わるるは、その化相においてするものと知るべし。天界に在りては、人の視線の注ぐ処、即ち究まる処に、他人を認むるを通常とす、されどその見らるる所の人、実際においては、その視線の注ぐ処を離るること甚だ遠きことあらんも知れず。かの如き所現を名づけて内観の所現と云う、尚お後章にて説くべし。われは又主が太陽を離れ、天人の形態にて現われたるを見たることあり。そのとき主は太陽より少しく下の方に当り、高処に現われ給えり。主は又これと相似たる形態にて、その面かがやきわたりて、わが身近く現われ給えることあり。又一たび主は諸天人の中にありて火焔の如き光明を放ちて現われ給えることありき。

百二十二　天人の眼より、世間の太陽を天界のに対して見るときは、何か暗きものの如くに見え、又世間の月を天界のに対するときは、薄暗きものと見ゆ、このこと常に然り。其理如何と云うに、世間における火熱性は、自愛に相応し、それより来る光は、自愛よりする虚偽に相応するに由る。自愛は神愛と正に相反き、自愛よりする虚偽は神真と正に相反す、而してかく神愛と神真とに逆えるものは、諸天人の眼には、暗きものと見ゆるなり。故に、聖言の中には、自然界の日月をあがめ、此前に叩頭するものを以て、自愛、及びそれよりする諸〻の虚偽を表わし、此の如き偶像崇拝者を以て斬り捨つべきものとせり（申命記、第四章、一九、第十七章、三―五。エレミヤ書、第八章、一―二。エゼキエル書、第八章、一五―一六・一八。黙示録、第十六章、八。マタイ伝、第十三章、六）。

百二十三　主はその神愛によりて（此愛は主に在り、而して主より来るものとす）、太陽として、天界に現わるるにより、天に在るものは常に主に向いて立てり、而して天国にあるものは、主を見ること太陽の如く、霊国に在るものは、主を見ること月の如し。されど地獄界に住するものは、自己と世間とのみを愛して、主と相逆うにより、黒暗、濛冥の裡に在りて、全く主に背き、従いて主を後方に捨ておけり。黒暗の処、即ち世間の太陽の在る処に向えるものは、後面に当る地獄に在りて、之を鬼霊と云い、薄暗き処、即ち月の在る処に向えるものは、前面に当る地獄に在りて、之を精霊と云う。地獄界におるものを暗闇に在り、天界におるものを光明に在りと云うは、如上の理によるもの也。暗闇は又悪よりする虚偽を表わし、光明は善よりする真を表わせり。彼等がかく各〻其向う所を異にせる理由は、かの他界に在るものはすべて、その内分を支配する事物の方に向いて立つ、即ちその愛する所に向いて立てばなり、而してこの内分は天人又は精霊の所面を定むる所のもの也。且つ霊界に在りては、自然界における如き方位の一定せるものあらず、方位は天人の所面によりて定まる。人間の心霊も亦これと同じき道理によりてその向う所を定む、即ち自己と世間とを愛するものは、主に背きて立ち、主及び隣人を愛するものは、主に向いて立つ。されど人間自らは之を知らず、そは自然界に生息して、方位を定むるに太陽の出没を本とすればなり。されど人間にとりては、この事を会得する容易ならざるが故に、天界における方位・空間、及び時間を説くに当り、尚お述ぶるところあるべし。

百二十四　主は天界の太陽にして、一切、主よりするものは、主に向わざるはなきが故に、主は普遍的中心点となり、之によりて、すべての方向及び位地定まる。かくして主の下にある一切の万物は、天上と地上とを問わず、悉く主の前に現われ、主の加護を受く。

百二十五　此の如き考察により、前数章において主に関して説き示したる所益〻明を加うべし。即ち主は天界の神なること（二より六）、天界は主の神格より成ること（七より十二）、天界における主の神格は、主に対する愛と、隣人に対する仁なること（十三より十九）、世上の万物と、天界との間及び天界を経て主との間に相応あること（八十七より百十五）、自然界の日と月とは即ち此の如き相応なること（百五）、是れ也。

天界における光と熱とのこと

百二十六　自然界に依りてのみ思索するものは、天界に光ありと云うを会得する能わず、されど諸天界には光ありて、其強さ、世間日午の光明に優ること数度也。こは夕暮・夜分と云わず、わが屢〻見たる所なり。始めは、天人が世間の光を以て、天界のに比ぶれば、その日蔭よりも少しく勝れりと云うを聞きて、われ之を怪しみき。されど親しく之を見て以来は、われ自らその証人たるを得るに至れり。その光の白さ、及びその赫き方は、到底言語の尽し得べき所にあらず。わが天界にて見たる所は皆此光の助けに由るものにして、その分明瞭瞭たることは此世の事物を見るの比にあらずと知るべし。

百二十七　天界の光は、世間の光の如く自然的ならずして、霊的なることは、その主なる太陽より出で来るが為めにして、而してこの太陽の神愛そのものなることは、既に前章に之を記せり。天界にては、太陽なる主より出で来る所のものを呼びて神真と云えり、されどその実性においては、神善の神真と合体せるもの也。天人はこれによりて光と熱とを得、即ち神真より光を得、神愛より熱を得。故に、当に知るべし、天界の光の由来既に此の如くなるを以て、その霊的にして自然的ならざることを、而して天界の熱も亦然りとす。

百二十八　天人は既に霊的にして自然的ならざるに由り、天人にとりては神真はその光明なり。霊的存在は霊的太陽によりて見るべく、自然的存在は自然的太陽によりて見るべし。神真は天人所有の智性の根源也、而して智性は天人の内視力なり、此内視力、外に流れて彼等の外視力となるが故に、太陽たる主よりして天界に現わるるものは、光明の中においてせずと云うことなし。天界光明の由来、此の如くなるが故に、主よりする神真を摂受する度如何によりて、光明に差等あるべきわけなり、即ち各天人が居る所の智慧及び証覚の如何によりて、その光明に差等ありと謂うべし。故に天国の光と霊国のとは相同じからず、又各個の団体のも一一異なれり。即ち天国のものは太陽たる主よりその光を受くるが故に、天国の光は火焔に似たり、されど霊国におるものは月たる主より光を受くるが故に、霊国のは白く輝けり（上を見よ、百十八）。この光は各個の団体において相異し、亦一団中においても同じからず、そは中心に在るものは、光を受くること多けれども、周辺にあるものは少なければなり（四十三を見よ）。概して云えば、天人の光は神真を受くる度に比例す、即ち天人が智慧と証覚とを主より得る度に比例す。天界の天人を光明の天人と呼ぶはこれがためなり。

百二十九　天界の主は神真にして、神真は光明なるが故に、聖言中には主を光明と云えり、亦主よりする一部の真をも光明と云えり。次に引用する所を見るべし。耶蘇曰く、「われは世の光なり、われに従うものは、暗闇の中に行かず、生《いのち》の光を得る也」（ヨハネ伝、第八章、一二）と。曰く、「われ世に在るときは、世の光なり」（ヨハネ伝、第九章、五）と。又耶蘇曰く、「暫くの間、光爾曹と共に在り。光ある間に行きて、暗きに逐いつかれざるようにせよ。爾曹光の子となるべきために、光のある間に、光を信ぜよ、われは光にして世に臨《きた》れり、すべてわれを信ずるものをして、暗きにおらざらしめんためなり」（ヨハネ伝、第十二章、三五―三六・四六）と。曰く、「光は世に来れり、されど人は光を愛せずして暗を愛せり」（ヨハネ伝、第三章、一九）と。約翰《ヨハネ》、主につきて云えるは、「こは、すべての人を照らす真の光なり」（ヨハネ伝、第一章、四・九）と。曰く、「幽暗《くらき》におる民は、大なる光を見、死の地と死の蔭に坐するものに、光出で来れり」（マタイ伝、第四章、一六）と。曰く、「われ、汝を民の契約となし、異邦人の光となすべし」（イザヤ書、第四十二章、六）と。曰く、「われ汝をたてて異邦の光となし、わが救済を地の果てにまで到らしむ」（イザヤ書、第四十九章、六）と。曰く、「救われたる万の国民はこの光によりてあゆまん」（黙示録、第二十一章、二四）。曰く、「願わくは汝の光と汝の真理とを放ちて、われを導け」（詩篇、第四十三篇、三）。以上、及び尚この余の箇処にて、主よりする神真の方面より見て、主は光と呼ばれ、真そのものをも亦光と呼ばるるを知るべし。天界の光明は、太陽たる主より出で来るにより、主がその化身を、ペテロ、ヤコブ、及び約翰の前に現わし給うや、「その面は太陽の如く見え、その衣は光明を放ち、白くひかること雪の如く、世上の布漂《ぬのさらし》もかく白くはなし能わじ」（マルコ伝、第九章、三。マタイ伝、第十七章、二）と云えり。主の衣のかく見えたるは、神真を表わせるにて、その真は天界にある主より来る也。故に聖言中には、衣は真を表わせり、ダビデの歌に、「エホバ、汝は衣の如くに光をまとえり」（詩篇、第百四篇、二）と云うは、是の故なり。

百三十　天界における光明は霊的にして、而して神真なることは、次の理にて亦明かなるべし。即ち人間も亦霊の光を具うるものにして、神真よりする智慧と証覚とにおる限りは、此光より明《あかし》を受くるなり。人間の霊光とは、即ちその智性の光明にして、この智性の対境となるものは真理なり、而して彼はこの真理を解析的に順次排列し、論理法を作り、遂にこれより序を逐いて論断をなすに至るなり。されど自然的人間は、智性のよく此の如く事理を見得するは如実の光明に由るものなるを悟らず、そは此光明は肉眼の見る所にあらず、又思索の認め得る所にあらざればなり。されどこの光を知れるものも亦少なからず、而して此の如き人は、これを自然的光明と区別するを知れり。自然的光明とは、その思索するや、自然的にして霊的ならざるものがおる所の光明なり。彼等は只世間のみを眼中におきて、一切の事物を自然に帰せんとす、その思索は自然的なり。されど心を天界に向わしめ、一切の事物を神格に帰せんとするものは、その思索、霊的なりと謂うべし。心を照らすは、まことの光にして、この光は所謂る自然的燭光と全然別物なることは、わが屢〻許されて知覚したる所、実見したる所なり。わが此の光に進み到りたるは漸を逐いてのことにして、且つ内的なりき。而してわが歩を進むるに従い、わが智性益〻明るくなり行き、遂には未だ曾て見ざる所を知覚し、最後には、自然的燭光にては到底会得し難き所のものをも知覚するに至りぬ。是等の事物が天界の光明に照らさるるときは、此の如く明白に、此の如く瞭然たるに拘わらず、自然的燭光にては遂に会得すべからざるを見て、われは時に自ら憤りたることありき。かく智性には光なるものあるが故に、眼の場合における如く、智性を以て物を見ると云い、又智性の知覚を明るしとなし、その不知覚なるを暗しとなし、陰となすなどのことあり。

百三十一　既に天界の光は神真なるが故に、此光は亦神的証覚及び神的智慧なるを知るべし、されば天界の光に向い進むとは、智慧及び証覚に進みて照光の境涯に入るの義なり。是の理によりて天人が具有する光はその智慧及び証覚に比例するものとす。又天界の光は神的証覚なるを以て、一切のもの一たび天界の光の中に現わるれば、その特相を示さずと云うことなし、そは各自の内分は、ありのままに、正しく、その面に現われ、至微の末に至るまで敢えて蔵《かく》るることなければなり。且つ内天における天人は、その心の中にある所は何ごとも外に現われんことを願う、その心に疚しき所なきに由る。されど天界以下におるものは然らず、彼等の志す所は不善にあるが故に、天界の光明中に来らんことを恐るる一方ならず。此に又奇異なる事実は、地獄にあるものは、相互の間にこそ人間の相貌を具うる如く見ゆれ、一たび天界の光の中に出で来るときは、その険悪なる面貌と身体とは一種の妖怪に似たり、これ即ち彼等の内に蔵せる悪心そのものの面影也。天人より見るときは、人間の心霊も亦此の如きものあり。その人もし善人ならんには、人間の相好を有し、各〻その善に従いて美なるべきも、彼もし悪心を有せんには、妖怪の相を現じ、其醜はその悪の深浅に由るべし。故に一切の事物は天界の光明中に来りて悉く顕然たるを明らむべし。而して此く顕然たるは、天界の光は神真なるによるものとす。

百三十二　神真は諸天界における光明なること此の如くなるが故に、一切の真理は、その天人の心のうちにあると、その外にあるとを問わず、又諸天界の中と外とにあるを問わず、往く処として光明にかがやかずと云うことなし。されど天界の外に在る真理は、天界のうちにある真理の如くかがやかず。前者のかがやきは冷かにして、熱なき雪の如し、そはこの真理は、天界内の真理の如く、その実性を至善の中より獲来らざるによる。故に天界の光もし此冷かなる光の上に落ち来るときは、この冷かなるもの消滅す、もし其下に悪を蔵することあらんには、その光は化して暗黒となるべし。われ時に之を目撃したることあり、尚この外、真理の光明を放つことにつき、異常の現象を多く見たれども、今は省く。

百三十三　天界の熱につき今少しく説くべし。此熱の実性は愛なり、太陽たる主より来る、而して此太陽とは神愛にして、主に在り、且つ主より出ずるものなることは、前章に示せる如し。かく天界の熱は、光と同一の根源より来るが故に、光と同じく亦霊的なるを知るべし。太陽たる主より出で来るものに二つあり、神真と神善是れ也。神真は、天界に在りては、光として現われ、神善は熱として現わる。されど神真と神善とは二物にあらず、融合して一となる。一となると雖も、天人の眼より見れば、両者各〻区別あり、その故は、一部の天人は神善を受くること神真よりも多けれど、又一部の天人は真を受くること善よりも多ければなり。神善を受くること多きものは主の天国にあるものなり、神真を受くること多きものは主の霊国にあるものなり、而して天人の最も円満なるものは、此両者を受くること同一量なりとす。

百三十四　天界の熱は、その光の如く、到る処に差等あり。天国の熱は霊国のに異なり、又諸団体の中に在りても相同じからず、而して此差等は度量の上にのみ限られず、その性質の上にも之れあり。主の天国に在りては、天人、神善をうくること多きが故に、その熱は甚だ強くして、且つ純なり、されど主の霊国に在る天人は神真をうくること多きが故に、その熱はしかく強からず、又純ならず。各団体における熱も亦此の如く摂受の度によりて差等あり。地獄界にも亦熱あれども浄からず。天界の熱とは聖火及び天火の謂いにして、地獄界の熱とは、瀆れの火、陰府の火の謂いなり。されど其愛を表するに至りては両者一なり。天火は、主に対する愛、隣人に対する愛、及び是等両個の愛より来る一切の情動を表わし、陰府の火は、自我の愛、世間の愛、及び是等の愛より来る一切の情慾を表わすものとす。愛は霊的源泉より来る熱なることは、愛を有するものは、何人も必ず暖気を生ずるを見て明かなり。人の、火気を感じて暖熱を覚ゆるに至るは、すべてその人の有する愛の性質と強度の如何に由るものとす。而して此熱の外に現わるるに至るは、その愛を侵さんとするものあるときなり。故に善の愛より来る情動と、悪の愛より来る情慾とを問わず、愛につきては、われら常に、或は火の如くなると云い、或は暖くなると云い、或は燃ゆると云い、或は沸くと云い、或は煆《や》くと云う。

百三十五　太陽たる主より出で来る所の愛は、天界に在りては之を熱と感ず、そは天人の内分は、主より来る神善を受けて愛におるが故に、その外分は之がため暖気を生じ来りて熱を感ずれば也。是の故に、天界にありては愛と熱と互に相応し、又さきに述べたる如く、天人は何れも其愛の性質に相当せる熱の種類と度量とを有す。世間の熱は、粗に過ぎ、且つ自然的にして、霊的ならざるが故に、少しも天界に入り来らざれど、人間に至りては、霊界と自然界とに属するを以て、これと異なれり。即ち其心霊の上にありては、全くその愛如何によりて暖気を生ずれども、その肉体の上に在りては、心霊の熱、並びに世間の熱によりて暖気を覚ゆるものとす。前者の後者に流れ入ることあるは、彼等互に相応すればなり。

霊熱と自然熱との相応とは如何なるものなるかは、之を動物に見て明かなるべし。動物の愛――その主なるものは自己の種類を繁生せんとの慾なり――は、世間の太陽より受くる熱の有無とその分量とに比例して発展し活動す、而して此時期は春夏の二季に限れり。かの世間の熱、流れ入るによりて愛をひき起すと思うものは、何が故に誤れるかと云うに、自然界より霊界に流入することなくして、只霊界より自然界に流入するのみなればなり。也。而して此内流は神的順序に従えども、かの然らざるものは之に逆えばなり。

百三十六　天人は人間の如く亦智性と意志とを有す。その智性的生涯を作るものは天界の光なり、そはこの光は神真にして、又これよりする神智なればなり。天人の意的生涯を作るものは天界の熱なり、そはこの熱は神善にして、又これよりする神愛なればなり。而して天人の生命《いのち》そのものは、此熱より来りて、かの光よりせず、但〻光のうちに熱あるときを除く。生命の熱より来ることは、熱なければ生命亡ぶるを見て明白なり。愛なき真、善なき真も亦此の如し、そは真は――之を呼びて信の真と云う――光にして、善は――呼びて愛の善となす――熱なればなり。是等の事物は、天界の熱と光とに相応する此世界の熱と光とを見ば、一層明了なるを得べし。即ち世間の熱は光と和合して、地上の万物此に啓発し成育す、而して熱と光とのかく和合するは春夏の両期に在り。されど熱なき光は万物を激して成育することなく、却て之をしてその活動を息めて死に至らしむ。冬期に熱と光との和合なきは、光あれども熱なきに由る。天界を楽園と云うは此相応あればなり、蓋し天界に在りて、真と善と相合し、信と愛と相合するは、猶お地上の春期に当りて光と熱と和合するが如し。是に由りて之を見れば、天界における主の神格は、主に対する愛と隣人に対する仁なりと云う真理の益〻明なるを覚えん。こは既に第十三節より第十九節に至りて述べたる所なり。

百三十七　約翰《ヨハネ》伝に曰く、「太初に道《ことば》あり、道は神と共にあり、道は即ち神なり。万物これにて造らる。造られたるものに一として之に由らで造られたるはなし。之に生命《いのち》あり、此生命は人の光なり。彼、世に在り、世は彼に造られたり。それ道、肉体となりて吾曹の間にやどれり、吾曹その光栄を見たり」（第一章、一・三―四・一〇・一四）と。此処にて道即ち聖言は主を意味せるものなることは明かなり。そは道、肉体となれりと云うに由る。されど道は、特に何を表わせるものなるかに至りては、未だ知るものあらず、よりてわれは次に之を説きあかすべし。此文中における道即ち聖言とは、神真の謂いにして、主に存し、主より出で来るものなり。故に此にまた光と云えり、この光とは、少し前に示せる如く、神真のことなり。今万物の神真によりて造らるることを説かん。

天界において一切の力を有するものは神真なり、之なくば力あることなし。一切の天人を呼びて力となすは此神真によればなり、実に彼等は、神力の所受者、即ち此力を収むる器なる限り、力たるを得るものとす。而して此力あるが故に、彼等は地獄界を制御し、又彼等に反抗するものをも制御し得る也。たとい千の叛敵ありとも、天界の光、即ち神真よりかがやき来る一道の光明に遭えば、直ちに戦慄す。此の如く、天人の天人たるは神真を摂受するに由るが故に、全天界の根源をなせるものは神真に外ならざるを知るべし、そは天界を組織するものは天人なればなり。

神真の中にかく偉大なる力の潜みおることは、真理を以て、只思想又は言語に外ならずと思えるものの信じ得ざる所也。思想又は言語には、それ自身にて力あるものにあらず、但〻これよりも大なるものの命に従いて動くとき始めて力を生ずるものとす。されど神真にはその中に自《おのず》からなる力ありて、其力の偉大なること、天界は之にて造られ、世間も亦その中の万物を併せて挙《ことごと》く之にて造られたるほどなり。此の如き力の神真中にあることは、二個の比証、即ち、人間にある善と真との力、及び世間の太陽よりする光と熱との力によりて明にし得べし。

（一）　人間における真と善との力によりて。人間一切の行為は智と意とに由りて成る。即ち意よりするときは善に由り、智よりするときは真に由るものとす。そは意の上の万事は善と関係せざるはなく、智の上の万事は真と関係せざるはなければなり。故に人の全身は是の両者によりて活動すと云うべく、是の両者の欲する所、好む所に従いて、人間百千の事、一斉に活躍し来るなり。故に人間の全身は善と真とに使役せられんため作られたるもの、従いて善と真とによりて成れるものと謂うべし。

（二）　世間の太陽よりする熱と光との力によりて。一切世間に成育するもの、即ち樹木・禾穀・花・草・果実、及び種子の類は、太陽の熱と光とを離れて生息するを得ず。以て此熱と光との中に如何なる生殖力を有するかを明らめ得べし。果して然らんには、神の光明、即ち神真の力や如何ばかりとせん、又、神の熱、即ち神善の力や如何ばかりとせん。天界の存在既に是の両つのものの力によるが故に、世間の存在も亦これによれり、そは上述の如く世間は天界によりて存在するものなればなり。これに由りて見るときは、万物は道《ことば》即ち聖言に由りて造られたりと云うこと、これなくしては一切の所造何ものも造られ得べからずと云うこと、又、世界は主、即ち主よりする神真によりて造られたりと云うことは、如何に解すべきものなるかを明らめ得べし。故に創世記には、先ず光を説き、次に光よりせる諸事物を説けり（第一章、三―四）。宇宙における万物は、天界と世界とを問わず、苟くも如実の存在たらんとするには、皆善と真とに関係し、両者の和合に関係せざるなきを得ざるは、是の道理に基づけり。

百三十九＊（原本には百三十八を省けり。）　此に注意すべきことは、太陽たる主よりも、天界に在る神善及び神真は主のうちに存せずして、主より出で来るものなること、これ也。主のうちに在るものは、只神愛のみ。神愛とは、神善と神真をして天界に存在せしむる実在なり。是れ亦世間の太陽に比較して明らめ得べし、即ち世間に在る光と熱とは、太陽そのものにあらずして、而かも太陽より出で来る所なり、太陽にあるものは只火のみ、此火よりして熱と光と出で来る。

＊この註は英訳原書のまま（古田註記）。

百四十　太陽たる主は神愛にして、神愛は神善そのものなるが故に、主より出で来る神格、即ち天界における主の神格は、之を他と区別せんため神真と云う、その実は神善の神真と和合せるものなり。主より出で来る聖霊と云うは、即ちこれ神真也。

天界における方位のこと

百四十一　天界に東西南北の方位あること、此世におけるが如し、之を定むるの法亦此世と同じく太陽に由る、天界にては主之が太陽となり、世間にては普通の太陽に由る、されど両者の中に大なる相異あり。第一には、世間にては太陽が地上を去る最高の処を南と云い、正に之に反対して地下にある処を北となし、太陽が昼夜平分線に上る処を東となし、その没する処を西となす。かく世間に在りては一切の方位を南より定むれども、天界にては主が太陽として現われ給う処を東とし、之に対するを西とし、天界の右方を南とし、左方を北とす、こは天人何れの処にその面と体軀とを転向するも然らずと云うことなし。かくて天界の方位はみな東より定まる。何が故に主が太陽として現わるる処を東となすかと尋ぬるに、そは一切の生命《いのち》の本《もと》は太陽たる主より来ればなり、又天人が主より、熱と光、即ち愛と智とを摂受する度に比例して、主は彼等の上に現わるると云えばなり。是の故に聖言中に主を呼びて東となす。

百四十二　第二の相異点は、天人にとりては、その面を向くる処、即ち常に東にして、その後方を西となし、其右を南とし、その左を北となす。こは世間にて輙《たやす》く了解し難き所とす、そは人は何れの方位にもその面を向け得べければなり、故に今之を説明せざるべからず。天界に在りては、往く処として、主をその共通中心点となして、之に向わずと云うことなし、されば諸天人も亦皆主に向いて立たざるはあらず。地上においても亦人の能く知る如く、万物は皆一定の共通中心点に向えり。されど天界の方向の世間のと異なる所は、世間にてはその下方を共通中心点に向わしめおれども、天界にて中心点に向える所は天人の前面なり。この方面を、世間にては求心力の方向と云い、又は重力と云いおれり。天人の内分は如実に前方に対して有り、而してこの内分は皆悉くその面貌に現然たるが故に、天人の面の向く処に由りて方位即ち定まると云うべし。

百四十三　天人は如何なる処に其面と身体とを向くるも、東は常にその前面なりと云うことは、世上の人の容易く解し得ざる所なるべし、そは人間はその面を向くる方位に従いて、東西南北、何れなりともその前に現われ来るべければなり。故にこれ亦説明を要す。

天人は、人間の如く、何れの方位にも其面を向け、その身体を転じ得れども、天人の眼前に見ゆるは常に東なりと云うわけは、天人における相貌の変化は人間と同じからずして、他の根源に由ればなり。うち見たる所だけにては、一様の看あれども、その実は然らず。かの根源と云うは能主の愛のことなり、この愛によりて方位の定まること、天人も精霊も相異ならず、そは今述べたる如く、彼等の内分は、実際その共通中心点、即ち天界に在りては太陽たる主の方向に対して立てばなり。是の如き彼等の内分の前面に在るものは常に愛ならずと云うことなし、而して彼等の外的形態なる面貌は、その内分によりて存在するものなるが故に、その面貌の前面に絶えず現わるるものは、彼等の中に能主たる愛なるや明なり。かくして太陽たる主は、天界にては常に天人の面前に在りと謂うべし。天人がその愛を有するは主よりするものなるが故に。又主は天人に対して、自己本来の愛にあり給うを以て天人が如何なる方向に転回するに拘わらず、常に主をその前に見るを得るは、主の所為なるを知るべし。是等の事は今精しく説くを得ず、後来特に天界における表象と相貌、及び時間と空間とを説く処に至りて、此事益〻智性の上に明かなるべし。

主は常に天人の面前に居給うと云うことは、多くの実見により、わが許されて親しく知り、且つ見たる所とす。そはわれ天人と倶なれるとき、わが面を向くる処、毎に必ず主の現前するを感じたればなり。是れ必ずしも眼もて見るにあらず、主を光明の中に感ずる也。天人も亦その然ることを屢〻証拠したり。かく主は常に天人の面前に現然たるを以て、世に神を信じ、神を愛するものを呼びて、この人は、神をその面前及び眼前に見ると云い、或は又神に向いてこれを見ると云うなり。此の如き云い表わし方は霊界より来れるなり、人間は必ずしもその由来する所を知らざれども、人間の言語中には霊界より借り来れるもの少なしとせず。

百四十四　此の如く、主に対して方位の転向あることは、天界における不思議の一なり。数多の天人一処にありて、その面と身体とを向くる処、各〻一ならざるも、その主を見るは皆同じくその前方に在りて、而して右方を南とし、左方を北とし、後方を西とすること、諸天人悉く一様なり。尚此に天界の一不思議となすべきは、天人の相貌はすべて常に東に向えども、彼等は亦他の三方に対してもその相貌を有すること是れ也。而して此の相貌なるものは彼等の想念より成れる内的視覚に由るものとす。尚お此外に不思議なる一事は、天界にては何人も他の背後に立ちて、その人の後頭を臨むを非法の所為となすことにて、その然る所以は、もしかくするときは、主よりする善と真との内流を乱すの憂あるに由ると云う。

百四十五　天人が主を見る趣と、主が天人を見給う趣とは相同じからず。天人は主を見るに其眼を用うれども、主は天人を見るにその前額よりす、そは前額は愛と相応するに由る。主は愛によりて天人の意志の中に流れ入り、彼等をして眼と相応せる智性を以て、主を見るを得せしめ給う。

百四十六　主の天国を構成せる諸天界の方位と、その霊国を構成せる諸天界の方位とは同じからず、そは天国のものは主を太陽として見、霊国のものは主を月として見、而して主の現われ給う処是れ東なればなり。天界における日と月との距離は三十度なるが故に、方位の上においても此差あるを知るべし。天界が二国土にわかれて、一を天国と云い、一を霊国と云うこと（二十より二十八）、主は天国に日として現われ、霊国に月として現われ給うこと（百十八）は、各〻その章において示したる所なり。此の如くなれど、天界の方位の混雑せざるは、天国のものは霊国に下り来るを得ず、霊国のものは天国に上り行くを得ざるに由る、これ亦既に述べたる所なり（三十五）。

百四十七　これによりて、天界における主の現前とは如何なること、主は到る処在《いま》さざるなきこと、主より来る善と真とのうちにあるものはすべて主と偕なることを明らむべし、亦上に云える如く、主、天人と偕なるときは、自己本来の愛に居給うことも、従いて明かなるべし（二十）。天人が主の現前を感ずるは、その内分の上の事にて、眼は此内分によりて見る也、而して此相続性の故に、天人は主を自己以外に見るものとす。これに由りて、主、彼等に在り、彼等、主にありとは、何の義なるかを解し得べし。主自ら宣わく、「汝曹われにおれ、さらばわれ汝曹におらん」（ヨハネ伝、第十五章、四）と。又曰う、「われの肉を食い、われの血を飲まんものは、われにおる、われも亦彼におる」（ヨハネ伝、第六章、五六）と。主の肉とは神善のことにして、主の血とは神真のこと也。

百四十八　天界に在りては、すべて皆方位によりて住処を異にせり。東と西とには愛の善徳におるもの住めり、東には分明に之を感ずるものおり、西にはおぼろげに之を感ずるものおれり。南と北とには愛の徳よりする所の証覚におるもの住めり、南には明白なる証覚の光におるもの住み、北にはおぼろげなる証覚の光におるもの住めり。主の霊国にある天人と、その天国にある天人と、皆共に此順序を守れども、その相異点は、一は愛の徳に従いており、一は此徳よりする真の光に従うこと也。天国における愛は、主に対する愛にして、之よりする真の光は証覚なり。されど霊国に在りては、その愛は隣人に対する愛にして、之を仁と云う（二十三）。此愛よりする真の光は智慧なり、又これを信と云う。両者は亦その方位を異にせり、そは上（百四十六）に云える如く、天・霊両国における方位の差は三十度なれば也。

百四十九　天界の各団体に在る天人も亦如上の順序に従いて排列せり、東に在るものは、愛と仁とにおること他に勝り、西にあるものは之に次ぎ、又南にあるものは証覚と智慧との光におること他に勝り、而して北にあるもの之に次げり。天人のかく相分れて住処を定むるは、各団体一一に天界を代表し、一個の小天界をなすに由る也（上を見よ、五十一より五十八）。諸天人の相集まるときも亦此順序を乱さず。彼等のかく順序を乱さざるは、天界の形式より来る結果にして、彼等はかくして各〻其居るべき処を知るなり。主は又到る処に天界の形式を保存せんため、一一の団体中に各種類の天人を配置せり。されど全般の天界には自らその排列布置の各団体に異なるものあるは、全体と部分と其趣を同じゅうせざるに見て知らるべし。即ち、東方にある団体は西方のに優り、南方に在るは北方のに優れり。

百五十　故に天界の方位は、各〻其処に住めるものの性質を表わすと謂うべし。即ち東は愛、及びその徳の分明に知覚せらるることを表わし、西はそのおぼろに知覚せらるるを表わし、又南は証覚及び智慧の光、分明なるを、北はその朦朧なるを表わす。天界における方位の意義、既に此の如くなるが故に、聖言中にも亦方位の内的即ち霊的意義に之と相似たるものあり、そは聖言の内的即ち霊的意義は全然天界における意義に従えるものなればなり。

百五十一　地獄界に在るものは之と相反せり。彼等は日又は月たる主に対することなく、却て之に背けり、彼等の向える所は、世間の太陽の在る処にして、黒暗暗なり、或は地上の月の在る処にして、暗澹なり。所謂る鬼霊なるものは、世間の太陽の在る処、黒暗暗裏に対しており、所謂る精霊なるものは、地上の月の在る処、暗澹に対しておれり。世間の太陽と、地上の月とは霊界に現われず、かの太陽は天界のに対して黒きものとなり、かの月は天界のに対して薄暗きものとなることは、上章既に述べたり（百二十二）。故に地獄界の方位は天界のと全く相反し、黒暗暗の処及び暗澹の処を以て東となし、天界の太陽の在る処を西となし、右方を南、左方を北となせり。此方位の関係は何れの方向にその身を転回するも変ることなく、又然らざるを得ざる也、何となれば、彼等が内分の傾向、従いてその安定する処は、常に此方面に傾き、此方面に出でんとすればなり。他生における内分の傾向は総て愛によりて定まり、従いて一切事物の実地に安定せらるるも亦愛によることは、第百四十三節において既に見たり。地獄に在るものの愛は、自我と世間との愛なり、而して此愛を表わすものは世間の太陽と地上の月にして（百二十二）、かの主及び隣人に対する愛と正に相反せるを知るべし。故に彼等は主に背きて、黒暗暗の処、及び暗澹の処に向いておれり。而して地獄界における住処の布置は亦その方位に従うものにして、自我の愛よりする悪におるものは、東より西にわたりて住み、悪のいつわりにおるものは、南より北にわたりて住めり。されどこは尚お後来地獄界を説くときに述ぶべし。

百五十二　もし悪しき精霊ありて、善きものの群に入るときは、方位の紛乱甚しくなりて、善者は何れに東を求むべきかを知らざるに至る。われは此事の時に起り来ることあるを見、又之がため心を傷《いた》めたる精霊より親しく之を聞きたることあり。

百五十三　悪しき精霊の時に天界の方位に転回することあり、此の時彼等は智慧を得て真を知覚すれども、善に対する情動はあらず、故に彼等もし自界の方位に転じ返るときは、直ちにその智慧を失いて、真を知覚せず、而して曰う、さきに見聞したるは真にあらずして虚偽なり、と。彼等は又虚偽の却て真ならんことを願うなり。われ嘗て此転回のことにつき学べる所あり、曰く、悪しきものは、その智性の上において此の如き転回あるを得れども、その意志に至りては、かくなし難し、と、又曰く、こは主の予め計りおき給える所にして、何人も、真を見、且つ之を是認するを得べけんも、善の中におらざれば、真を摂受する能わざらしめんためなり、真を摂受するは善にして、悪にあらざるが故に。人間に在りても亦然り、是れ真を見て自ら改めんためなり、されど人の自ら改むるは、自らおる所の善以上に出ずるを得ず。是の故に人は亦主の方面に向いて転回するを得れども、其生涯尚お悪を出ずることなくば、彼は復た自己に返り来るべし、而してさきに知り且つ見たる真に逆いて、自己の罪悪より来る虚偽の上に、その身を安んぜんとすべし。こは人が自己の内的情態を本とし、これによりて自ら内に思うところあるとき生ずるものとす。

天界における天人の情態変化のこと

百五十四　天人の情態変化とは、愛と信、従いて証覚と智慧とに関して、彼等の生涯の上に起る変化を謂うなり。凡そ、生涯、及び生涯に属するものには情態あり、而して天人の生涯は、愛と信との生涯、従いて証覚と智慧との生涯なるが故に、此生涯の上に情態あり、これを呼びて、愛と信との情態、証覚と智慧との情態と云う。今述べんとするは是等の情態が天人に在りて如何に変化するかと云うに在り。

百五十五　天人は、愛の上より見て、いつも同一の情態におることとなし、証覚の上より見ても亦然り、そは彼等の証覚なるものは、すべて愛よりし、且つ愛に依ればなり。天人は時として強度の愛におることあり、又時としては、かくまで強度ならざる情態におることあり。此情態は最高度より最低度に至るまで、次を逐いて降下す。天人が最高度の愛におるときは、即ち彼等が生命の光と熱とにおるときなり、輝きて楽しき境涯におるときなり。その最低度の愛におるときは、即ち日蔭と寒さとにおるときなり、暗くして楽しみなき境涯におるときなり、而して彼等はまた此情態より最初の情態に還り、上下往返す。是等諸〻の情態の相互に継続する模様は、一一同じからず、猶おひなたと日蔭の情態の様〻に変化するが如く、又冷熱の変化に似たり、即ち世間に在りて、日毎に、朝あり、午あり、夕暮あり、夜あり、而してその種種に変化すること、一年中、止むなきが如し。是等の自然界における諸〻の相似は亦相応なり、何となれば、朝は天人の愛におりて赫けるに相応し、日午はその証覚におりて赫けるに相応し、夕暮は証覚におれども暗きに相応し、夜は愛なく証覚なき情態に相応す。されどここに知りおくべきは、天界におるものの生涯には、夜に相応するものあらざること、これなり。天界には昧爽に相応する情態あれども、夜に相応するものは地獄にのみ之れあり。此相応によりて、聖言の中に、日と年のことを云うときは概して生活の情態を表わし、熱と光とは愛と証覚とを、朝は最強第一度の愛を、午時は証覚の赫けるを、夕暮は証覚の光薄らぐを、昧爽は朝まだき尚お薄暗きを、而して夜陰は愛と証覚との絶無を表わすを知るべし。

百五十六　愛と証覚とよりなれる天人の内分の情態に伴われて、その身外の諸事物も亦其情態を変化するものとす、而して此変化は皆天人の眼前に現われ来る、そは身外の事物は身内の変化に随いてその相をとるものなればなり。されど是等の諸事物の如何なるものか、及びその性質に至りては、後章、在天の表象及び相貌を説くときに述ぶべし。

百五十七　個個の天人、及び個個の団体に皆此の如き情態の変化行われざるはなし、されどこの変化を経過する趣の彼此皆一様ならざるは、その愛と証覚とにおること、各〻相同じからざるに由る。即ち天界の中央にあるものは、周辺に近くおるものに比して、その情態一層円満なるが如きこと是なり（四十三及び百二十八を見よ）。此の情態の変化は、各人がおる愛と信との性質によりて異なるを以て、今一一之を説かんは煩わし。即ち或るものは輝きて且つ楽しき境涯にあらんも、或るものは暗きにおりて、楽《たのしみ》なき境涯にあらんも知るべからず、而して此の如きこと、同時に同一の団体中に起ることあるべし。此変化は又各団体中にありて同じからず、即ち天国の団体中にあるものと、霊国のにあるものとは一様ならず。此く各団体における情態の変化、一一相異せるは、概して云えば、地上到る処気候の同じからざるに従いて、時日の情態に種種の相異あるが如し。此に朝あれば彼に夕あり、此に熱あれば彼に寒あるが如し。

百五十八　われは何が故に此の如く情態の変化あるかを天界より聞きたり。天人曰く、これには種種の原因あり。第一には、天人、主より愛及び証覚を受けて、生を楽しみ、天を楽しむとも、このこと常に相続せんには、その楽も次第に価格を減ずべし、こは変化の伴わざる歓楽及び快感を享くるものの経験する所なり。第二には、天人にも、人間の如く、亦一個の我念あり、此念は自己を愛する一念なり。天界にあるものは皆此我念を離れおれり、而してかく主によりて我念を離るる限り、彼等は愛と証覚とにおる、されど此我念を離れざるものは、自己の愛におるものとす、而して何人もその我念を愛して、之がために牽引せらるるが故に、此に情態の変化あり、転換・相続あり。第三の原因は、彼等は此の如き転換あるが故に、主に対する愛の中に止まりて、自己の愛を離るるに慣れ、益〻完全の域に達すべし、楽しきことあり、楽しからざることあるによりて、人は善を知覚し感受すること益〻精微となるものなり。天人又曰う、情態の変化は主の所為にあらず、主は常に太陽として、その熱と光、即ち愛と証覚とを流れ入らしめ給えり、変化の原因は天人そのものに在り、即ち我念を起して自己を愛し、よりて絶えず主より遠ざからんとすればなり。天人は此理を世間の太陽に比較して、説明して曰う、年年、日日、冷熱・光影の情態に変化あるは、その原因、太陽に在らずして、地球の自体にあることは、太陽の一処不変なるを見て証すべし、と。

百五十九　主が太陽として天国の天人に現われ給うとき、天人は第一・第二・第三の情態と、そのおる処を異にするに従いて、その見る所を異にす、而してこはわが親しく見るを得たる所なり。主の始めて太陽として現われ給うときは、その光明四方に赫きわたりて、妙厳云うべからず、これを主が第一の情態におる天人に現われ給うときとす。その後太陽のめぐりに大なる雲の帯現われ出ず、此の雲のためにさきの光り赫きて、此の如き妙厳をなせるもの、今や漸く朦朧となり始めんとす、こは太陽が第二の情態におる人に現わるるときなりと云う。次に此雲の帯、次第に濃密となり来り、太陽の光、随いて漸く薄らぎゆき、遂に全く白色となる、こは太陽が第三の情態に在る天人に現わるるときなりと云う。此の時かの白色の光輪左の方に動き、天界の月に近づくや、月は此光によりて照り赫くこと常ならず、こは天国におるものの第四の情態にして、霊国のものの為めには第一の情態なりと云う。天界の各国土における情態の変化には此の如き転換あれども、全国土を挙げて一時に然るにあらず、各団逓次に此の如き現象ありと云う。又是等の諸変移は一定の時期に起るにあらざれど、天人は早晩これに遭遇すべきものなりと云う、而して彼等はこれに遭遇するに先だち自ら之を知ることあらず。天人又云う、太陽はその実此の如く変化するにあらず、又其処を転ずることなけれども、天人自身の情態の上に、此の如き逓次の進行あるにより、太陽にも亦転移ある如く見ゆるなり、そは主は何人にもその情態の如何によりて現われ給うに由る。人もし強度の愛におれば、主に光あり、されど其愛衰うれば、従いて、主の光薄らぎ、遂に白くなるに至る。又天人の性質如何は、かの雲帯によりて表象せらる、而して太陽の光焰と光明との上に様〻の変化ある如く見ゆるは此雲帯の作用による也。

百六十　天人もし最終の情態におるときは、即ちその我念の中に住するときは、彼等その心に一種の悲傷を感ずるものとす。われ嘗て此状態にある天人と相語り、親しくその悲傷するを見たり、されど彼等はいくばくもなくして、復た旧時の情態に回り得べき望あることを曰えり。是の時彼等は復た恰も天界に還るの想《おもい》ありと云う。そは天人にとりて、所謂る天界なるものは我念を離るることなれば也。

百六十一　地獄界にも亦情態の変化あり、されどこは地獄界を説くときに述ぶべし。

天界における時間のこと

百六十二　世間における如く、天界の万事に継続あり進行あれども、天人は時間と空間との概念を有せず、彼等は実に全く此念を欠けり、故に、空間の何たり、時間の何たるかは彼等の知らざる所とす。さればわれらはまず天界における時間の何たるかを説き、次に空間に及ぶべし。

百六十三　天界における万事は世間と異ならず進行すれども、天人に時間の概念なしと云うことは、天界には、年なく、日なく、唯情態の変移のみあればなり。年と日とある処には時間あれども、情態の変移ある処には只情態のみあり。

百六十四　世間に時間あるわけは、その太陽が次第を逐いて一度一度と進行する如く見え、これによりて一年中の時期を分てばなり、且つ太陽は実に地球を回る如く見ゆるが故に、これによりて一日中の時限を定むるを得、而して是等の転移は一定の期限を以て往来するもの也。然るに、天界の太陽は相続的に進行し回転することなきが故に、年を成さず、日を成さず、但〻情態の変移の眼に見ゆるあるのみなり、而して此変移の一定の時限内に起らざることは、既に述べたる所の如し。故に天人には時間の概念なくして、情態の概念のみあり。此情態の何ものなるかは、上を見るべし（百五十四）。

百六十五　天人は、世上の人間の如くに、時間より来る概念なきが故に、時間そのものの何たるを知らず、又之に連関せる一切の事項を解せず。即ち天人は年・月・週・日・時刻、今日・明日・昨日と云う如き時間の区劃をすら知らざる也。故に人間の是の事を語るを聞く毎に（天人は常に主に由りて人間と相交われり）、彼等は時間を問わずして、情態、及び情態に連関する事項を問う、かくして人間の自然的想念は、天人に在りては霊的想念となる。故に聖言の中に、時間と云うは情態の義にして、さきに記せる如き時間の分劃は、これに相応せる霊的事物を表わすものとす。

百六十六　時間によりて存在する事物は、一として前に云える如くならざるはなし、即ち春・夏・秋・冬と云える如くならざるはなし、即ち、春・夏・秋・冬と云える一年中の四季、朝・日中・夕暮・夜分と云う一日中の四刻、幼時・青年・成人・老人と云う人生の四期、及び其外一切時間に依りて存在する事物、又は時間に従いて逐次相続する事物、皆然らざるはなし。是等の事物を思惟するに当り、人間は時間の概念を離るる能わざれども、天人はすべて情態の上より之を思惟するが故に、人間の想念中、時間より来るものは、天人の間に入りては悉く情態の想念となる。春と朝とは第一情態における天人がおる所の愛及び証覚の境涯に対する想念となり、夏と午時とは第二情態における天人がおる所の愛及び証覚の境涯に対する想念となり、秋と夕暮とは第三情態における天人がおる所の愛及び証覚の境涯に対する想念となり、冬と夜とは地獄に在るものが是等の境涯に対する想念となる。聖言の中にて此の如き事物を表わすに是等の時期を以てせるは之がためなり(百五十五)。人間が有する自然的想念は此の如くにして、人間に伴える天人の間に入るときは、転じて霊的となるや明かなり。

百六十七　かく天人は時間の観念なきが故に、天人の所謂る永遠なるものは、地上人間の思う所と異なれるを知るべし。天人はこれを以て無限の時間となさずして無限の情態となせり。われ嘗て永遠と云うことにつきて考えたる所あり、もし時間の念よりして永遠の何たるかを思惟するときは、これを以て終焉なき存在なりとなすを得べきも、かの永遠の昔より存在する所のもの、及び天地創造以前に在りて神が永遠の昔より成し給いたる所のものに至りては、此時間的概念を以て推考すべからず。われこの事につき思い惑えるとき、自ら天界の境涯に到り上ることを得て、天人が永遠に対して如何なる知覚を有するかを会し、是の時始めてその時間の上より思惟すべからず、情態の上よりすべきものなるを悟れり、是において永遠の昔より存すと云うことも亦知得せらるべし。こはわが身の上に親しく起りたる所とす。

百六十八　天人、人間と相語るときは、決して人間固有の自然的想念に由りて説話せず、即ち、時間・空間・物質、及び是等の事物に相似せるものより来る想念によりて説話することなく、必ずや天人の内外に生ずる情態、及びその種種の変化に由るものとす。されど是等霊的想念の天人に在るもの、下りて人間に入り来るときは、瞬時に自ら転化して人間特有の自然的想念となる、而してこの自然的想念は彼の霊的想念と相応して少しも欠損する所なし。而して人間と天人と互に其然るを知らざる也。天界より人間に入り来る一切の内流も亦此の如き性質を帯ぶるものとす。嘗て天人あり、常よりも深く、わが想念中、特にわが自然的想念中に入り来れることあり、その想念中には時間及び空間より来れるもの多かりしが、天人は此処に在りて何事をも会し得ざりしより、忽然として退き去りぬ。その去らんとするとき、われ彼等の打語らうを聞きたるに、彼等曰う、われらは暗黒の中にありき、と。如何ばかり全く天人は時間の概念を欠けるかは、わが許されて親しく知るを得たる所なり。天界よりせる一個の天人あり、彼能く人間の有せる如き自然的想念の中に入ることを許されたるにより、その後わが彼と相語れるときは、人間相互の間における如くなりき。始め彼はわが所謂る時間とは如何なるものなるかを知らざりしにより、われは已むを得ず、これに関して十分の説明をなしたり、即ちわが地上にては、太陽は出没するが如く見ゆるにより、これにて年及び日を定むること、かくして一年を四季に分ち、又月と週とに分ち、一日を二十四時間に分つこと、又この現象は一定の時期を以て往来循環すること、時間と云う概念はこれより始まることを説明したり。天人之を聞きて一方ならず驚きて曰いけるは、われ未だ嘗て此の如きことあるを知らず、唯情態の何ものなるかを知れるのみなりき、と。われ又此対談の序でに云う、天界に時間なきことは此世に知れおれり、少なくとも人間は之を知れる如く云いなせり、そは死するものあるときは、彼等云う、彼は時間的事物を捨て去れりと、又云う、彼は時間の外に出でたりと、即ち世界の外に出でたるを意味する也。われ又曰う、時間は情態より来ることを知れるものなきにあらず、そは時間は情動の情態に由ると云うことあればなり、即ち会心・歓喜の情態におるものは、時を短しと云い、不快・悲痛の情動におるものは、之を長しと云い、又冀望・予期の状態におるものは、之を様〻に云う。是の理によりて、学者は時間と空間との性質を探究し、その中には時間の自然的人間に属することを知れるもありと。

百六十九　自然的人間は或は思えらく、もし時間・空間、及び物質の概念を取り去れば、人は何等の想念をも有することなかるべし、そは人間の想念なるものは是等の概念の上に建立せらるればなりと。されど人間の想念にして、時間・空間、及び物質と相交渉する限りは、有限にして制約せらるることをわするべからず、その能く限界を脱し得て広闊なるを得るは、是等の事物と没交渉なるときにあり、何となれば心はそれだけ物質的・世間的事物の上に超出すればなり。天人の証覚を有するは之がためにして、その証覚を不可得と云うは、世間的・物質的事物のみより成れる諸概念中に没却せられざるを以てなり。

天界における表象及び形像のこと

百七十　自然的光明によりてのみ思惟するものは、天界にも世間の事物に似たるものあるを会得せず、その故は、彼等は自然的光明によりて、天人は只心霊に過ぎずと推究し、而して心霊とは一種の気体的精霊なりとの観念を有し、此観念の上に安定したるに由る。故に彼等は以為《おもえ》らく、天人には人間の如き感官あらず、即ち天人は眼根を有せず、既に眼根なければ亦視覚の対境なしと。されど其実、天人は人間の有するすべての感官を具うるのみならず、その感官は人間のに比して遥かに精妙なり、天人が由りて見る所の光明は人間世界のよりも遥かに光輝あり。天人は人間の最も円満なる相好を具えたるもの、而して亦一切の感覚を有することは、前章述べたる所にて明なるべし（七十三より七十七を見よ）、又天界の光は世間のよりも遥かに輝きあることも既に述べたり（百二十六より百三十二を見よ）。

百七十一　天界にて天人が見る所の事物の何たるかを記述せんは数言の能く尽す所にあらず、大抵は地上の事物に等しけれども、その相一層円満にして、その品数頗る多し。而して天界に此の如き事物あることは預言者の所言によりて明かなるべし、即ち以西結《エゼキエル》書は新しき殿堂及び新しき世界のことを記せり（第四十章より第四十八章を見よ）、又但以理《ダニエル》書（第七章より第十二章）、及び約翰《ヨハネ》の黙示録（始めより終まで）を見よ。その外の人〻の所見は、聖言のうちにて史的及び預言的文書中につきて見るを得べし。彼等は是等の事物を天界の啓けたるときに見たるものにして、天界の啓くるとは、人の内視、即ち精霊の視覚、啓くるを云う也。天界に在るものは、その見るや、肉の眼を以てせずして、精霊の眼を以てす。主の心に協うとき、是等の事物自ら啓く、そのとき人は肉体上の感覚によれる自然的光明を離れて、その精霊よりする霊的光明の裡に上り来る也。わが天界の諸事物を見たるは、実に此光明のうちにてなりき。

百七十二　天界に現わるる事物は、大体において地上の如くなれども、その実性に至りては異なれり。そは、在天の事物は天界の太陽によれども、地上のものは世間の太陽によればなり。天界の太陽によりて存在するを霊的と云い、世間のに由りて存在するを自然的と云う。

百七十三　天界に在る諸事物は、地上に在るものの如くに存在せず。即ち天界一切の事物は、天人の内分との相応に従い、主に由りて存在するものとす。天人には、内分あり、外分あり、内分における諸事物は愛と信とに交渉し、従いて意志と智性とに交渉す、そは後者は前者を摂受する器なればなり。而してその外分は内分と相応す。この相応の事は上に述べたる所なるが（八十七より百十五）、今又之を上述の例、即ち天界の熱と光との例によりて解かんに、天人の熱あるはその愛の性質如何に由るものにして、その光あるはその証覚の性質如何に由るもの也（百二十八より百三十四を見よ）、天人の感覚にて認めらるるこれ以外の事物と雖も、皆此の如くならずと云うことなし。

百七十四　われ天人と相伍するを許されたる毎に、われは天人身辺の事物を見ること、正に世間の事物を見ると異ならざるを覚えたり。而して是等の事物の分明なる、われは単に此世に在りて、帝王の宮殿にでも上りたらん心地なりき。又われは人間相互の間におけるが如く、天人と相語れり。

百七十五　内分に相応する一切の事物は、亦是等の内分を代表するに由り、之を名づけて表象と云う、而して是等の事物は天人の内分の情態如何につれて転変するが故に、之を名づけて形像と云う、されど天界にて天人の眼前に現われ、彼等の諸感官によりて認識せらるる所の事物は、猶お地上において人間が諸事物を見るが如くに、躍然として天人の所見・所覚中に入り来る、実にこれよりも今一層歴歴明明として一一指摘すべきものあり。是等の事物はかく如実に存在するが故に、天界にては之を如実の形像と云う。又如実ならざる形像あり、是等は実に所見の中に入り来れども、内分と相応せざるものなり。この事につきては後に述ぶべし。

百七十六　相応によりて、天人の視覚の上に現前するは如何なるものなるかを明かに示さんため、われは此に一例を挙ぐべし。智慧におるものの前には、各種の樹木・花卉にて充ちたる園庭及び楽園現わる。是等の樹木は、最も美しき排列をなし、枝〻交叉して、園亭を作り、拱門あり、行逕あり、一一の美、言語の尽す所にあらず。かの智慧におるものは、是の如き楽園の裡を漫歩して、花を摘み、華鬘を作り、これにて幼童を飾る。又楽園には種種の樹木・花卉の、未だ曾て見ざるもの、世間に存在する能わざるものあり。是等の樹木は又智慧あるものがおる所の愛の徳如何によりて実を結ぶものとす。彼等が此の如き事物を見る所以は、庭園・楽園、果を結ぶ樹木、及び花卉は、智慧と証覚とに相応すればなり。天界に此の如きものあることは地上にも知れおれど、之を知るものは、唯善におるもの、及び自然界の光と、その偽りとによりて自己胸中にある天界の光を滅ぼさざりしものに限れり、そは彼等天界のことを説くに当り、彼処には眼未だ見ざるもの、耳未だ聞かざるものありと思惟し、且つ言説すればなり。

天人著用の衣類のこと

百七十七　天人は人にして、人の地上における如く亦団体的生活をなすが故に、天人は衣類・家屋、及び此類の事物、尚お数多を有せり。されどその人間のと異なる所は、天人は一層円満の情態におるが故に、一切の事物亦一層円満なること是なり。天人の証覚は人間のに優ること幾等なるを知るべからざれば、随いて彼等が所覚及び所見も亦然るものあり、そは天人の所見及び所覚はすべて、其証覚と相応すれば也（上を見よ、百七十三）。

百七十八　天人が著用の衣類は、又其外の事物の如く、相応せり、而して是の相応の故に、彼等の存在は亦如実也（上を見よ、百七十五）。而して天人の衣類は其智慧と相応するが故に、天界にあるものは皆其智慧の如何に従いて衣服を著用せり。或る一部の天人はその智慧他に優れるが故に（四十三・百二十八）、其の著用せる衣類も亦他に優れて一際美わし。その智慧最も秀でたるものの衣類に至りては、火焔の如く輝き、又或は光明をもてる如く照りわたれり。

その智慧此の如くならざるものは、其衣類、輝きて白けれども、赫赫の光あることなし。其智慧更に之に次ぐものは其衣類の色様〻にして一ならず。されど最奥の天界にある天人に至りては、衣類を用いることなしとす。

百七十九　天人の衣類は其智慧と相応するが故に、又真と相応せり、そは一切の智慧は神真より来ればなり。故に天人の衣類は智慧の如何に由ると云うも、神真の如何によると云うも、畢竟同じことなり。其衣類の、或は火焔の如く輝くあり、或は光明の照らすが如きあるは、火焔は善と相応し、光明は善よりする真と相応すればなり。其衣類の、或は輝きて且つ白きも光輝を欠けるあり、或は其色種種にして一様ならざるあるは、神善及び神真の光、此に輝くこと少なくして、智慧尚お足らざる天人の之を摂受すること種種にして一様ならざればなり。輝きて白きは真に相応し、色の様〻なるは真の一様ならざる所に相応す。最奥の天界にある天人の衣類を用いざるは、彼等の無垢なるに由るものにして、無垢は赤裸裸に相応せり。

百八十　天人は天界にて衣類を著用するが故に、世間に現わるるときも彼等亦之を用いたり、即ち彼等が預言者の見る所となりたるとき、又は主の墓場に現われたるときの如し、其時、「その容貌は閃電の如く」、「其衣服は輝きて白かりき」（マタイ伝、第二十八章、三。マルコ伝、第十六章、五。ルカ伝、第二十四章、四。ヨハネ伝、第二十章、一二）と云う。又約翰《ヨハネ》が天にて見たるものは、「細き布の衣」（黙示録、第四章、四、第十九章、一四）を着たりと云えり。智慧は神真より来るが故に、主の化身にて出現し給えるときは、其衣

「輝きて光の如く白かりき」（マタイ伝、第十七章、二。マルコ伝、第九章、三。ルカ伝、第九章、二九）と云う。此光は前に見たる如く、主よりする神真なり（百二十九）。是の故に聖言には、衣類を以て、真理と、これよりする智慧とを表わせり。約翰の黙示録にある如し、曰く、「未だ其衣を汚さざるものは白衣を着てわれと共に行《あゆ》まん。彼等は然するに足るものなり。勝を得るものは白き衣を着せられん」（第三章、四—五）と。曰く、「目を醒し、衣を著《つ》け居るものは福《さいわい》なり」（第十六章、一五）と。以賽亜《イザヤ》はエルサレムにつきて曰えることあり、此にエルサレムとは真理の中における教会の事なり。其言に曰う、「シオンよ、醒めよ、汝の力を着よ、聖き都、エルサレムよ、汝の美しき衣をつけよ」（第五十二章、一）と。以西結《エゼキエル》書に曰く、「われ汝に細布《ほそぬの》を纏わし、絹をもて汝の身をつつめり。汝の衣は細布と絹となり」（第十六章、一〇・一三）と。其他尚お多けれど今之を省く。又真理におらざるものを以て、婚礼の衣服をつけざりしものと云うは、馬太《マタイ》伝に、「王、客を見んとて入りけるに、此に一人の礼服をつけざるものを見て、之に云いけるは、友よ、如何なれば礼服を著けずして此処に来れるかと、かくて彼は外の幽暗きに投げ出されたり」（第二十二章、一一—一三）とあるを見るべし。婚礼を祝える家とは天界と教会とを表わせるにて、その故は、主、その神真によりてこれと和合し給えばなり。聖言に主を花壻及び良人と云い、天界と教会とを花嫁及び妻と云えるはこの故と知るべし。

百八十一　天人の衣類なるものは、ただしかく見ゆるのみならず、如実に衣類なりと云うことは、天人自ら之を見るが上に、その手亦之に触るるにて明かなり、又彼等は多くの衣類を有して、或は之をぬぎ、或は之を著け、其不用なるものは、之を蓄えおき、用ある時に至りて、復た之を着るを見て明かなり。天人が著用する衣類に様々あることは、わが千たびも見たる所にて、その何処より之を獲たるかと問えるとき、天人答えて曰う、これは主より来る、即ちわれらは之を主の賜として受領す、又時には自ら知らずして衣を着せらるることあり、と。天人又曰う、その衣類には変化ありて第一及び第二の情態におるときは、光り輝きて白く、第三と第四とには稍々暈れり、而してこは亦相応より来る所にして、即ち上に見たる如く（百五十四より百六十一）、智慧及び証覚の如何によりて天人の情態に変化あればなり。

百八十二　霊界にあるものは、すべてその智慧の如何によりて衣類を著用するが故に、従いて智慧が由りて来る所の真理如何によりて衣類を著用するが故に、地獄界に在るものも亦一種の衣類を著用せり、されど彼等は真理の外にあるを以て、彼等が著用せる衣類は、その癲狂の度によりて、破れ綻ぶること甚しく、その汚穢なる面をむくべからず。彼等は実に此以外の衣類を著くるを得ざるなり。主が彼等に衣類を著くるを許し給うは、其赤裸裸なるを曝さざらしめんためなりとす。

天人の住処及び家庭

百八十三　天界に団体ありて、天人の生活、猶人間の如くなれば、彼等にまた住処あるを知るべし。而して其住処の一様ならざるは、その生活状態の各〻相同じからざるによる。威厳高きものの住処は崇高にして、之に次げるものはしかく崇高ならず。われ時に天界の住処に関して、天人と相語れることありき。其時われ云う、今の世、天人に住処あり家庭ありと云うことを信ずるもの殆んどあらざるべし、其理由は人によりて異なれり、或るものは之を見たることなきが故に信ぜず、或るものは天人は人なりと云うことを知らざるが故に信ぜず、或るものは天人が住める天界とは彼等が肉眼にてその身辺に見る如き天空なりと思うが故に信ぜず、打見たる所、彼等の天空なるものは沖虚なるが上に、その天人なるものも亦一種の気体的形態に過ぎずと想わるるが故に、彼等は結論して云う、「天人は灝気《こうき》中に住めり」と、加之《しかのみならず》、彼等は霊界の事物にも亦自然界の如きものありと云うを会得せざる也、そは彼等は霊的の何物たるかを知らざるによる。天人答えて曰う、われらも今の世に是の如き不覚あるを知れり、独り怪しむべきは、此不覚、主として教会の中に行われ、又所謂る率直なるものよりも有智の徒の多くこれに感染せること、是れ也。天人又曰う、天人の人なることは聖言によりても知らるべし、その中に現われたる天人は皆人ならざるはなきに、主自らも亦其人格の全体を提げて世に来り給えり。天人既に人ならば、彼等に住処あり家庭あることは、推しても知るべきにあらずや。又人間は天人を以て空中に飛翔するものと思えども、そは人間の不覚――天人は之を癲狂と云えり――に由るものにして、事実にはあらず、又天人は精霊と呼ばるれども、呼吸の気にはあらず、と。天人又曰う、人もし其の先入の僻見を離れて、天人及び精霊の何たるかを思惟せば、是の事を会得する難からざるべし。即ち彼等もし、「こは果して然るか」との疑問を起して、直ちに之を其思索上の主題となすことなければ、如上の事を会得する難からざるべし。そは何人にも一個普通の観念ありて、天人は人間の形態を具うること、「天界の住家」と呼ばるる居処を有すること、是の居処の崇高なるは、地上のに比すべくもあらざることは、人の皆知れる所なり。天人云う、されど此に人ありて、「是は果して然るか」との疑問を起し来り、この疑点を以て思索の中心となすことあれば、天界より流れいれる、かの普通の観念は、此に忽如として滅し去るべし、と。こは主として学者の間に起る所にして、彼等は自作の智慧によりて天界を拒否し、光明の入り来るを杜塞する也。死後の生命に関する信仰につきても亦此の如きことあり。人もし此事を説くに当りて、別に霊魂に関する学問上の所得底を詮議することなく、又霊魂肉体再合の学説を思惟することなくして、此事を説かんには、彼は死後また人として生息することを信ずるなり、而してもし彼が在世中の生涯にして過なからんには、死後彼は天人の群に入ることを得て、崇大なる事物を見るべく、又歓喜を感受し得べしと信ずるなり。されど彼もし、霊魂肉体再合説、又は霊魂に関する凡俗の臆説を思い煩いて、「霊魂は果して此の如きものなるか」、即ち「是の事果して然るか」などと思索せんには、彼は此の時直ちに当初の観念を放下し去るものとす。

百八十四　されど実地経験の証拠を挙ぐるに如くはなし。われ天人と面談したる毎に、われは彼等の住処に在りて彼等と共なりき。而して其住処なるものは、わが地上の所謂家屋と正に相似たれども、その美しさは遥かにこれに優れり。天人の住処には、室あり、奥の間あり、寝室ありて、其数頗る多し、又中庭あり、これをめぐりて花園あり、小樹あり、田圃あり。天人の団体的生活をなせる処には、其住家互に連接し都会的に排列せり、大道あり、小路あり、広辻あること、わが地上の市街に異ならず。われは許されて、その道路を徘徊し、四辺を眺め、時にその家屋の中に入りたることありき。こは実にわが醒覚十分なるときの事にして、わが内視は啓けおれり。

百八十五　われ天界にて、その崇大なること、言語に絶えたるばかりの宮殿を見たることあり。其上方は精金にて造れる如くに光を放ち、其下方は宝石より成れるが如かりき、而してその宝石の中には他に勝れて一層の光燿をもてるもありき。諸房内部の装飾に至りては、之を記すべき言語なく、又知識あらず。南方に向える処に楽園あり、此に在る一切の事物亦前と同じく光燿陸離たり。或る処には、銀の如き樹の葉あり、金の如き果実あり、花壇にある花の色は虹霓《こうげい》の如く見えぬ。望極まる処に疆界あり、疆界の彼方に又宮殿あり。天界の建築は実に美術其物なりと思わるるばかり也。されどこは不思議の事にあらず、此術実に天界より来ればなり。天人曰う、是等と、其外無数の事物の尚お一層円満なるものと、皆主によりて天人の眼前に現わるれども、天人の之を楽しむは、その眼にあらずして寧ろその心にあること多しと云う、そは彼等は物毎にその相応を見ずと云うことなく、而してその神的事物を見るは此相応に由れば也。

百八十六　相応のことにつきて、われは亦天人の言を聞けることあり、宮殿及び家屋のみならず、是等内外の事物、至微の点に至るまで、悉く天人内分の事物に相応せずと云うことなしと、此内分とは主よりして天人のうちにあるもの也。即ち家屋そのものは、大体において天人の善と相応し、屋内様〻のものは其の善を構成せる個個特殊の事物と相応し、屋外のものは善よりする真理及び其知覚と知識とに相応す。かく是等は天人が主よりして有する所の善と真とに相応するが故に、亦能く彼等の愛に相応し、従いて其証覚と智慧とに相応するものとす。そは、愛は善に属し、証覚は善に属すると同時に又真に属し、智慧は善より来る真に属すればなり。天人が如上の事物に対するとき、感得するところ此の如くなるが故に、彼等は之を見て、其心を喜ばし動かすこと、その眼よりも更に大なるを知るべし。

百八十七　是によりて、何が故に、主は自ら呼びてエルサレムにある殿堂と云い給えるかを明かにすべし（ヨハネ伝、第二章、一九・二一）。又何が故に新しきエルサレムは精金にて作られ、其門は真珠より、其礎は宝玉より成れると見えたるかを明かにすべし（黙示録、第二十一章）。そは、殿堂は主の神的人格を代表し、新しきエルサレムは後来建つべき教会を表わせるに由る。その十二の門は善に入る真理を示し、其礎は由りて建つ所の真理を示せり。

百八十八　主の天国を組織せる天人は、大抵高き処に住まえり、その処、地上を抜く山岳に似たり。主の霊国を作れる天人は、今少し低き処に居れり、丘陵の如し。されど天界の最低における天人は、岩石に似たる処に住まえり。而して此等の事物亦相応により存在す、即ち、内辺のことは高処に、外辺のことは低処に相応せり。聖言のうちに、高処を以て天国的の愛を表わし、丘陵を以て霊国的の愛を、岩石を以て真を表わすは、是の故なりとす。

百八十九　又団体的に生涯せざる天人に至りては、家ゝ別ゝにおれり。彼等が天界の中央を占むる所以は、彼等は天人中の尤なるものなればなり。

百九十　天人が住める家屋は、世上の家屋の如くに建てられず、主は天人が善と真とを摂受する度により手に任せて、之を施与し給う。又上に述べたる如く（百五十四より百六十）、天人内分の情態変化するにつれて、其家屋も亦様ゝとなる。天人の所有はその何たるを問わず、皆主の賜と称えられ、彼等の要求するものは一として施与せられずと云うことなし。

天界における空間のこと

百九十一　天界の万物が、場処を占め、空間を占むるは、正に世間におけるが如くなれども、天人には場処及び空間に対する概念あらず、知識あらず。かく云うときは、必ず矛盾の甚しきものと思わるべく、且つ此問題は極めて重要なるが故に、われは今之を明白にせんと欲す。

百九十二　霊界における場処の変更は、すべて内分の情態の転化によりて生ずるが故に、場処の変更は即ち情態の変化に過ぎずとなすべし。主がわれを導きて諸天界に到らしめ、又宇宙における諸〻の世界に到らしめ給えるは、実に此の如くにてなりき。其時わが肉体は同一処にありて、動くことなかりしも、わが心霊は即ち諸方を遍歴せる也。すべて天人の動作は、此の如くならざるなし、故に彼等に距離なるものあらず、既に距離あらず、故に空間あることなし、但し情態と其転変とはこれあり。

百九十三　場処の変更とは此の如きことを云うものなるにより、近接とは内分情態の相似たるを云い、遠離とは相似ざるを云う。故に相似たるものは相近づき、相似ざるものは相離るる道理なり。又天界における空間と云うは、只内分に相応せる外分の情態を云うものなるを知るべし。各天界の分界、各団体の分界、及び各団体中個個天人の分界は、只此理由によりて定まるものとす。地獄界の全く天界と相離るる所以も亦此に存するものにして、両者の情態は互に相容れざれば也。

百九十四　霊界にありては、亦同一の理由によりて、人もし其心を凝して他を見んと願わば、此願のみによりて其人現前すべし。こは想念の上において相見るものにして、わが身を其人の情態に置くなり、之に反し、両人相隔離することあるは厭悪の情より来るものとす。而して厭悪はすべて情動の衝突と思想の不和とより来るものなるが故に、霊界に在りて、多数一処にあるとき、相見るは相和する所あるによると知るべし、而かも一旦相和せざるところあるに至れば、則ち皆解散して跡を留めず。

百九十五　今天人一処より他処に行かんとするに、或は市内にて、或は中庭にて、或は田園にて、或は其団体外にてするとを問わず、かく願う心強ければ、其願う所に到ること速かにして、然らざるときは遅し。同一の路と雖も、其願力の如何によりて、長きことあり、短きことあり。われ屢〻之を見て怪しみき。而かも知るべし、天人に在りては、距離、従いて空間なるものは、全く其内分の情態によりて存することを、又是の故に、天界に空間あることは此世の如くなれど、天人には空間の概念と知識とあらざることを。

百九十六　このことは人間の想念によりて解説するを得べし、即ち想念には空間と共通せるもの一もあらず。人もし心に深く思うことあれば、此事眼前に現わるる如く覚ゆべし。又少しく考えあるものは、視覚なるものは空間と相関せずして知覚せらるることを知れるならん。但し視覚の空間と相関することあるは、われら地上にて物を見るに当り、これと同時に、見る所の他の物体、その中間に存するときか、又は既に已にその距離を知れる場合かに限れるものとす。何故に視覚と空間とは没交渉なるかと云うに、そは連続性なるものあるによる、而して連続せるものには嘗て隔離と云うことあらず、隔離は連続なき処に存する也。此理は天人の場合において特に然りとす。そは天人にありては、視る所は即ち思う所にして、思う所は即ちその情動なればなり、又前に云える如く、天人の内分の情態によりて、物に遠近を生じ、変態を生ずればなり。

百九十七　この故に聖言には、場処、及び空間、及び空間に関する一切の事物によりて、情態上の万事を表わせり、即ち距離・遠近・道路・旅行・滞留・里程・町数・平原・田畝・花園・都市・街衢・動静・各種の度量・長さ・幅・高さ・深さ、及び其他無数の事物、皆情態のことに関せずと云うことなし、そは、人間の想念中にありて、世間より来れるものは、大抵皆空間と時間とに交渉すればなり。われは今ただ長さ・幅、及び高さに就き、聖言中に何を示せるかを説くべし。世間にては、空間にありて、長きもの、広きものを、長し、広しと云い、高きものを高しと云えども、天界にありては、其想を運らすに空間を本とせざるにより、長さは善の情態、広さは真の情態を表わし、高さは此両者を度の上より見て区別すること（三十八を見よ）を表わせり。是等の事物を三種の度量によりて表わすわけは、天界にては東より西を長さとして、愛の徳におるもの此にあり、天界の南より北を広さとして、善よりする真におるもの此にあり（百四十八）、而して天界の高さとは善と真とを度の上より見たるを云うなり。聖言の中に、長さ・広さ・高さを云うときは、此の如きことを表わせるものなることは、以西結書《エゼキエル》の中に見ても明かなり（第四十章より第四十八章）。此には、長さ・広さ・高さによりて、新しき殿堂と、新しき世界と、それに附属せる庭・室・戸・門・窓、及び周辺のことを記載せり。すべて是等の事物は、新しき教会と、其中に具有せる諸善・諸真を表わせるものとす。もし然らずとせば、是の如き度量を用いて何かせん。新しきエルサレムは、また同様の方法によりて黙示録中に下の如く記さる、曰く、「城は四方にして長さと闊さと同じ、彼竿をもて城を測りしに一万二千ファーロングあり。長さ、且つ高さ皆等し」（第二十一章、一六）と。此に新しきエルサレムと云うは新しき教会のことにて、是等の度量はこの教会の事物に関せり。即ち、長さとはその愛の徳、広さとはその善徳よりする真、高さとは度の上より見たる善と真とを表わし、一万二千ファーロングとは一切の善と真とを悉く挙げて曰える也。城の高さは一万二千ファーロングにて、其長さ、其広さ、共に同じと云うは、此外に何を意味するとすべきか。聖言中に広さを以て真を顕わすことは、ダビデの歌を見て明かなり、曰く、「エホバよ、汝はわれを仇の手にとじ込め給わず、わが足を広き処に立て給えばなり」（詩篇、第三十一篇、八）と、又曰く、「われ狭き処よりエホバを呼べば、エホバ答えて、われを広き処におき給えり」（詩篇、第百十八篇、五）と。尚お以賽亜《イザヤ》書（第八章、八）、哈巴谷書《ハバクク》（第一章、六）及び其他を見よ。

百九十八　故に知るべし、天界には、世間における如く、空間あれども、何事も其空間によりて測量せられず、情態によることを。されば空間は、世間における如く測量せられず、唯情態によりて看得せられ、而して天人内分の情態に由りて量らるることを知るべし。

百九十九　これが、第一の理由、最も緊要なる理由は、主は各人の愛と信とによりて其前に現われ給い、而して此主の現前によりて、一切のもの、或は遠く、或は近く見ゆると云うことにあり。天界における万事は、主のかく現前し給うによりて限定せられ、天人の証覚も亦之よりす、そは天人は之によりて、その想念を延長するを得、又天界における万物と相交通するを得ればなり、略して云えば、これあるがために、天人は人間の如く自然的に思惟せずして、霊的に思惟し得るものとす。

天界において会同と交通とを規制する形式のこと

二百　天界の形式の何たるかは、前章来述べたる所にて、略〻明なるべし。即ち、天界は到る処、至大の形式よりその至小なるものに至るまで同一様なること（七十二）、故に各団体は天界の小なるものにして、天人は天界の至小なるものなること（五十一より五十八）、天人の最も証覚に秀でたるは中央に位し、之を回りて外辺に至るまで、しかく秀でざるもの居列べること、而してこは各団体においても皆同じく然ること（四十三）、愛の徳におるものは天界の東より西に至るまでを占め、善よりする諸真におるは南より北におること、而して此と同一様の排列亦各団体の中に存すること（百四十八・百四十九）、是なり。是等の事はすべて天界の形式によりて然るが故に、此形式の性質如何は、大体において、推知すべからん。

二百一　天界の形式を知り置く必要あるは、天界にては、すべて此形式に順いて相会同するのみならず、一切の交通亦之によればなり、一切の交通、既に之によるにより、一切の想念と情動との延長も亦之により、従いて天人の智慧と証覚とも亦之によるものとす。されば何人にても、天界の形式中にある限りは、即ち一個の天界的形式たる限りは、悉く証覚を有するわけ也。天界の形式と云うも、天界の順序と云うも、つまり同一なる所以は、総て物の形式は其順序により、且つこれに基づくものなればなり。

二百二　此処にまず、天界の形式中に在るとは何の事なるかを少しく説かざるべからず。そもそも人間は天界の形像と世間の形像とによりて造られたるものにして、その内分は天界の形像により、外分は世間の形像によれり（五十七を見よ）。此に形像によりてと云うは、形式に基づきてと云うも畢竟同意義なりと知るべし。されど人間はその意の諸悪により、従いて想念上の諸訛《こうか》によりて、自家の胸中に蔵したる天界の形像を壊り、従いて天界の形式を壊りたるにより、却て之を補足せんとして、地獄界の形像と形式とをここに導き入れたるがため、彼が内分は生れながら閉塞するに至れり。人間が動物と異なりて、生来何事をも知らざるは是の理による也。故に人もしその心のうちに天界の形像又は形式を回復せんとせば、天界の順序に関することどもを学得せざるべからず、そはさきに云える如く形式は順序によるものなれば也。聖言のうちには神的順序に関する一切の律法を収め、是の律法、即ち聖言の箴訓なれば、人にして此律法を学び、之に順いてその生を営まんには、それだけ彼の内分は啓くるわけにして、天界の順序即ち形像は復た此に新たに興り来るとなすべし。されば天界の形式のうちにあると云うは、聖言中の諸箴を守りて、その生を送るの義なるや明か也。

二百三　何人と雖も、天界の形式中にあるうちは、天界におれり、否、実に彼は一個至小の天界なり（五十七を見よ）、故に彼は亦智慧と証覚とに居るものなりと謂うべし。そは前に云える如く、彼が智性よりする一切の想念と、その意性よりする一切の情動とは、天界の形式に従いて天界の各方面に拡がりわたり、以て諸団体と交通し、諸団体も亦彼と交通すること、誠に不思議なるものあればなり。されど或は想念及び情動を以て、実際その周辺に拡がり行かぬもの、想念及び情動は只人の心の中にのみ存すると信ずるものあり、何となれば彼等が思惟する事物は、その心の中にあり、自らの身内にありて、身外に離れおらざればなりと。されど此く信ずるものは大にあやまれり、われらの眼の視力は遠隔の物体にまで自ら拡がり行き、其延長の区域内にて見得らるる諸事物は、その順序によりて、われらの眼を刺戟する如く、智性よりする内分の視力も亦之と同じく、自ら霊界に拡がり行けども、既述の道理によりて（百九十六）、われらは之を自覚することなきまでなり。但し両者の相異なる所は、肉眼の視力は自然界にある事物によるが故に、其情動も亦自然的なれども、智性の視力に至りては霊界にある事物によるが故に、其情動は霊的にして、皆善と真とに交渉せざるはあらず。人自ら其然るを覚えざるは智性を照らす所の光明なるものあることを知らざるが故なれども、此く智性を照らすべき光明なければ、人は何事をも思惟するを得ざるものとす。此光明につきては、上来の所述を見るべし（百二十六より百三十二）。嘗て一個の精霊ありき、以為《おもえ》らく、其思惟する所は、自家より出でて自家以外に延長することなく、従いて他の団体と交通することあらずと。其所信の偽りなるを知らせん為め、主は、彼と最も近接せる団体との交通をすべて切断し給いたれば、其結果として、彼は思考の力を奪われたるのみならず、生命すらなきものの如くに斃れ伏して、只僅かに其手を動かすこと、正に新生の嬰児の如くなりき。良〻ありて交通また回復し、次第に旧の如くなり行くや、彼はまた自家の意識に還るに至れり。このとき之を目撃したる諸精霊は、想念と情動とはすべて交通によりて流れ入り来るものなることを自白しき。想念と情動と既に此の如しとせば、生活一切の事物、亦然りと謂うべし、何となれば人生一切の事物は、能く思惟し、能く情動を感ずると云うこと、即ち能く悟り、能く志すと云うことの外を出でざれば也。

二百四　されど此に知らざるべからざることは、智慧と証覚とは、その人の交通如何によりて、各〻相同じからざること是なり。もし其智慧と証覚とにして至純の真及び善より成らんものは、天界の形式に従いて諸団体との交通あるべけれども、其智慧と証覚と共に、至純の真と善とより成らざるも、而かも尚お真・善と一致せる諸事物より成るものにありては、其交通は断続不定なるを免かれず、そは此交通、天界の形式に称える次第によらざればなり。かの悪よりせる偽りにおるがため、智慧なく、証覚なきものに至りては、その交通は只地獄界の諸団体との間に存するのみ。而してこの交通の範囲は、各自善悪に安定するの度に比例するものとす。次に又知らざるべからざることは、此の団体との交通は在団のものが明かに知覚し得べき交通にあらずして、彼等が安住する所、彼等より流出する所の性相との交通なること是なり。

二百五　天界のものは、すべて霊の上の親和を本として会合す、即ちその順序に従いての善と真との上における親和なり。こは、全天界と、各団体と、各家屋とを問わず、皆然らざるはなし。是の故に同様の善と真とにおる天人は、互に相知ること、猶お地上における親族・縁戚の間におけるが如く、彼等は幼時よりして相識るものに似たり。証覚及び智慧を成せる諸善と諸真と、また此の如くにして各天人の心の中にありて相和同す、即ち是等の事物は上述の如くまず互に相識り、互に相識るに従いて、互に相集まりて結合する也。故に天界の形式によりて、諸真と諸善とを、その心の中に和合したるものは、事物を見るに当り、その甲乙相随いて次第をなすを認むべく、又一切の方面にわたりて、此く連続不断の相をひろく認むべし。されどその心のうちに諸善及び諸真を和合せしむるに当り、天界の形式を本とせざりしものは、此の如くなるを得ざる也。

二百六　此の如きを各天界における形式となす、天人は之に従いて相互の間に想念上及び情動上の交通と延長とを有し、又之によりて智慧と証覚とを具うるものとす。されど諸天界間の交通に至りては之と異なるものあり、即ち、第三天即ち最奥の天と、第二天即ち中間の天との交通、及び是等両天界と、第一天即ち最下の天との交通は、さきの如くに行われず。蓋し諸天界間の交通は、これを呼びて交通と云わずして、内流と云う。今少しくこの事につき説くべし。天界に三つの度あることと、各度別なることとは、既に其章下にて記述せられたる所なり（二十九より四十）。

二百七　各天界間に交通なくして内流あることは、その相互の位置より見て明かなるべし。第三即ち最奥の天界は上にあり、第二即ち中間の天界は之が下にあり、第一即ち最低の天界に至りては更に之が下にあり。而して各天にある諸団体も、またこれと同一様に排列せらるること、例えば山岳の態をなせる高処にある所の団体（百八十八）の如し。此絶頂には最奥の天界に属するもの居住し、此の下には第二天の団体あり、更に下りて最低天の団体あり。その高処にあると否とを問わず、各天界を通じて此の如くならざるはなし。而して上天の団体は、相応によりての外、下天の団体と交通することあらず、此の如く相応による交通を名づけて内流と云うなり。

二百八　甲天と乙天との和合、もしくは甲天の一団体と乙天のとの和合は、唯主によりてのみ行わるるものとす、即ち直接と間接との内流による也。直接の内流とは主より直ちに来るもの、間接の内流とは上天より次第を追いて下天に伝わるものを云う。かく諸天界間の和合は只主よりの内流に由りてのみ行わるるが故に、上天の天人は下天の団体をのぞみ下すを得ず、又之と相語るを得ざるよう、極めて周到なる用意ありて行わる、何となれば、もし之をなすものあらんには、天人は其智慧と証覚とを失うべければ也。今その理由を説かんに、天界に三つの度ある如く、各天人の生涯にも、また三つの度ありて、最奥の天界にあるものは、第三度即ち最奥の度啓け、第二と第一とは塞がり、中間の天界におるものは、第二度のみ啓けて、第三と第一とは塞がり、最下の天界におるものは、第一度のみ啓けて、第二と第三とは塞がりおれり。故にもし第三天の天人にして、第二天の団体をのぞみ下して、之と相語ることあらんには、彼が第三度は即時に塞がるべく、而してこの閉塞と共にその証覚は亡せらるべし、そは彼が証覚は第三度に住して、第二及び第一にはあらざれば也。かの馬太《マタイ》伝中にある主の言葉は此義を伝えるなり、曰く、「皆屋上にあるものは、其家の物を取らんとて下る勿れ、畑におるものは、其衣をとらんとて帰る勿れ」（第二十四章、一七―一八）と。又路加《ルカ》伝に曰く、「其日には人屋上にあれば其器具室にあるとも、之を取らんとて下る勿れ。亦畑にあるものも同じく帰る勿れ。ロトの妻を憶え」（第十七章、三一―三二）と。

二百九　下天より上天へは内流なし、そは順序に逆えばなり。されど上天より下天へは是れあり。上天の天人の証覚は、下天の天人のに勝れること、万と一とに比例すべし。是れ亦下天の天人が上天の天人と相語るを得ざる理由なり、たとい彼等仰ぎ望むことあらんも、更に見る所なく、上天は猶お雲の頭上にかかれる如くなるべし。上天の天人は下天にあるものを見得べし、されど之と相語るを得ず、しかせんには、前に云える如く、其の証覚を失わざるべからず。

二百十　最奥の天界にある天人の想念と情動と言語とは、決して中天にて知覚せられず、そは是等のもの中天のを超絶すること大なればなり。されど主の心に称うときは、上天に当りて火焔の如きもの下天に見ゆることあり。又中天に居る天人の想念と情動と言語とは、光明の如きものとして最下の天界に見ゆ、時には輝きて種種の色彩ある雲と見ゆることあり。此雲、及び其上下する模様、及びその形態によりて、或る度までは、上天における天人の言説するを知り得べしとなす。

二百十一　是等の事物によりて、天界の形式の何たるかを見得べし、即ち此形式は、最奥の天にては最も円満にして、中天に至れば尚お円満ならざるにあらざれども、その度は下れり、最低の天界に下るに及んでは、その度今一層低きことを知り、又甲天の形式は主よりする内流によりて、乙天のために永く存在する所となるを知るべし。されど内流による交通の何たるかを知らんには、先ず高低の度の何たるかを知り、又此度と経緯の度と如何なる点において相違せるかを知らざるべからず。而して是等諸度の相異の何たるかは、上来既に述べたる所なり（三十八）。

二百十二　天界の形式を、其細目にわたりて解すること、又この形式が如何に活動し、如何に流行するかを会するは、天人と雖も能くするところにあらず。聡明睿智の人、もし人体における諸事物の形式を検査し探究し、之より推して考うるときは、天界の形式に関して、或はその大略を悟り得べからんも知れず。そは上に示せる如く（五十九より七十二）、全天界は一個の人身に似て、又人身中における万の事はすべて天界に相応すればなり（八十七より百二）。かの天界の形式の、如何ばかり会し難く説き難きかは、身体の各部を連結せる神経繊維を見て、略〻知り得べし。是等の繊維は何ものなるか、如何にして脳髄中に活動し流行するかは、肉眼の見得る限りにあらず。頭脳中には無数の繊維ありて、互に交叉するの状、その集まれる所より見れば、柔かき、連続せる塊《かたま》りに似たれども、意性及び智性よりする個個の活動は、皆此繊維によりて行わるること疑を容れず。又是等の繊維が身中にありて如何に相結束するかは、様〻の中枢、例えば心臓・腸、及び其外にあるものを見ば明なるべし。又神経節と呼ばれたる神経の束《たば》を見よ、数多の繊維、各局部より来りて、此に集まり、此に交雑し、又様〻に連繫したる後、また此処を出で行き、外に在りて各〻其官能を全うす、而して此の如きもの一再に止まらざるなり、又各臓腑・各肢体・各機関・各筋肉の中にありても、此の如きことを見得べし。証覚の眼を以て、是等の事物と、その多くの不可思議とを検するときは、只驚嘆する外あらざるべし。されど肉眼にて見得る処は僅少の部分に過ぎず、其の自然界の内面に蔵れて、視覚の及ばざる処にあるものに至りては、更に一層の不可思議なり。此形式の天界の形式と相応することは、其形式のうちにあり、これによりて動く所の智性と意性とが万般に発作するを見て明かなるべし。そは人、その意に決する所あれば、皆自《おのずか》らにして此形式の上に発作すればなり、又人苟くも思惟するところあれば、その想は最初の発足点よりその末端に及びて、神経繊維の上に周流せずと云うことなく、これよりして此に感覚なるものあり、而して是の形式はやがて想念と意志との形式なるが故に、亦智慧と証覚との形式なりとすべし。天界の形式に相応するものは即ち是なり。故に知るべし、天人の情動と想念とは悉く此形式に従いて自ら延長するものなることを、又、彼等此形式中にある限り、智慧と証覚とにおるものなることを。天界の形式は主の神的人格よりすることは、上来既に述べたり（七十八より八十六）。今是等の事を記せるは、天界の形式は、其大体の原則すら十分に探求すべからざるものなることを示さんがためにて、従いて天人と雖も亦之を会得せざるは、既に述べたるが如し。

天界における統治制度のこと

二百十三　天界は諸団体に分れ、団体の大なるものは数百千の天人より成り（五十を見よ）、又各団体中のものは、善におること相同じけれども、其証覚は則ち様〻なるが故に（四十三を見よ）、必然の理として、天界にはまた統治の制度なかるべからず。そは、順序は守らざるべからず、順序に関する万般の事項は破るべからざればなり。されど天界における統治の制度は一様ならずして、主の天国を構成せる団体には一種の制度あり、主の霊国を構成せる団体には又別種の制度あり、且つ又各団体の職掌の異なるに従いてその制度も亦同じからざる所あり。されど天界には相愛の制度を外にして別に制度なるものあることなく、此相愛の制度を以て天界統治の制度となす也。

二百十四　主の天国における統治制度を正道と云う、何となれば天国の天人は皆主に対する愛（こは主よりする也）の徳におればなり。此徳に住して行う所を、すべて正しと云う。天国における統治は只主のみに属するものにして、主自ら天人を導き、又之に処世の事を誨え給う。公義上の理法と云うべき諸真理に至りては、彼等の心中に明記せらるるを以て、天人として、之を識り、之を知覚し、之を看得せざるはなし、故に公義上の事件は決して争議の種とならざれども、正道上の事件、即ち各人躬行上の事件のみ、疑問となることあり。是の如き事件につきては、証覚少なきもの、或は之を己れに優れるものに糾し、或は之を主に糾して、その解答を受くるものとす。天国における諸天人は、只正道に従いて、主の導き給うままに生息するを以て、自己の天界となし、又極秘の歓喜となせり。

二百十五　主の霊国における制度を公義と云う、そは霊国の諸天人は霊善におればなり、霊善とは、隣人に対する仁の徳を云えるにて、其実性は真なり、而して真は公義に属し、善は正道に属す。此国土の諸天人はまた主の導き給う所なれども、間接なるが故に(二百八)、ここには統治者あり、其数の多寡は、各所属団体の必要に従うものとす。又ここには律法ありて、天人はこれに遵いて群居せり。統治者はこの律法に由りて諸事を統制す、彼等は証覚あるにより律法の何たるを能く解せり、もし疑う所あれば、則ち主之に明決を与え給う。

二百十六　主の天国にある如き善によりて行わるる統治を正道と云い、主の霊国にある如き真によりて行わるるを公義と云うが故に、聖言の中に天界と教会の事を説くに当り、其記事、正道と公義とに及ぶことあり。正道とは天国の善を表わし、公義とは霊国の善を表わすものにして、而して此霊国の善の、その実性において真なることは、既に上に述べたる如し。次に聖言中の句を引用するを見よ、曰く、「平和は窮りなかるべし、ダビデの位にすわりて、其国を治め、今より後、長えに公義と正道とをもて、これをたて、これを保ち給わん」(イザヤ書、第九章、七)と。ダビデとは主のことなり、その国とは天界なり。そは次の文句にて明かなり、曰く、「わがダビデに一つの義《ただ》しき枝を起す日来らん、彼、王となりて世を治め、道を行い、公義と正道とを世に行うべし」(エレミヤ書、第二十三章、五)と。曰く、「エホバはいと高し、高き処に住み給えばなり、彼はシオンに公義と正道とを充たし給いたり」(イザヤ書、第三十三章、五)と。シオンとは天界と教会とを曰える也。又曰う、「われはエホバにして世に公義と正道とを行う、そはわれこれを悦べばなり」（エレミヤ書、第九章、二四）と。曰く、「われ汝を娶りて永遠にいたらん、然り、正道と公義とをもてわれ汝を娶らん」（ホセア書、第二章、一九）と。曰く、「エホバよ、天にある汝の正道は神の山に似たり、汝の公義は大なる淵なり」（詩篇、第三十六篇、五―六）と。曰く、「彼等正道の公義をわれに求め、神に近づくことを願えり」（イザヤ書、第五十八章、二）と。尚お他処を見るべし。

二百十七　主の霊国における統治の制度は一様ならず、各団体によりて異なれり、かく一様ならざる理由は、各団体が司どるところの職掌一ならざるによる。この職掌の猶お人身中における諸事物の職掌に似たるは、彼と此と相応すればなり。而して人身中の各機関が掌る所の相同じからざるは、人の能く知る所なるべし、即ち心臓には心臓の所掌あり、肺臓には肺臓の所掌あり、其他肝臓・膵臓・脾臓、及び各感官、皆その掌る処を別にせり。かく人身中諸機関の官能相異なるが如く、巨人体中、即ち天界における諸団体も亦其官能を一にせず。何となれば、是等の団体の、人身の諸機関に相応することは、其の章下にて既に見たる所なればなり（八十七より百一）。統治の制度なるものは、其形式の何たるを問わず、すべて公衆の福利を以て其目的となし、又これを通じて各個人の福利をすすめんとせざるはあらず。天界にありて、能く此事の行わるる所以は、天界を挙げて皆一切を愛し給う主の指導の下にあればなり。又主は神愛によりて、天人をして全般の福利を標準となさしめ、この福利を愛する度に比例して、各〻其福利を全からしめ給えばなり。蓋し何人も其所属の集団を愛する限り、一切を愛し、各人を愛すと云うべく、而して此愛は主よりするものなるが故に、彼はまたそれ丈け主の愛し給うところとなり、その福利を享有し得べし。

二百十八　是等の事情によりて、統治者とは如何なる人物なるかを知り得べし、即ち是人は善と証覚とに居ること他に勝れるが故に、その愛よりして、一切の為めに福利を欲し、又その証覚よりして、此福利を如何に衆人の間に施行すべきかを知れり。此の如き統治者は、其の威力によりて、他を制し、他を令することなく、却て之に事え、之に使わる、何となれば、福利を愛して他の為めに之を施すは之に使わるるなり、此福利を如何に施行すべきかを図るは之に事うるものなればなり。統治者は又自ら尊大にすることなく、却て卑下す、そは団体の福利と隣人のとを第一位に置きて、自己の福利を最後に置けばなり、最後にあるものは是れ卑下するなり。されど彼等は名誉と光栄とを有てり、即ち彼等は団体の中位に住みて、其地位他に勝れて高く、又その住む所の宮殿は崇大なり。而して其光栄と名誉とを受くるは、自らの為めにあらずして、服従の故なりとす、そは彼等は其名誉と光栄とを主より享くることを知り、又他の己れに服従するは、之が為めなること を知ればなり。主が諸弟子に次の如く告げ給いたることあるは、此義に外ならず、曰く、「汝等のうちに大ならんことを願うものは汝等の召使となるべし。人の子の来れるも人を使うためにあらず、反て人に使われんためなり」（マタイ伝、第二十章、二六・二八）と。又曰く、「汝等のうち至大なるものは至小なるものの如くなれ、首なるものは事うるものの如くなれ」（ルカ伝、第二十二章、二六）と。

二百十九　此の如き制度は、至小なる形式において、亦各天人の家内に行われおれり。即ち、主人あり、家僕あり、主人は家僕を愛し、家僕は主人を愛し、愛によりて互に相事えり。主人は家僕に如何にして生を送るべきかを誨え、又何事をなすべきかを告ぐ、家僕はその命を奉じて自らの務めを果たす。凡そ用を成就するは、すべて生あるものの楽しみとなす所なるが故に、主の国土は用の国土なることを明らむべし。

二百二十　地獄界にも亦統治の制度あり、統治なければ、之を制裁すべからざればなり。されど地獄における統治制度はすべて自愛より来るが故に、天界の統治と正に相反せり。地獄界にては何人も、他を制役して、自ら高からんことを願わざるはあらず、故に己れを喜ばざるものは之を憎みて必ず之に報いんと思い、又残忍を加えんと図る、之を自愛の相となす。故に地獄にては、兇悪の甚しきもの統治者となりて他を凌駕す、而して他の之に従うは、之を怖るればなり。この事につきては、尚お地獄界の事情を記すに当りて、之を述ぶべし。

天界における礼拝のこと

二百二十一　天界における礼拝は、外面上、地上におけるものと相異ならず、その相異なるところは内面にあり。即ち天界に、教説あり、説法あり、殿堂あるは地上における如し。教説は、其主要なる点において、相同じけれども、天上のは地下のに優りて内秘の証覚より来れり。説法は是等の教説を基として行わる。天人は家屋及び宮殿を有するが如く（百八十三より百九十）、亦殿堂をも有するが故に、説法は此処にて行わるるなり。何故に天界に此事ありやと云うに、天人は常にその証覚と愛との上において、具足円満ならんことをつとむればなり。蓋し天人に智性と意性とあるは、猶お人間の如くにして、此智性も意性も共に益〻円満になり得べきものなり。即ち智性は智慧に属する諸真理に由り、意性は愛に属する諸善に由りて、常に円満の域に進みて止まざる也。

二百二十二　されど天界における礼拝そのものは、殿堂に詣でて説法を聴くと云うことにあらず、教説に遵いて、愛と仁と信とを体せる生涯を営むこと、是なり、殿堂内の説法は只処世の事項につきて教誨を垂るるに止まる。われ嘗て此問題につきて天人と語れるとき、われ曰う、世人の信ずる所にては、礼拝とは、只殿堂に詣で、説法を聴き、一年三、四回の聖餐式に列り、教会の条規に遵いて自余の礼拝行事を行うこと、及び別に祈禱の時なるものを設けて、其行動を敬虔ならしむることとなり、と。天人曰う、是等の事、固より為さざるべからず、されどこは外面の所作に過ぎず、もしこれをして内分より出で来らしむるにあらざれば、皆これ等閑の事なり、而して此内分とは、教説の箴誡に遵える生涯を云う也、と。

二百二十三　殿堂内における天人の集りとは、如何なるものなるかを知らんため、われは時に許されて其中に入り説法を聴くを得たることあり。説法者は東方に据えたる法壇の中に立ち、其面前には他に勝れて証覚の光明を得たるもの坐り、其左右には、しかく光明を得ざるもの坐せり。聴衆はすべて説法者の視線内に入るよう、円形を成して座を占む、説法者の両側は其視線外に出ずるを以て此には何人もおらず。新参の者は、殿堂の東方、法壇の左方に当り、戸口に近く立てり。法壇の背後には何人も坐するを許さず、もし然らんには説法者之によりて其心乱るれば也。聴衆中にその説法と相称わざる見解を有するものあるときも亦此の如くにして、此際彼は其面を背けざるを得ず。説教の証覚にて充てることは世上之と比すべきものあらず、そは天界にては何人も内分の光明に住すれば也。霊国における殿堂は石造の如く見え、天国のは木造に似たり、そは石は真に相応して、霊国の天人は此におり、木は善に相応して、天国のものは此におればなり。天国における聖殿は之を殿堂と云わずして、神の家と云えり、その建築は崇大ならず、されど霊国のには多少の崇大あり。

二百二十四　われ嘗て殿堂内における聴法者の聖き境涯《きょ》につきて、一人の説法者と相語れることありき。彼云う、皆各〻その内分に従いて信に厚く、敬虔にして神聖なり、而して此内分とは愛と信とよりせるものにて、此中に神聖の自性を存せり、是れ即ち主の神格なるが故に、と。彼又曰う、このほか別に外的神聖なるものを知らず、と。かく彼は愛と信とを離れたる外的神聖のことに思い到れるとき、又曰う、此の如きは技巧又は偽善によりて、神聖の外相を摸擬せるものなるべし、自愛と世間の愛とより来れる一条の偽火に犯されて、此の如く神聖に似たるものを現出するなるべし、と。

二百二十五　一切の説法者の来るは、主の霊国よりして、天国よりせず。その霊国よりする理由は、霊国の天人は善より出で来れる真のうちにおりて、而してすべての説法は真よりするものなれば也。説法者の天国より来らざる所以は、天国の天人は愛の徳におり、此徳によりて真を看得し知覚すれども、之につきて言説することなければなり。かく天国の天人は真を知覚し見得すれども、而かも猶お彼等の中に説法あるは、何故かと云うに、彼等は説法によりて己れが既に知れる所を益〻明かにし、又その未だ知らざりし数多の諸真を得て益〻円満ならんと欲するに由る。彼等一たび真を聞くことあれば、直ちに之を認識し、従いて之を知覚す。その知覚する所の真は、彼等之を愛して措かず、之によりてその生涯を営み、遂に之を己が境涯中に同化す。彼等云う、真によりてその生を送るは、即ち主を愛するなり、と。

二百二十六　説法者は皆主の命じ給う所なるが故に、彼等には説法の才あり、而して此以外の者は殿堂にて説法するを得ず。彼等を呼びて説法者となして、祭司となさざるは、天界の祭司を行うものは、天国のみなればなり。祭司の職掌は、主に対する愛の徳を義とするものにて、天国の人は即ち此徳におれり。天界の王権を有するは霊国にして、王権は善よりする真を義とし、霊国のものは此真におれり（二十四を見よ）。

二百二十七　天人の説法中に述べらるる教説は、すべて此生を以て究竟となし、信を以て此生を離れたるものとなすはあらず。最奥の天界における教説は、中天のよりも一層証覚に充ち、中天の説教は最下天のよりも一層智慧に充てり、そはすべての教説は、各天における天人の知覚に順じて説かるればなり。而して諸教説の主眼とする所は、何れも主の神的人格を承認するにあらずと云うことなし。

天界における天人の力のこと

二百二十八　天人に力あることは、霊界の事を知らず、又霊界より自然界へ内流あることを知らざるものの会し得ざる所なり。彼等以為《おもえ》らく、天人には力なし、何となれば天人は霊的なり、其精純にして形骸を離れたる、眼を以て見るべからざればなりと。されど事物の内面の道理に一層徹底したる者は、此の如く思惟せず。彼等は人間が有する力は、すべてその智性と意性とより来るを知れり、そは、これなくば、人は其身中の一塵をも動かす能わざればなり。智と意とは人の霊的人格にして、其身体と肢体とを左右して、心の儘なるを得るは之に由れり、その思う所は、之を口と舌とに説くべく、その欲する所は、之を其身に行うべく、又その好む所にまかせて、自ら強うするを得べし。人間の意と智とは、主が天人及び精霊に由りて、之を制御し給う所にして、而して人体中一切の事物は、すべて意と智とよりせざるはなきが故に、是等も亦主の制御し給う所なり。汝たとい之を信ずることなからんを欲するも、人は天界よりの内流なくしては一歩をも動かし得ざる也。その果して然ることは、多くの経験によりて、わが見たる所とす。嘗て天人、主の許しを得て、わが歩み、わが行動、わが舌根、わが言語をば、其好むに任せて制御せることあり、こは、内流によりて直ちにわが意と智との中に入りて、之を左右するものにして、而してわが経験したる所は、われ自らは何事をもなし得ざりしと云うこと也。其後、彼等曰う、人間みな此の如くにして制御せらるることは、教会における説法及び聖言によりて人の知るところなるべし、何となれば、人は神に禱りて、われを導き、わが行歩を向け、われを教え、又何を考え、何を云うべきかを默示せんため、われに天人を遣わし給えと求むればなり。此の如き祈禱、尚お此外に少なからず。されど教説の外に出でて、自ら思索するものは、其云う所及び信ずる所は、之と異なれり。今是等のことを云えるは、天人は人間に対して如何なる力を有するものなるかを示さんためなり。

二百二十九　霊界における天人の力の大なることを説かんに、わがこれに関して見たる一切の事物を此に提出するとも、人はわれを信ぜざるべし。もしここに天人に反抗して、神の順序に逆う一事ありて、之を除くの必要あるときは、天人は只一意力と一瞥とのみにて、之を投げ倒し、之を覆えすを得る也。かくてわれは凶しきものの住める山の投げ倒されて覆えるを見、又時には此山の地震の如く一方より他方に震うを見たり。かくてわれは又岩の裂けて淵に陥り、其上におれる凶しきものの水中に呑み込まるるを見たり。われは又数百千の悪しき精霊が天人のために打散らされて地獄界に投げらるるを見たり。天人に対しては、数の多少の如きは云うに足らず、技巧あり、狡智あり、団結力ありと云うも、亦その力を施す所なし。天人はすべてを一見して、之を打散らすこと瞬時にあり。巴比倫《バビロン》の破滅を記すとき、尚お此事につき云う所あるべし。実に此の如きを霊界における天人の力となす。彼等もし主の許しを受くるときは、自然界においても亦同一様の力を示し得ることは、聖言の中に明かなる所にて、即ち全軍を挙げて之を破滅したる時、又疾病を起して七万の人之に死したる時の如し。此天人につきては、尚お次の記事あり、「天の使その手をエルサレムに伸べて、これを滅さんとしたりしが、エホバ此害毒を悔いて、民を滅す天使に云いけるは、足れり、今汝の手を住めよと。ダビデ民を撃つ天の使を見たり」（サムエル後書、第二十四章、一五―一七）と、尚お此外にもあり。天人には此の如き力あるが故に、亦彼等を呼びて力あるものと云えり。ダビデの歌に曰う、「汝等エホバの天人よ、主をいわえよ、汝等力いと強きものよ」（詩篇、第百三篇、二〇）と。

二百三十　されど此に知らざるべからざるは、天人は自らの故に力を有するにあらず、彼が有てる一切の力は、皆主より出で来るものにして、彼等が力あるものとなり得るは、この事を認識するのみに由ること、是なり。もし自らの故に、此の如き力ありと思う天人あらば、彼は忽ちに弱くなりて、一個の凶霊にだも抵抗し得ざるべし。故に、天人は何等の功徳をも己れに帰することなく、総てを主の力に帰し、其の所為に対して、賞讃と光栄とを受くるを嫌えり。

二百三十一　天界におけるあらゆる力は、主より出で来る神真の中に具われり、そは神真と神善と合一せるもの、即ち是れ天界における主なればなり（百二十六より百四十）、而して天人の力を有し得るは、此実を摂受するに由るものとす。又各人の各人たるを得る所以は、各自特有の智と意とに由るものなるが故に、各人は自家所有の真と善との上に出ずること能わず。蓋し智性は真に属せり、智性の一切は諸真より成ればなり、而して意性は善に属せり、意性の一切は諸善よりなればなり。蓋し人はその会得する所を称して真となし、その欲する所を称して善となすが故に、人は各〻そのおる所の真と善との上に出ずる能わずとなす。是を以て、天人は神格よりする真及び神格よりする善なる限り、彼は力なり、彼はこのとき主と共なればなり。而して人は皆、同一の善、同一の真に居ることなきが故に（天界には、世間における如く、無限の差別あり、二十を見よ）、天人各自の力は決して同一様ならず。かくて巨人、即ち天界に在りて、その双腕を成せる天人は、最大の力を有せり、その故は、ここにある者は他に勝りて真の中におるが上に、全天界における善、此の真の中に流れ入り来ればなり。人身全体においても亦、その力は双腕に集まり、全身は之によりてその力を運用するを得る也、故に聖言には手と腕とを以て力をあらわせり。是の故を以て、天界においては、時に赤裸の隻臂、現わるることあり。其甚大の力ある勢は、たとい地上の岩石なりとも、其途に横わることあらんには、一撃に撃砕せられんばかりなり。此隻臂、嘗てわが方向に動けることありしが、われは其髄かにわが骨を砕きて粉末となすべきことを覚えたり。

二百三十二　主より出で来る神真は、あらゆる一切の力を有し、天人は此神真を摂受する度に順いて力を有することは、上来の所述にて明かなるべし（百三十七）。されど天人の神真を摂受するは、唯神善を摂受するときに限れり、そは真の力は善より来るものにして、善なければ、真嘗て力あらざればなり。此と同じく、善に力あるは、真によるものにして、真なければ、善も亦力あることなし。力は実に両者の和合より来るものとす。信と愛とにおけるも亦此の如し、真と云い、信と云うも同じ事なり、そは信の一切は真なるが故に。又、善と云い、愛と云うも同じことなり、そは愛の一切は善なるが故に。天人が善より来る真の故を以て、大力を有することは、次の事情にて明なるべし、即ち一凶霊の嘗て天人のために一瞥を加えられたるだけにて昏倒して、また人間の相を粧わざりしことありき、而してこは天人がその眼を背くるまで、相続しき。天人の一瞥にて、此の如き結果を生ずるは、その眼に天界の光あるに由る、天界の光は、即ち神真なり。上を見よ（百二十六より百三十二）。又眼は善よりする真と相応せり。

二百三十三　善よりする真に、一切の力あるが故に、悪よりする虚偽には毫しも力あらず。地獄にあるものは、皆悪よりする虚偽におるが故に、真と善とに対しては何等の力をも有せず。されど彼等は相互の間に在りて、如何なる力を有し、又地獄に投げ入れらるる以前、凶霊は如何なる力を有するかは、下章にて之を述ぶべし。

天人の言語のこと

二百三十四　天人の対話は、世上における人間の対話の如くにして、その主題とする所も様〻なり、家事あり、政治あり、道徳及び精神上の事あり。されど天人の対話は一層内的なる想念より出で来るが故に、人間のに比して一層智慧に富めりと謂うべく、此外両者間に差違あるを見ず。われは屢〻その許しを受けて天人の間に交わり、之と語ること朋友間の如くなるを得たり。又或る時は未知の人の如くにも語れり、其時わが情態は天人のと相似たりしにより、われはただ地上の人と相話する心地するに過ぎざりき。

二百三十五　天人の言語は、人間の言語の如く、一一の言葉より成り、之を表わすに音を以てし、之を聞くに音を以てす。天人には人間の如く、口あり、舌あり、耳あり、又空気の中に住めるが故に、此の空気によりて其言語の発音曲折分明となる、されど此空気なるものは霊的にして、霊体なる天人の生涯に順適せることをわするべからず。彼等は此気を呼吸し、其呼吸の工合によりて、其言葉を発音すること、人間が人間の言葉を発するに異ならず。

二百三十六　全天界を通じて同一の言語あり、如何なる団体より来るも、その遠近に拘わらず、天人は互に其意を通じ得べし。彼等は之を学得することなく、自然にして、彼等が情動及び思想そのものの中より流れ出ず。言語の発音は其情動と相応し、言葉をなす所の発音の曲折は其想念の諸概念と相応せり、而して是等の概念は情動より来れる也。此の如く天人の言語には相応あるが故に、言語そのものも亦自ら霊的なりと謂うべし、即ちこれ、情動の声に発し、想念の口舌の間に出でたるものなればなり。凡そ観察に周到なるものは、すべての想念は愛の情動より来るものにして、この中にある諸概念は一般的情動が自ら分派して現わるる差別の相なることを知れるならん。情動なくしては、一片の想念も概念も有ることを得ず、其心霊と生命と皆実に情動より来ればなり。故に天人は他の所言のみによりて、其誰なるかを知り、又其音調によりて其情動を知り、発音の曲折、即ち言葉によりて其智性を知る。証覚に富める天人は、一聯の言葉によりて、如何なる情動が其人の心を統制せるかを悟るべし、そは彼等主として此処に留意すればなり。各人に様〻の情動あること、即ち、喜ぶとき、悲しむとき、忍辱、慈悲なるとき、率直、真実なるとき、愛と仁とにおるとき、熱実、又は憤怒のとき、仮装、詐偽のとき、名誉、光栄を追うときなど、様〻の情動あるは、人の知る所なるが、是等の諸情動を通じて、其中に主となれる情動、即ち愛ありて存せり、而して証覚ある天人は、之を知覚するが故に、他の言語を聞きて直ちに其人の情態全般を知る。こはわがために多くの経験によりて証せられたるところなり。われ嘗て天人が人の云うところを聞くのみにて彼が生涯を看破したるを聞けり。彼等亦曰う、他の想念中にある二、三の概念を知れば、之にて其人一生の事物をすべて知り得べし、そは是等の概念によりて、彼が所主の愛を知り得ればなり、一切の事物は此の所主たる愛の中にありて一定の順序を乱さず、而して人の一生を書き記せる巻物と云うは、実に此愛の外に出でず、と。

二百三十七　二、三の言葉を除くの外、天人の言語と人間のとに共通せるはあらず、此言葉は或る一個の情動より来る発音なり。されどその相同じきはその意にあらずして、ただ音声のみにあり、そは尚お下に述ぶべし。天人の言語と人間のとの間に共通せるものなきは、天人が人間言語の一句をも発音し得ざるにて明かなるべし。彼等は之を試みたれども、能くせざりき、何となれば、天人は自己の情態と全然相和するものにあらざれば、何事をも之を言葉の上に表わし得ざればなり。その情動と相和せざるものは、彼等の生涯にとりて、如何にも厭わしき所以は、彼等の生涯は情動より出で来るものにして、その言語は此生涯より発すればなり。われ嘗て聞く、わが地上における最始の言語は天人のと一致しきと、蓋し彼等は之を天界より得たる也、又聞く、希伯来語《ヘブライ》は之に似たる所なきにあらずと。

二百三十八　天人の言語は、愛よりする情動に相応し、而して天界の愛は、主に対する愛と隣人に対する愛となるが故に（十三より十九）、天人の言語の如何に精錬にして、又如何に和気を含めるかを明らむべし、そは啻に聴覚を動かすのみならず、亦実に之を聞くものの心の内分をも動かせばなり。嘗て一個の天人ありて、物の情《なさけ》を解せざる精霊に対して、もの云いたることありしに、彼は其言語に動かされて、涕を流して曰いけるは、愛の言に発したるものなれば、抵抗せん力あらず、と、又曰う、彼は嘗て涙に咽びたることあらざりき、と。

二百三十九　天人の言語は内的想念より発し来るにより、亦証覚に充てり、内的想念とは証覚なり、猶お内的情動の愛なるが如し、而して言語に現わるるは此愛と証覚と合したるもの也。これを以て其言語の証覚に充てるや、人間の十百言を費して尚お云い表わし難きことをも、天人は一言にて之を尽すを得べし。又彼等が想念の中にある諸概念には、人間の会得し得べからざる事物を含めり、まして之を言語に発するにおいてをや。是の故に曰う、天界にて見聞する事物は言説すべからず、耳の未だ嘗て聞かざるところ、眼の未だ嘗て見ざる所なり、と。われは其許しを得、多くの経験にて其然ることを知れり。われ嘗て天人がおれる情態に導き進められ、此情態にありて彼等と相語れるとき、われよく一切を会し得たりしに、復たわが旧態に帰り来りて人間本来の自然的想念中に入るや、さきのことを憶い起さんと願いたれど、われは遂に能くせざりき。何となれば天界には自然的想念の中にある概念と相適合せざる数千の事物あるが故に、此の如きは、従いて人間の言句にては、とても云い表わすべからず、只天界における光の色彩《いろどり》によりてのみ説き尽すを得べければなり。天人の言葉をなせる天人の想念中にある諸概念は、亦之と同じく天界における愛の変態にして、言葉の諸音声を起す所の諸情動は天界における熱の変態なりとす、その故は、天界の光は神真即ち証覚にして、天界の熱は神善即ち愛なればなり（百二十六より百四十）、而して天人は神愛よりして情動を有し、神的証覚よりして想念を有するものとす。

二百四十　天人の言語は、その情動より直ちに出で来り、又さきに云える如く（二百三十六）、人間想念中の諸概念は一般的情動が自ら分派して現わるる差別の相なるが故に、天人は、人間が半時間にても云い得ざる所を、一分時中に説きて、猶お余りあるを得べし、又人間が数頁を費して記し得たるところをも、天人は二、三の言句にて説きあらわすを得るなり。こはわがために多くの経験にて証明せられたる所とす。彼等が想念中の諸概念と、其言語中の諸語と合して一となること、猶お有力原因とその結果の如くなるが故に、即ち想念中に原因として存せる諸概念が結果となりて現われ出でたるもの、やがてこれ天人の諸語なるが故に、天人の一語中には頗る多くの義理を含めるを知るべし。天人の想念中、従いて其言語中にある個個の事物、もし眼に触るるときは、稀薄なる波濤、又は空気の如くなりて、四面に流れ出ずるよう見ゆることあり、此裡には、証覚より来る無数の事物の、一定の順序に従いて存せるあり、他の想念中に入り来りて、その情動を促進す。人間たると、天人たるとを問わず、其想念中にある諸概念は、主の意に称うとき、皆天界の光に照らされて、眼中に入ることあるものとす。

二百四十一　主の天国にある天人は、主の霊国にある天人の如く言説すれども、其言語は一層内的なる想念より出で来る。天国の天人は、主に対する愛の徳におるが故に、其言説は証覚より来れども、霊国の天人は、隣人に対する仁の徳（その実性は真なること、二百十五を見よ）におるが故に、その言語は智慧より出で来る、何となれば、証覚は善より来り、智慧は真より来ればなり。故に天国の天人の言語は、静かなる流水に似て、柔かに、且つ綿綿断えざるに似たれども、霊国の天人のは稍〻震いて、且つ断続することあり。天界の天人の言語には「ウ」と「オ」との母音を見ること多く、霊国の天人のは「エ」と「イ」との母音に富めり。そは諸〻の母音は音声の為めにして、音声の中に情動あればなり。さきに示せる如く（二百三十六）、天人の言語の音声は情動に相応し、言葉を成すところの音声の曲折は想念中にある諸概念に相応せり、而して是等の概念は皆情動よりするものとす。母音は言語に属せずして、只各人が其情態に順いて様〻の情動を表わさんため、音調によりて其言葉を高低するときに用いらるるものなるが故に、希伯来語には母音を表わさず、又母音は様〻に発音せらるるなり。天人はこの音調によりて人の情動と愛との情状を知る。天国の天人の言語には堅き子音なし、又一個の子音より他の子音に移るとき、母音をもって始まれる言葉を、其間に見ざるは稀なり。聖言のうちに「而して」なる文字の屢〻用いらるることは、希伯来語にて之を読めるものの知る所ならんが、何故と云うに、此言葉は母音に始まりて母音に終り、その音柔かなればなり。希伯来語にて書ける聖言を見るに、或る点までは其文字を見るだけにて、其天国的なるか、はた霊国的なるかを知り得べし、即ち、その善を含めるか、はた真を含めるかを知り得べし。善を含める文字は、多く「ウ」と「オ」とを用い、又少しく「ア」を用い、真を含める文字には「エ」及び「イ」の音多し。情動は主として音調によりて現わるるが故に、人間の言語中、天界及び神など云う大題目を説くときには、「ウ」及び「オ」の母音ある文字を択ぶ。音楽上の音声も亦此の如き主題に関するときは、「ウ」及び「オ」の音を高むれども、此の如く重大ならざるものには、之を用いず。是の方法によりて、音楽術は様〻の情動を顕わし得る也。

二百四十二　天人の言語中には一種の諧調あり、得て説くべからず。此諧調は、言語の由りて来る所の諸想念と諸情動とが、天界の形式に遵いて、自ら溢れ出で、自ら展開する処より起るものにして、而してこの天界の形式とは、一切の事物が由りて以て会同し交通する所の形式なり。天人は天界の形式に従いて会同すること、彼等の想念と情動とは亦之に従いて流溢することは、上来既に見たる所なり（二百より二百十二）。

二百四十三　霊界における如き言語は、各人に賦与せられたる所なれども、そは只彼の内的・智的方面に存するに過ぎず、而して此言語は、人間にありては、天人の如く、情動に等似せる言葉となりて出で来らざるが故に、人はこの天賦の言語中にあるを知らず。されど人の他生に入るや、他の所教を待たずして精霊及び天人のと同一様の言語を用いて、如何に説話すべきかを知れり、此の如きを得るは実に上述の因縁あればなり。されど此事につきては尚お下に述ぶべし。

二百四十四　在天のものは皆一様の言語を有せること上に云える如し、されど此に相異の点あるは、証覚あるものの言語は、内的にして情動の変化に富み、且つ想念上の概念を含むこと多けれども、証覚少なきものの言語は、外的にして、又しかく充実ならず、魯直なるものの言語に至りては、益〻外的にして、人間相互の間における如く、語句の中より意義を推度せざるべからざる也。又面貌を以てする言語あり、此言語は概念によりて曲折の音声を発するが如きものにて其終局を結べり、又天界の表象を概念に和合せしめたる言語あり、又概念を眼に見ゆるようなしたる言語あり、又情動に相応したる身振りを以てする言語あり、此身振りは亦その言句にて表わせる事物と相似せるものを表わせり、又諸情動及び諸想念の一般的原義を以てする言語あり、又雷の如き言語あり、其外種種あり。

二百四十五　陰府に住める凶霊の言語は、亦情動より来るが故に自然なれども、その情動は凶悪にして、其概念は穢る、これ天人の最も嫌悪する所なり。故に地獄界の言語は天界のと正に相反せり、凶悪の徒は天人の言語に堪うるを得ず、天人は亦陰府の言語に堪うるを得ず。陰府における言語は、天人より見れば、悪臭の鼻孔を衝くに似たり。偽善者は光明の天人の相貌を摸し得るにより、其言語だけにては天人のに似たることあらんも、其情動と、それより来る想念中の諸概念に至りては、天人のと全く相反するが故に、証覚の天人ありて、その内質を看破するときは、其言語はさながら歯を咬むに似て、彼等をして恐怖の念を抱かしむ。

天人と人間との談話のこと

二百四十六　天人の人間と相語るときは、天人自らの言語を用いずして、其相手の言語及び彼が知れる所の言語を用う、その人の知らざる言語は之を用いず。こは天人の人間と物云うときは、自己を転じて人間に向い、之と相和合すればなり。而してこの和合は両者をして相似の想念情態中に入らしむ。而して人間の想念は、其記憶に附著して、其言語の根源となるが故に、両者は共に同一の言語中にありと謂うべし。且つ又、天人或は精霊の人間に来るや、自ら転じて彼に向い、彼と和合するに至れば、その人のすべての記憶は、天人の前に現出すべし。此記憶中には、彼の言語をも含みおりて、天人の深く自らその裡に入るや、その人の知る所を以て悉くわが自ら知る所なりとのみ思うに至るなり。われ此事につき天人と語りて曰う、外見によりて判断するときは、天人はわれと物云うに、わが母国の言語を用うと思えるなるべし、されど其実、この言語を用うるは、天人にあらずしてわれ自らなりき、そは天人は人間言語中の一字をも発音し得ざるに見て明なるべし(二百三十七)、人間の言語は自然的なれど天人のは霊的なり、而して霊的なるものは少しも自然的なるものを会するを得ず、と。天人之に答えて曰う、天人が人間と談話するに当り、其人と和合するは、其人の霊的思想と和合するものなれども、其霊的想念、流れて自然的想念中に入り、その記憶に附著して離れざるにより、其人の言語は天人の如く見え、其人の知識も亦爾か見ゆるなり、こは主の特恵によりて、天人と人間との間に和合あらしめ、恰も天界を人間のうちに投入したる如くならしめ給うに由る也、されど人間の情態は今や昔日の観なく、天人との和合復たあらず、却て天界以外の精霊と和合するに至れり、と。われ又此事につきて精霊と物語れるに、精霊はかく物語るものの人間なることを信ぜず、此は人の中にある自分どもなりと信じき。又彼等は、人間を以て自ら知れる所あらず、知る所あるは只精霊自らなりとなし、従いて人間が知る所の一切の事物は精霊より来れるなりと信じき。われは弁論をつくして其然らざることを説き、精霊を服せんとしたれども、その益なかりき。精霊とは誰か、天人とは誰か、後章精霊界の事を云うに当り、これを説明すべし。

　二百四十七　天人及び精霊は、何故に人間と和合すること爾かく密接にして、人間の所属をすら彼等のものの如く思うかと云うに、今一の理由あり、そは人間にありては、霊界と自然界との和合頗る密にして、殆んど両者を一と看做し得べき程なるに由る。されど人間は天界より自ら遠離したるにより、主は天人と精霊とをして各個の人間と共におらしめ、此ものを経て人間を統制する方法を作りおき給えり、霊界と人間との間に、此の如き密接の和合あるに至れるは是を以てなり。人間もし自ら天界より遠離することなかりしならんには、此の如くならざりしなるべし、即ち人間は主によりて天界より出で来る一般的内流の統制する所となり、天人と精霊との同行を必要とせざりしなるべし。されど此事は、天界と人間との和合を説くとき更に其細目を講ぜん。

二百四十八　人間と天人又は精霊との談話は、人間相互の間における如き音声にて聞ゆれども、之を聞くものは、只其人のみにして、傍のものは与からざるなり。この理由如何と云うに、天人又は精霊の言語は、まず人間の想念中に流れ入り、内面の途を伝わりて其人の聴音器内に出ず、即ち内より此機関を動かせばなり。然るに人間相互の談話は、先ず空中に洩れ出で、それより外面の途をたどりて聞者の聴音器中に入る、即ち外より之を動かすなり。故に人間の天人又は精霊と談話するや、之を聞くこと内よりすと謂うべし、されど其聴音器を動かす点に至りては、彼も是も同じきが故に、音声も亦二様の曲折あるわけなり。天人又は精霊の言語は、内よりして耳に流れ下ることは、下の如くにしてわがために証拠せられぬ、即ち天人又は精霊の言語は、口舌の間にも流れ入りて、少しく之を震い動かすこと、是なり、されどこの動き方は、人間が自ら音声を屈曲して、之を言語に発するときの如くならずと知るべし。

二百四十九　精霊と談話せんは危険なるにより、今日極めて稀に許さるるところなり、そはもしかくするときは、精霊は人間と同伴せるを知るべく、かくせざるときは彼等此事実を知るの由なく、且つ凶霊の人間を憎悪するの刻甚なる、其霊魂と肉体とを併せて、之を滅ぼし尽さんとのみ願えばなり。而して此事の甚しく妄想に耽るものの間に行わるる所以は、彼等をして自然的人間に本より所属せる歓楽より自ら遠ざからしめんためなり。又孤独の生涯を営めるものにして、往往精霊の談話を聞くことあり、これには危険伴わず。又主は時時に精霊を人間より取り離し給う事あり、そは彼等をして人間と同伴せるを知らざらしめん為めなり。何となれば、大抵精霊は自己以外に世界あることを知らず、即ち人間なるものの彼等以外に存在するを知らざればなり。是の理によりて人間もし精霊に物云い返すを許すときは、精霊は自己以外に人間あるを知るが故に、此事許されず。深く宗教上の事を考え、専ら心を之に注ぐときは、その心の中に己が思惟せる所を見る事あり、此の如き人は亦精霊の談話を聞き始む、そは宗教の事は何たるを問わず、人もし己が心の中より之を考えて、世間における諸物の用によりて之を修正せざるときは、その事、その人の内分に入り込みて、其処に居を定め、その霊魂を全然占有し、かくして此処に在住せる諸精霊を動かすに至るべければなり。此の如き人は、空想に富み、又熱情に熾んなるが故に、その聴く所の精霊の何たるを問わず、悉く之を以て聖霊なりと信ず、而して其実彼等は僅かに熱狂なる精霊に過ぎざることを知らず。此の如き精霊は虚偽を以て真理となす、而して彼等は自ら之を看取するが故に、之を真理なりとして自ら疑わざるのみならず、亦兼ねて己が流入する所の人間をも説き勧めて之を信ぜしめんとす。然るに彼等は遂に人に悪事をも教え、その之に従わんことを勧め始めたるにより、彼等は次第に他に移さるるに至れり。熱狂なる精霊の他と異なる所は、彼等自ら精霊なりと信じ、又自ら云う所を以て神的なりとするにあり。是等の精霊は人間と往来するも其人を害することなし、そは人間は彼等を尊崇礼拝すること神の如くなればなり。われ折にふれて彼等と物語れるとき、われは彼等が悪事をその崇拝者に吹き込むを発見したることあり。彼等は左方に当り、荒原中にありて共同的生涯を営めり。

二百五十　天界の天人と相語ることを許さるるものは、唯善よりする真のうちにおるもの、殊に主を承認し、主の人格中にある神格を承認するもののみなり、その故は諸天のある所以は実に此真によればなり。何となれば、主は天界の神なること（二より六）、又主の神格は天界を作ること（七より十二）、又天界における神愛とは、之に対する愛、及び隣人に対する仁なること（十三より十九）、又天界全般を挙げて一個の人間に似たること、天界の各団体も亦然ること、各天人は円満なる人間の相好を有すること、而して此は主の神的人格よりすること（五十九より八十六）は、既に述べたる如くなればなり。故に天界の天人と物語るを得るものは、其内分、神真によりて主に向い啓くるもののみなることを明らむべし、蓋し主は其人の内分に流れ入り、而して天界はまた主と共に流入するによる。神真の能く人の内分を啓く所以は、人は、其内的人格において天界の形像となり、外的においては世間の形像たるよう造られたればなり（五十七）。而して此内的人格の啓くは主より来る神真にのみ是れ由ると云うは、神真は天界の光明にして、又天界の生命なるが故なり（百二十六より百四十）。

二百五十一　人間における主自らよりの内流は、其前額より始まりて遂に全顔面に及ぶ、そは人の前額は愛に相応し、其面は其内分一切に相応すればなり。霊的天人よりの内流は各方面より其頭中に入る、即ち前額及び顳顬《こめかみ》より大脳の所在全部に至るまでなり、そは此局部は智慧に相応するが故に。されど天的天人よりの内流は、頭中小脳の所在なる後脳と云える局部、即ち耳より始まりて頸部全体にまで至る処より入る、そは此局部は証覚に相応するが故に。天人の人間と物語るとき、其所言は此の如くにして人間の想念中に入るものにして、わが天人と話せるとき、その性格を知覚したるは此の如くにしてなりき。

二百五十二　天界の天人と物云うものは亦、天界の光によりて、そこに在る事物を見る、こは彼等の内分は此光の中にあればなり、而して天人は亦此内分を通じて地上の事物を見る、即ち此内分によりて、天界は世間と和合し、世間は天界と和合す。上に云える如く（二百四十六）、天人自ら転じて人間に向うときは、此に天人と人間との和合あり、而して此和合によりて天人は、人間所属の事物、啻に彼の言語のみならず、彼が視覚・聴覚をも天人のものと思惟するに至り、又人間の側にありては、天人を通じて流れ来る事物をば、自己のものの如く思惟するなり。地上における太古の人は始め天界の天人と和合せること此の如きものありき、故に彼等の時代を呼びて黄金時代と云えり。彼等は、人間の相好をとれる神格、従いて主を承認せるが故に、天界の天人と物云うこと朋友の如く、天界の天人も亦人間を見ること朋友の如かりき、而して天界と世間とは彼等のうちにて一となれり。されど此後人間は次第に天界より遠ざかりて、自己を愛すること主に勝り、世間を愛すること天界に勝り、終に自愛と世間の愛とよりする歓楽を以て、天界の歓楽より分離するに至れり、而して其極まる処は、自己の愛と世間の愛とよりする歓楽の外、何物もなしとなせり。嘗ては彼の内分、天界に啓け通じたれど、今や塞がりて、その外分の世間に通ずるのみとなれり。此に至りて人間は、世界の万事にこそ明かになり行きたれ、天界の事につきては黒暗暗の中に包まれ去りぬ。

二百五十三　是より以後、人間が天界の天人と物云うことは極めて稀なり、但ゝ天界外の精霊と物云えることは之れあり。何となれば、人間の内分と外分とは、主を其共通の点として之に向うか（百二十四）、又主に背きて己れに向うかの二途を出でざればなり。主に向うものは初天に向い、己れに向うものは亦世間に向う、而してこの後者を引き上ぐるは難事なれども、主は出来得る限り其愛を転回して之を高きに至らしめんとし給う、即ち主は聖言より来る真の力によりて之を成就し給うなり。

二百五十四　われは、主の如何にして預言者と物語り、聖言を之に伝え給いたるかを聞けり。主は太古の人における如く、其内分に流入して之と語り給えるにあらず。主はまず己が化相をもて精霊を充たし、之を預言者に遣わし給えば、この精霊、主の霊に充ちて、其言葉を預言者に伝えたり。こは流入にあらずして伝達となすべし。而して是等の言葉は、主より直接に出で来れる所なるを以て、一一神格にて充たされずと云うことなく、其裡には皆内義を含めり。天界の天人は此内義を知覚するに、天的及び霊的意義を以てし、人間は自然的意義に従う。かく主は天界と世間とを和合するに聖言を以てし給いたり。精霊は如何にして化相によりて主より来る神格の充たす所となるかは、わが示しを受けて知る所なり。主の神格に充たされたる精霊は、自ら主なること、又その所言の神格より出ずることを知るのみにして、その他を知らず、而して彼はその云うべき所を尽すまでは此く信ずれども、一旦その使命を終うるに至れば、自らは精霊に過ぎざりしこと、其所言は己れよりせずして主よりせることを、知覚し、又承認すべし。預言者と物語れる精霊の情態は此の如くなりしにより、彼等は「エホバ曰えり」と云いぬ。彼等また自らエホバなりと云いし事あるは、聖言中の預言的並びに歴史的部分に見て明なるべし。

二百五十五　人間と天人及び精霊の和合の何たるかを知らんため、此に一事の記述すべきことあり、此によりて和合の性質を解明し、且つ推測するを得べし。天人及び精霊の自ら転じて人に向うや、彼等は人間の言語をもって己れの言語となし、此以外にわが言語なしと思う。その理由は、この時彼等は人間の言語を用いて、己が言語を用いず、且つ之を想い起すことなければなり。されど彼等また転じて人間に背けば、再び天人的・霊的言語に還りて、人間言語の何ものたるを知らざるなり。われ嘗て天人の群に入り、彼等と同様の情態におれるとき、亦此の如きことありき。当時われは天人の言語を用いて、己れ自らのは知らず、又憶い起すこと無かりしが、一旦其伴を離るるに及びてや、直ちにまた己が言語中の人となりぬ。又此に注意すべきは、天人及び精霊の転じて人間に向うや、如何なる遠距離にありても之と談話し得ることとなり。われ彼等と物云えるとき、彼等は遠方にありたれど、其声の大きさは、近きときと同じかりき。又彼等転じて人に背くときは、たといわが耳根に接して相互に物語りすることあらんも、われはたえて其何を云えるかを聞き得ざるなり。故に霊界における一切の和合は、彼等如何に其身を転向するかによることを明らむべし。又此に記述すべき一事は、多数のもの同時に一個の人間と談話し、人間亦彼等と談話し得ること、是なり。そは彼等まず其の物云わんと思う人に対して一個の精霊を送る、かく送られたる精霊は、自ら転じて人に向い、残りのものは此精霊に転じ向う、彼等かくしてその想念を凝中すれば、此精霊之を説き出すべし。その時彼は只自ら之を云うを覚ゆるのみにて、嘗て他を知らず、残りのものは亦彼等自ら之を云うを覚ゆるのみにて、嘗て他を知らず。かくて多数のものと一個人との和合は、彼等皆転じて此人に向うときに成るものとす。此伝令者たる精霊を呼びて亦従者となす、されど此の精霊、及び彼によりて行わるる交通に就きては、後来尚お説く所あるべし。

二百五十六　天人又は精霊は自家の記憶を基として人間と談話するを得ず、只人間の記憶を基とすべし、蓋し天人と精霊とには人間と同じく記憶あり。もし精霊にして自己の記憶によりて人間と談話せんには、人は其の時思惟する事物を以て、其実精霊のものなるに拘わらず、只管《ひたすら》之を己れのものとのみ思うべし、こは其人が未だ嘗て見聞せざりしことを想い起すにひとしとなすべし。其果して然ることは、わが許されて親しく経験したる所なり。是によりて太古の人の中には、数千年の後、またその過去の生涯に還り、其行為を一切繰り返すべく、又実に此く還れりと思えるものありき。彼等が此の如き結論に至れるは、その未だ嘗て見聞せざりし事物を記憶せるが如きこと、折〻ありたるを以てなり、而して此事の実にありしは、精霊嘗て自己の記憶を基として、人間想念中の諸概念に流入したることありたればなり。

二百五十七　此に又自然的・肉体的精霊と云えるものあり、此精霊人間に来る時は、他の精霊の如く人間の想念と和合せずして、其体中に入り来り、其諸感官を占有し、其口舌を以て語り、其手足を以て動作す、而して彼等は是等人間のものを以て、すべてわが物とのみ思えるなり。これを人間を魔魅する精霊となす、されど主は既に之を地獄界に投げ去りて、全く人間界より除き退け給いたれば、此の如き魔魅は今日またあるを得ず。

天界における文字のこと

二百五十八　天人に言語あり、而して其言語は語字より成るが故に、彼等にまた文字あり。彼等は其心に起る感情を表わすに文章を用い、亦言語を用う。われは時に、残ることなく文字をかける紙片、猶お手稿の如きもの、或は世間の印刷物に似たるものを受領したることあり。われは之を読み得たること、世間の文字の如くなりしも、此中にて推考するを許されたるは、僅かに一、二の想念に過ぎざりき。その故如何にと云うに、聖言の外は、天界より文字によりて訓誡を受くるは、神的順序に従えるものにあらざればなり、天界と世間と、及び主と人間との間に交通及び和合あるは、只此聖言にのみよるべきものとす。天界にて記されたる紙片は、預言者の亦嘗て見たる所とす、以西結《エゼキエル》書に曰く、「時にわれ見るに、わがかたに精霊が伸べたる手ありて、其中に巻物あり、彼これをわが前にひらけり、其裏と表とに文字ありき」（第二章、九―一〇）と。又約翰《ヨハネ》の黙示録に云う、「われまた宝座に坐するもの、七つの印にて封印せる、内外に文字ある巻物を、その右の手に持てるを見たり」（第五章、一）と。

二百五十九　天界に文字あるは、聖言の為めに主が設け給える所なり、こは、其実性において、神真なり、而して人間と天人と共に、之によりて一切の天的証覚を獲得す、そは主の伝達し給う所なればなり。主の伝達し給う所は、次第を逐うて諸天界を通過し、人間に至りて止まる。此の如くにして聖言は天人の証覚と人間の智慧とに適順するものとなれり。故に天人に聖言あり、彼等の之を読むは猶お地上における人間の如し。彼等の教説もまた此聖言より来り、説法之によりて行わる（二百二十一）。聖言は即ち相同じ、されどその自然的意義、即ち人間より見たる如字的意義なるものは、天界にあらず、天界には只霊的意義のみあり、是れその内義なり。此内義の何たるかは、『黙示録中の白馬につきて』（On the White Horse, mentioned in the Apocalypse）と云う小冊子によりて之を見るべし。

二百六十　嘗て天界より一小紙片のわれに来れることあり、其上には只二、三の文字あり、希伯来《ヘブライ》語にて記されき、それに云う、各〻の文字に証覚の密意を蔵す、而してその密意は文字の曲折及び彎屈のうちにあり、従いて又声音のうちにあり、と。これによりて、われは主が宣《のたま》える次の言詞の意を明らむるを得たり、曰く、「誠にわれ汝に云う、天地の尽きざるうちに、律法の一点一画も遂げ尽さずして廃《すた》ることなし」（マタイ伝、第五章、一八）と。聖言は其一小画に至るまでも神格ならざることなきは、教会の中に知れわたりおれども、神格は各画中、何れの処に密蔵せるかに至りては、未だ知られざる也、故にわれはここに之を説くべし。

最奥の天界にては、其文字の形状様〻に屈折し彎曲す、而してこの屈折と彎曲とは共に天界の形式に従いて然るものなり。天人は之によりて、其証覚上における密意、並びに亦言句にては説き得べからざる多くの密意をも洩らす。而して此に稀有なるは、天人は何等の習錬を仮らず、又教うるものなくして、此の文字を知ること、これなり。こは彼等の言語の如く、天賦の能より出ずるに由る（二百三十六）、此文字は即ち天界の文字なり。その天賦の能より出ずると云うわけは、天人の思想及び感情の延長、従いて其の智慧及び証覚の交通は、すべて天界の形式に従いて発し来るものなればなり（二百一）、故に此文字も亦その形式中に流れ入る。われ聞く、わが地上に文字の未だ発明せられざりし以前、最太古の人は此種の文字を用いたりと、又、此文字、希伯来語の文字中に移り来り、古代にありては、その文字皆屈折して、今日の如く直線に終ることなかりしと。聖言は、その一小字・一小点・一小画に至るまで、悉くその中に神的事物と天界の密意とを蔵せざるなきは、此の如き次第に由るものとす。

二百六十一　此文字は天界の形式を具えたる字形より成り、最奥の天界にて用いらる、此天界の所住者は其証覚自余一切のものに優れり。彼等は此の文字にて、主題の如何により一定の順序に従いて諸情動を露わし、此の情動よりして諸想念流れ出ずるが故に、是等の文字には、如何なる想念にても尽し難き密意を蔵すと知るべし。われは嘗て許されて此文字を見たることあり。下方の天界には此の如き文字なし、そこにあるは世間のに似たり、字画また然り、されど言語は天人の言語にして人間のと共通せる所なければ、人間能く之を弁ずることなし（二百三十七）。何となれば、天人は母音にて其情動を露わし、子音にて情動よりする想念中の諸概念を露わし、是等より成れる言葉にて、その事の義を詮《の》ぶればなり（上を見よ、二百三十六・二百四十二）。われ亦此文字を見たるに、僅かの語辞の中に人間が数頁を費して尚お尽し難き想念を含みき。下天にありては此の如くして聖言を記し、最奥の天界にありては天界の形式によりて之を書せり。

二百六十二　此に記しおくべきは、天界にて想念の自ら文字の上に流れ出でて少しも力を費したる痕なきは、宛然《さながら》想念そのものが溢れ出で来たるが如くなること、是なり、又天人は語句を撰ばんとてその手を止むることあらず、そは、彼等が云う所、並びに書く所は、正にその想念中の諸概念に相応して少しもあやまらず、一切の相応は自らにして意を用うるところあらざればなり。天界にはまた手の媒介をからず想念の相応のみによれる文書あれども、そは永久ならず。

二百六十三　われまた天界よりの文書に、只数字を並べ続けたるさま、一字一語より成れる文書に似たるものを見たることあり。教うるものわれに告げて曰う、こは最奥の天界より来る文書にして（上に云える所、二百六十・二百六十一）、その天書中の想念、下天の天人中に流れ下るときは、その文字は数字となりて見ゆ、而して数字的文書には密意を蔵し、その中には亦、思索の及ばざるもの、語字の表わし得ざるものあり、と。すべて数字には相応ありて、其相応に従いて意義あること、猶お語字の如けれども、数字に寓する所は全般的にして、語字に寓する所は個体的なるの相違あり。而して一個の全般的は其中に無数の個体的を含蔵するが故に、数字的文書は文字より成れる文書に比して一層多数の密意を蔵せりと謂うべし。是等の事より、聖言における数字は、語字の如く亦事物を表わすことを明かにせり。二、三、四、五、六、七、八、九、十、十二の如き単数、及び、二十、三十、五十、七十、一百、百四十四、一千、一万、一万二千など云う複数は何を意義するかは、『天道密意』(Arcana Cælestia) の中にてわが説きたる所なれば、つきて見るべし。かの天界における文書には、一個の数量を劈頭に置けり、此列に従い続く所のものは皆此数に所属すること、猶おその主格におけるが如くにて、此劈頭の数字は、此に所述せる主旨の見出しに似たるものなり、即ちその後に従い来る数字は、此先頭の数によりて、主題に対する特別の意義を定むるものとす。

二百六十四　天界につきては何事をも知らざるもの、天界を只純然たる気体的のものに過ぎずと思いて、其外を知るを願わざるもの、而して、天人なるものは此気体中にありて、視覚なく、聴覚なく、只智的心霊として飛翔すと信ずるものは、すべての存在を物質界裡におくが故に、天人に言語あり文字あることを到底思い得ざるなり。されど天界における事物の如実なることは猶お此世におけるが如くにして、天人は其生涯と証覚とに用あるものは、すべて之を所有せずと云うことなきなり。

天界の天人が有する証覚のこと

二百六十五　天人の証覚の何たるかは、殆んど人間の会得する能わざる所とす、其れ人間の証覚を超絶する、物の比すべきなければなり、而して此の如く人間を超絶するものは、虚無の如く見ゆるを常とす。之を説くべき事物なきにあらざれど、そは猶お不知に属せり、而してその未だ知得せられざるに当りては、このもの智性中に在りて陰影の如く証覚そのものの体を蔽いて見るべからざらしむ。されど是等の事物は可知的のものなるが故に、之を知得し、亦会得すべし、但〻此裡に心の歓喜あらんを要す。歓喜心は愛よりするが故に、その中に光あり、而して神格と天界的証覚とよりする事物を愛するものには、その人のために光ありて天界より来り、此に開悟の情態あり。

二百六十六　天人の証覚の何たるかは、天人は天界の光明中にありと云う事より推論せらるべし。天界の光明とは、其実性において神真なり、即ち神的証覚なり、この光明、天人の内視と外視とを同時に照破す、内視は心にあり、外視は眼にあり。天界の光明は神真即ち神的証覚なることは、既に見たる所なり（百二十六より百三十三）。

天人は又天界の熱におれり、此熱は其実性において神善即ち神愛にして、われらが益〻証覚に入らんとの情動及び願望を有するは此より来るなり。天界の熱は神善即ち神愛なることは、亦既に見たる所なり（百三十三より百四十）。

天人は証覚におること、故に又彼等を呼びて直ちに諸証覚となし得べきことは、彼等一切の想念と情動とは、天界の形式、即ち神的証覚の形式に従いて流るるより推し得べし、又証覚を摂受する天人の内分は、此形式に従いて排列せらると云うことより推し得べし。天人の想念及び情動は、天界の形式によりて流るること、従いて天人の智慧及び証覚も亦然ることは、上来見得たる所なり（二百一より二百十二）。

天人が卓越せる証覚を有することは、其言語は証覚の言語なるを見ば明かなるべし。何となれば其言語は、直下に且つ意を用うることなくして、天人の想念中、従いてその情動中より流れ出ずるものなればなり、是の故に此言語は情動よりせる想念を外に現わしたるものと謂うべし。されば何者も天人を動かして神的内流と相離れしむることなく、又其言語中には人間の談話における如く、他の想念より来れる外物あることなし。天人の言語は彼等が想念及び情動の言語なることは、是れ亦既に見たる所なり（二百三十四より二百四十五）。

又天人が、眼にて見、感官にて知覚する一切の事物は皆相応なるが故に、其証覚と一致せり、故にその対境となる事物は皆証覚に関係ある諸事物を表象する形態ならざるはなし。是の事実によりて天人の証覚は益〻超卓するに至る。天界に現わるる一切の事物は、天人の内分と相応して、彼等が証覚の表象なることは既に見得たる所なり（百七十より百八十二）。

且つ天人の想念は、人間の如く、空間及び時間よりする諸概念によりて、束縛せられず、制限せられず、そは空間と時間とは自然界に属し、自然界に属するものは、人の心をして霊的事物と相離れしめ、又智的視力をしてその延長性を失わしむればなり。天人の概念は時間及び空間の外にあり、故に人間の概念に比すれば無限なることは、既に見得たる所なり（百六十二より百六十九、百九十一より百九十九）。

又天人の想念は世間的・物質的事物に牽引せられず、又日常生活の要求に関する憂慮によりて其心を乱すことなきが故に、世上における人間の想念の如くならず、彼等は証覚上の歓喜に住してこれと相離るることなし、そは一切のもの、皆主の施与し給う所なればなり。主は彼等に衣類を施し、食物を施し、家屋を施し給い（百八十一より百九十）、又之に加うるに、彼等は主より証覚を摂受するに従いて、歓喜悦楽の賜を享くるなり。わが今是等の事を云えるは、天人は何処よりその卓絶せる証覚を得たるかを示さんためなり。

二百六十七　天人が此の如く卓絶せる証覚を摂受するを得る所以は、彼等の内分啓けおるを以てなり、証覚の増進は、一切の円満性の如く、内分に向いてするものにして、此内分啓けおれば、それだけ増進せるなり。各天人の生涯には、天界の三級に相応して三度あり（二十九より四十）。第一度の開けおるものは、第一即ち最下の天界にあり、第二度の開けおるものは、第二即ち中間の天界にあり、第三度の開けおるものは、第三即ち最奥の天界にあり。此の度に従いて諸天界における天人の証覚に等差あり、最奥の天界にある天人の証覚が、中間の天界にあるものの証覚を超ゆること絶大なるは、是を以てなり、又中間のものの証覚が、最下級の天界における天人のに比して絶大なる所以も亦是を以てなり（二百九・二百十、及び度につきては三十八を見よ）。

此の如き等級ある所以は、高度にある事物は個個的にして、低度なるは全般的なればなり、而して全般なるものは、その中に個個なるものを包有せり。個個を全般に比すれば猶お数千又は数万なる数と一とを対するが如し。而して上天の天人の証覚と下天の天人のとの比例は亦此の如し。されど下天の天人の証覚を人間のに比すれば、その優劣の度は亦此比例の如くなるべし、そは、人間は形体の中にあり、形体に属する感覚的事物のうちにあればなり、而して人間の形体的・感覚的事物は最低度に属するものとす。故に感覚的事物によりて思索するものは、如何なる証覚を有するかを明らむべし、是等は所謂塵欲の人にして、その有する所は証覚にあらずして知識なり。されど其想念、感覚的事物を超絶し、殊に其内分、天界の光に向いて啓けおるものに至りては、之と全くその趣を異にせり。

二百六十八　天人の証覚の如何に大なるかは、又次の事実によりて明かなるべし、即ち天界には万物の間に交通ありて、何人の智慧・証覚と雖も、他に伝通せずと云うことなし、そは天界は万善の集まる処なればなり。その理由は、天界における愛の性質たるや、己れにある所を亦他にもあらしめんと願うが故に、天界にあるものは、すべて己れにある善を以て善となさず、必ず之を他にもあらしめんとすればなり。是れ又天界における幸福の由りて起る所以にして、天人は実に之を主より獲来れり、主が神愛の性相、正に此の如くなればなり。天界に此の如き交通あることは、経験によりて、わが知るを許されたる所なり。時に魯直なるもの、天界に導き上げらるることあるとき、彼等は此処にて亦天人的証覚を得、未だ嘗て会得せざりし事物をも知り、以前の境涯にては云い得べからざりしことをも語り出ずるに至りき。

二百六十九　天人の証覚の何たるかは言語の能く尽す所にあらざれども、大体にわたれる観察によりて、之を説明せんは難からず。即ち天人は、人間の一千言を費して尚お悉す能わざる所をも、一言にて之を蔽うことをよくす。其外天人の一言句中に無量の事物あることは、到底人間の言語に属する文字にて云い表わし得る所にあらず、何となれば、天人が説ける一個の単語中にも、証覚の密意の重畳連貫するありて、人間の知識の及び到る処にあらざればなり。天人は又その言語に用うる語字を以て十分顕わし得ざる所は、音調を用いて之を補う、而してこの音調の中には諸事物の情動、序を逐いて存せり、そは上来述べたる如く（二百三十六・二百四十一）、天人は音調によりて情動を表わし、情動よりする想念中の諸概念は語字にて之を表わせばなり。天界所聞の事物を以て不可説なりと云うは、之がためと知るべし。

天人は又如何なる書巻中に載する所と雖も、之を数言の中に説き悉し得ずと云うことなく、而して各語の中に人をして内的証覚に登らすべき事項を含蓄せしめ得る所以は、天人の言語は情動と一致し、その各語は概念と一致すればなり。天人の語字は又其想念中に包含せる事物の連接如何によりて無窮に転変するものとす。尚お又内辺の天人は、言者の音声、及びその云う所の僅少の語字によりて、その人の一生を洞見し悉すを得、何となれば、天人はその語字中に含める概念によりて音声の様々に変化するを察し、之によりて其人の所主たる愛の如何なるものなるかを知ればなり、而して其所主たる愛の中に、その人の一生は恰も銘記せられたる如く読み得らるるなり。

是等の事物より見て、天人の証覚の何たるかは明かなるべし。此証覚を人間のと比較するに、万と一との如し、又全身の諸動力の数は計り難きほどなるに、之より起る所の動作は一物の如く人間の眼に映ずるが如し、又完全なる顕微鏡にて見るときは物体を構造せる分子数千なれども、肉眼にて之を見れば一個朦朧たる物体に過ぎざるが如し。

われ今一例を借りて之を説明せんに、嘗て一個の天人あり、其所覚に基づきて再生の事を説きたるに其中の密意を一一その順序に従いて示すこと数百に及びき、而して一一の密意を充たすに更に内的密意を具えたる諸概念を以てし始より終に至れり、何となれば天人は、如何にして霊的人格の新たに懐孕《かいよう》し、胎内に運ばれ、誕生し、成育して、而して次第に円満となるかを説きたればなり。彼曰う、密意は之を増して数千にも至り得べし、彼が今云えるは只外的人格の復活に止まれり、もし内的人格の復活を説かんには又其外に無数の事項あり、と。われ天人より是等の事、及び其他此に類する事を聞きて、天人の証覚の如何に大なること、之に対して人間の無智の如何に深きかを明らめ得たり。何となれば、人間は殆んど復活の何たるかを知らず、又その復活するに当りて、己が経歴すべき道筋の一段階をも知らざればなり。

二百七十　第三天即ち最奥の天界にある天人の証覚につきて今少しく説くべし、又その如何ばかり第一天即ち最低の天界にある天人の証覚に優れるかを説くべし。第三天即ち最奥の天界にある天人の証覚は最低の天界にあるものすら会し得ざる所なり、そは第三天の天人の内分は第三度まで開けおれども、第一天の天人の内分は僅かに第一度に止まり、而して一切の証智は内分に向うに随いて増進し、その啓けたる度に従いて円満を加うればなり（二百八・二百六十七）。

第三即ち最奥の天界にある天人の内分は第三度まで開けおるが故に、神真此に銘記せらる、そは第三度の内分は第二及び第一度の内分よりも天界の形式に遵うこと一層完全にして、而して天界の形式とは、即ち神真より起り来るもの、故に又神的証覚に随順するものなればなり。神真が是等諸天人の上に銘記せらるること、即ち本来彼等に賦与せられて、自ら然るが如く見ゆるは、是がためなりとす。故に彼等一たび至純の神真を聞けば、直ちに之を承認し、之を知覚し、その後之を看取すること、己が心の上のものを見るが如し。

第三天の天人は此の如くなるが故に、彼等は決して神真につきて論究することなし、まして、これは果して然るか、将た然らざるかなどと真理を争うにおいてをや、又彼等は、之を信じ、又は、之に信をおくとは何の義なるかを知らず、彼等曰う、われ其然るを知覚し、之を見得す、それ何をか信と云わん、と。彼等は譬喩をとりて之を説く、曰く、例えば此に人あり、其友と共に一個の家屋及び其内外にある様〻の物件をば、親しくその眼を以て見たりとせよ、彼は其時其友に向いて、汝は此に是等の物件あり、而して汝の見る所の如く然りと信ぜざるべからずと云うべきか。又此に人あらんに、庭園に行きて其樹木及び果実を見、其友に向いて、汝は此処に庭園あり、此に樹木及び果実あることを信ぜざるべからずと云うべきか、彼は即今己が眼を以て明かに之を看取せるにあらずや。是の故に、第三天の天人は決して信を説かず、又信の何たるを知らず、又神真につきて論究せず、まして、これは果して然るか、将た然らざるかなどと真理を争うをや。されど、第一即ち最低天界の天人の内分は、僅かに第一度まで啓けおるに過ぎざれば、神真は此の如く其心の上に銘記せられず、故に彼等は真理につきて論究することあり、而してかく論究する者の常として彼等は直接論究の主題となれる事柄以外には殆んど一物をも見ることなし、もしその主題以外に出ずることあれば、そはある事物に拠りて、今論究しつつある事項を確定せんとするときなるべし、かくて之を確定し了れば、彼等曰う、こは信上の事なり、かく信ぜざるべからず、と。

われ此事を天人と語れるに、天人曰う、第三天の天人の証覚と第一天の天人の証覚との区別は、なお明と暗との如し、と。彼等は又第三天の天人の証覚を以て宏麗なる宮殿に比せり、而して此宮殿中一切のものは悉く其用あらずと云うことなし、之を回りて四方に花園あり、此花園を回りて宏麗なる様〻の事物あり、而して是等の天人は証覚の真理中にあるを以て、自由にこの宮殿の中に入ることを得て一切のものを見、又諸〻の花園に遊行して、東西南北可ならざるはなく、見る所一として其心を悦楽せざるはあらず。されど真理につきて論究するもの、殊に真理を争論するものに至りては然らず、何となれば、彼等は真の光によりて真を見ることなく、或は他より伝えて之を摂受するか、或は聖言を内的に会得せずして只僅かに文字的意義に之を解するかに止まればなり。故に彼等は云う、こはかく信ぜざるべからず、こは信の力によらざるべからず、と。而して彼等は別に内観の力を得んと願わざるなり。天人曰う、此の如きものは証覚殿上の第一関にすら近づくを得ず、まして之より進みて花園に徘徊するをや、彼等は第一歩にて止まれるものなり。されど真其ものの中に在るものに至りては之と異なり、何ものも彼等が窮りなき進路を阻むことなし、彼等が見たる所の真は、彼等何処に行くも彼等のために嚮導とならざることなく、彼等は遂に曠闊なる田野のその眼前に展開せるを見るに至るべし、蓋し一一の真理に無限の延長あり、又自余無数の真理はこれと和合一致しおればなり。

　天人又曰う、最奥の天界における天人の証覚と云うは、主として一切の事物の上に神的・天的なるものを観じ、又数個の連続せる事物の上に稀有不思議の相を観ずるにあり。何となれば彼等の眼に映ずる一切のものは悉く相応ならずと云うことなければなり、即ち彼等の宮殿及び花園を見るや、彼等の視力は只其目前に横わる事物に限られずして、其もののの由りて来る所の内分にまでも徹底し、従いて是等の事物の何ものに相応するかを見るなり、而して彼等の之を見るや、そのものの形相に従いて之より来る一切の変態を尽すが故に、彼等は同時に無数の事物を、其の次第と関係とに従いて瞥見するものとす、而して彼等は之が為めにその心を動かすこと甚深にして、歓喜の情措く所を知らざるものあり。天界にある一切の事物が、主よりして天人と倶なる神的事物と相応するものなることは、上来既に記せる所なり（百七十より百七十六）。

二百七十一　第三天の天人の此の如くなる所以は彼等主に対する愛の中におればなり、此愛は心の内分を開きて第三度に至らしめ、又証覚に属する一切のものを受くる器となる。又次に知りおくべきことは、最奥界の天人と雖も、その証覚において尚お円満ならんとすること、是なり、されど彼等が之に進まんとする方法は最低界の天人のと異なれり。最奥界の天人は神真を記憶の中に蓄えず、従いて之を知識上のものとなさず、彼等一たび之を耳にすれば、直ちに之を知覚して、之を己が境涯中のものとす。故に彼等にとりては神真は其心の上に銘記せらるるが如く爾かり、蓋しその境涯中に入るものは永く此処に住すべければなり。

　最低界の天人は然らず、彼等はまず神真をその記憶中におき、之を知識として貯蓄し、其後之を呼び起して以て其智性を円満ならしめんとす、而して彼等は必ずしも其真なることを内的に知覚したるにあらず、只之を願い、之を其生涯中に収めんとするものなるが故に、彼等は比較的蒙昧の境涯にありと謂うべし。

又此に注意すべきは、第三天の天人が、視覚によらず、聴覚によりて、其証覚を円満ならしむること是なり。彼等が説法にて聞く所は、其記憶に入らずして、直下に其智と意とに入り、其生涯の上に同化せらる。されど彼等の眼にて見る所のものは、その記憶中に入り、彼等が論究及び説話の主題となる。故に知るべし、此天人にありては、聴覚は即ち証覚に到るの道なることを。而して是れ亦相応よりする也、何となれば、耳根は随従と相応し、随従は即ち生涯に属すれども、眼根は智慧と相応し、智慧は教説に属すればなり。是等天人の情態につきては聖言のうち処処に記述せり。耶利米亜《エレミヤ》書に曰う、「われわが律法を彼等の衷におき、その心の上に記さん。人各〻其隣と其兄弟に教えて、汝エホバを知れとまた云わじ、そは小より大に至るまで悉くわれを知るべければなり」（第三十一章、三三―三四）と。又馬太《マタイ》伝に曰う、「爾曹ただ然り〳〵否〻と云え、これより過ぐるは悪より出ずるなり」（第五章、三七）と。これより過ぐるは悪より来るなりとは、主よりせざるを云うなり、何となれば第三天の天人は主に対する愛におるが故に、彼等のうちにある諸真は主よりすべければなり。此天に在りては、神真即ちその主なるが故に、神真を志し且つ之を行うを以て、此天における主に対する愛となす。

二百七十二　何故に天人はかかる卓絶なる証覚を受くるに足るかと云う理由、今一つあり、而してこは実に天界にありては最も主要とする所なり、曰く、天人は自愛を離る、何となれば人は自愛を離るるに比例して神的事物の上に証覚を増長するものなればなり。人をして主及び天界に逆向して其内分を塞がしめ、これと同時に自我に対しては、その外分を開きて之に向わしむるものは、実に此自愛なり、故に自愛を所主とするものは、如何に世間の事物に通暁することあらんも、天界の事物に関しては黒暗暗の裡にありと云うべし。天人は之に反して自愛を離るるにより、証覚の光明中に在り。蓋し彼等が居る所の天界の愛、即ち主に対する愛と隣人に対する愛とは、主よりするものにして、天人の内分を啓かしむ、而して主自らは此裡にいませり。是等の愛は、全般的に見て天界を作り、個体的に見て各人のうちに天界を作成することは、既に見たる所なり（十三より十九）。

天界の愛は、内分を開きて主に向わしむるが故に、一切の天人は亦其面を主に向わしめずと云うことなし（四十二）、何となれば霊界にありては、各人は愛によりてその内分を転じて之に向わしめ、又如何なる方向にその内分を転ずることあるも、愛は其人の面貌をして亦之に向わしむればなり。蓋し人の面貌はその内分と一致するものにして、即ち内分の外に現われたる也。かく愛は人の内分と面貌とを転じて、己れに向わしむるが故に、愛は亦自ら是等のものと和合す、愛即ち霊的和合なればなり、故に又愛は自ら有する所の一切を挙げて之を他に交付せんとす。天人が証覚を有する所以は、此の如き転向と、之よりする和合及び交付とによるものとす。霊界における一切の和合が、此の転向によりて生ずることは、既に見えたり（二百五十五）。

二百七十三　天人は絶えず其証覚をして益〻円満ならしめんとす、されど如何に之を円満にして、永遠に至るとも、その証覚は到底主の神的証覚に比し得べからず、主の神的証覚は無限にして天人のは有限なり、而して無限なるものは、遂にその比を有限なるものの中に見出すべからず。

二百七十四　証覚は天人を円満にし、且つ其生涯をなすものなるが故に、而して又天界は、天人の証覚に従いて、その諸善徳と共に、各人の上に流れ来るが故に、天界に居るものは皆証覚を願いて之を求むること、宛然《さながら》饑人の食を求むるに似たり、何となれば、食物の自然的営養なる如く、知識と智慧と証覚とは霊的営養にして、而して是等のものは相互に相応すればなり。

二百七十五　同一天界中の天人、又は同一団体中の天人と雖も、皆同一の証覚におらず、其間に等差あり。中央にあるものは其証覚最も大にして、之を回りて辺隅に在るものは之に次げり。証覚の減退が、中心を去る度に比例するは、光の次第に衰えて影に近づくが如し（上を見よ、四十三・百二十八）。天人の光明はまたその証覚の度と一致せり、そは天界の光明は神的証覚にして、各人は其証覚を受くる度により光明中におればなり。天界の光明及び之が摂受の様〻なることにつきては、上を見るべし（百二十六より百三十二）。

天界における天人の無垢なる情態のこと

二百七十六　何を無垢と云い、何を無垢の性相となすかを知れる者、世に少なし、悪におるものに至りては全く之を知らず。こはわれら、特に小児の面・言葉及び身振りに現われて、われらが眼前に見る所なれども、人は無垢の何たるかを知らず、況して天界は此のうちにありて、人間の内面に住するものなることをや。されば今その何たるを知らんため、われは次第を逐いてまず嬰児の無垢を説き、次に証覚の無垢、終りに無垢の点より見たる天界の情態を説くべし。

二百七十七　嬰児又は小児の無垢は、無垢の至純なるものにあらず、そは只無垢の外相にして其内相にあらざればなり、されど之によりて無垢の何たるかを学び得べし。何となれば無垢は、小児の面門及び其身振りの一部、及び当初の言葉遣いより輝き出でてわれらを動かせばなり、而してこは彼等其内に思うことなきによる、即ち彼等は未だ善悪の何たるを知らず、又真偽の何たるを知らざるによる、而して之を知るを以て想念の起りとなす。故に小児には我執より来る、裁智なく、企図なく、又有意の目的なし、従いて悪意の計算あらず。彼等には自己及び世間の愛より獲来れる我想なるものなし。彼等は一物をも自己の有と思わず、其摂受する所のすべてを挙げて其両親に帰せり。彼等が受くる所の事物は微にして且つ少なければども、彼等は之に満足し、之を悦楽す。彼等は食物・衣服の事を憂えず、又未来を思うことなし。彼等は世界をながめて、此にある無数のものを自家の所有となさんと願わず、只其愛する所は、両親と、乳母と、相共に嬉戯する同輩の嬰児とのみ。彼等は他の導く儘に一任し、その云う所を聴きて之に従う。彼等此の如き情態にあるが故に、一切のものを受けて之を其生涯の中に収め入れて、而して自ら之を知らず、即ち彼等は此よりして礼節を得、言語を得、記憶と知識との初歩を得るなり、而して之を受け、之を植うる媒介となるものは、即ち彼等が無垢の情態なり。されどこの小児の無垢なるものは、上に云える如く外的なり、只肉体に在りて心に在らず、そは彼等の心なるものは未だ成らざればなり。心とは智と意となり、及び之よりする想念と情動となり。われ嘗て之を天界より聞けり、曰く、主は殊に意を小児に留め給い、彼等が受くる所の内流は最奥の天界より来る、此天界には無垢の情態あり、而して此内流は彼等の内分を通過し、その通過するに当りて、彼等の衷に動かさるるは、只その無垢の情態のみなり、故に無垢は其面に現われ、其身振りの一部に現われて、蔽うべからず、小児が父母の心を最も内的に動かして、其慈愛の情を惹起するものは此無垢に外ならず、と。

二百七十八　証覚の無垢は内的なるが故に、これを無垢の至純なるものとす、何となれば、こは心そのものの上にあり、従いて意そのものの上、又之よりして智の上にあればなり、此の如くにして、是等のものの上に、無垢あれば証覚亦此にあり、そは証覚は意と智とに属するに由る。故に天界に在りては曰う、無垢は証覚に住せり、天人は証覚の度に比例して無垢なり、と。その然る所以を確かむること次の如し、それ無垢の情態にあるものは、一切の善を以て自己に帰することなく、すべて之を主よりの賜となして、之を主の身に帰し、又自主の行動をなさず、只主の導き給うままに作為せんと願う。彼等は一切の善事を愛し、一切の真実を欣ぶ、そは善事を愛して、之に志し、之を為すは、是れ主を愛するものなること、而して真実を愛するは、是れその隣人を愛するものなることを知り且つ感ずればなり。彼等は其有する所に安んじて、その多少を問わず、そは彼等を饒益するに足るものは、彼等すべて之を享有するを知るに由る、少しきを得て饒益全きものは、少しきを得て之に安んじ、多きを得て饒益全きものは、多きを得て之に安んず。彼等自らは何物が果して彼等を饒益するかを知らず、そは只主のみの知り給う所なればなり、一切万物の中に永遠の目的を定め給うは主の聖智なり。

故に彼等は未来を憂えず、未来の憂は彼等之を呼びて明日の心配と云えり、而して曰く、こは其生涯に用なきものを失わんことを患い、又受け納めざらんことを患うるなり、と。彼等の同輩と共なるや、その行為の嘗て悪意より出でたるはあらず、常に善と義と誠とを旨とせり。彼等は悪意より起れる行動を呼びて譎詐となし、之を避くること毒蛇の如し、そは全然無垢と相反するに由る。彼等は主によりて導かれんことをのみ欣び、又自ら有するものをすべて主に帰するを欣ぶが故に、彼等は我想を離る、而して我想を離るるに従いて、主は彼等のうちに流入し給う。故に彼等は主より聴くところ、その聖言によると説法によるとを問わず、之を記憶に置くことなく、直下に之に順う、即ちその意志直ちに是れ其記憶なるが故に、彼等は聞くがままに、之を志し、之を行うなり。是は其外に見はるる処より看れば、大抵は単簡なる如くなれど、その内より看れば、証覚あり、聖智ありて、此の如き人は主の所謂る「汝蛇の如く智《さと》かれ、鳩の如く馴良《おとな》しかれ」（マタイ伝、第十章、一六）なるものなり。此の如き無垢を証覚の無垢と云う。

無垢なるものは何等の美事をも己れに帰することなく、万善を主に帰して、只主の導き給うを欣び、かくして証覚の由りて来る万善万真を受け納むるが故に、人間の創造せらるるや、その幼時は外的無垢の情態にあるも、老ゆるに随いて漸く内的無垢の境に向わんとするなり、こは前者によりて後者に遷り行き、後者よりして復た前者に遷らんが為めなり。此の如くにして人間は老ゆるに従い、其体力衰えて復た小児の如くなれども、此老人の小児には証覚あり、彼はかくして亦遂に天人とならんとす、そは天人とは向上の義における小児の証覚あるものなればなり。故に聖言には小児を以て無垢なるものを表わし、老人を以て証覚ありて無垢なるものを表わせり。

二百七十九　復活をうるものにありても亦然り、そは復活は霊的人格の再生なればなり。復活の人はまず小児の如き無垢の情態に導き入れらる、此情態にあるものは、真につきては何等知る所あらず、又主を離れて自ら善をなす力なし、而して其真と善とを願い且つ之を求むるは、只真なるがため、善なるがためなり。主は亦、人の齢進むに従いて、之に善と真とを与え給う、主はまず彼を導きて善と真との知識に入らしめ、これより進みて智慧に入り、最後に智慧より証覚に進ましめ給う、而して無垢は常に之に伴えり、何となれば、前に云える如く、真の果して何ものなるかを知らず、又主を離れて自ら善を為すを得ずと云う自覚、即ち是れ無垢なればなり。此信なく、又之より起る知覚なきものは、何ものをも天界より受くるを得ず、証覚の無垢とは主として此の如きものを云う也。

二百八十　主の導くままにして、自ら用いざるを、無垢となすが故に、天界にあるものは、皆無垢の情態にありと云うべし、そは天界にては何人も皆主の導き給うを欣べばなり。彼等は、自ら用うるを以て我想に使役せらるるもの、而して我想とは自己を愛するもののなることを知れり、自己を愛するものは他の導くままなるを欲せざるものなり。この故に天人は、無垢の境涯におる限り、天界に在り、即ち神善と神真とにおるものと謂うべし、そは此におるは即ち天界におるものなればなり。故に天界は無垢の度によりて分割せらる。最低即ち第一天にあるものは、無垢の第一度即ち最下級におり、中間即ち第二天にあるものは、無垢の第二度即ち中級におれり、されど最奥即ち第三天におるものは、無垢の第三度即ち最高級におるが故に、彼等は天界における無垢そのものの権化なりとすべし。何となれば、彼等はすべて他の天人に優りて、主の導く所となるを欣ぶこと、小児の父におけるが如くなればなり。是の故に彼等は一たび神真を聞けば、その或は直下に主より来ると、或は間接に聖言又は説法に由るとを問わず、直ちに之を志し、之を行い、かくして之を自己の境涯中に入れ収む。彼等の証覚が最下天の天人のに比して頗る大なるものあるは、これがため也（二百七十・二百七十一）。是等の天人は此の如き性相を有するが故に、主より無垢を得て、主に最も親近し、兼ねて我想を離る、彼等は主によりて活くと謂い得べきものあり。彼等は、之を外より見れば、率直にして、下天の天人の眼には小児の如く見え、即ち小さきものの如く見え、又甚だ証覚を欠くが如く思わるれども、その実彼等は在天天人中の最も証覚あるものとす。何となれば、彼等の証覚は一も自家より出ずるものにあらざること、又誠に証覚ありと云うは此事を承認すること、又その知る所を知らざる所に比すれば九牛の一毛に過ぎざることを知れば也。彼等曰く、此事を知りて、之を承認し、之を知覚するは証覚の第一歩なり、と。是等の天人が衣類を用いざるは、赤裸裸は無垢に相応するが故なり。

二百八十一　われ無垢につきて天人と語れる所多し、而して之を聞く、無垢は万善の実体にして善の誠に善なるは其中に含める無垢の分量に比例す、従いて証覚の誠に証覚なるは、只その無垢の中より発し来る時にのみ限れり、愛と云い、仁と云い、信と云うも亦然り、是の故に無垢ならざれば、人は天界に入るを得ず、主が次の如く云い給えるは此義によれり、曰く、「幼児をわれに来らせよ、彼等を禁《いま》しむる勿れ、神の国におるものは斯くの如きものなり、われ誠に汝等に告げん、凡そ幼児の如くに神の国を受けざるものは、之に入ることを得ざるなり」（マルコ伝、第十章、一四—一五。ルカ伝、第十八章、一六—一七）と。幼児とは、他処における如く、此にも亦無垢なるものを云う。無垢の情態は、主又之を馬太《マタイ》伝（第六章、二五—三四）に記し給えり、されどこは只相応によりてのみなりと知るべし。

善の善なるは、無垢其中に在る時のみなりと云うは、万善は主より来り、而して無垢とは主の導く所とならんと志すにあればなり。われ又之を聞く、無垢にあらざれば、真を善と和合し、善を真と和合すること能わず、と。故に天人もその心に無垢の境涯を得ずば天界の天人となるを得ず、そは何人も真を以て己れにある善と和合せしむるにあらざれば、天界を其中におくこと能わざればなり。善と真との和を天的婚姻と云うは是の故にして、天的婚姻即ち天界なり。われ又之を聞く、誠の婚姻は無垢の愛の上に成立するものにして、その故は夫と妻との心の中にある善と真との和合、即ち是れ婚姻なればなりと。天界における善と真との和合、地上に降り来るとき、ここに婚姻の愛と云う形式にて現われ出ず、何となれば婚姻の当事者は、善と真とを代表せる其心の如く、互に亦相愛すればなり。故に婚姻の愛には一種の稚気的無垢の嬉戯あり。

二百八十二　無垢は天界の天人にとりては、善の実体なるが故に、主より来る所の神善は無垢そのものなるや明かなり。そは、天人の中に流れ入りて其の内底を動かし、彼等をして天界一切の善を享け得べき心の下地を作り、又之に順適せしむるものは此神善なればなり。幼児の場合におけるも亦これに似たり、彼等の内分は啻に主よりする無垢の内流によりて形成せらるるのみならず、又絶えず天愛の徳を享くるように順適し、且つ其心の下地を作り行くものとす、そは前に云える如く、無垢は万善の実体なるが故に、その徳の人を動かすや、その人の内底よりすればなり。故に一切の無垢は主より来るものなるや明かなり、聖言の中に主を呼びて羊と云えるは是がためなり、蓋し羊は無垢を表わせり。無垢は天界万善中の最奥底に存するが故に、之を感ずるものの心を動かすや、例えば最奥の天界の天人が将に来らんとする時の如く、彼は茫然自失して、歓喜の心に堪えざらんとす、而して此歓喜は世上一切の歓喜の比倫に絶えざる所なり。われは経験よりして之を云う。

二百八十三　無垢の徳にあるものは皆無垢の動かすところとなる、何人と雖も、此徳におる限りは、それだけ動かさるる也、されど無垢におらざる者は、しかく動かさるることなし。是の理によりて地獄界にあるものは全く無垢と反対せり、彼等は実に無垢の何たるを知らず、而して其之に反対するの甚しきや、無垢なるものを見れば、彼等之を害せんとするの情に燃ゆ、故に彼等は小児を容るる能わず、もし之を見ることあらば、忽地に残忍の心を燃やして之を害わんことを願う。故に知るべし、我想は、従いて自己の愛は、無垢と相容れざることを。総て地獄界に在るものは我想の中におれり、故にまた自己の愛におるものとす。

天界における平和の情態のこと

二百八十四　天界の平和を実見せざるものは、天人が居る所の平和とは如何なるものなるかを知覚するを得ず。また人間は其の肉体に在る限りは、天界の平和を享くる能わず、故に之を知覚する能わず、そは人間として知覚する所は自然界に属するものに過ぎざればなり。もし天界の平和を知覚せんとせば、想念の上において、肉体の桎梏を脱却し超越して、精霊の裡に住し、而して後、天人と伍せざるべからず。われは此の如くにして天界の平和を知覚したるにより、今之を記述するを得る也。されど人間の文字の十分ならざる、われはそのあるままを此に記す能わず、只之を神に満足せるものが楽しむことを得る所の安心の境涯と比較して、その髣髴を記すに止まる。

二百八十五　天界に両個の内秘あり、無垢と平和となり。之を内秘と云うは、主より直接に起り来るが故なり。無垢は天界の万善の由りて来る所、而して善の喜びは平和より来る。善として喜びの之に添わざるはあらず、而して此善と此喜びと、共に愛より来る、そは善とはその愛する所の謂いにして、喜びは之を知覚するときに感ずるものなればなり。故に之を推して、是等両個の内秘、即ち無垢と平和とは、主の神愛より起り来りて、天人を其内底より動かすことを知るべし。無垢は善の内秘たることは、前章天界における天人の無垢の情態を説けるときに見たれば、今平和とは無垢の徳より起る内秘の喜びなることを説くべし。

二百八十六　先ず平和は如何にして来るかを説かん。それ神的平和とは主にあるものにして、神格そのものと、主にある神的人格とが融合せる結果なり。而して天界における平和の神的なる所以は、主より来るが故にして、此平和は主と天界の天人との和合せる結果なり、細かに云えば、各天人中の善と真との和合より来る也。之を平和の由りて来る所とす。之によりて天界における平和とは、ここにある一切の善を、その内底より動かして、之に福祉を与うる所の神格なること、故に天界における一切の喜びの源なることを明らむべし。平和は、其実性において、主の神愛より来る所の神的喜びなり、即ち主が天界及びそこにある一切のものと和合し給うより来る所の神的喜びなり。此喜びを主は天人の中に感じ給い、天人は之を主によりて感ずるを平和と云う。之によりて天人は一切の福祉と歓喜と幸福とを有す、即ち天界の喜びなるものを有するなり。

二百八十七　平和の由りて来る所、彼の如くなるにより、主を呼びて平和の君と呼び、又平和は彼より来り、彼に平和ありと云うなり。天人をまた平和の天人と云い、天界を平和の所住と呼ぶことは次に引用する所を見よ、「一人の嬰児、われらのために生れたり、われらのために与えられたり、政事は其肩にあり、其名は奇妙、また議士、また大能の神、永遠の父、平和の君と称えられん、其政事と平和は増し加わりて限りなし」（イザヤ書、第九章、六—七）と。耶蘇曰く、「われ平和を爾曹《なんじら》にのこす、わが平和を爾曹に与う、わが与うる所は世の与うる所の如きにあらず」（ヨハネ伝、第十四章、二七）と。曰く、「われ此事を汝等に語りしは、汝等をしてわれにありて平和を得させん為めなり」（ヨハネ伝、第十六章、三三）と。曰く、「エホバその面を挙げて汝を顧み、汝に平和を賜え」（民数紀略、第六章、二六）と。曰く、「平和の天人いたく哭く、大道あれ廃る」（イザヤ書、第三十三章、七—八）と。曰く、「正義の功は平和なるべし、而してわが民は平和の家に住むべし」（イザヤ書、第三十二章、一七—一八）と。聖言の中に云える平和とは、神的及び天的平和を云うものなることは、其他の文中平和を云える処を見ば亦明かなり（即ち、イザヤ書、第五十二章、七、第五十四章、一〇、第五十九章、八。エレミヤ書、第十六章、五、第二十五章、三七、第二十九章、一一。ハガイ書、第二章、九。ザカリヤ書、第八章、一二。詩篇、第三十七篇、三七。及び其他）。平和は、主と天界とを表わし、又天界の喜びと善における歓喜とを表わすが故に、古代における請安の語は「汝に平和あれよ」なりき、これ今日も尚お伝うる所なり。主、其弟子を外に派遣し給えるとき、主は次の如く云いて、此請安の語を允准し給えり、曰く、「人の家に入らば先ず云え、此家に平和あれよと。もしここに平和の子あらば、爾曹の平和は此に留まるべし」（ルカ伝、第十章、五—六）と。又主の使徒に現われ給えるとき、「爾曹に平和あれ」（ヨハネ伝、第二十章、一九・二一・二六）と云い給いぬ。聖言中にエホバ平安の香を嗅ぎ給えりとあるは、又平和の情態を表わせる也（出エジプト記、第二十九章、一八・二五・四一。レビ記、第一章、九・一三・一七、第二章、二・九、第六章、八・一四、第二十三章、一二—一三・一八。民数紀略、第十五章、三・七・一三、第二十八章、六・八・一三、第二十九章、二・六・八・一三・三六）。平安の香とは、天国の意義によれば平和を知覚するの謂いなり。平和とは、神格そのものと、主における神的人格との融合を表わし、又主が、天界、及び教会、及び天界の万物、及び主を摂受する教会における万事との和合を表わすが故に、安息日は是等の事情を追憶せんがために設けられ、平安即ち平和の義を以て其名となし、教会の最も神聖なる表象となれり。是の故に主は自ら呼びて安息日の主と云い給う（マタイ伝、第十二章、八。マルコ伝、第二章、二七—二八。ルカ伝、第六章、五）。

二百八十八　天界の平和とは、天人が居る所の善其ものを内底より動かして、之に福祉を加うる所の神格を謂うものなるが故に、天人も其生涯の善徳中におりて其心歓喜に充つるにあらざれば、あからさまに平和の何たるかを知覚することあらず、又真を聞くとき、其善と一致するを見て、心に快暢を覚ゆることなく、善と真との和合を感得するに当りて、心に快活の情を覚ゆることなければ、天人は平和の何たるかを知覚することあらず、而して平和は是よりして彼等が生涯における一切の行為と想念との中に流れ入り、此に喜びとなりて外に現わる。

平和の性質と分量とは諸天における天人がおる所の無垢の度如何によりて一様ならざるは、無垢と平和とは相並びて歩行するものなればなり。そは上に云える如く、天界一切の善は無垢より来り、此善に添える一切の歓喜は平和よりするに由る。故に前章にて天界における無垢の情態に関して云える所は、亦此に移して平和の情態につきて云い得べきは明かなるべし、蓋し無垢と平和とは、善と之に伴える歓喜との如く、相連合せり、何となれば、善を感ずるは之に伴える歓喜により、歓喜を知るは之を生ずる善によればなり。故に最奥即ち第三の天界にある天人は、平和の第三度即ち最高級におるものなるを明らむべし、そは彼等無垢の第三度即ち最高級におればなり。下層の天人に至りては無垢の度を下るが故に、平和の度における亦一層を下れるは明かなり（二百八十を見よ）。

無垢と平和とは、善と其歓喜との如く、相離れざるものなることは、小児につきて、之を見るを得べし、即ち小児は無垢なるが故に亦平和におり、平和におるが故に、彼に在りては、一切のもの悉く遊戯三昧なり。されど小児の平和は外的平和なり、内的平和に至りては、内的無垢の如く、唯証覚の中にのみ存せり、故に善と真との和合の中にのみ存せり、而して是の和合即ち証覚の源なり。天界又は天人の平和と雖も、われらもし善と真との和合より成れる証覚の裡におり、随いて神に安んずるの意識を有せんには、われらの上にもあるを得べし。されどわれら此世間に生息するうちは、此の如き平和も只内分のうちに潜みおるに止まり、その十分に発揚せらるるは、身体を離れて天界に入るときと知るべし、何となれば其時内分啓くればなり。

二百八十九　神の平和は主が天界と和合するより来り、殊に各天人の上に善と真との和合するより来るものなるが故に、天人もし愛の情態におれば、亦平和の情態におるとなすべし、其時彼等の上に善と真との和合あればなり。天人の情態の次第を逐うて変転することは、既に見たる所なり（百五十四より百六十）。復活せんとする人間の場合においても亦これに類せることあり。此人の上に善と真との和合あるときは、（これ殊に誘惑の後に起る。）彼は天界の平和より来る所の歓喜の情に充つるものとす。此平和は春時の朝又は暁に比すべし、日将に上らんとして、夜既にあけ、地上一切の生物また自ら新ならんとす、植物の香い、天来の露に移り、柔かなる春時の気候は土地を豊沃にし、又人の心を長閑ならしむ、その此の如き所以は春時の朝又は暁は天界における天人の平和と相応すればなり。

二百九十　われは又、平和につきて天人と物語れるとき云う、世間にては国〻の間に交戦・争闘なく、人〻のうちに冤仇・不和復た起らざるときを平和と云い、又胸に憂慮なく心に安息を得るとき、殊に事業の成功より来る所の寧静・歓喜の情を以て、内的平和なりと信ぜり、と。されど天人云う、憂慮を除けるとき、又は事業の成功せるとき、人の心に感ずる所の安息・寧静・歓喜の情態は、平和を構成する要素の如く見ゆれども、若しそのうちに天界の善徳なくば、しか云うを得ず、そは善を離れたる処に平和なければなり。何となれば、平和なるものは主より流れ出でて、人心の最内底に入り、これより更に流れ下りて、その下方面に入り、是に始めて内心の安息と外心の寧静とを生じ、之よりして喜びを感ずればなり。悪に居るものには平和あらず、万事その意のままに成るときは、彼等のうちに、安息あり、寧静あり、歓喜あるに似たれども、そはただ外的にして内的ならず、その心の裡には冤仇・憎悪・報怨・残忍など云える多くの悪念常に燃えおるが故に、己れを喜ばざる者を見るときは、其心直ちに是等の情態中に入りて、駆けめぐり、もし別に恐怖の念の之を遏むることなくば、悪念は必ず一時に破裂すべし。故に彼等の歓喜なるものは狂癲の裡に住すとなすべし、善におるものの歓喜に至りては証覚の中に住めり、其差異は天界と地獄との如し。

天界と人類との和合のこと

二百九十一　万善は神より来りて人間よりせず、故に何人も、如何なる善ありとも、之を己れに帰すべからざるは、教会の知る所なり、而して悪の悪魔より来ることも亦其知る所なり。故に教会の教説に従いて説く者は云わく、凡そ善行あるもの、及び、その云う所、説く所、敬虔の情に充てるものは、神に導かるるものなれど、悪を行い、不敬を云うものは、然らず、と。是等の事は、人と天との和合あり、又地獄との和合あらざれば起り来らざる所にして、而して此和合は人の意性と智性との上に生ずるものならざるべからず、そは人の其身を動かし、其口にて物云うは、意と智とに由ればなり。今この和合の何たるかを述ぶべし。

二百九十二　われらの身には、各〻つきそえる善霊と凶霊とあり。この善霊によりて、われらは天界と和合し、凶霊によりて地獄と和合す。是等の精霊は天界と地獄界との中間に位せる精霊界にあり、こは後来殊に説く所あるべし。是等の精霊、人間に来るときは、先ず其記憶中に入り、而して後其想念中に入るものとす、凶霊は記憶及び想念中にある悪しき事物の間に入り、善霊は善き事物の裡に入り来る。されど自らは其人間と相倶なることを少しも知らず、而かも彼等人間と倶なるときは、すべて其人の記憶と想念とを以てわが所有と信ぜり。又彼等は人間を見ることなし、そはわが太陽界にあるものは、彼等が視覚の対境とならざればなり。

主は精霊をして其人間と相伴えることを知らざらしめんため、其心を用い給うこと頗る深し、何となれば、彼等もし之を知らんには、人間と相語ることあるべく、而して凶霊は彼を滅ぼさんとすべければなり、蓋し凶霊は地獄界と和合せるものなるが故に、只一途に人間を滅ぼさんと願うの外、他事あらず、而して凶霊は、啻に人の心霊、即ち其の信と愛とのみならず、其肉体をも挙げて滅ぼさんと願う也。されど彼等もし人間と相云うことなくば、此の如きことあらず、彼等は此時、其思う所、其相互に語る所の、果して人間より出で来るものなるや否やを知らざるなり。何となれば彼等の相互に物云うはその実人間より出で来る所なれども、彼等はこれを以て自分の裡よりするものなりと信ぜり。而して何人も己れに属する所を重んじ、且つ之を愛するが故に、精霊は自ら之を知らざれど、人間を愛し且つ重んぜざるを得ざるなり。人間と精霊との間にこの和合あることは、わが多年不断の経験によりて十分に知悉する所にして、われは之より確実なるものあるを知らず。

二百九十三　地獄界と交通せる精霊も亦人間につき添えり、そは人間の生るるや直ちにあらゆる悪の裡に陥ればなり、故に人間当初の生涯は全く是等精霊の手裡にありと云うべし。されば人間にしてもし己れと相似たる精霊の、これにつき添うことあらざれば、彼等は活くるを得ず、又諸悪を離れて正に帰るを得ざるなり。人間が凶霊によりて己れの生命を繫ぎ得ると同時に、善霊によりて之より脱離するは、是の事由に基づけり。而して人間は又此両者の徳によりて、平衡の情態を保持し、此の故に自由の意志あり、以て悪を去りて善に就くを得べし、又その心の上に善を植え付くるを得べし、人間もし自由の情態にあらざれば、このこと決してあり得べからず。されど一方には地獄界より来れる精霊の活動するあり、他方には天界より来れる精霊の活動するありて、而して人間は是等両者の中間にありて、両個の圧力の間に挟まるるにあらざれば、此の如き自由あらざるべきなり。われ又次の如く示されたり、曰く、人にして、其遺伝よりせる所、従いて自我に属せる所を分有するが故に、その生命あるものとせば、是等を有する限り、人は悪におるを以て其生命となさざるべからず、而して又人に自由なきときは生命あることを得ず、又善を以て人に強うるを得ず、強いらるるものは内に止まらず、但〻自由に摂受せる善のみ、人の意志の上に根を下して、さながら己れのものの如くなるべし、是を以て人は地獄界と天界とに渉りて両つながら交通あり、と。

二百九十四　天界と善霊との交通とは如何なるものなるか、地獄界と凶霊との交通とは如何なるものなるか、従いて人間と天界及び地獄との和合とは如何なるものなるか、是れわが今説かんとする所なり。精霊界における一切の精霊は、天界又は地獄界との交通を有せり、即ち凶霊は地獄界と相通じ、善霊は天界と相通ぜり。天界の諸団体に分るる如く、地獄界も亦諸団体に分れ、各精霊は何れかの団体に属し、それよりの内流によりてその存在を継続し、又かくして其の団体と行動を一にするものとす。而して人間と精霊との間に和合あるが故に、人間は亦天界或は地獄界と和合す、即ち彼が情動又は愛の上より見て、其所属せる団体と和合す。何となれば天界の諸団体は、善と真とに対する情動如何によりて、各区分せられ、地獄界の諸団体は悪しきと偽りとに対する情動の如何によりて相分るればなり。天界の諸団体に関しては既に述べたる所なり（四十一より四十五、及び百四十八より百五十一）。

二百九十五　人間に付き添える精霊は、情動即ち愛の上より見て、人間とその性質を同じゅうせり。善霊は主の人間に付き添わせ給う所なれども、凶霊は人間の自ら招く所なり。而して人間と共なる精霊は、人間の情動の転変につれて亦転変するものにして、赤子の時には赤子の精霊之に伴い、幼時には幼時の精霊あり、青年時及び成人期には亦その時期に伴える精霊あり、老年に及べる時も亦然り。即ち赤子の時代には無垢の情態におれる精霊之と共なり、従いて此精霊は、無垢の天界、即ち、最奥、第三の天界と交通す。青年時及び成人期の精霊は真と善との情動におり、随いて智慧におれり、第二、中間の天界と交通す。老時の精霊は証覚及び無垢におり、最奥、第三の天界と交通す、されど此の精霊は唯帰正し復活し得べき人間にのみ相伴うものにして、主の与え給う所なり。帰正し復活し難きものに至りては、然らず。善霊は出来得る限り人間をして悪を離れしめんがため彼等に伴えども、彼等と直接に和合せるものは、地獄界と交通せる凶霊なり、彼等はかくして己れと相似たる精霊に伴われおれり。彼等もし自己を愛し、利益を愛し、報冤を愛し、姦淫を愛せば、彼等は亦是の種の悪念にとめる精霊と倶なり、此の如き精霊は実に是等の悪しき情動中にその住処を定むるものと云い得べし。人もし善霊によりて悪を制し得ざるときは、是等の凶霊の煽動する所となるべく、而して此情動の所主となるに比例して、凶霊は此人にすがりて退かざるべし。かくて悪人は地獄界と和合し、善人は天界と和合す。

二百九十六　人間は天界の形式の外におるが故に、主の人間を統制し給うは精霊を経て也、何となれば人は地獄界よりする諸悪の間に生れ出でて全く神的順序に背ける情態におればなり。故に彼はまた順序の裡に復帰せざるべからざる要あり、而して此復帰は間接に精霊を経ざれば成り難し、されど人間にして始めより天界の順序に従える諸善の中に生れ出でたらんには、此の如き要あらず、何となれば、此場合には人は精霊を経て主の統制し給う所とならず、順序そのものに由り、随いて一般の内流によりて統制せらるればなり。人間は其想念及び意志よりして其行動に発する諸事物、即ちその言語と動作とに関しては、此内流の統制する所となる、何となれば是等は自然の順序に従いて流るるものにして、人間に伴える精霊は此の如きものを有せざればなり。動物も亦精霊界よりする一般の内流の統制する所とす、蓋し彼等の生活は本来の順序中にあるものにして、彼等は理性を有せざるにより、之を乖戻し、之を破毀するを得ざるなり。人間と動物との区別の何たるかは既に見たる所なり（三十九）。

二百九十七　天界と人間種族との和合につきて尚お知らざるべからざる事は、主自ら天界の順序に従いて各人の内底並びに終極点中の諸事物に流れ入り給うこと是なり。主は人をして天界を享くべき準備をなさしめ、彼が終極点にある事物を其内底よりして統制し給い、又これと同時にその内底にある諸事物を終極点よりして統制し給う、かくして人はすべての事に就きて主と相繫がると謂うべし。主よりのこの内流を直接内流と云う、かの精霊を経て来る所の内流は之を間接内流と云い、その継在は前者によるものとす。主自らよりする直接内流は、主の神的人格より発して人間の意性中に入り、これより其智性に入り、かくてその善に入り、その善を経てその真に入る、即ちその愛に入ると云うも同じ、此愛を経て後その信に入る、而して此次第は顚倒すべからず、まして此内流の、愛なき信に入り、又善なき真に入り、又意よりせざる智性に入るが如きはこれあらず。此神の内流は永遠にして断ゆることなく、善なるものは善におりて之を受くれども、悪しき者は然らず、何となれば彼等は、或は之を拒み、或は之を塞ぎ、或は之を曲ぐればなり。故に彼等の生涯は正しからず、これを霊的意義における死と云う。

二百九十八　人間に伴える精霊は、その天界と和合せるものと地獄界と和合せるものとを問わず、彼等の記憶、及び之に随従せる想念よりして人間に流れ入ることあらず、何となれば、彼等もし自己の想念よりして人間に流れ入らんには、人間は彼等に所属せる事物を以て、わが所属と信ずる外なかるべければなり、こは既に見たる所なり（二百五十六）。されど善と真との愛よりする情動は天界より来り、彼等を経て人間に流れ入り、悪と偽りとの愛よりする情動は地獄界より来り、彼等を経て人間に流れ入る。故に人間の情動にして、その流れ入り来る所のものと相一致せんには、彼はその一致する限り之を其想中に摂受すべし、何となれば人間の内的想念は全く其情動即ち愛と相適応するものなればなり、されどかかる一致なきときは、この摂受あらずと知るべし。此の如くにして、想念は精霊を経て人間に流れ入ることなく、只善に対する情動、及び悪に対する情動のみ彼等を経て流れ来るが故に、人間に選択の力あるや明らけし、蓋し彼は自由を有すればなり、かくて彼は亦其想念の上において、或は善を受け、或は悪を拒み得べし、何となれば彼は聖言によりて、善の何たり、悪の何たるかを知ればなり。情動によりて想念の裡に受け納むるものは、人間、之を摂入すれども、情動によらずして想念中に入り来らんとするものは、彼のために摂入する所とならず。是によりて人間の上に天界より来る善の内流と、地獄界より来る悪の内流との何たるかを会し得べし。

二百九十九　われは又許しを受けて、人間の掛慮・悲傷、及び内心の悲苦——之を鬱憂と云う——は如何にして起るものなるかを知り得たり。尚お第一情態におりて、未だ地獄と和合せざる精霊は、（此事につきては、後に精霊界を説くときに更に記すべし。）物の不消化にして腐敗せるもの、例えば胃中にありて腐爛せる食物の如きを好むが故に、もし人身中に此の如きものあれば、彼の精霊此処におるを喜び、彼等の悪しき情動に任せて相互に物云う。彼等の言語より来る情動、此処より起り、始めて人のうちに流れ入る、此情動もし其人自らの情動に逆えば、此に悲苦あり、鬱憂あり、掛慮あり、されど此情動もし互に一致するときは、此に喜意あり、快適あり、是等の精霊は胃臓の附近、或は右、或は下、或は上にあり、又近く現わるることあり、離れて現わるることありて、其現前一様ならず、こは彼等のおる所の情動、時に相同じからざればなり。心の掛慮は此の如くにして起るものなることは、わが多くの経験によりて、之を知り、之を慥むるを許されたる所なり。何となれば、われは是等の精霊を見、之を聞き、これより起る掛慮を感じ、且つこれと物云いたればなり。而して是等の精霊逐い退けらるるとき、掛慮止み、その帰り来るに及びて、掛慮また旧に復するのみならず、その或は近づき、或は遠ざかるに従いて、心の掛慮亦、或はまし、或は減ずるを知覚したればなり。是によりてわれは良心の何たるを知らざる者（こは彼等実に何等の良心をも有せざるが故なり）が、何故に其心痛を胃臓の辺に帰せんとするかを明にせり。

三百　天界と人間との和合は、人間と人間との和合の如くならずして、人の心の内分との和合なれば、かくて又その人の霊的即ち内的人格との和合なり。されど此に亦相応によりて、人間の自然的即ち外的人格と和合することあり、此和合につきては、後章、天界と人間とが、聖言によりて和合することを説くとき、更に述ぶる所あるべし。

三百一　天界と人類との和合、及び人類と天界との和合は、両両相倚りて継存するものなることは、亦後章にて述ぶべし。

三百二　われ、天界と人類との和合につきて天人と語れるとき、われ云う、教会の人は、実に万善は神よりし、天人は人に伴えることを口にすれども、天人と人間との和合を真実に信ずるものは稀なり、まして天人は彼が想念及び情動の中に在りと云うことにおいてをや、と。天人之に答えて曰う、われらは世間に斯の如き信仰あり、又斯の如き言句の尚あるを知れり、而して殊に怪しむべきは、教会の中に此の如きことあること是れ也、教会には聖言あり、聖言は彼等に、天界の事、天界の人間に和合することにつきて教う、而して此和合の性質たるや、精霊もし人間と相倶なることなくば、人間は至小の事物をも思惟する能わず、又何等の霊的生涯をも営む能わざるなり、と。天人又曰う、何故に此事に関して人間は知る所なきかと云うに、彼は生命の元始実在と相連結することなく、ただ己れによりてのみ生活し得るものと信じ、また此連結は諸天界に縁りて存するものなることを知らざればなり、而かも此連結にして一たび絶えんには、人間は直ちに斃れて死せざるを得ず。もし人にして事実そのままに、万善は主より来り、衆悪は地獄より来ることを信ぜんには、彼は己れにある善を以て己れの功となさざるべく、又己が身の上に悪を招くことなかるべし。何となればかくして彼は、其思う所、その為す所に善なるものあれば、之を主に回向せんとすべく、又その身に衆悪の流れ入らんとすることあれば、之を其由りて来る所の地獄界に棄て去るべければなり。されど人は天界及び地獄界より流れ入るものあるを信ぜず、かくて一切その思う所、及び志す所を以て、悉く己れに有り、己れよりすとなすが故に、悪は之を己れに摂入し、而して善の己れに流れ入るものは、己が功となして之を汚瀆するに至るものとす。

聖言によりて天界の人間と和合すること

三百三　内的道理によりて思索するものは、万物は諸〻の介在者によりて元始と連結し、この連結以外に出ずるものは、すべて消滅し去ることを見るべし。何となれば彼等にして一たび思を此に運らすときは、何ものも自己によりて継在すること能わず、必ず自己以前に存在せるものによりて継在す、即ち万物は元始によりて継在することを知るべければなり。而して此の自己以前に存在するものとの連結は、猶お結果と有力因との連結に似たり、何となれば有力因を其結果より離し去れば、結果は消散して無有に帰すべければなり。識者は此の如く思索せるが故に、彼等は次の道理を見たり、而して云えり、曰く、継在とは永続不断の存在にして、万物は元始によりて継在す、即ち万物は元始によりて存在するが故に、其存在は永続にして断ゆることあらず、と。されど如何にして万物は各〻自己以前に存在するものと連結し、それより進みて一切万物の源たる元始と連結するかは数言の尽す所にあらず、蓋し此の連結は不同にして多様なるによる。故にわれはただ概説して曰うべし、自然界と霊界との間に連結あり、故に自然界の万物と霊界の万物との間に相応あり（百三より百十五）、又人間の万事と天界の万事との間に連結あり、これよりして亦その間に相応あり、と。この事につきては上を見よ（八十七より百二）。

三百四　人間の創造せらるるや、彼と主との間には連結あり和合あれども、天界の天人との間には只伴侶の関係あるのみ。かく人間と天人との間に只伴侶の関係のみありて、和合なきは、人間の創造せらるるや、その内分においては、天人と相同じきによる、内分とは心なり、即ち人間には、天人と同じき意性あり、天人と同じき智性あり。故に人もし此世にあるとき、天則に従いて生息せば、彼は死後天人となり、天人的証覚を得べし。故に人の天界と和合すと云うは、主との和合、及び天人との伴侶を云えるものと知るべし。そは天界の天界たるは、天人の本分之をなすにあらずして、主の神格によればなり。天界は主の神格によりて成ることは既に見たる所とす（七より十二）。されど人は又天人が有せざる所を有せり、彼はその内分より見て霊界におるのみならず、之と同時に其外分より見て彼は自然界におれり。自然界にある外分とは、人の自然的即ち外的記憶に属するもの、想念と之よりする想像とに関する一切の事物を曰う、概して云えば、人間の知識及び学問、之より来る悦楽及び快感の、すべて世間的風味を帯ぶるもの、又肉体の感官に属する諸快感、及び感覚・言語・動作を併せて、すべて之を人の外分となす。是等は皆主より来る神的内流が止まる所の終極点における諸事物なり、何となれば、神的内流は中間に止まらずして、其究極の処にまで進行すればなり。是によりて知るべし、神的順序の究極する処は人間に在ることを、又人間はその終極点なるが故に、又その根柢となり基礎となることを。又内主よりの神的内流は、此に云える如く、中間に止まらずして終極点に達するが故に、又内流が通過する中間とは天人の天界にして、その究極する処は人間に存するが故に、又此連結中に入らざるものは何ものも存在するを得ざるが故に、天界の人類と連結し和合するや、両両相倚りて継在するものなるを明らめ得べし、即ち天界を離れたる人類は鉤なき鎖の如く、又人類を離れたる天界は礎なき家の如くなるを明らめ得べし。

三百五　されど人は其内分を天界に背けて、天界との連結を断じ、却て之を世間と自己とに向けて、自己を愛し、世間を愛するにより、従いて彼は其身を退けて、復た天界の根柢となり基礎となるを得ざらしめたるにより、主はここに一個の媒介を設けて、是を天界の根柢及び基礎となし、又之によりて天界をして人と和合する所以とならしめ給えり、此媒介を聖言となす。されど聖言の如何にして此の如き媒介となるかは『天道密意』（Arcana Cœlestia）中処処に説けり、之を抜萃して小冊子となせるを『黙示録中の白馬につきて』（On the White Horse, mentioned in the Apocalypse）と云う、又『新エルサレムとその教説』と云える書の附録にも此事を云えり。

三百六　われ之を天界より聞けり、曰く、太古の民は、其内分、天界に向えるより、直接の黙示を受け、之がため主は当時人類と和合し給えり、と。されど其後はまた此の如き直接の黙示なく、ただ相応によれる間接の黙示あるのみなり。何となれば、当時一切の礼拝式は相応より成りて、其頃の教会はこれがために表象的教会と呼ばれたればなり。当時の人は相応及び表象の何たるかを熟知したり、即ち彼等は地上の万物は天界及び教会に在る霊的万物に相応することを知れり、此に相応と云うは表象と同じ義なり。故に彼等が行える礼拝式の外形をなせる自然的事物は、すべて彼等の想念をして霊的ならしむる所以にして、従いて天人と合一する所以のものなりき。其後、相応及び表象に関する知識亡ぶるに至りて、聖言は書《しる》されぬ、而して聖言の中にある一切の語句と其意義とには皆相応の理を含めるが故に、このうちに霊的即ち内的意義の潜めるありて、天人は此意義におれり。是の故に人は聖言を読むに当り、文字の義、又は外的意義によりて之を知了すれども、天人は内的即ち霊的意義によりて之を知了す、そは天人の想念はすべて霊的なれども、人間の想念は自然的なるによる。而して是等両個の想念は実に甚しく相違する如く見ゆれども、其相応する点より察すれば、両者一なりと云うべし。故に曰う、人間自ら天界より退きて、その連鎖を破りし以来、主は聖言の媒介によりて、天界と人間とを和合せしむるの途を開き給いたり、と。

三百七　天界が聖言によりて人間と和合する様子は、之より引用せる言句によりて説明すべし。黙示録中に「新しきエルサレム」を此く記せり、曰く、「われ新しき天と、新しき地とを見たり、先の天と先の地は既に過ぎ去れり。われ聖き城なる新しきエルサレム、神の処を出でて天より降るを見る。城は四方にして長さと闊《はば》と同じ、天人竿を以て城を測りしに一万二千ファーロングあり、長さ・闊・高さ皆相等し。又其石垣を測りしに、人の度に従えば百四十四キュビットあり、人の度は天人のと同じ。石垣は碧玉にて築き、城は清らかなる玻璃の如き純金にて造り、城の石垣の礎は各様の宝石にて飾れり。十二の門は十二の真珠なり、城の衢は澄徹《すきとお》る玻璃の如き純金なり」（第二十一章、一―二・一六―一九・二一）と。是等の語句を読む人は、只之を文字上の意義によりて会せり、即ち眼に見ゆる天は、地と共に滅びて、新しき天現われ、而してエルサレムの聖城は、新しき地に下り来るべく、すべて其城の量度は此に記せる如くなるべしと思えり。されど人間に伴える天人の之を会するは、全くこれと異なれり、そは彼等、人間の自然的に会する所を、霊的に会すればなり、彼等の会する所によれば、新しき天と新しき地とは、新しき教会のことにして、神の処より出でて天を下り来るエルサレム城とは、主が示し給える天界の教説なり。其長さ・闊・高さ、相等しくして各一万二千ファーロングと云うは、此教説中の諸善・諸真を合わせて云えるなり。城の石垣とは、此教説を守護せる諸真なり。石垣を測るに、人の度、又は天人の度に従えば、百四十四キュビットありとは、守護を主とせる諸真を悉く挙げたるものにて、又其性相を云えるなり。其真珠より成れる十二の門とは、能導の真を云えり、而して真珠そのものも亦、此の如き真を表わす。宝石より成れる石垣の礎とは、かの教説が由りて立つところの諸知識を云える也。城及び其衢を造れる清く透れる玻璃に似たる黄金とは、愛の徳を云えり、教説と其諸真とは愛によりて透明となるものとす。天人が是等の事物を知了すること此の如くなるが故に、人間の知了する所と同じからざる也。人間の自然的概念は天人に入りて霊的概念に転化し、聖言中の文字、例えば、新しき天、新しき地、新しきエルサレムの城、その石垣、石垣の礎、及び其の丈量と云う如きをば、天人は文字の意義によりて会得することを知らざるなり。されど天人の想念と人間のとは、相応の理によりて両者同一なるものとす、猶お甲者の口にて云う所を、乙者之を耳に聴きて言者の語句と聴者の之を会得するときの如く、聴者は必ずしも其語句に留意せざれども、其意義は則ち之を会得するなり。此の如くにして天界の聖言によりて人間と和合する方法を明らむべし。今又聖言中より一例を引かんに、以賽亜《イザヤ》書に云う「その日エジプトよりアッシリヤに通う大路ありて、アッシリヤ人はエジプトに来たり、エジプト人はアッシリヤに行き、エジプト人とアッシリヤ人と相共に事うべし。其日イスラエルはエジプトとアッシリヤとを共にし、三つ相並び、地のうえにて福祉《さいわい》を享くるものとなるべし、万軍のエホバ之を祝して云い給わく、わが民なるエジプト、わが手の工《わざ》なるアッシリヤ、わが産業なるイスラエルは福いなるかな」（第十九章、二三—二五）と。是等の文句を読んで、人間は如何に思索し、天人は如何に思索するかを明らめんとせば、聖言の文字的意義と其内的意義とを見るべし。文字の意義によりて、人間の解するところによれば、エジプト人とアッシリヤ人とは神に帰向して、神は之を容れ給い、彼等はまた遂にイスラエルの人民と一になるべしとなり。されど天人は之を内的意義によりて解して云う、此処には霊的教会に属する人のことを、内的意義によりて記せり、即ちイスラエル人とはその霊的方面を云い、エジプト人とはその自然的方面を云い、アッシリヤ人とは是等両者の中間にある理性的方面を云えるなり、と。されど文字的意義と霊的意義とは、相応によりて一なるが故に、天人は此の如く霊的に思惟し、人間はかの如く自然的に思惟するとき、此の両者は、殆んど心霊と肉体との如くに、相和合するものとす、また聖言の内的意義はその心霊にして、その文字的意義はその肉体なり。聖言はその全般を通じて此の如くならずと云うことなし、故に聖言は天界が人間と和合する所以の媒介にして、その文字的意義は、これがために一個の根柢となり基礎となることを明らむべし。

三百八　聖言の媒介に由りて、天界は又、教会以外、聖言あらざる処におるものと和合す、何となれば主の教会は普遍にして、苟くも神格を承認し、仁恵を躬行するものは、皆之とその道を同じゅうするものなればなり。此の如き人は亦其後天人に誨えられて、諸〻の神真を受く。尚お此事に関しては、別に異教徒のことを説く処にて詳述すべし。主の眼より見れば、地上における全教会は、天界の如く、亦一個の人間に似たり（五十九より七十二）。されど聖言の現存する処、此聖言によりて主を知れる教会は、この人間の心臓と肺臓とに該当せり。全身中の諸臓腑及び諸肢体は、すべて心臓と肺臓より出で来る様〻の連鎖によりて其命脈を繋ぐものなることは、人の皆知る所なるが、聖言の現存せる教会以外におりて、その生存を全うせる人類も亦、此の如くにして其身を保ち、かの人間の諸肢体を構成するものとす。天界が聖言によりて遠隔の人と和合することは、また中心より四面に拡がり出ずる光に譬うべし、そは聖言の中には神的光明ありて、主は天界と共に此裡にあり、而して此く主の現在し給うによりて遠隔の人も亦この光明中に入ればなり。もし聖言なからんには、此の如くならざるべし。是の理は前きに天界の形式に関して云える所を見ば更に明かなるべし、そこには一切の会同と交通とは此形式によりて継存するものなることを述べおきたり。霊的光明におる者は此密意を会得すれども、自然的光明におる者は之を会得せず。何となれば霊的光明におる者は、自然的光明にのみおる者の見ざる所を見、又は僅かに一個朦朧たる物体として見る所の無数の事物をも分明に看得すればなり。

三百九　此の如き聖言、もし此地上に付与せられざりしならんには、此地上の人は天界より分離せるなるべし、何となれば人の理性は天界の光の内流によりて存在するものなればなり。又此なるべし、何となれば人の理性は天界の光の内流によりて存在するものなればなり。又此地上の人は直接の黙示を受け、これによりて神真の上に教を受くること、他の地球上の住民（他の地球上における住民につきては、別に『わが太陽系中の諸地球及び其住民のこと』（On the Earths in our Solar System, &c., with an account of their inhabitants from what has been heared and seen）と云う小冊子に記述せり）の如くなる能わざる所以は、此地球上の人は、他の地上の人よりも一層世間的事物従いて外的事物の裡にあり、而して黙示を受くるは内的事物なればなり、もし外的事物にして之を受くることあらんも、真理はこれによりて会得せられざるものとす。此地上にある人の性格、此の如くなることは、教会内の人を見て明かなるべし、彼等は聖言によりて天界と地獄界との事を知り、又死後の生命の事を知れども、其心には尚お之を否めり、而して此部類の人のうちには、学識他に秀でたるものあるが故に、彼等は他に勝れて証覚ありと思わるるなるべし。

三百十　われ嘗て聖言につきて天人と物云えることあり、曰く、或る人は其文体の単純なるを見て之を軽んじ、其内的意義の如きに至りては少しも知る所あらず、是の故にその裡に此の如き高妙なる証覚の蔵れおることを信ずるものなし、と。天人曰う、聖言の文体は文字上の意義よりすれば単純と見ゆれども、その精妙なるは物の比倫に堪えたるなし、何となれば神的証覚は、そが全般の意義のうちに包蔵せらるるのみならず、又其各語句の間にも包蔵せられて、天界に耀きわたればなり、と。その意に云わく、神的証覚は神真なるが故に天界の光明なり、そは神真は天界に耀きわたればなり（百三十二）。天人又曰く、此の如き聖言なくしては、わが地上の人は天界より光明を享くることなかるべく、又天界は彼等と和合することあらざるべし、何となれば此和合は、天界の光明、人間に現存する度に比例して存し、従いて神真は亦聖言によりて彼に現わるべければなり。地上の人、この和合は聖言の自然的意義に相応せる霊的意義によりて行わるることを知らざるは、何故なりと云うに、そは彼等は天人の霊的想念及び言語の何たるを知らず、又人間の自然的想念と言語と相異なることを知らざるに由る、されど之を知るにあらざれば、人は内的意義の何たるかを少しも知る能わず、また和合は之によりて成ることをも知る能わず、と。天人又曰う、人もし聖言を読むに当りて、此の如き意義あることを知り、此知識を本として思索することあらんには、彼は内的証覚の中に入るを得て、天界との和合一層周密なるに至るべし、そは彼の概念はかくして天人のと相似たるものとなるべければなり。

天界と地獄とは人類より成ること

三百十一　基督教国にては天界と地獄とは人類よりなることを知る人なし、何となれば彼等は、天人は始めより天人として創造せられ、ここに天界の起原を開けりと信ずればなり、而して又悪魔即ちサタンなるものはもとは光明の天人なりしも、神の旨に逆いたるより、其一類と共に天界を放たれ、此に地獄界起れりと信ずればなり。基教国に此の如き所信ありと聞きて、天人は愕然たりき、殊に天界の事を説くは、教会における教説の第一義なるに拘わらず、之を知るものあらずと云うを聞きて、天人は愕然たりき。されど此の如き無知行わるるが故に、主は今や天界及び地獄に関して数多の事物を人間に示さんと思い給えり、而して教会の末期に近づけるため、日に重なり行かんとする暗黒も、此示現によりて出来得る限り消散せられんとするを見て、天人は其心窃かに之を喜べり。此理由により、天人はわが其口を藉りて下の如く告白せんことを願えり、曰く、全天界を通じて一個の天人の始めより天人として造られたるはあらず、又地獄界に一個の悪魔の始めは光明の天人として作られ、その後、事ありて地獄に投げ棄てられたるはあらず、天界と地獄とにおける一切のものは人類より来らずと云うことなく、天界には世間にあるとき天界の愛と信とにおれるもの住し、地獄には地獄の愛と信とにおれるもの住す、而して悪魔と呼び、サタンと呼ぶは、地獄の全般に与えられたる名なり。後方にある地獄には凶鬼住めり、之を悪魔と云い、前方にある地獄には凶霊住めり、之をサタンと云うと。是等両種の地獄界の何たるかは後章に説くべし。天人云う、基教国が天界と地獄との住民に関して、此の如き妄想を抱くに至れるは、聖言中のさせる言句を解するに、只文字上の意義のみを以てして之を明にし、之を開くに、聖言中にある至純の教説を以てせざりしによるものとす。されど聖言を解するに当りて、只其文字上の意義の外、至純の教説より来る一道の光明を以て之を照らすことなくば、心様〻に擾れて、無明・異端、及び謫訛の淵に沈まざれば止まず。

三百十二　教会の人に此妄信ある今一の理由は、最後の審判の日にあらざれば、何人も天界或は地獄に行かずと信ずるによる、此審判の日につきては、彼以為《おもえ》らく、其時は、すべて目に見ゆるもの皆滅びて、新しきもの生れ来り、心霊はその肉体に帰るべく、而して人は此合体によりてまた人として生息するならんと。此所信中には又一個の所信あり、曰く、天人は始めより天人として創造せられたるなりと、何となれば、何人も世界の終の日まで地獄或は天界に出で来ることなしと信ずる者は、天界と地獄とは人類よりなることを信ずるを得ざればなり。されど事実は彼が所信の如くならず、このことを彼に知らせんため、われは許しを得て、数年の間、天人の伍に入るを得、又地獄に居るものと相語るを得たり、時には朝より夕に至りて絶ゆることなかりき、かくてわれは天界及び地獄の事を知るに至りぬ。わが此く経験するを許されたるは、教会の人をしてまた永くその妄信に安んずることなからしめんがためなり、妄信とは、審判の日における復活、此日に至るまでの霊魂の状態、及び天人と悪魔とに関する妄信を云うなり。此の信仰は偽りなるものの上に立つが故に、其裡に暗黒あり、自家の智慧のみによりて、是等のことを思索するものは、これによりて疑惑の淵に沈み、遂には不信の徒となるべし。何となれば、彼等その心のうちに曰わん、天は此の如く大なり、星辰は此の如く多し、日と月と、みな之を併せて如何で亡滅し消散することあらんや。又諸星は地球よりも大なりと云うに、如何にしてか彼等天より地に落ち来るとすべき。又虫に食われ、腐爛に亡び、風塵に散らされたる肉体、如何にしてまた之を心霊の上に集めんとするか、而して心霊は此間何処にありとせんか、又心霊にして一たび肉体に在りし時の知覚を離れなば、何を以て心霊となすべきか。尚お此外之に似たる疑問少しとせざれども、皆会得すべからざるが故に、皆亦信ずべからず、と。此の如くにして多くの人は、之がため、死後における心霊の生命に関する信仰、天界と地獄とに対する信仰、又従いて教会の信条における其他の諸事物に対する信仰を失うに至る。此の如く信仰を失うに至れる事実は、下の如く云うものあるを見て明かなるべし、曰く、誰か天界より来りて、われらに此事果して然るを告げたるか、地獄とは何か、此の如きもの果してありや、人は火にて永遠に苦しめらるべしとは何か、審判の日とは何か、われらは空しく此日を待ちて既に数百世を経たるにあらざるか、と。彼等は尚お此外多くの疑問を抱けるが、そのうちには皆不信の意を含めり。

此の如く信ずるものは、世間智に基づきて、学殖あり、博聞なりと称せらるる人〻のうちに多く、これがために直心・純信の人をも擾乱し誘惑して、神、天界、永久の命、及び其他之に属せる諸事項に関し、彼等を地獄に等しき暗黒の裡に導き去らんも図られず、是の故に主はわが心霊の内覚を開き給い、かくしてわれを許して、其肉体にある時知れる一切の人〻と死後相語るを得せしめ給えり。此会談は其人によりて、或は数日に亘り、或は数月、或は一年の長きにも及べり、われはまた此外多くの人〻と相語り、その数、百千人と云うも尚お少なきを覚ゆべく、その中には天界に居る者も多く、また地獄に居る者も少なからざりき。われは又死後二日を経たる人〻と相語れることあり、われ彼等に告げて、葬儀今正に行われ、埋葬の準備成れりと云いしに、彼等答えて、われらが世にありしとき、われらのために、肉体となり、またその諸官能となりてわれらの用をなせるものを、われらが今棄て去りたるは、当然の事なりと云えり、彼等またわれに請いて世に告げしめて曰う、彼等は死せず、尚お生けり、而して其人間たるは依然として昔時に異ならず、彼等は只甲世界より乙世界に移れるまでなり、また何等の失う所あるを知らず、そは彼等は一個の形体とそれに属せる諸感官とを有すること以前の如くなれば也、又その智性と意性とにおけるも、更に旧時に異なれるを見ず、想念・情動・感覚・願望、皆亦その嘗て世に在りしときと相似せずと云うことなければなり、と。

死後尚お未だ多くの日数を経ざるものは、自ら其始めの如く猶お活ける人間なること、生前と相似たる情態におるを見るや（何となれば死後における最初の生活状態は、世に居たる時の如くにして、その是れより、或は天界に行き、或は地獄に行くは、多少の転変を経たる後なればなり）、其尚お活けるを喜ぶの情新たなるもの多し、而して彼等曰う、此の如くなるべしとは、われらの信ぜざる所なりき、と。彼等は死後の生活情態に関して、嘗て彼の如く不知にして盲目なりしを見て、驚くこと一方ならず、特に教会の人は、世上一切の人に勝れて、是等の事物に関して明白なる思想を有すべきに、却て此く不知にして盲目ならんとは、これ彼等の深く驚ける所なり。是においてか、彼等始めてその何が故に不知にして盲目なりしかを悟れり、そは彼等世間及び肉体に関する外的事物の為めに、其心を用い、其心を労するの甚しき、天界の光明を仰ぎ見ること能わず、又教会の教説以外に出でて其事理を洞観する能わざりしが故なり。そは人もし今の世における如く、肉体的・世間的事物を愛するときは、それ以外に出でて見る所あらんと思うとも、只暗黒のみありて、その裡より流れ入り来るべければなり。

三百十三　基教国より来る学者の多数は、其死後自ら尚お一個の形体中に在りて、衣服を著け、屋裡にあること、猶お世間の時の如きを見て愕然たらざるはなし、而して彼等はその嘗て、死後の生命、霊魂・精霊、天界・地獄などのことにつき思索せる所を想い起して、自ら慚愧して措く所を知らざる也、曰く、われらが思索せる所は誠に痴なりき、信に純なるものが有する所の証覚はわれらのに優ること数層なりき、と。嘗て上述の如き概念を固執して動かず、万の事物を自然の上にのみ帰し去れる学者ありき、此人検校せらるるとき、われ之を見たるに、その内分は全く塞がりおりたれども、其外分は開けおれるを以て、彼は天界を仰ぎ見ることを得ざりしも、世間と地獄とは彼の見得る所なりき。何となれば、人はその内分の開くる限り、天界を望み得れども、若し其内分を閉じて外分のみ開けおらんには、彼が望み見る所は只地獄あるのみなればなり。その故いかにと云うに、内分は天界の万物を摂受するより成り、その外分は世間の万物を摂受するより成るに由る、而して世間を受くると同時に天界をも受けざるものは、地獄を受くるものとす。

三百十四　天界は人類よりなることを益〻明らめ得べき今一つの事実は、天人の心と人の心と相似たることにして、両者は共に天界を受けん為めに造られたるものなり。そは、人の心は亦天人の心の如く証覚を得るに足ればなり。されど人の心は世間にありて物質的形体のうちに居るを以て、天人の心における如き証覚は、之を得ること能わず、そは此形体の裡に在るときは、人間の霊的想念も亦自然的なるべければなり。されど人の心にして一旦其肉体との連結を離るるときは、此の如くならず、其思索は既に自然的桎梏を脱して霊界に入れば也。而して其思索一たび霊的となれば、自然的人間が嘗て不可解・不可説となしたる諸事物をも思索するを得て、遂に天人の如き証覚を有するに至るべし。故に知る、人間の内界をなせる、所謂る心霊なるものは、其実性において一個の天人なることを（五十七）、而して其物質的形体を離るるに及びて、心霊は亦天人の如き人体的形式中に入ることを（天人は人体的形式の円満なる者なることにつきては、七十三より七十七を見よ）。されどもし人間の内界にして、上に開けずして下にのみ開くることあらんには、物質的形体を離れて後、彼は尚お人体的形式を具うるも、その恐るべき相を示すは、悪魔の如くなるべし、何となれば、彼は仰いで天界を見る能わず、唯俯して地獄を望むのみなればなり。

三百十五　神の順序に就きて教えを受けたるものは、何人と雖も、人間の造られたるは天人とならんがためなることを解せざるはなかるべし、何となれば、この順序の終極点をなせるは人間にして（三百四）、天界及び天人の証覚よりするものは、此終極点に至りて始めて形態を具え、此処にて刷新し増殖すべければなり。神的順序は決して中途にして止まるものにあらず、また終極点に至ることなくして何物をも形成するものにあらず、何となればかくするときは神の順序は充足し円満するを得ざるべければなり、故に神の順序は必ず終極点に達せざれば已まず、而してその此に達するや、このもの自ら形態の中に寓し、此形態より集め得たる方便によりて、自ら刷新し、自ら益〻増殖するものとす。これを成すは即ち生殖作用なり。故に天界の養育園は此の終極点にありと謂うべし。

三百十六　主の昇天は、啻にその心霊につきて云うべきのみならず、亦其肉体につきて云うべき也、蓋し主の尚お世間に在ませし時、彼はその人的性格の全分を挙げて、光栄あるもの、即ち神的ならしめ給いたればなり、主が父より得給いたる霊魂は、その自性において神格そのものにして、而してその肉体は霊魂即ち父に像れるものなれるが故に、これ亦神的なり。是を以て主は何人とも異なりて、その霊魂と肉体と共に昇天し給えり。こは諸弟子のため主の明かにし給える所とす、即ち、彼等主を見たる時、一個の精霊ならんと思えるにより、主は曰く、「わが手とわが足を看てわれ自らなるを知れ。われを摸《な》で見よ、精霊は汝のわれあるを見る如くに肉と骨あらざるなり」（ルカ伝、第二十四章、三七―三九）と。主は此文句によりて、其心霊において一個の人格なるのみならず、亦その肉体においても然ることを告げ給えるなり。

三百十七　人は死後尚お生くること、又彼等が世間にて営める生涯の如何によりて、或は天界に行き、或は地獄界に行くものなることを世に知らせんため、われは死後における人間の状態につきて、多くの事物を知るに至れり、こは下に其序を追いて精霊界の事を云うとき記すべし。

天界における異教徒、即ち教会外の人のこと

三百十八　普通人の説く所によれば、教会の外に生れて異教徒或は異邦人と呼ばるるものには救済の道なし、何となれば、彼等は聖言を知らず、従いて主を知らず、而して主を離れては別に救済の途なければなり、と。されど主の仁愛は普遍にして、一人をもあまさざるが故に、異教徒と雖も亦これのみによりて救済せらるるものなることを知らんを要す、彼等の生れて実に人間たることは、教会内の者と異なることなく、但〻後者は其数において比較的少なきのみ、而して前者の主を知らざるは、必ずしもその過にあらざるなり。何人と雖も、苟くも明徹せる道理によりて思索せんには、世上未だ嘗て地獄の為めにとて生れ出でたる者あらざるを見得べし、そは主は愛の本体にして、其愛は一切を救わんとの願なればなり。故に主は方便を設け、一切の人をして何かの宗教に帰依せしめ、これによりて神格と内的生涯とを認識せしめんとし給う。もし人各〻其宗教上の信仰に従いて生涯を営まんには、彼はその時神格の方位に向いて進む者なるが故に、その生涯は内的なりと謂うべし。かく神格に向いて進む者は、それだけ世間に反くが故に、彼は世間を脱離し、従いて世間的生涯即ち外的生涯を脱離するものとす。

三百十九　異邦人も亦基督教徒と同じく救わるることは、人は何によりて天界を成就す

るものなるかを会得する時、亦分明なるべし。何となれば天界は人のうちにあるものにして、人もし己が胸中に天界を有せば、天界またここに入り来るべければなり。人のうちにある天界とは、神格を是認して、之が導くままとなるを云う、そは各宗教の第一要義とする所は神格を是認するにあればなり。神格を是認せざる宗教は宗教にあらず、如何なる宗教と雖も、礼拝に関する教誡を有し、これによりて如何に神格を礼拝すべきかを教えざるはなし、是れ其礼拝の神の意に称うものならんことを欲してなり。而して人もし之を其心に銘し、かくして、之を志し、之を愛せば、それだけ彼は主の導く所となるものと謂うべし。異邦人にして基督教徒の如く有道の生涯を営むものあり、又之よりも勝れたる生涯をなすもの多きは人の知る所なり。人の有道的生涯を送らんとする動機に二つあり、一は神のためにし、一は世上の人のためにする、是なり、神のためにする有道的生涯を霊的生涯と云う。両者は其外相を同じゅうすれども、其内相に至りては全く異なれり。神のために有道的生涯を営むものは神の導くままなれども、世上の人の為めに有道的生涯を営むものは只自力を頼むもの也。一例を挙げて之を説明せんに、此に一人あり、宗教に背くが故に、随いて神に背くが故に、敢えて害を隣人に及ぼさずとせば、此人は霊的動機によりて悪を作さざる人也。されどもし、或は法律を恐れ、或は名声と体面と利益との損亡を恐れ、随いて自己及び世間のための故に、害を他人に加うることなしとせば、こは自然的動機によりて悪を作さざるなり。後者の生涯は自然的にして、前者のは霊的なりとすべし。

有道的生涯を送るに霊的動機よりするものは、そのうちに天界を有すれども、只自然的動機よりするものは天界を有せず。その理如何と云うに、天界は上より流れ来りて、人の内分を啓き、其内分よりして外分に流れ入れども、世間は之に反して下より流れ来りて、外分を啓けども内分は啓かざればなり。蓋し自然界より霊界に向う内流あらざれども、霊界より自然界に向うはこれあり。故にもし世間を納るると同時に天界を享くることなくば、人の内分は啓けざる也。是によりて、何人が能くそのうちに天界を有し、何人が此の如くなる能わざるを明らめ得べし。されど甲者のうちにある天界は必ずしも乙者の天界と同じからず、そは、善に対する情動、随いて真に対する情動は、人によりて各〻相異なればなり。神の為めの故に善に対する情動あるものは、神真を愛す、蓋し善と真とは互に相愛して和合せんことを願うに由る。是の理を以て異教徒は、其の世にあるや、至純の真理にあらざれども、尚お愛の力によりて之を他生に享くるを得るものとす。

三百二十　異邦人中より来れる一個の精霊あり、其世に在るや、彼が宗教上の信仰に従いて、仁の徳を行じたり、彼、基督教徒の諸精霊が信仰箇条につきて論究するを聞きて(精霊の論究は人間のよりも一層完全にして且つ明敏なり)、特に善と真とを論究するときに、その然るを見る)、何の故に此の如く論争するかを怪しみて曰う、われは此の如き事を聞くを好まず、汝等が論究する所は、只其眼に見ゆる所と偽りとに過ぎざるなり、と。かくして彼等を諭して曰う、われもし善ならば、善そのものよりして、真の何たるかを知り得べく、而してわが知らざる所は、われこれを学び得べし、と。
三百二十一　次の事実は様〻の方法によりてわが知り得たる所なり、即ち異邦人のその宗教的信仰によりて有道なる生涯を営み、順良遵従にして、互に仁恵を施し、かくして多少良心の何たるかを知れるものは、他生に摂受せられ、ここにて信より来る諸善及び諸真につきて、殊に親しく天人の教誡を蒙り、而して此教誡を受くるや、彼等は其身を行うに恭謙・智慧・証覚を以てし、輒《たやす》く諸真を享けて之に順応せざるはあらず。彼等は信より来る諸真に逆いて、自ら虚偽の理義を造らざりしにより、また之を脱却する要なし、まして、主に対して只平人の看をなすに過ぎざる多くの基督教徒の如く、主に対して邪見の想を抱くにおいてをや。異邦人は、多くの基教徒に反して、もし神、人となり給いて、而して自ら世に現われ給えりと聞くときは、直ちに之を是認して、主の前に拝伏して曰く、神は全く自らを現わし給えり、そは彼は天地の神にて人類は彼の有なればなり、と。主を離れては救済の道あらずと云うは一個の神真なり、而して之を解して、其救済は只主のみより出で来るものとなすべし。宇宙の間には多くの地球ありて、住民之に満てり、されど彼等の中には主嘗てわが地上にその人格を化現し給える事を知るもの極めて稀なり。されど彼等は人間の形態を有するものとして神格を崇拝するにより、彼等はまた主の摂受して導き給う所となる。此事につきては『宇宙における諸地球』（On the Earth in the Universe）と云える小冊子を見よ。

三百二十二　異邦人の中には、基督教徒の如く、亦証覚あるものあり、率直なるものあり。彼等は如何なるものなるかを知らんため、われは許されて両者と相語らうこと、或は数時、或は数日に渉ることを得たり。今の時には、昔時、殊に古代教会の時における如き証覚の人またあらず、古代の教会はもと亜細亜《アジア》の大部分に拡がりて、宗教はこの中より起り、それより数多の国民に伝えられぬ。われはその何人なるかを知らんため、それらの人〻と親しく相語るを許されたり。その中に一個の人あり、此人は其頃の賢者の一人として学者界に知られたるものなるが、われは此人と様〻の事を語れり。彼はシセロなりきと信ずべき情由あり。われは彼が賢者なるを知るにより、彼と共に証覚・智慧・順序・聖言のことを語り、最後に主の事を語れり。証覚につきては彼云う、人生の実際を離れて証覚なし、人生に属せざるものにして証覚とすべきものなし、と。智慧につきては、こは証覚より来る、順序につきては、こは至上の神よりするものにして、これに従いて生息するを証覚あり、智慧ありとなすと、彼は云う。又聖言につきては、われ彼がために、預言者中の語を読み聞かしたるに、彼喜ぶこと一方ならず、特に、一一の名、一一の語字、皆内的事物を表わさざるなきを見て大に悦び、而して今日の学者は此の如き研究を喜ばずと云うを聞きて、彼は愕然たりき。ここにおいてわれは明かに彼が想念の内分開けおるを見たり。彼曰う、わが力に余りて、一層神聖なるものを、わが心に知覚するが故に、われは此以上を聞くを得ず、そはわれ此の如く内分の上に感ずればなり、と。われ遂に主につきて彼に告げて曰く、主は人間となりて生れ給いたれど、主を産めるは神なり、曰く、主の人格は物質的ならずして、神的なり、曰く、宇宙を統制するは主なり、と。彼之に答えて曰う、主につきては、われ亦多くの事物を知れり、而して人間もし救うべくば、此外に方便あるべからざるは、わが独得の論理によりて感ずる所なり、と。此間善からざる基督教徒ありて、様〻の邪説をなしたれど、彼は少しも心に介することなくして曰う、これ怪しむに足らず、彼等肉体の生涯を送れる時、此事につきて、甚だ不当なる概念の感染する所となれり、故に之を一掃し去るにあらざれば、彼等は真理を確定する諸概念を是認すること、猶かの未学者の如くなる能わず、と。

三百二十三　われはまた許しを受けて其他の古人と物語るを得たり、彼等は皆其頃の優れたる賢者なりき。わが始めて彼等を見たるときは、彼等はわが正面に当りて遠く隔りたる処に居たりしが、彼等は其処よりしてわが思想の内分及び数多の事物を分明に知覚せり。彼等は人の想念中にある一個の概念を基として、これよりその全系統を発見し、而して之を充たすに、証覚上より来りて人を歓喜せしむべき事物と、之に兼ねて美わしき表象とを以てするを得るなり。是に由りてわれは彼等が優れたる賢者なることを覚え、又彼等の果して古賢なるよしを告げられたり。彼等次第に近づきて、わが辺りに来りたれば、われ彼等の為めに少しく聖言を読み書きしたるに、彼等の歓喜は一方ならず、この時われは彼等の歓喜そのものを知覚したるのみならず、亦彼等が之を楽しむことをも知覚したり。

この歓喜の情は、重《おも》に彼等が今聞ける所の聖言のうちには、すべて天的・霊的事物を表象し指示することを見たるによるものとす。彼等曰う、彼等の尚お世にありける時、彼等が思索・言語・文書は、皆此の如き性質を帯び、彼等はこれを研究するを以て証覚の対境となしたり、と。

三百二十四　されど今日の異邦人に至りては、また此の如き証覚あらざれど、其多数は率直なる心ばせを有せり。而してその相互に仁恵を旨とし来りたるものは、他生にて証覚を享く。今是等の人〻につき一、二の例を挙ぐべし。われ士師《しし》記の第十七章及び第十八章中にて、ダン人がミカより彼の彫める像とテラピムと、レビ人とを取り去れる記事を読めるとき、ここに一人の異邦人の精霊ありて、其世にありし時は、かの彫める像を崇拝せるものなるが、彼は心を用いてわが読める所の記事、即ち、ダン人がミカに向いてなせることと、ミカより其彫像を取り去れること、之がためミカは如何ばかり悲しみたることなどを聞き、彼は悲嘆やる方なく、其心の苦しみに堪えずして、茫然自失せる如くなりき。われは彼の哀しみを知覚し、又同時に彼が一切の情動の無垢なることを知覚したり。基督教徒の精霊も亦此にありけるが、彼等は之を見て、彫める像を拝せるものが如何にして斯く哀憐無垢の情動を起し得るかを怪しめり。程経てよき精霊あり、彼に語りて曰えるは、汝彫める像を拝すべからず、汝は嘗て人間なりしが故に、わがかく云うを会し得べし、汝はまた彫める像のことを思うべからず、これ以外に出でて、全天全地の創造者・主宰者なる神のことを思うべし、此神は即ち主なり、と。彼は之を聞きて、その心に崇拝の念を起したるが、その内的情動われに伝わり来り、われはこれによりて彼が心を見得たるに、その情の神聖なる、基督教徒のよりも更に一層なるを覚えたり。是によりてこれを見るに、異邦人は今日の基督教徒よりも天界に入ること更に容易なるや明かなりと云うべし、路加《ルカ》伝中、主の宣える所によれば、「また人〻、西や東、北や南より来りて神の国に坐するならん。その後の者は先に、先の者は後になるべし」（第十三章、二九・三〇）と。何となれば、かの精霊がおりし情態より察するに、彼は信に属する所の万事をその身に吸い入れ、内的情動を以て之を享け得べければなり。彼には愛より来れる哀憐の情あり、而してその無智なる所に一種の無垢あり、既に此の如きもの、その心に現存するときは、信に属する諸事《もろもろのこと》は、特に意を用いずして、そのうちに摂受せられ、従いて悦楽の之に伴うあるべし。この異邦人は其後天人の群に入れり。

三百二十五　或る朝遠く合唱の声を聞きしに、これより出ずる諸表象によりて、われは其シナ人なることを知れり、そは是等の表象は、羊毛を被れる牡羊の如きもの、黍の餅《むしもち》、黒檀の匙などにて、これと共に浮城の如きものを、わが心に観じたればなり。彼等はわが辺り近く来らんことを願い、而して彼等の近づくや、其心を打明けんため只我とのみおらんことを願えり。されど彼等は独り居るにあらず、又彼等の独りおらんと願うを喜ばざるもの外にあり、そは彼等は皆客人なればなりと云い聞かされぬ。彼等之を聞きて、彼等のほかに喜ばざるものあることを覚えたれば、彼等、或は隣人を犯したるにあらざるか、或は他人に属せるものを己れの所有となせることなきかと、心に危ぶみ始めぬ。而して他生にありては一切の想念互に交通するが故に、われは彼等の此く不安を覚ゆるに至りたるは、彼等が或は他の己れを喜ばざるものを害せることなきかと思い、自らうちに恥ずるの情あり、又之と同時に其他の尊重すべき諸情動を抱けるより来れるものなることを見得たり。是の故に彼等には仁恵の心あるを明らむべし。其後間もなくわれは彼等と物語り、遂に主のことに云い及びぬ。われ主を基督と呼べるとき、われは彼等の心のうちに之を嫌悪するの情少しく動くを覚えたり、此情の起りは、彼等世にあるとき、基督教徒の生涯は彼等のよりも不善にして、且つ仁恵において欠くる所あるを見たるに在り。されどわれ基督を呼びて只主と云えるときは、彼等はその内心よりして動かされき。其時天人彼等に告げて、基督の教説は、全世界における如何なる教説にも優りて、愛と仁とを主眼とすれど、之によりて生涯を営むものは甚だ多からずと云いぬ。異邦人の中には、此世にあるとき、会談と風聞とによりて、基督教徒の生涯の善からざるを知り、又彼等が姦淫・憎怨・争闘・飲酒など、異邦人が嫌悪する所の諸罪悪（是は彼等が宗教の本義に乖けるが故に）を行うことを知れるものあり。是等の異邦人は、その他生に行くに当り、他の人〻よりも信仰上の諸真理を受くるに躊躇するを常とす、されど天人は彼等に告げて曰う、基督の教説と信仰そのものとは、全く此の如き罪悪を教うることなけれども、基督教徒中には主の教説に従いてその生涯を営むもの、異邦人に比して多からず、と。異邦人等、是等の事情を知了するとき、始めて信仰上の諸真理を受け収めて、主を礼拝するに至れども、之を他の人〻に比すれば、之を行うこと迅速ならず。

三百二十六　或は肖像、或は塑像、或は彫める偶像の形態によりて、何れかの神を崇めたる異邦人は、其他生に入るや、一部の精霊は、彼等の幻想を除き去らんがため、自ら彼等がさきに崇め来りたる神又は偶像に代りて、彼等を引見するを常とす。彼等此の如く精霊と倶なること数日にして後、また退き去る。人間を崇めたるものも、亦時に其人又は其人に代れるものの引見する所となることあり、例えば多数の猶太人《ユダヤ》は、アブラハム、ヤコブ、モーゼ、ダビデの引見する所となるが如し。かくして彼等が崇めたる人物も亦彼等の如くにして、何等の助けをも彼等に与え得ざることを悟るに至れば、彼等はその心に恥ずる所あり、その後彼等は在世中の生涯如何によりて、各〻其居るべき処に導き去らるるものとす。天界の異邦人中にて最も愛せらるるは亜弗利加《アフリカ》人なり、そは彼等が天界の諸善と諸真とを享くること、他に優りて平易なるものあればなり。彼等は殊に従順と呼ばるるを欣びて、有信と呼ばるるを欣ばず、そは彼等曰う、基督教徒は信仰上の教説を有するが故に、之を呼びて有信と云い得べからんも、彼等自らは然らず、彼等は未だその教説を受け収めざるなり、即ち彼等の言によれば、彼等は未だ之を受くるに堪えざるなり、と。

三百二十七　われ又古代の教会に居たるものと相語れり。古代の教会とは、洪水以後に存立して、アッシリヤ、メソポタミヤ、シリヤ、エチオピヤ、アラビヤ、リビヤ、エジプト、ツロ及びシドンを併せたるフイリステア、及びヨルダン河の両岸におけるカナンの土地を通じて、諸国に広がれる教会を云う。当時この教会の人は主の将に来らんとするを知り、信仰上の諸善をその身に吸いこまされたれども、尚お堕落の境涯を出でずして、偶像の徒となり了れり。彼等は左方の前面、暗き処におり、憐れなる状態にありき。彼等の言語は筒の如くにして其音調一なり、而して理性的思想に至りては殆んどなし。彼等の云えるは、彼等此処に在ること数世、時には外に出されて、他の為めに賤しき用を為すことあり、と。われ彼等を見て数多の基督教徒の身の上に思い到りぬ、是等の基督教徒は外面こそ偶像の徒ならざれども、その内面は則ち然らずと云うことなし、彼等は自己と世間とを崇めて、その心に主を否めり、此の如きは他生において如何なる運命の待つ所となすべき。

三百二十八　主の教会は全地球に拡がりて普遍的なること、此に在るものは各自の宗教的所信に従いて仁の徳に住めるものなること、聖言の存在せる教会に属し、これによりて主を知るに至れる教会内の人と教会外の人とを対比するに、教会内の人は猶お人身の心臓及び肺臓の如くにして、身中一切の臓腑と肢体とは、其形態・位地・連絡の如何によりて、様々に其活動の原力を肺・心の両機関より得ることは、既に見たる所とす（三百八）。

天界における嬰児のこと

三百二十九　教会内に生れたる嬰児のみ天界に来りて、教会外に生れたるものは来らずと信ずるものあり、そは教会内の嬰児は洗礼を受け、これによりて教会の信仰中に収め入れられたればなりと。されど此の如く信ずる者は、人は洗礼によりて天界又は信を受け収むるものにあらざることを知らざるなり、洗礼は只一種の表号と記念とに過ぎず、人は復活すべきもの、又教会内に生れたるものは復活し得べしと云うことを表示するに過ぎず、蓋し此に聖言なるものあり、聖言の中に神真あり、此神真によりて復活は遂げられ、又ここに復活を行い給う主を知るを得べければなり。故に知るべし、一切の嬰児は、教会内と教会外と其の何れの処に生れたるを問わず、又その父母の敬虔なる信者なりしと兇悪の徒なりしとを論ぜず、其死に当りては皆主の摂受し給う所となり、天界にて薫陶を受くるものなることを。嬰児は此にて神の順序に従いて教えを受け、善に対する情動に浸染し、又これによりて真に関する知識を得るに至るべし。其後、其智慧と証覚と共に円満の域に進むに従い、彼は天界に導き入れられて天人となるものとす。事物の理に通暁せるものは、世に一人として地獄の為めに生れたるはなく、皆天界の為めに生れたるものなることを知れるなるべし、而してかの地獄に行くものの如きは、其人自らの罪過によるものにして、嬰児は未だ此の如き罪過を犯す能わざるなり。

三百三十　嬰児の死せるものは他生においても亦嬰児なり。彼等の心は幼稚にして、無知の裡に無垢なる所あり、万事に対して可憐なること生前と異ならず。彼等は天人となるべき能力の萌芽を有せり、何となれば、嬰児は未だ天人なりと云うを得ざれども、彼等は畢竟天人となるべければなり。すべての人、此世を捨てて他生に入るや、生前と同一の情態にあり、嬰児は嬰児の情態に、幼児は幼児の情態に、青年は青年、成人は成人、老人は老人の情態にあり、而して各人の情態における転変はその後に生ずるものとす。小児の情態の他に優るものあるは、彼等は無垢にして、悪念未だその実際の生涯に根柢を下さざる処に在り、而して彼等の無垢なるや、天界におけるすべての事物は彼等の心の上に植え付けられ得べし、そは無垢は信の真と愛の善とを受くべき器なればなり。

三百三十一　他生における嬰児の情態は此世における小児の状態を超ゆること遥かなり、そは彼等は物質的形態を蒙らずして天人の如き形態を有すればなり。物質的形態はそれ自身にては頑鈍なり、而してその始めて受くる所の感覚と情緒とは、内界即ち霊界よりせずして、外界即ち自然界よりす。故に世上の嬰児は、如何にして歩むべきか、如何にして其動作を統制すべきか、如何にして言語を発すべきかを学ばざるべからず、其感官に至りても、眼の如き、耳の如き、亦之を開かんには、まず之を用うるより始めざるべからず。されど他生における小児は之と異なり、彼等は精霊なり、その動作は直ちに其内分より来る。彼等は実習を待たずして、且つ歩み、且つ語ると雖も、その始めて語るは、一般的情動によるものにして、その想念中には未だ明白なる概念の存在を見ず。されど彼等は程なくして此の如き概念の裡に引き入れらるべし、そは彼等の外分は其内分と質を同じゅうすればなり。天人の言語は想念中の諸概念によりて調停せられたる情動より流れ出ずるものにして、天人の云う所はその情動より来る想念と全く相契合せることは、既に見たる所なり（二百三十四より二百四十五）。

三百三十二　嬰児の死するや、直ちに回生して、天界に引き上げられ、女性の天人によりて保育せらる、是等の天人は、其肉体の生涯にありしとき、小児を慈しみ愛すると同時に、亦神を愛せるものなりき。彼等はかく世に在りてすべての小児を遇するに慈母の愛を以てしたるが故に、彼等は天界において小児を待つこと己れの子の如く、而して嬰児が是等の天人を母の如くに親しむは、其本然の性に出ずるものに似たり。天人はまた其霊的慈愛の情を充たすに足るほど、多くの嬰児をもてり。此天界は巨人の前額の前面に位して、正に諸天人が主に向う所の線内即ち経線内に存せり。此天界の位地のここに存する理由は、一切の嬰児は直接に主の守護を受くるものなればなり、而して第三天を占むる所の無垢の天界は彼等の裡に流れ入るものとす。

三百三十三　小児の性情は各〻異なれり、霊的天人と同じきあり、天的天人と同じきあり。天的性情を有せるものは其天界の右方に在り、霊的性情を有せるものは左方にあり。

一切の小児は天界即ち巨人の眼に当れる局処におれり、左眼の局処には霊的性情を有せる小児おり、右眼の局処には天的性情を有せるものおれり、そは霊国における天人は左眼の前面に当りて主を看、天国における天人は右眼の前面に当りて主を見ればなり（百十八を見よ）。嬰児は巨人即ち天界の眼に当る局処におるが故に、主は彼等を、直接に見給い、直接に守護し給うや明かなりと謂うべし。

三百三十四　天界の嬰児は如何にして薫陶せらるるかを短簡に記述すべし。彼等はまず教母によりて言語を学ぶ、その当初の言語は只情動の音調に過ぎざれども、次第に分明となりて終に想念上の諸概念ここに入り来る。何となれば先に此事を説けるとき（二百三十四より二百四十五）見たるが如く、一切の天人の言語は情動より来れる想念上の諸概念より成るものなればなり。是等の嬰児が無垢の心より出ずる諸情動中に先ず取り収めらるる事物は、彼等の眼前に在りてその心を欣ばす底のものなり、而して是等の諸事物は霊的根源より来るものなるが故に、天界の諸事物は之と同時に亦彼等に流れ入るべし、而して彼等はこれによりてその内分を開き、日に円満の域に進まんとす。彼等此第一期を過ぐれば、他の天界に移されて、教師の誨うる所となり、それより次第を逐うて益〻進む。

三百三十五　嬰児は其能力を量り、主として表象によりて誨えらる。是等の諸表象の如何に美わしく、又之を内より見るとき、如何に証覚に富めるものなるかは、何人も信じ得ざるほどなり、此の如くにして、其精神を善徳より獲来る所の智慧は、漸を逐いて嬰児の心中に植え付けらるるものとす。われは許されて両個の表象を見るを得たるが故に、今之を記述して、以てこれ以外の表象の如何なるものなるかを推し得るの材料となすべし。天人はまず主の墓より上天し給うを表象し、また之と同時に主の神格と人格とを融合するを表象したるに、その方法の巧妙なる、到底人間の証覚の及ぶ所にあらず。而かも此方法は無垢にして、嬰児の会得するが如きものなりき。天人は又主の概念を表現せずして墓のみの概念を表現したることあり、主の概念全然なきに非ず、されど殆んど之を知覚し難きほどに遠ざかりおれり。そは墓の概念のうちには自ら葬儀に関する概念も亦交わりおるものなるに、天人は此の如くにして之を除き去りたればなり。其後天人は心を用いて、その墓の中に頗る透明にして水に似たる気体的のものを入れたり、彼等はこれにて洗礼の際における霊的生命を表わせるなり、而して彼等の之を表わすや、虚実亦其宜しきに称えるものありき。われ又天人が、主の縛められたるものの中に下り給えるを表象し、又主が彼等を率いて上天し給えるを表象せるを見たるに、其方法の思慮に富みて、且つ敬虔の念深き、物のこれに比すべきなきを覚えたり。其中特に人をして稚児的なるを思わしめたる一事は、彼等が頗る柔かにして弱く、殆んど見分け難きほどの細綱を下し、之にて主の上天し給うを引き上げたるに在り、されど彼等は如何なる部分においても、その表象の霊的にして、天界の意義を離るることなきを思いて、常に小心翼翼として是れ虔めり。此外又彼等の中に行わるる諸表象を以て、嬰児の心に称える遊戯の如くに仕込み、これによりて彼等に真の何たるを知らしめ、又善に対する情動を惹き起さしむ。

三百三十六　此に嬰児の智性は如何に繊弱なるかを示すべし。われ嘗て主の禱を云えるとき、嬰児の智性より出でてわが想念上の概念に伝わり来る内流を覚えたり、而して此内流を見るに、その繊弱にして軟柔なること、殆んど情動のみより来れるものに似たり。而してわれはまた之と同時に、彼等の智性が主によりて啓かるることを観察したり、そは彼等より出で来る所の内流は、実に彼等のうちを経過して流れ来るものの如くに感ぜられたればなり。主は又嬰児の概念中に流れ入るとき、重《おも》に其の内的なるものより始め給う、そは嬰児は成人の場合における如く、未だ嘗てその概念の梗塞せられたることあらざればなり。彼等は未だ嘗て邪偽の理義に迷わされざるが故に、真を会するに当りて何等の妨害を感ぜず、又未だ嘗て不善の生涯を営まざるが故に、善を享け、従いて証覚を享くるに当りても亦何等の妨害を覚えず。故に嬰児は死後直ちに天人的情態に移ることあらず、漸を逐いて善と真との諸知識を積み、これによりて天人の境涯に導かるることを明らむべし、是は総て天界の順序に称えるものなり。嬰児の性情は、其最も微細なるものに至るまで、悉く主の知り給う所なれば、善よりする諸真と真よりする諸善とを受くるに、その最も個体的なるものに至るまで、彼等が本然の性情の動く所に従わずと云うことなし。

三百三十七　天人は、嬰児の性情に順いて彼等を楽しませ喜ばしむると同時に、如何にして彼等をして天界の事物を吸い収めしむるかは、又わが為めに示されたり。われ許しを受けて嬰児を見たるに、彼等は麗わしき衣類に纏われ、其胸辺を花束にて飾り、その繊弱なる両腕をもこれにてからみたるが、其花は天界の色彩に輝きて最も愛すべかりき、われ又嘗て嬰児が侍女に伴われ、教母と共に楽園を歩めるを見たり、此楽園は頗る美わしく飾れるが、樹木はまだ多からず、園亭あり、桂樹に蔽われたる石垣あり、又道ありて奥庭に通ぜり。嬰児は前に云える如き装にて、この花園に入り来るや、花の層層として入口の上辺に重なれるもの、最も心ゆくまで輝きわたれり。此にて彼等が悦楽の如何なるものなるかを明らめ得べく、又彼等は、此の如き楽しむべき喜ぶべき事物によりて、無垢と仁恵とより来る所の諸善中に導き進めらるるを明らめ得べし、而して是等の諸善は主が絶えず嬰児の心中に注ぎ入れ給う所なり。

三百三十八　嬰児が或る物体を見るとき、如何なる概念を有するかは、他生に行わるる交通の方法によりて、わが知るを得たる所なり。即ち彼等は総ての事物を生けるものと思えり、故に彼等が想念中の概念にはすべて生命あり。われは又嬰児が小やかなる遊戯を楽しむを見て、その思想は地上における嬰児のと殆んど相同じきを覚えたり、そは彼等には未だ成人の如き省察の力あらざれば、彼等は生なしと云うは何のことたるを解せざればなり。

三百三十九　嬰児の性情に、或は天的なるあり、或は霊的なるありと云うことは既に云えり。天的性情を有するものと霊的性情を有するものとは容易に区別するを得べし。前者は其思想・言語・挙動頗る柔和にして、すべての事は只主と他の嬰児とに対する愛の徳のみより流れ出ずるが如く見ゆ。されど霊的性情の嬰児は此の如く柔和ならず、彼等が一切の言行に一種の揺動あり、鳥の翼の如し。こは彼等が怒り悩むことなどあるを見て明かなるべし。

三百四十　天界にては嬰児は永く嬰児にして、此の如き情態にて常に天人の間におれりと思う人多からん。天人の何たるを知らざるものは、教会堂裡の絵画又は塑像に幼児を以て天人を表象せるを見て、其所説を確かめんとすべし。されどこれ事実にあらず。天人の天人たるは智慧と証覚とにあり、嬰児にして未だ智慧と証覚とあらずば、彼等は天人と伍すべし、されど彼等は未だ天人にあらず。彼等の天人となるは、彼等が智慧と証覚とを有するに至る時なりとす。此に驚くべきは、嬰児は此の時復た旧時の嬰児にあらずして、成人となることこれなり、何となれば、其性情には絶えて稚児の跡を留めずして、今や成熟せる天人的性情を具有すればなり、而して此の如き結果は智慧と証覚とより出でたるものとす。小児はその智慧と証覚とにおいて円満となるに従い益〻成熟の境に進む、少年・青年の場合におけるも亦然り、何となれば智慧と証覚とは、実にそのうちに霊的滋養を含めばなり。彼等の心を養うものは亦其身を養うものなり。こは相応の結果にして、身体の形式は内分の外に発現したるものに過ぎず。此に知らざるべからざるは、天界の小児は成人の第一期より以上に老ゆることなく、永遠に此情態に居ることこれなり。此事の果して然るかを知らんため、われは亦許しを受けて、幼時より天界にて薫陶を受け遂に成人となれるものと相語るを得たり、又小児のとき相知れるものの、其後長じて青年となれるに際し、復たこれと相語れることあり、われは彼等より、その時期を逐いて、彼等は如何なる生涯を送るものなるかを聞けり。

三百四十一　無垢は天界における万物を受くる所の器なること、嬰児の無垢は善と真とより来る一切の情動を容るる所の平面なることは、上に天界における天人の無垢のことを云えるとき明にしたる所なり（二百七十六より二百八十三）。其処にて無垢とは、己れの力を頼まず、只主の導くままなるを願う心なること、又、人は己が自我の念より離るるに比例して主の自我中にあるものなることを云えり。主の自我を呼びて主の正道及び徳性と云う。されど嬰児の無垢は至純の無垢にあらず、嬰児には未だ証覚あらざるなり、至純の無垢とは証覚なり、何となれば証覚あるものは何人も主の導く所となるを欣べばなり、即ち主の導く所となると云うも、証覚ありと云うも同じ事なり。故に嬰児は外的無垢より進みて内的無垢に導かるるものとす、外的無垢とは嬰児が当初の情態にして、之を嬰提《えいてい》的無垢と云い、内的無垢とは証覚の無垢にして、嬰児が受くる一切の教誨は、之を究極となし、これに向いて進む。かくして彼等一たびこの証覚的無垢の域に到れば、是に到るまでそれが為めに一種の平面となれる嬰提的無垢は、彼等と和合し了るべし。

嬰児の無垢の如何なるものなるかは、わが見たる所にては、木質の如きものにて表象せられたり、此もの初めは殆んど生気なかりしが、真を知り善を感ずること益〻円満なるに従いて、次第に活気を帯ぶるに至れり。其後、無垢の至純なるものは、頗る美わしき嬰児の活気にて充ちたるが、赤裸裸なるにて表象せられぬ、何となれば、如実に無垢なるものは最奥の天界にあり、従いて主の処に最も接近し、他の天人の眼には恰も嬰児の如く見ゆればなり、而して其中には寸糸をも掛けざるがあり、そは裸体にて恥ずる所なきを以て無垢の表象となせばなり、猶お極楽園における最初の男女の如し（創世記、第二章、二四）。故に彼等一旦その無垢の情態を失うや、彼等は其裸体なるを愧じて自ら隠るるに至れり（第三章、七・一〇—一一）。一言にして曰えば、天人は、益〻証覚あれば益〻無垢にして、益〻無垢なれば益〻嬰児の如く見ゆるものとす。聖言に嬰提を以て無垢を表わすはこれがためなり（二百七十八を見よ）。

三百四十二　われ天人に問いて、嬰児は、成人の如く、実際に不善を行わざるが故に、罪悪を脱離せるものなるかと云いしに、天人答えて曰う、然らず、彼等は成人と同じく悪におれり、否、悪以外に出ずることあらず、其天人の如くなりて悪を離れ善に帰するを得るは、もとより主に由るものなれども、打見たる所にては、己れよりして善におるものの如く覚ゆるなり。故に天界にて成育したる小児の、自ら見るの明なくして、誤りて其の所有の善を以て、主より来るものとなさず、却て己れよりするものと思うことあらんを恐れて、彼等は時に祖先以来の諸悪に導き戻さるることあり、而して彼等此事に関する真事実を知りて、之を是認し、之を信仰するに至りて、始めて此処より脱離するを得。嘗て或る王者の子にして、幼時に死して天界に人となれるが、此の如き過失に陥れることありき。此において彼は、その由りて生れ来れる諸悪の中に、また引き戻されたるが、われ此の時、彼が生涯より出ずる円相のうちに入りて之を見るに、彼は他に対して其威を擅にせんとするの性格を現わし、又姦淫の事を軽視せんとせり、此の如き諸悪は、彼等之を父母より伝えたる所とす。其後、彼はもと此の如き性質のものなりし事を是認するに及び、彼は再びもとの天人の群に還ることを許されぬ。他生にては何人も遺伝的罪悪の為めに罰せらるることなし、これ彼が自ら為せる所にあらざれば、彼が罪過とならず、彼が処罰は、彼自ら為す所の罪悪による、即ち彼はその遺伝的罪悪をわが生涯のうちに入れ納むるとき、彼は罰せらるるなり。小児が成人となるに及びてその遺伝的罪悪の情態に還さるることあるは、これ彼等を罰せんとにあらず、只彼等をして、もし自己のみよりせんには、彼等は悪のほか何ものをも有せざることを自覚せしめんとてなり、又彼等と相伴える地獄界より、彼等の救出せられて天界に至るは、主の慈愛によること、彼等が天界にあるは、己れの功徳によらずして、只主によりてのみなること、又かくして彼等は他の面前に己が善徳を誇るべからざること、是等の事を自覚せしめんとてなり、何となれば自ら其善に誇るは、相互に愛するの徳に背き、又信より来る真と相反すればなり。

三百四十三　われ屢〻嬰児と合唱の席に連なれることありき、彼等は未だ全く嬰提の域を出でざりしが故に、其唱う所は繊弱《かよわ》くして前後相整わず、相互の間に一致を見ることなかりしも、彼等其後次第に成育するに及びては、また此の如きことあらずなりぬ。此に驚くべきは、われと倶なれる精霊が嬰児をして自ら語らしめんと勤むるを禁ずる能わざりしこと、これなり、そは是の願は諸精霊が本来具有する所なればなり。われはまたかかる時には小児の毎に彼等に反抗して、語るを好まざるを見き、而して此拒絶と反抗との中には多少憤怒の情を含めるが如きことをも、わが屢〻知覚せる所なりき。されど彼等の自由に談話するを許さるるに及びて、彼等が語る所は、只「是ならず」と云うに過ぎざりき。われ聞く、こは嬰児の誘惑にして、彼等をして、啻に偽り及び不善に抗するの習慣を養わしめんためのみならず、亦他の勧誘によりて、思惟し、言語し、動作することなからんため、即ち主を除きては何人も彼等を左右し得ざらしめんためなりと。

三百四十四　以上記述せる所にて、天界における嬰児の教誨の如何なるものなるかを明らめ得べし、即ち、真よりする智慧と善よりする証覚とによりて、彼等は天人の生涯に導かるること、而して此生涯は主を愛し相互を愛するの謂いにして、無垢其中にあることを明らめ得べし。地上における小児の教誨は、多くの場合において、如何ばかり天界におけるものと相違するかは、次の例にて見るべし。われ嘗て大なる都会の或る街にて小児の喧嘩せるを見たるに、其ほとりに集まり来れる群衆、之をよき見世物の如く思えり、又彼等の語るを聞きしに、小児等は其親に励まされて、かくは争えるなりと。善き精霊と天人とは、わが眼を借りて之を見、嫌忌の情を生ずること甚しく、われは彼等の戦慄せるを覚えたり、彼等をして殊に此の如く嫌忌の情を起さしめたるは、小児の両親が之を励ましてかく相争わしめたりと云うに在りき。彼等曰く、両親が幼時より既に小児をして主より得たる相互の愛と一切無垢の心とを殺さしめ、却て之を憎悪・報仇の中に導き入るること此の如きものあり、故に小児を只相互の愛のみ存する所の天界より遠離せしむるは其父母自ら致す所なり、彼等もし其子のよからんことを願わば、此の如きことを慎まざるべからず、と。

三百四十五　小児の時に死するものと、成人になりて死するものとの相違を此に説くべし。成人になりて死せるものは、世間的及び物質的下界にて獲取せる平面を携えて他生に入り来る。この平面とは、即ち彼等の記憶と之に伴える肉体的且つ自然的なる情動とを云うなり、このものは定住して且つ寂然たれども、死後その人の想念は此上に流れ入るが故に、想念のために終極の平面となるものとす。故に此平面の如何により、又その上に横われる諸事物と理性との相応如何によりて、其人の死後の本性は定まるべし。されど嬰提の時に死し、天界にて教誨せらるるものは、此の如き平面を有せず、只霊的且つ自然的平面のみこれあり、そは彼等未だ嘗て物質的下界と世間的肉体とよりして何物をも獲取せざればなり。故に彼等には是等の事物より来れる粗悪の情動なく、又此情動より来れる想念なし、彼等は一切の事物を天界より受くるを以てなり。加之《しかのみならず》、小児は世間に生れたることを知らず、只管天界に生れたるものの如く信ぜり。故に彼等は霊的に生れたる外、別に生誕するものあるを知らず、而して霊的に生るるとは、善と信との諸知識により、又智慧と証覚とによりて生るるの義なり、人の人たるは此に由るものとす。而して是等の事物は皆主よりするが故に、天界の嬰児は実に主にのみ属するものと信じ、且つしか信ずるを喜ぶなり。されど地上に成育せる人と雖も、もし、其肉体的にして世間的なる愛、即ち自我と世間との愛を捨てて、之に代うるに霊の愛を以てするときは、天界に成育せる嬰児の如く亦円満なるを得べし。

天界における達者と愚者とのこと

三百四十六　天界においては、達者《さときもの》は愚者《おろかなるもの》に優りて光栄あり、また尊貴なるべしとの信仰世に行わる、何となれば但以理《ダニエル》書に曰う、「智者《かしこきもの》は太空の光りの如くに耀かん、また衆多の人を義《ただしき》に導けるものは星の如くなりて永遠に至らん」(第十二章、三)と。されど、智者とは誰なるか、衆人を義に導くものとは誰なるかを知れるは少なし。普通に人の信ずる所によれば、是は、智慧あり学殖ありと云わるる人、特に教会にて教えたる人、教法・説教に秀でたる人を云い、又特に是等の人のうちにて、衆人を改信せしめ、教化したる人を云うと。世間にては是の如き人〻を皆智慧あるものと称すれども、天界にてはかく云わず、天界の智慧を有するにあらざれば、之を智慧あるものとなして、先の如き言をなすことあらず。次に天界の智慧とは何なるかを説明すべし。

三百四十七　天界の智慧とは真を愛するより起る内的智慧なり、而して此愛は世間にて光栄を求めんがためならず、又天界の光栄のためならず、只真そのものを愛するが為めにして、此真によりて、深く内に感動し、歓喜の情ある、之を天界の智慧と云う。真そのものによりて、その心を動かし、歓喜の情あるものは、また天界の光明によりて、その心を動かし、歓喜の情あるものなり。天界の光明によりて、その心を動かし、歓喜の情あるものは、これ、神真、否、主自らによりて、その心を動かし、歓喜の情あるものなり。何となれば天界の光明は神真なり、而して神真は天界における主なればなり（上を見よ、百二十六より百四十）。此光明の入り来る処は只心の内分に限れり、そは心の内分は之を受けんがため作られたるものなればなり、而して此光明の入り来るとき、其内分は之がために動かされ、此に歓喜の情を生ぜしむ、何となれば、天界より此に流入して、之が摂受する所となるものは、その何たるを問わず、皆其中に歓喜・悦楽の情を惹き起すに足るものあらずと云うことなければなり。真に対する至純の情動はこれより来る、而して此情動は即ち真の為めに真を欲する情動なり。此情動におるもの、即ち此愛におるものは、これ天界の智慧におるものにして、大空の光輝の如く、天界にありて耀くべし。彼等がかく光明を有するは、神真は到る処に光明を放てばなり（上を見よ、百三十二）。天の大空とは相応によりて内的智性を示せり、而して此智性は天人及び人間の有する所にして天界の光明中にあり。されど世間における栄光を得んがため、又は天界における栄光を得んがため、真を愛するものに至りては、天界にゆくも光耀を放つことあらず、そは、彼等のよりてその心を動かす所、彼等の取りて悦楽とする所は、天界のまことの光明にあらずして、世間の光明なればなり。もし天界の光明を離れんには、所謂る世間の光明なるものは、天界にありては黒暗暗なり。何となれば彼等は自我の栄光を以て其目的となすが故に、これのみ主要の地位を占むるに至るべければなり。此種の栄光を目的とする人は、自我を第一位に置き、諸真理を以て此栄光に隷属するとなすが故に、真理は此目的に達するまでの手段となるに過ぎざるべし、これ真理は自我のために奴隷視せらるるなり。何となれば自我の栄光を得んために神真を愛するものは、真理のうちに主を認めずして、ただ自我をのみ認むべければなり。是の故に、彼はその智性と信とより成れる視覚を転じて、天界より世間に向け、主より自己に向けんとす。此の如きものは世間の光明中にあれども、天界の光明中にはあらず。彼等は、外面より見たる所にては、随いて人間の面前にありては、天界の光明におるものと同じく、智慧あり、光明ありとも見らるるべし、蓋し彼等の云う所相似たればなり、否、時に或は外面より見て、これに優れる証覚あるが如く思わるることあらん、何となれば、彼等は自愛の念に刺戟せられて、ひたすら天界の情動を摸擬せんとつとむべければなり。されど彼等の内的形式に至りては、全然之と異なるものあり、而して彼等が天人の前に現わるるときは、此内的形式においてするものとす。今やかくして、大空の光輝の如くに輝くと云う智者とは誰人を云えるものなるかを、多少明らめ得たれば、次に衆人を義《ただ》しきに導き、星の如く輝くとは誰人の謂いなるかを示すべし。

三百四十八　衆くの人を義しきに導くものは達者《さときもの》なり、天界にて達者とは善におるものを云い、善におるとは神真を直ちに其生涯となすを云う、何となれば、神真を生涯となせば、其真即ち善となるべければなり、意と愛とより来るが故に、而して意と愛とより来るものは皆呼びて善となす。故に此の如きを呼びて達者と云う、証覚は生涯の上にあればなり。之に反して、神真を直下にその生涯となさず、先ず之を記憶に置き、其後之を取り出で其生涯中に入るるものを智者と云う。天界にては、如何なる相にて、如何なる度まで、智者と達者と相異なるかは、天界の二国土、即ち天国と霊国とを説ける章（二十より二十八）、及び三天の事を云える章（二十九より四十）につきて見るべし。主の天国にあるもの、随いて第三又は最奥の天界にあるものを正しと云う、何となれば、彼等は正道を私することなく、皆之を主に帰すればなり、而して天界における主の正道とは、主よりする善に外ならざるなり。故に此の如きものを呼びて衆を義しきに導く人と云う、また主が次の如く云い給えるは、此の如き人の上なり、曰く、「正しきものは其父の国にありて日の如く輝くべし」（マタイ伝、第十三章、四三）と。彼等が日の如く輝くは、主よりして主に対する愛におればなり、而して日とは此愛を云えるものなることは、上に見えたり（百十六より百二十五）。彼等を周ぐる光明は火焔の如し、而して彼等が想念上の概念も亦此火焔底を分有せり、そは彼等は天界の太陽たる主より直ちに愛の善を享くるが故なり。

三百四十九　此世にて智慧及び証覚を得たるものは皆天界に摂受せられ、各〻其得たる智慧と証覚との質及び度に比例して天人とならざるはなし。何となれば人の此世にて獲たる所は、そのまま死後にまで齎らし去らるるが上、そこにて更に増長し充足すべければなり、されどこの増長と充足とは、その人が真及びその善に対して有する所の情動と慕向との強弱の度以内にあるものにして、決して其外に出ずることあらず。真及びその善に対して少許の情動と慕向とを有するものは、その容るる所亦少許なれども、彼等はその情動と慕向との度以内にありて、容れ得べき限りを容るるものとす、此情動及び慕向の大なるものに至りては其容るる所亦自ら大なるものあり。情動と慕向との度は量《はかり》の如し、其充つるまでは人之に盛るべければ、大なる量《はかり》をもてるものは得る所また大にして、小なる量をもてるものは得る所また少なし。此の如くなる所以は、愛（情動と慕向とは愛に属せり）は自らと相合うものをすべて容れ納めずと云うことなければなり、故に人は其愛の如何によりて受け容るる所あるものと知るべし。此義によりて主は下の如く云い給えり、曰く、「それ有てるものは、与えられて尚お余りあるべし」（マタイ伝、第十三章、一二、第二十五章、二九）と。又曰く、「彼等量を嘉くして、推しいれ、撼《ゆす》りいれ、溢るるまでにして爾曹の懐に入れん」（ルカ伝、第六章、三八）と。

三百五十　真及び善のために真及び善を愛するものは皆天界に摂受せらる、故に愛するる。天界において、達者《さときもの》は光明におることを厚きものは達者と呼ばれ、愛すること薄きものは愚者と呼ばる。天界において、達者は光明におること多く、愚者は光明におること少なし、皆善と真とに対する愛の厚薄によるものとす。真と善との為めに真と善とを愛すとは、之を志し、之を行うの義なり、そは、かく志し、かく行うものは、即ち愛するものなればなり、されど、かく志さず、かく行わざるものは、然らず。主を愛し、主の愛する所となるものは亦此の如し、そは善と真とは主よりすればなり。而して善と真とは主よりするが故に、主はまた善と真とにおれり。故に、之を志し、之を行うて、善と真とを其生涯の中に享け入るるものは、主之と共にあり。人はまた己が有する所の善と真とを離れて、別にその本分なるものあらず、何となれば、善はその人の意に属し、真はその智に属し、而して人の人たるは其意と智とに由るものなればなり。故に人は善によりて其意を成し、真によりて其智を成す限り、主の愛する所となると謂うべし。又主の愛する所となるは、これ主を愛するなり、蓋し愛は相互的にして、その愛せらるるものには、主また愛の力を与え給えばなり。

三百五十一　教会及び聖言の所教により、又は諸科学によりて、多くの事物を知れるものは、諸真理を見ること、他に優りて内的且つ明敏にして、一層の智慧あり証覚ありとは、世人の信ずる所なるのみならず、此の如き人も亦自らしか信ずるを常とす。されど、何を真実《まこと》の智慧となし、真実《まこと》の証覚となすか、又何を相似的にして虚偽なりとなすかに至りては、今之を説くべし。

真実の智慧及び証覚とは、真なるものと善なるもの、及び之によりて偽りのものと悪しきものとを見得し知覚するを謂い、又彼と此と相異なる所以を、直観と内的知覚とによりて、精細に甄別《けんべつ》するを謂う。凡そ人には各〻内分の事物あり、外分の事物ありて、内分の事物は内的又は霊的人格より成り、外分の事物は外的又は自然的人格より成る。而して、その内分の形成全くして外分と合一するとき、此に所見あり、知覚あり。人の内分の成るは只天界においてのみすれども、其外分の成るは世間においてす。その内分天界に成るとき、其中に在るもの、世間にて成れる外分の中に流入し、かくして両者の間に相応あり、即ち外分は内分と一となりて動作す。此事成るとき、人は内分よりして見且つ知覚すべし。内分を成さんと欲せば、神格と天界とに向うを唯一の方便となす、そは前に云える如く、内分は天界にて成ればなり、また人の神格に向うは、神格を信じ、一切の真と善、従いて一切の智慧と証覚とを以て神格より来るものと信ずるときにして、而して人の神格を信ずるは、神格の導く所となるを欲するときなればなり。人の内分の啓くるは只此途あるのみ、他に途あらず。

此信におり、此信に従いて、その生涯を営むものは、智慧及び証覚を得るの力と性とを有す。されど、智者となり、達者とならんには、啻に天界の事物のみならず、世間の事物をも亦学ばざるべからず、天界の事物は聖言と教会とより来り、世間の事物は諸科学より来る。人もし是等の事物を学びて之を其生涯の上に応用すれば、それだけ彼は智慧と証覚とを得るわけなり、何となれば、それだけ彼が智性の内視と意志の内動とは円満となり行けばなり。此部類に属して愚者《おろかなるもの》とは、その内分開けおれども、未だ此の如くに、霊界の事、道徳、文事、自然界の諸真理によりて修文せられざるものを云うなり。彼等真理につきて聞く所あれば則ち之を知覚すれども、彼等は真理を自己のうちに見得することあらず。又此部類に属して達者《さときもの》とは、啻に其内分啓けおるのみならず、亦修文あるものを云う、彼等は真理を自己の裡に見得し、且つ知覚す。如上の所述によりて、真実の智慧と証覚とは如何なるものなるかを明かに会得し得べからん。

三百五十二　相似的智慧及び証覚とは、真なるものと善なるもの、及び之によりて偽りのものと悪しきものとを、内面より見得し知覚せざるを謂う、即ち只他人の云う所に従いて、之を真なり善なりと信じ、又偽りなり悪なりと信じて、而して後、自らここに安住するを謂う。彼等は真そのものによりて真を見ず、他の言によりて左右せらるるが故に、虚偽を執して之を信ずること、猶お真理の如くなるべく、又ここに安住するの久しき、自らこれを真実と看做すに至るべし。何となれば、すべて自ら安住する処は真理の装いを呈するものにして、而して世には由りて以て安住の処となす能わざるものなければなり。此の如き人の内分は只下方のみより開けおれり、されどその外分に至りては彼等が自ら安住せる限りにおいて開けおるものとす。此の故に彼等が由りて見る所の光明は、天界の光明にあらずして世間の光明なり、之を自然的光明と云う。此光明中にありては虚偽も亦真実の如く耀けり、否、虚偽も一旦人のここに安住するにおいては照りわたることあり、されどそは天界の光明にあらずと知るべし。此部類に属するものにして、微劣なる智慧と証覚とを有するものは、自家の臆説の上に安住すること頗る固けれども、その智慧と証覚とに勝れたるものは、かく安住するの度強固ならず。如上の事項によりて相似的智慧及び証覚とは何を云えるものなるかを明らむべし。

かのなお幼時に当りて、その教導するものの真なりと云えるを聞きて之を信じたるも、その後年長くるに及びて自己の智性によりて思索し、また幼時の信におらず、別に真理を願いて之を求め、其之を発見するに当りて、自ら内的に動かさるる所あるが如きは、此部類に属せず。彼等は真の為めに真の動かす所となるが故に、彼等は自らここに安住するに先だちて、真の真たるを見得す。今実例によりて之を説明すべし。精霊嘗て、動物は生れながらにして其性情に適える一切の知識を有せるに、人間は何が故にひとり然るを得ざるかと云う問題につきて談話せることありき。其理由に曰く、動物は生来その順序の中におれども、人は然らざればなりと。故に人は知識及び学術によりて本来の順序のうちに引き戻さざるべからず、人もし生来その順序のうちに生息したらんには（人間生来の順序とは万物をおきて、まず神を愛し、又隣人を己れの如くに愛するを云う）、彼は生れながらにして智慧あり証覚あるべく、従いてまたその知識の増加と共に一切の真理を信ずべし。よき精霊は、真理の光のみによりて、直下に之を見て、其然るを知覚すれども、信のみの上に安住して、之がために愛と仁とを捨て去れる精霊は、この理を会し得ざりき、何となれば、彼等は偽りの光に安住して、之がため真理の光を黒からしめたればなり。

三百五十三　神格を是認せざるをば、すべて偽りの智慧、偽りの証覚となす。神格を是認せざる人は、自然を以て神格となし、其思索は肉体的・感覚的事物より来りて、只感官上の人たるに過ぎず、世間にては彼等を以て教育あり、学問ありとなさんも、其学問なるものは世間にある眼前に見ゆる事物の外を出ずる能わざる也。彼等は、是等の事物を其記憶に貯えおきて、之を見るに只物質的の観をなすに過ぎざれども、真に智慧あるものは、同一の科学を利用し、これにて已れが智性の基礎を作る。科学とは各種の実験的知識のことにして、即ち物理学・天文学・化学・機械学・幾何学・解析学・心理学・哲学、諸国の歴史・文学・批評・言語に至るまで、皆之を科学と云う。

かの神格を否定して、而して其思想、外的人格に属する諸感覚の外に出でざる司教の徒が、聖言に関する事物を見ること、猶お一般の世人が諸科学を見るが如きものあり、何となれば、彼等はこれを以て霊明なる理性的心より来れる、思想上の事物、又は直観上の事物となさざればなり、そは、彼等の内分は閉され、内分に近き所の外分も亦共に閉されおるが故なり。此く閉さるる所以は、彼等自ら背きて天界を離れ、また彼等の心のうちにありて彼等を其方向に転ぜしむるものをも倒覆し了れるに由る、而して此ものは、前に見たる如く、人心の内分のことなり。是の故に彼等は真なるものと善なるものとを見ること能わず、彼等の眼には真と善と共に黒暗暗のうちに在る如く思われ、只偽りと悪とのみ光明の中に現わる。

されど感官のみの人と雖も、究理の能は則ちこれあり、中には他に勝れて一層敏活に明截に究理する力を具うるもあり、されど其究理なるものは、その源を感覚上の偽りに発して、所謂る科学的なるものの上に安住すと知るべし。而かも彼等はかく究理し得るを以て、自ら亦他に優れて達者《さときもの》と思えり。彼等をしてこの究理的情動を起さしむる火は、その自我と世間とを愛する火なり。是等の人を偽りの智慧と偽りの証覚におるものとす、主が馬太《マタイ》伝のうちに云い給える所は是なり、曰く、「視ても見ず、聴きても聴かず、又悟らざるなり」（第十三章、一三・一四・一五）と。又曰く、「汝は此事を智者《かしこきもの》、達者《さときもの》に隠して、赤子に顕わし給うを謝す」（第十一章、二五）と。

三百五十四　われ嘗て許しをうけて、多くの学者の此世を去りたるものと物云えることありしが、その中には、其著述によりて文学界における名声頗る高かりしもありき、又此く名声高からざるも幽深なる証覚を有するもありき。かの其口に神格を承認しながら、その心に之を否めるものは、魯鈍の甚しき、殆んど何等の人文的真理をも会得せざるほどとなりおれり、まして霊的真理を会するにおいてをや。われは又彼等が心の内分閉塞して暗黒となり、天界の光明に堪うる能わず、又天界の内流を享くる能わざる境涯にあることを知覚し且つ見得したり。（霊界にては此の如きことも亦能く見得らるるなり。）此く内分の黒暗なるは、己が多聞を恃み、所謂る科学的なるものによりて神格を否定したる学者に在りて、愈〻大に愈〻拡がれるを見たり。此の如きものは、他生にありては、一切の偽りを容るるを欣び、之に浸染すること、海綿の水における如し、而して彼等が総ての真を嫌うさまは、猶お弾力ある骨質の表面が其上に落つるものを弾き返すに似たり。われまた聞く、すべて神格に乖きて、只自然界のみを愛するものの内分は骨化せりと。彼等の頭部はまたその鼻端に至るまで硬くして黒檀の如くなりおれり、知るべし、彼等は既に何事をも知覚するを得ざる境涯におることを。此部門に属する人〻は爛泥の如き坑中に没入して己が偽りより出で来る幻想の為めに悩まされおれり。彼等が光栄を慕い名誉を慕う慾火は、化して陰府の火となり、彼等は此慾火によりて互に相鬩《せめ》げり、彼等はまた地獄にふさわしき狂熱を以て、己れを神と崇めざるものを悩まして止まず、而して此悩ましは彼等の迭《かた》みに相加うる所なり。神格を是認して、天界の光明を享け入れざりし世間の学問は、みな此の如き情態に転化するものとす。

三百五十五　是等の学者が死後霊界に来りて此の如き情態に陥ることは、次の事実のみにても推論し得べし。自然的記憶中にありて、肉体的感覚の事物と直接に和合せる一切の事項、即ち上に云える所謂る学術的なるものの如きは、霊界にありては悉く寂然なれども、但〻此より起り来る理性的事物のみは、想念と言語とのために役せらるるものとす。何となれば人は一切の自然的記憶を霊界に齎らし来れども、其中にある事物は、彼が世にありし時の如く、彼の眼界に入り来らず、又その想念中に現われ出でざればなり。故に彼は何ものをも其中より取り出でて之を霊界の光明中に置くを得ず、蓋し其中の事物は光明裡のものにあらざるなり。されど肉体の生を営めるとき、諸学術より得たる理性的又は智性的事物は、霊界の光明と一致せるが故に、人の心霊は世間の諸知識及び諸学術によりて理性的となれる度に従い、其身体を離れて後も尚お理性的なり、何となればこのとき人は精霊となればなり、而して人の身中にありて能く思索するものは、是れ精霊の外ならざればなり。

三百五十六　されど諸知識及び諸学術によりて智慧と証覚とを得て、之を日常生涯の上に適用し、又之と同時に、神格を是認し、聖言を愛し、霊的にして有道なる生涯を送れること、上に云える如きものは（三百十九）、諸学術を以て証覚を得、信仰上の事物を証実する方便となし、之を役使したるものなり。われ、此の如き人の内分、即ちその人の心より成れる内分を見、且つ知覚したるに、透徹せる光明を放てり、その色に、白きあり、火焔の如きあり、又青きあり、澄徹せる金剛石・赤玉・青玉の色に似たり、こは彼等が神格と諸科学よりする神真とによりて自ら安住する度に比例して然るなり。真実《まこと》の智慧と証覚とを霊界の中に取り出して見るときは、此の如き相を呈するものとす。こは、天界の光明、即ち主より起り来る神真より現われ出ずるものにして、すべての智慧と証覚とは此真よりして存在す（上を見よ、百二十六より百三十三）。

此光明の諸平面に色彩の如き彩紋あるは心の内分なり、自然界にある事物、随いて諸科学上の事物によりて、神真を確定するとき、此の如き彩紋あり。何となれば、人の内心は自然的記憶のうちにある事物を点検して、このうちより神真を確実にすべきものを択び出し、天界の愛を以て之を陶冶し、又之を他より引き分けて、遂に霊的概念となるまで之を精錬すればなり。肉体の生を営めるうちは、人此事あるを知らず、何となれば、人は其時霊的並びに自然的思索をなせども、只自然的思索のみに意を留めて、霊的思索を知覚することなければなり。されど一旦霊界に来るや、彼は自然的思索を知覚することなくして、霊的思索のみを知覚す、死後彼の上に起るべき情態の転変は此の如くにして行わる。

是によりて知るべし、人は諸〻の知識と諸〻の科学とによりて霊的となることを、又是等は証覚を得るの方便なることを、されど此の如くなるを得るものは、其信仰と生涯との上に神格を是認したるものに限れり。彼等は他を超えて天界に摂受せられ、其の中央に置かる（四十三）、そは彼等は他に優れて光あればなり。彼等は天界における所謂る智者なり達者なり、太陽の光輝の如くに輝き、星の如き光明を放つものなり。又天界における愚《おろかなるもの》者とは、神格を是認し、聖言を愛し、霊的にして有道なる生涯を営みたれども、其心の内分を文飾するに知識と学術とを以てせざりしものを云う、そは人の心は土地の如くして耕耘によりてその価を増せばなり。

天界における富者と貧者とのこと

三百五十七　天界の摂取に関しては種種の説あり。或は想えらく、貧者は摂受せらるべけれども、富者は然らずと、或は云う、貧者と富者と共に摂受せらるべしと、又云う、富者はその富を捨てて貧者の如くならずば摂受せられずと、而して各〻皆聖言によりて其説を確かめんとする也。されど天界に関して貧者と富者との区別をなすは聖言を解せざるもの也。内面より見れば、聖言はすべて霊的なれども、其文字は則ち自然的なり、故に聖言を解するに文字の義にのみ拠りて霊的意義を顧みざるときは、之を誤解すること多し、富者と貧者の事に関しては殊に然りとす、何となれば彼等は、富者の天界に入るの難きは、駱駝の針の孔を通過するが如しと想えばなり、又貧者は其貧の故を以て、「貧しきものは福《さいわい》なり、天国は彼等のものなればなり」（ルカ伝、第六章、二〇）とある如く、容易く天国に入るべしと思えばなり、されど聖言の霊的意義を少しにても知れる者は此の如く思惟せず。彼等は、天界は信と愛の生涯を営むもののためにして貧と富とに拘わらざることを知れり、されど聖言の中に、誰をか富めりとなし、誰をか貧しとなすかは、次に之を説くべし。われは天人と数次の会話により、又彼等と生涯を共にしたることあるにより、此事に関しては、われに確実なる知識具われり、曰く、富者の天界に入るの易きは貧者と異ならず、只豊かなる生涯を送りたりとの故を以て、何人も天界より却けらるることなし、又只貧なりとの故を以て何人も天界に入るを許さるることなし、と。天界には、貧者あり、富者あり、而して富者の中には貧者よりも一層大なる光栄と幸福とにおるもの少なからず。

三百五十八　此に先ず注意し置くを当然なりと思うことあり、即ち、人もし詭計又は詐偽によらずして、機会あるごとに之を利用して、財を積み、富を集むるも妨なきこと、又その飲食を美にするとも、人の生涯は此の如きものより成らざるを知らば不可なきこと、其位地に従いて、其居を壮大にし、他人の語る所を語り、娯楽の場処に出入し、世間の事を語るも不可なきこと、必ずしも、行者の如く、悲しく物哀れなる面色をなし、頭を垂るるを要せざること、喜び楽しむ所あらば、則ち喜び楽しむべく、又其心之を欲せざるに強いて貧人に財物を施すを要せざること等、是なり。一言にして之を述べんに、人は其外面においては全く尋常世上の人の如く生息するを妨げざる也、人もし其心のうちにおいて、よろしきに随いて神を念じ、真実を尽し、己れを正しゅうして隣人と交わらば、彼は世上の人の如き生活を送るとも、誰か其天界に入るを拒まんや。何となれば、人の人たるは其の情動と想念とにあり、即ちその愛と信とにあればなり。一切の外的行為は此想念と情動とより来る、之を行うは之を志すなり、之を云うは之を思索するなり、蓋し人として其行為の意よりせざるはなく、その言語の想念よりせざるはなし。故に聖言の中に、人は其行為によりて審判を受け、其事業によりて所酬あるべしと記さるるは、彼の審判と報酬とは其想念と情動とに由ることを示せるなり。彼の行為は此二つのものより起り来る、又は是の両つのもの、彼が行為の中に在りと云うべし、何となれば、人の行為なるものは全くその想念と情動との如何に存するものにして、此両者を離れたるは行為となすに足らざればなり。

故に知るべし、人の外的は為す所なく、為す所あるは只其内的にして、外的は之より来るものに過ぎざることを。こは下の如くに説明し得べし。人もし、法律を憚り、名声の失墜を憚り、随いて其地位又は利益を傷つけんことを恐れて、自ら行うこと真実に、又他を欺瞞することなしとせば、その一旦憚る所なきに至りてや、彼は其力能を尽して他を瞞ぜんとするなるべし。故に彼は其外面だけ真実に見ゆれども、其想念と意志との中には一念の欺瞞心あり。此の如きは内的に不真実にして欺瞞の心あるが故に、其身に地獄を具えたりと謂うべし。されど、かの神に背き、隣人に背くと云うの故を以て、其行為を真実にし、他人を欺瞞することなき者は、仮令其機会あらんも、決して他を欺瞞せんと願わざるべし、彼の想念と意志とは即ち彼の良心なり、彼の胸には天界ありとなすべし。是等両種の人、只外面より見れば同一の如くなれども、その内面に至りては全然相異せりとなす。

三百五十九　此の如くにして、人はその外面において、尋常一様世上の人の如き生涯を営むべく、其地位と職業とに従いて、衣服を華麗にすべく、又娯楽をたのしみ、遊戯を事とすべく、又職業及び生計の為めに、又は身心の逸楽の為めに、世間的諸事業を起すべし、只要する所は内に神格を是認して隣人の幸福を願うにあり。故に知るべし、天界の道に入るは、衆人の信ずる如き難事に非ざることを。但し此に一の難事となすべきは、自我の愛と世間の愛とに抗して、これをして専横ならざらしむること、是なり、此二つのものは諸悪の根本となす。天界の道に入るは易くして、人の信ずる如くならざるは、主の所言に顕われたり、曰く、「爾曹われに学《なら》え、われは心柔和にして謙遜なるものなり、かくて爾曹はその心に平和を得べし、そはわが軛は易く、わが荷は軽ければなり」（マタイ伝、第十一章、二九―三〇）と。主の軛の易く、主の荷の軽きは何の故かと云うに、人は自我及び世間の愛より流れ入る諸悪に抵抗するに従いて、自力を遠ざかりて、主の導くままとなるべければなり、而して尚お彼の中に在る諸悪に至りては、主その後之に抵抗して、自ら之を除き給う。

三百六十　われ嘗て、或る人の其世にあるや、世間を捨てて殆んど孤独の生涯を営み、かくして世累の牽く所とならず、ひまあるままに信心修行を勤めて以て天界の道に入るを得べしと信ぜるものと、その死後相語れることありき。されど彼等は他生に来るに及びて、憐むべき性格を有するものとなれり、即ち彼等は其己れに似ざるものを軽賤し、又己れ他に優りて一層の幸福を得ざるを憤れり、蓋し彼等は之を享くる資格ありと信ずればなり。又彼等は他人の為めに毫もその心を煩わすことをせず、天界和合の道たる仁慈の諸職を厭いてまた之を顧みず。彼等は天界を願うこと他に勝れども、もし彼等を導きて天人の群に入るるときは、天人の中に不安の念起りて、その幸福を乱る。故に彼等は天人と相離る、離れて自ら荒野の中に至り、此処にて世にありし時と相似たる生涯を送るなり。

それ人は世間の方便を外にして天界に入るべき資格を作り得るものにあらず、終極の所果は世間にあり、何人の情動もその止まる処は世間の上にあらざるべからず、此情動、もし衆人群生の社会に発して自ら用うることなく、即ち之を動作の上に注ぎ出すことなくば、此情遂に全く圧伏せられて、隣人の福利を顧みることなく、自我をのみ是れ愛するに至るべし。故に天界に至るの途は隣人に対して仁慈の事を行うにありて、仁慈を離れたる敬虔の生涯にあらざるを明らむべし。仁慈の事とは、何事をなし、何のわざを営むにも、正しきをなし、直きをなすの謂いなり。故に仁慈を力行し、これによりて仁慈的生涯を饒益せんとするには、必ず自ら世間的生涯に属する諸事業を営まざるべからず、もし之を離れなば、仁慈もまた施すに処なきなり。われ之を実験によりて説明せんに、その世に在りし時、大小の商業を営み、之によりて有福となれるものの天界にあるは多けれども、自ら尊貴の地位におり、其職掌の故を以て有福となれるものの天界に来るは多からず。此理由如何と云うに、後者は正義及び公道の執行者として、その身に利益と尊貴とを得ること多く、又有利にして名誉ある地位を他に分与するを得るが故に、彼等は遂に自我と世間とを愛することをのみ知り、随いて其情動と想念とを天界より転じて自己の上にのみ向くるに至りたればなり。人もし、自ら愛し、世間を愛して、一切の事物の上に自己と世間とをのみ認むる時は、それだけ自ら神格を疎外にし、天界より遠離するものとす。

三百六十一　天界における富者の運命は他に勝りて豊かなり。彼等の中には宮殿に住まえるもありて、その宮殿中の万物は金銀の如く耀きわたれり、彼等が其生活上の需要に応ぜんため用うるところの品類頗る多し。されど彼等は是等の事物に対して寸毫もその心を置くことなく、只何のためにこれを用うべきものなるかを知れり。彼等はその用の耀きて光明の中にある如きを見れども、金銀に至りては、彼等の眼には暗くして日蔭にある如く見ゆ。其故は、彼等世にある時には凡そ物の用うべきを愛し、金の如き、銀の如き、皆只此用を遂ぐるの方便及び器具とのみ看做したればなり。されば天界にて耀くものは用なり、用の善は金の如く、用の真は銀の如く耀くと知るべし。是の故に人の天界において有福なる生涯を営み得るは、その世にありし時、如何に物の用を看做したるかによるものとす、その歓喜と幸福と亦然らざるはなし。

用の善なるものとは、一個人に在りては、自家及び家族の為めに日常の必要品を給するに在り、その国のために富強を計るにあり、又その隣人の為めにするに在り、而して富めるものは貧しきものよりも善をなすの方途更に多し。此の如きは人をして其心を持して偸安の生涯より遠ざからしむるが故に用の善なるものなり、而して偸安の生涯を営むものは、己れに植え付けられたる悪よりして、諸〻の悪念を生ずるが故に、此の如き生涯は有害の生涯なりとす。また此の用は、其中に神格を有する限り善なるを得、即ち人はその心をして神格及び天界に向わしむる限り、此用のうちにわが善を発見して、財宝は只此善の用に供すべきものとなすなり。

三百六十二　されど神格を信ぜず、天界と教会とに関する事物につきて、嘗て其心を煩わさざりし富者に至りては、其の運命前のものと同じからず。彼等は地獄界に赴きて、臭穢・患苦・欠乏と相伴う。貨財そのものを目的として之を愛するときは、その貨財変じて此の如きものとなる、而して此変化は、啻に貨財そのものの上にのみ生ずるにあらず、亦その用の上にも生ずるものとす、思うに彼等の尚お世に在るや、此貨財を濫用して、其好む所に従いて生を送り、情慾を縦にして、横暴・放逸、愈〻出でて愈〻甚しかりしならん、また或は之によりて己れが軽賤せるものを凌がせんとしたるなるべし。此の如き財貨、及び此の如き財貨の用は変じて臭穢となる、そは此裡には一点の霊的なるものなく、只下界的なるもののみ存すればなり。貨財と其用とのうちに潜める霊的意旨は、身体における霊魂の如く、また湿える土における天の光の如し。天の光なき貨財は腐爛す、霊魂なき肉体、天の光なき湿土の如し。是等の人は財貨に惑わされたるものにして、天界の外に放ち出さる。

三百六十三　各人所主の情動即ち愛は死後尚お残存す、又永遠に至るまで滅ぶることあらず、そは人の心霊なるものは全く其有する所の愛如何によりて成ればなり。而して此に密意の存するは他にあらず、精霊及び天人の形体は、各〻そのものの愛を表わせる外的形成にして、全然その内的形成と相応せること是なり、ここに内的形成と云うは、即ち彼が自然心と理性心となり。故に如何なる精霊なるかを知らんとせば、其面貌と身振りと言語とを見るべし。人間もまた此世にあるや、その面貌と身振りと言語との上に、自ら偽りを装うことなからん人には、これによりて彼が心霊の何ものたるかを知り得べきなり。故に人は、永遠に至るまで、其所主の情動即ち愛以上に出ずるものにあらざるを明らむべし。

われ嘗て許されて十七世紀以前に住める諸人と相語れることありき、彼等の伝記は其頃の記録によりてよく世に知れおれり、而してわれは彼等が今日に至るも尚お以前と同一の愛を主とすること、其地上にありし時に変らざるを見たり。故に貨財を愛し、又貨財の用を愛するものは、この愛を永遠に保存して、死後と雖も、その性質を更えざること明白と謂うべし、但〻相異する所は、貨財を善用したるものには、その貨財用に従いて化して歓喜の情となれども、之を害用したるものには、貨財化して臭穢のものとなる、而して幽霊が此臭穢物を喜ぶは、猶お彼等が世にありて貨財を濫用して喜べるときの如し。彼等がかく汚れたるものを喜ぶ所以は、彼等が貨財を濫用して得たる淫楽と悪業、並びに其用如何に関せずして貨財を愛する貪婪の心は、正に臭穢物と相応すればなり。此外に霊的臭穢物と云うべきものあらず。

三百六十四　貧者の天界に来るは其貧の故にあらずして其生涯の故なり。各自の生涯は、貧と富とを問わず、其人格に由る。異例の仁恵と云うべきものあらず、彼此平等なり、善き生涯を営める者は摂受せられ、悪しき生涯を営める者は拒絶せらる。又人の邪路に赴きて天界より遠離するは、貧と富とに拘わることにあらず。貧者の中には、己れの運命に満足せずして徒らに多きを願求し、貨財を以て福祉となすもの頗る多し。故に彼等貨財を得ざれば、その心に怒りて神意を怨まずと云うことなし。彼等はまた他人の好事を羨みて、機会あれば則ち他を欺かんと思う、またその情慾に耽るは他と少しも異ならず。されど貧に処して、而かもその命に安んじ、其業を慎しみて之を励み、逸をにくみて労を欣び、其所行真実にして信あり、而してこれと同時に基教徒的生涯を送るものに至りては、大に前者と其趣を異にせり。われ時に農夫及び平民として世におりしものと相語れることありき、彼等の世にあるや神を信ぜり、而して其業を営むや正しくて直かりき。彼等は仁及び信とは如何なるものなるかを研究せり、そは彼等の心に真を知らんとの情動けるによる、又彼等は世にある時、信に関して聞く所多かりしが、他生に入りては仁に関して聞く所多きに由る。故に天人彼等に告げて曰う、仁とはすべてわが生涯に関することなり、信とはすべて教に関することとなり、故に仁とは何事を為さんとするにも正しき事及び直き事を志して之を為すにあり、信とはその思う所正しくして直きなり、信と仁との互に相和合するは、教と教に基づける生涯との如く、又想念と意志との如し、その思うて正しく直き所を意に移して行に遂ぐれば、信、仁となる、両者は一にして二にあらず、と。彼等はよく之を会得して欣べり、曰く、彼等世にありし時は、如何にしても信は行の義に外ならずと云うを解し得ざりき、と。

三百六十五　是に由りて富者も貧者もその天界に来るにおいては彼此難易なきを知るべし。或は信ずらく、貧者の天界に入るは易く、富者は難しと、されどこは富者と貧者とに関して聖言の説く処を会せざるによる。聖言に富者と云うは、霊的意義にて、善と真との諸知識に富み、かくして聖言の存する処、即ち教会内におるもののことにして、又貧者とは、是等の諸知識に乏しけれども、之を得んことを願い、かくして聖言あらざる処、即ち教会外におるものを云うなり。紫袍と細布《ほそぬの》とを着て地獄に投げられたる富人とは猶太《ユダヤ》人を云う、猶太の国民は聖言をもてるが故に富めり、従いて又善と真との諸知識に豊かなり。紫袍とは又善より来る諸知識を表わし、細布の衣とは真より来る諸知識を表わせり。而してかの富人の門外におかれ、其食卓より落つる余屑によりてその腹を充たさんと願い、遂に天人のために運ばれて天界に到れりと云う貧者は、異邦人のことを指せるなり、異邦人は善と真とより来る諸知識なけれども、彼等は之を得んと願えるものなり（ルカ伝、第十六章、一九―三一）。また大なる饗筵に招かれて辞退せる富者と云うも、猶太《ユダヤ》の国民を表わせり、而して彼等の代りに呼ばれたる貧者と云うは、教会外におれる異邦人のことなり（ルカ伝、第十四章、一六―二四）。又主が「富めるものの神の国に入るよりは駱駝の針の孔を穿《とお》るは却て易し」（マタイ伝、第十九章、二四）と云い給える、此富者とは誰を指せるものか、次に述ぶべし。此文句中に富者と云うは、自然的並びに霊的意義における富者なり。自然的意義における富者とは、貨財に富みて其心に貪著あるものを云えるなり、されど霊的意義によれば、知識と学殖とに富み――これを霊財と云う――、これにより、自己の智慧を以て、自ら天界及び教会の諸事物の裡に入らんとするものを云う。此の如きは神の順序に背けり、故に云う、駱駝の針の孔を穿るは却て易し、と。駱駝とは、霊的意義によれば、一般に学殖及び知識を得る能力を表わし、針と穴とは、霊的真理をさす。駱駝及び針の穴に此の如き意義あることは今人の知らざるところなり、何となれば、聖言には文字のままなる意義にてしるせる所にも、その裡に霊的意義の潜めることを誨うべき知識は、今まで啓かれたることあらざればなり。聖言には、その至微なる点に到るまでも、霊的意義あり、又自然的意義ありと云うことは、聖言なるものは、直接の和合絶えし以来、天界と世間と、又は天人と人間との間にまた和合あらしめん為め、自然的事物と霊的事物との無雑なる相応によりて書《しる》されたるものなればなり。故に上文中富人と云えるは特に何人を指せるものなるかを明らめ得べし、聖言中、霊的意義における富人とは善と真とより来る諸知識におるものを云い、貨財とは是等の知識（此れ即ち霊財なり）を云うものなることは、処処の文句につきて見れば明白なり（即ち、イザヤ書、第十章、一三―一四、第三十章、六―七、第四十五章、三。エレミヤ書、第十七章、三、第四十八章、七、第五十章、三六―三七、第五十一章、一三。ダニエル書、第五章、二・三・四。エゼキエル書、第二十六章、七・一二、第二十七章、一より終迄。ザカリヤ書、第九章、三―四。詩篇、第四十五篇、一三。ホセア書、第十二章、八。黙示録、第三章、一七―一八。ルカ伝、第十四章、三三、及び其他）。又霊的意義における貧者とは、善と真とより来る諸知識を有せざれども、之を希うものなることは、処処の章句につきて明らめ得べし（マタイ伝、第十一章、五。ルカ伝、第六章、二〇、第十四章、二一。イザヤ書、第十四章、三〇、第二十九章、一九、第四十一章、一七。ゼパニヤ書、第三章、一二―一三）。すべて是等の章句はわが『天道密意』（Arcana Cælestia）中（第一万二百二十七節）、霊的意義によりて説明せるを見るべし。

天界における婚姻のこと

三百六十六　天界は人類より成るが故に天界の天人にも両性あり、而して天地創造以来、女は男のために存し、男は女のために存し、相互に主伴たるべしと定められ、又此愛は両性の間に本来自存せる所なるが故に、天界に婚姻あるは猶お地上におけるが如きを見るべし。されど天界の婚姻と地上の婚姻との間には大なる差異あり。如何なるを天界の婚姻となし、如何なる点において地上の婚姻と相違し、如何なる点において之と一致するかは次に説く所なり。

三百六十七　天界の婚姻とは両つのものを和合して一心となすの謂いにして、まず此和合の何たるかを説くべし。そもそも心なるものは二部分より成りて、其一を智性と云い、いま一つを意志と云う、而して此両つのもの合一の動作に出ずるとき之を一心と云う。天界にては、夫は智性と呼ばるる心の部分を代表し、妻は意志と呼べる部分を代表す。此和合はもと内分に起る所にして、その低処の事物、即ち身体に属する部分に下り来るとき、之を知覚し、之を感じて、此に愛なるものあり、此愛を婚姻の愛と云う。故に婚姻の愛は其の源を両者の和合して一心となる処に発するや明かなり。天界にては之を呼びて同棲すると云う、此の如きは二にはあらずして一なるが故に、天界にては一双の夫婦を両個の天人となさずして一個の天人となす。

三百六十八　夫妻の間に両者の根本的心力の上よりして此の如き和合あることは男女創造の真因より来れる也、そは、男の生るるや自ら智的にして其思索は知性よりすれども、女の生るるや自ら情的にして其思索は意志より来ればなり、こは両者の性行即ち自然の性情より見ても、また両者の形態より見ても明かなる所なり。性情より見れば、男の行動は理性的にして女のは情動的なり、またその形態より見れば、男の面は厲《らい》にして優美なら
ず、其声は深くして、其身体は剛健なり、女は之に反して、其面は柔かにして優美に、其声は弱く、其身体は柔嫩なり。智性と意志との間、及び想念と情動との間にも亦此に似たる区別あり、真と善、信と愛との間にも亦これあり、そは、真と信とは智性に属し、善と愛とは意志に属すればなり。故に聖言中、霊的意義によるときは、青年と成人とは真を全得すべき智を表わし、処女と婦人とは善に対する情動を表わせり、また善と真とに対する情動より見て、教会を婦人と呼び、処女と呼び、亦すべて善に対する情動におるものをも処女と呼べり（黙示録、第十四章、四における如し）。

三百六十九　男たり、女たるを問わず、何人も智性と意志とを有すれども、男にありては智性を主とし、女にありては意志を主とす、而して人の性格を定むるものは、其主とする所如何にあり、されど天界の婚姻には偏重する所なし、即ち妻の意は亦夫の意にして、夫の智は亦妻の智なればなり、蓋し互に他の志す所を志し、思う所を思うが故に、両者の想念と意志とは相互に感応し、随いて和合して一体となる。此和合は事実上の和合にして、妻の意志は夫の智性に入り、夫の智性は妻の意志に入る、而して此の和合は殊に彼等相互にその面を見るとき生ずるものとす。何となれば、数〻云える如く、天界には想念及び情動の交通あるが上に、殊に夫妻の間には相愛の故に此交通更に濃密を加うればなり。是によりて、天界における婚姻は如何にして成立し、この愛を惹起する所の両心の和合とは如何なるものなるかを明らめ得べし、即ち此の愛は互に已れにあるすべてをあげて他に与えんと願う心なることを明らめ得べし。

三百七十　天人われに告げて曰く、婚姻をなせる両者の間に此の如き和合ある限り、彼等は婚姻の愛におり、また之と同時に智慧と証覚と幸福とにおるものとなす、何となれば、一切の智慧と証覚と幸福との由りて来るべき源泉、即ち神善と神真とは、主として婚姻の愛の中に流れ入るものなればなり。されば婚姻の愛は神格が流れ入る所の平面そのものなりと謂うべし、そは同時に真と善との婚姻なるが故なり、真と善との和合は智性と意志との和合の如くにして、即ち、智は神真を摂受し、これによりてその智性を成就し、意は神善を摂受し、これによりてその意性を成就す。蓋し人の志す所は即ち彼が善となす所、彼が会得する所は即ち彼が真となす所なればなり。故に智性と意志の和合と云うも、真と善との和合と云うも畢竟同一なりと知るべし。真と善との和合は天人を成就し、又其智慧と証覚と幸福とを成就す、何となれば天人の天人たるは、如何なる度まで、彼の善は真と和合し、彼の真は善と和合したるかにあればなり、如何なる度まで、彼の愛は信と和合し、彼の信は愛と和合したるかにありと云うも同じ。

三百七十一　主より来る神格がおもに婚姻の愛の中に流れ入るは、婚姻の愛は善と信との和合より下り来るものなればなり、何となれば既に云える如く、智性と意志との和合と云うも、善と真との和合と云うも同じ事なればなり。善と真との和合は其源を主が天界及び地上にある万物に対して有し給う神愛より発す。此神愛より神善を出し、而して此神善は天人と神的諸真におる人〻との享くる所となる、何となれば善を享くる唯一の器は真なるが故に、真におらざる者は何物をも主及び天界より享くることあらざればなり。是の故に人間にある諸真にして善と和合せる限り、彼は主及び天界と和合すとなすべし。婚姻の愛の源頭は此に在り、故にこの愛は神格の流るる平面そのものなり、又天界にて善と真との和合を天的婚姻と云い、聖言の中に、天界を婚姻に比し、又之を婚姻そのものと呼び、主を新郎又は夫と云い、天界と教会とを新婦或は妻と呼ぶは、みな是が為めなりと知るべし。

三百七十二　天人又は人間の中に和合せる真と善とは一にして二にあらず、そは此の時、善は真よりし、真は善よりすればなり。此和合は、人其志す所を思い、其思う所を志す時に成り立つ所の和合の如くにして、此の時彼の想念と意志とは一となる、即ち一心を成す、何となれば、想念は意志の欲する所に従いて象づくりて之を形式の上に表わし、而して意志は之に歓喜の情を付与すればなり。天界にて両者の婚姻せるを一個の天人と呼びて両個とせざるは之が為めなり。主が下に云う所はまた此意を表わせり、曰く、「元始に人を造り給いしものは、之を男女に造れり、此故に、人父母を離れてその妻に合う、二人のもの一体となるなりと云えるを未だ読まざるか。さればはや二つにはあらず一体なり。神の合せ給えるものは、人之を離すべからず。……此言は人皆受け納ること能わず、唯賦《さず》けられたるもののみ之を為し得べし」（マタイ伝、第十九章、四―六・一一。マルコ伝、第十章、六―九。創世記、第二章、二四）と。此に記せるは天人がおる処の天界の婚姻なり、是れ亦善と真との婚姻にして、神の結び給えるを人は離すべからずと云うは、善を真より離すべからずとの義なり。

三百七十三　是によりて真の婚姻は何れの処より創まるかを見得べし、即ちこはまず婚姻を結ぶものの心裡に成り、之より伝わりて肉体に下り、此処に知覚ありて、之を感じて愛となるなり。何となれば、肉体の感ずる所、知覚する所は、皆其源を人の霊的原力に汲まずと云うことなければなり、そはみな智性と意志とに由来するが故に。智性と意志とは霊的人格を成すもの也。霊的人格より発して肉体の上に下り来るものは、此処にてこれと相似の形式をとりて自ら寓す、而して尚お両者の間に等似あり合同あるは、猶お霊魂と肉体との如く、又原因と結果との如し、こはさきに相応の事を説ける両章に徴し見て分明なるべし。

三百七十四　われ嘗て天人が真《まこと》の婚姻の愛及びこれより生ずる天界的歓喜を説けるを聞けり、曰く、此愛は天界における主の神格にして、而して神格とは、神善と神真とが両者の中にありて全然融合して一体となり、また分ちて二となすべからざるを謂うなり。又曰く、天界における両性の婚姻が取る所の形式は此愛にして、その故如何と云うに、人は各〻己が有する所の善と真との上に出ずることなければなり、その心におけるとその身におけると共に然らずと云うことなし、何となれば肉体は心霊の肖像にして、もと之に象どりて造られたるものなればなり。かくて天人は結論して曰う、真《まこと》の婚姻の愛における両個の天人には神格の肖像あり、かく彼等に神格の肖像あるが故に、天界の肖像も亦此に在り、そは全天界は主より来る所の神善と神真とより成ればなり、故に天界の万物は此愛の上に銘記せられ、其福祉、其歓喜の饒多なること数の尽す所にあらず、と。而して天人は此数を顕わすに万又万を以てせり。教会は地上における主の天界にして、而して天界は善と真との婚姻を云うものなるに、教会内の人にして少しもこの事を知らざるは不審なりと天人は語れり。又曰う、姦淫が教会外よりも教会内に多く行われて、而かもここにおいて確定せらるると云うに至りては、愕然たらざるを得ず、と、蓋し姦淫の歓楽なるものは、霊的意義にて曰えば、従いて霊界より見れば、偽りを悪しきに媾《あ》わしたるを愛する歓楽に外ならざるなり。こは全く天界の歓楽に相反するが故に地獄的なり、天界の歓楽とは真を善に和合せるを愛する歓楽なり。

三百七十五　両個の婚姻当事者は互に相愛して内的に合契すること、而して婚姻の要点は霊魂又は心霊の合契にあることは何人も知る所なり。故に両者の合契と情愛とは、両者の霊魂又は心霊の情態如何によりて定まるものなることを悟るべし。蓋し人の心霊は只真と善とのみによりて作らるるものにして、宇宙における一切の事物は善と真とまた其和合とに交渉せざるはあらず、故に心霊上の合契は正に之を作れる所の諸真と諸善との情態如何によりて定まるものなるや明なり。是の故に純正なる諸真と諸善とより成れる心霊上の合契は、合契の最も円満なるものと謂うべし。此に知らざるべからざるは、真と善と相愛する如くに、両者相愛するもの絶えてこれあらざること、是なり、故にこの真善の相愛より下り来りて此にまことの婚姻の愛を生ず。偽りと悪とは亦相愛すれども、此愛は後に転化して地獄となるものとす。

三百七十六　今婚姻の愛の起原につきて云える所を推して考うれば、如何なるものが其愛におり、如何なるものが此におらざるかを知り得べし、即ち神的諸真よりせる神愛におるものは婚姻の愛におるものなり。又善と和合せる諸真の純正の度に従いて、婚姻の愛もまた純雑の差あるを知るべし。而して諸真と和合せる一切の善は主より来るが故に、主と主の神格とを是認せざるものは真《まこと》の婚姻の愛におる能わず、此の是認なくしては、主は人に流れ入りて其裡の諸真と和合するを得ざればなり。

三百七十七　故に偽りに居るもの、特に悪よりする偽りに居るものは婚姻の愛におる能わざるを知るべし。悪におるもの、従いて衆偽におるものは其心の内分塞がれり、故に婚姻の愛を起す源は此に在ることを得ず、されど内分の下面に当り、内的人格より離れたる外的・自然的人格中に偽と悪との和合あり、此和合を地獄的婚姻と云う。われ許されて、悪よりせる諸偽におれるものの間に成立せる婚姻、即ち所謂る地獄的婚姻なるものを見るを得たることあり。彼等は情欲よりして相語り相和合すれども、その内面にありては、身の毛のよだつばかり相互に憎悪の念に燃え、その激烈なること、記述のかぎりにあらず。

三百七十八　婚姻の愛は宗教を異にせるものの間に成立する能わず、何となれば、彼者の真と此者の善とは相習合せず、また、相似ず、相協わざる両個の事物をとり来りて、これを一心となさんことは得べからざればなり。此理により彼等の愛の起りは霊的なる能わず、もし両者同棲を契ることあらんには、そは自然的原因よりのみ来るものとすべし。故に天界の婚姻は同一の団体内におるものより成る、そは彼等は相似の善と真とにおればなり、一たび其団体を出ずれば天界の婚姻あらず。同一の団体にあるものは善と真とにおいて相似の処あれども、他の団体とは此の処なし、こは既に見たる所なり（四十一以下）。イスラエル人は此事を表象せり、即ち彼等の婚姻は、同種族、殊に同民族の間に行われて、其外には行われざりき。

三百七十九　又真《まこと》の婚姻の愛は一夫と数妻との間に成立するを得ず、何となればこは両個より一個の心を形づくらんとする婚姻の霊的起原を壊てばなり、故に此の如き婚姻は善と信とよりする内的和合を破れり、而して婚姻の愛の主点とする所は内的和合に存せり。一人以上と婚姻するは、一個の智性を数個の意志中に分つが如く、又一人にして数個の教会に属する如く、彼が信仰は擾れて不信に終るべし。天人云う、数妻を娶るは全然神の順序に背くものにして、こは多くの原因、殊に次の原因によりて知るを得べし、即ち人もし数妻と婚姻せんと思うことある時は、彼は直ちに内的福祉と天界的幸福とより遠ざかりて、恰も酔える人の如くなるべし、そは彼にある善、分裂して其真より離るればなり、只一夫数妻の事を行わんと思うのみにて、彼の心の内分、此の如き情態に変ずるを見ても、一妻以上との婚姻は、わが内的人格を閉塞し、婚姻の愛に代うるに情欲の愛を以てするものなる事を知り得て分明なるべし、情欲の愛は人をして天界より遠離せしむ。天人又曰う、人間は此事を会得するに困難を感ずべし、そは純正なる婚姻の愛におるもの少なければなり、此愛におらざるものは此愛におるものの内的歓喜を知ること絶えてなし、只情欲の歓喜を知るのみ、而して此情欲の愛は、しばしの同棲の後、最も嫌悪すべきものと転化し去る、されど真《まこと》の婚姻の愛よりする歓喜は、啻に此世に在りて老後にまで相続するのみならず、死後天界の歓喜となり、終に内的歓喜にみち、時を経るに従いて益〻円満となるべし、と。天人又曰く、真《まこと》の婚姻の愛より生ずる福祉の種類は、其数、数千の上にあり、されど其一も人間の知る所とならず、又主よりせる善と真との婚姻におらざるものは、到底之を会し得ざるなり、と。

三百八十　他を凌ぎて自ら専横なるを喜ぶものは、婚姻の愛とこれより来るべき天界の歓喜とを全然滅却すべし、何となれば婚姻の愛とその歓喜とは一人の志す所即ち是れ他の志す所にして、両者の間に相互の感応あるを謂えばなり。婚姻の情欲にありながら専横を愛するは此事を無視するものとなすべし、何となれば専横なるものは只己が意志を他に加えんことを願いて、他の意志は己れ之を受くるを欲せざればなり。故に相互平等の関係は此間に存するを得ず、随いて両者の間に愛とその歓喜との交通あらず、また交換あらず。されど婚姻の内的幸福、即ち所謂る慶福なるものを生ずるは、実にこの交通にあり、随いて其和合にあるなり。専横を愛するものは全然此慶福を亡ぼし、之と共に婚姻の愛のうちに存せる一切の天界的・霊的なるものを亡ぼし、この愛そのものの存在をすら知らざるに至るべし。若し之を説くものあらんも、彼はこれを侮蔑して顧みる所なく、また其慶福なるものを説くとも、彼は只、或は嘲笑し、或は怒罵するに過ぎざるべし。

他の為す所を己れも亦志し、或は喜ぶときは、この両者は共に自然的なりと謂うべし、一切の自主は愛よりす、されど専横ある処には何人も自主たるを得ず、甲は乙の奴隷となるべし、専横を行うものにも亦自主なし、何となれば、彼は専横ならんとの慾念に使役せらるること、猶お其奴隷の如くなればなり。こは天界の愛の自主的なるを知らざるものの少しも会得する能わざる所とす。されどさきに婚姻の愛の起原及び要点につきて云える所を推すときは、専横在る処には、心の和合なくして、ただ分裂あることを知り得べし。専横は服従を要す、而して服従せられたる心には意志なし、即ち之に反抗する意志なし、意志なければ愛あらず、もし反抗の意志あらば愛は転じて憎悪となるべし。此の如き婚姻をなすものは、たといその外分を制抑して静謐を装うことあらんも、其内分は常に相衝突して闘争を事とすべし、是れ相反せるものの常なり。彼等が内分の闘争及び衝突は死後に至りて公然の事実として現わる、其相逢うや、仇敵の如く争いて、互に砕裂せざれば已まざるを常とす、何となれば其時彼等は只内分の情態にのみよりて行動すればなり。われ時に許されて此闘争及び迫害を見たるうちに、怨仇・残忍の例少なからざりき。何となれば他生にては人各〻その内分のままに生息するが故に、内分は毫しも約束せられず、外面の商量及び世間の事由によりてまた自ら矯むるが如きことなければなり。

三百八十一　人によりては婚姻の愛に似たるものを有することあり、されど彼等もし善と真との愛におらざれば、其愛は婚姻の愛にあらず、ただ数多の事由によりて婚姻の愛の如く見ゆる一種の情に過ぎず、仮令えば、彼等の家にあるや給侍《かしず》かるることあるべく、其世を送ること或は安全なるべく、其病む時、又は老後に至りては、他のために看護せらるることあるべく、其子孫を愛して之が利福を計るもあるべく、又或は他を憚り、或は名声の失墜を憚り、或は効果の不善ならんを恐れて自ら制することもあるべく、又或る場合には情慾上の打算よりして外面を保つものもあるべし、されど是れ皆必ずしも婚姻の愛にあらず。婚姻の愛は又両個の当事者間においても相同じからざることあらん、即ち一人は多他は殆んど悉く之を欠くも図られず、かくて一人は天界を得れども、他は地獄を得ることなきにあらざるべし。

少此愛を有せんも、他は殆んど悉く之を欠くも図られず、かくて一人は天界を得れども、

三百八十二（イ）　純正なる婚姻の愛は最奥の天界にあり、此天の天人は善と真との婚姻におり、又無垢におれり。劣等の天界にある天人は、其無垢なる度に従いて亦婚姻の愛におれり、何となれば婚姻の愛は、其自性より見れば無垢の情態なればなり。是の故に婚姻の愛における婚姻当事者は天界的歓喜を楽しめり、彼等の心中に此楽しみを楽しむは猶お幼児が無垢の嬉戯を楽しむが如し、何となれば物として彼等の心を楽しましめざるはなければなり、これ彼等の生涯に属する一切の事物の上に天界とその悦楽と共に流れ入るが為めなり。故に婚姻の愛を天界にては美を極めたる事物にて表象せらる。此愛が、輝ける雲に纏われて美妙云うべからざる一少女によりて表象せらるるを、わが見たることあり、之を聞く、天界においては天人は婚姻の愛よりして一切の美を獲得すと。此愛より流るる諸情動及び諸想念は金剛石の如き光を放てる気体にて表象せらる、其輝くこと、夜明珠の如く、紅宝石の如し、而して之に伴える歓喜あり、心の内分を動かす。一言にて尽せば、天界は婚姻の愛のうちに自現す、何となれば、天界と天人とは共に善と真との和合にして、此和合は即ち婚姻の愛を成せばなり。

三百八十二（ロ）　天界の婚姻と地上の婚姻と相異する点は、地上の婚姻は子孫を獲んために定められたるものなれど、天界の婚姻には此事なきに在り。天界には子孫の生殖に

代うるに善と真との生殖を以てす、その所以如何となれば、上に云える如く、天界における婚姻は善と真との婚姻にして、此婚姻には善と真と其和合とを、すべてに勝りて愛すべきものとなせばなり。故に天界の婚姻によりて繁殖するはすべて此種の事物なりとす。聖言中の出産及び生誕は、霊的出産及び霊的生誕の義にして、すべて真と善とに関せざるなきはこれがためなり。父母と云うは真と善との和合して子孫を生殖する義にして、男女の子孫とは此和合より生れ出でたる諸真・諸善の義、女壻《むこ》及び嫁とはまた是等の諸真・諸善の相和合するの義なり、以下之に準ず。是の故に天界の婚姻は地上の婚姻の如くならざるを明にすべし。天界には霊的婚媾あり、されどこは婚媾と云うべからず、只善と真との婚姻により心霊上の和合あるのみなればなり。されど地上には婚媾あり、何となれば地上における婚姻は心霊の上にのみ行われずして、肉体の上にまた和合あればなり。既に天界には婚媾なきが故に、婚姻当事者を呼びて夫妻と云わず、天人の概念中に二つの心を合して一となすの義を云い顕わせる語あり、之にて婚姻当事者を呼ぶ、此語は両者に共属して相互感応するの義を表わす。これによりて主が婚媾につきて云い給える所を如何に解すべきかを知るべし（ルカ伝、第二十章、三五―三六）。

三百八十三　われは又許されて、天界における婚姻は如何にして行わるるかを見るを得たり。天界にては到る処、性情相似たるものは会同し、相似ざるものは別居せり。故に天界の各団体は皆性情相似たるものの集りなり、相似たるものは、己れによらず、主によりて相牽引するが故なり（四十一・四十三・四十四及びその以下を見るべし）。同理によりて、婚姻当事者の心は相和合して一となり得るが故に、亦互に相牽引す。故に彼等は其始めて相見る時、既に相愛の情あり、互に直ちにその婚姻の当事者たるを見得し、其心の内底よりして婚姻を結ぶものとす。故に天界の婚姻はすべて主のみよりすると知るべし。彼等はまた婚姻を祝して饗筵を張る、集まり来る者頗る多し、此饗筵は団体によりて異なれり。

三百八十四　地上における婚姻は、啻に人類のみならず、亦天界（天界は人類より成ることは上に見たる如し）の天人を養育する所以なるが故に、又其起原は霊的にして、善と真との婚姻に由来するが故に、而して又主の神格は先ず此婚姻の愛の上に流れ入るが故に、天界の天人より見れば、地上の婚姻は最も神聖なるものなり。之に反して彼等は姦淫を以て褻瀆《けがれ》となす、そは婚姻の愛に反けばなり。天人は婚姻の上に善と真との婚姻を認むれども、（是れ即ち天界なり。）姦淫の上には偽りと悪との婚姻を認むるのみ、これを地獄となす。彼等は姦淫の名を聞くだに之を忌みて其面を背けずと云うことなし。姦淫を楽しみて行えるもののために、天界の閉鎖せらるるは是がためなり、かく天界の閉さるる時、姦淫者はまた神格を是認せず、教会の信仰をも是認せず。

地獄にあるものは皆婚姻の愛に反けるものなることは、わが許されて見るを得たるところなり、そは彼等より発し来る円相は断えず婚姻を崩壊し毀傷せんとする努力なるを見て知るべし。是に由りてわれは地獄界が主として喜ぶ所は姦淫にあることを明らめ得たり、姦淫を楽しむは善と真との和合を破るを楽しむなり、これ天界は此の如き和合より成ればなり。故に知る、姦淫の快楽は地獄の快楽にして、天界の歓楽をなせる婚姻の歓楽と全然相反することを。

三百八十五　一部の精霊あり、其肉体の生涯を営めるとき、自ら獲たる実習の力により、特種の偽巧を用いて、善意ある精霊より来るが如き、柔和にして且つ波に似たる内流を送りて、われを犯さんとせり、されどわれは其中に計略あり、又人を陥れ且つ欺かんとするものあるを知覚したり。われ遂に其の一人と物云いしに、彼云う、彼は世にありし頃は一軍の大将なりし、と。われ彼が想念中にある諸概念の下に情欲の念の潜めるを知覚したるが故に、表象を用い、霊的言語によりて彼と婚姻の事を語れり、此の表象の裡には人の云わんと欲する所を十分に含めるが上に、多数の概念を瞬時に伝え得べきものあり。彼曰く、肉体の生を送れるとき、彼は姦淫を以て何ほどのこととも思わざりき、と。されどわれ許しを受けて彼に語りて云う、姦淫を行うものは、これよりする快楽とその刺戟に駆らるるとの故を以て、啻に之を嫌悪するに足らずとなすのみならず、却て之を恕し得べしと思うべからんも、その実姦淫は最も厭うべきものなり、彼もし、婚姻は人類のため、随いて天界における国土のための養育院なるが故に、如何なる場合にも之を破るべからず、必ず神聖視すべきものなるを知らば、彼は自ら姦淫の厭うべきを確認すべし、彼は今や既に他生にありて、知覚の情態におるが故に、婚姻の愛は天界を経て主より下ること、この愛は父母の如くにして、之より天界の基礎となるべき相互の愛を生むこと、又姦淫者は天界の諸団体に近づくのみにて、自己の悪臭を知覚し、其処より驀直に地獄に堕落することを知るなるべし、果して之を知らば姦淫の厭うべきは自ら明かなるべし。少なくとも、彼は婚姻を破るは、神の法令に背き、万国の民事法に背き、又純正なる理性の光に背くことを知れるなるべし、是れ神と人との法則に背けばなり、其他尚お数多の事由の斟酌すべきものあれども、今悉く之を云わざるべしと、わが語れるに彼答えて曰う、彼は肉体の生を送れるとき是等の事に考え及ばざりき、と。而して彼はその果して然るかを論究せんと願えり、されどわれ云う、真理は論究を許さず、論究は己れに快しとする所を回護するに過ぎず、随いて諸悪及び諸偽を回護するに過ぎず、汝が先ず心に念ずべきは、わがさきに云える所なり、何となればそは真理なるが故なり。而して汝はまた世間に知れ渡れる原理によりて思索せざるべからず、この原理と云うは、他の己れに為すを欲せざる事は亦之を他に為すべからずと云うことこれなり。此に一人の姦淫者ありて、汝が愛せる女を欺けりとせよ、（何人も婚姻の初に其妻を愛せざるはなし。）而して彼は一時の怒りに任せて此事を語り出でたりとせよ、汝もし之を聞かば自ら姦淫を悪むに至ることなかるべきか。強き意志の人として、汝は他の人に勝りて姦淫者を攻撃し、之を責罰して地獄にも赴かしめんとは思わざるか。

三百八十六　如何にして婚姻の愛よりする歓楽は天界に向いて進み、姦淫の快楽は地獄に赴くかを、われに示されたり。婚姻の愛よりする歓楽は天界に進み向いて益〻福祉多く、幸栄多き情態に入りて止まるときなく、その福祉と幸栄との数量は遂に無限となり、到底言語の尽し難き所となるに至るべし、而して此歓楽の益〻内的となるに従い、無量無数、言語道断、遂に無垢の天界、即ち最奥の天界における福祉及び幸栄そのものとならざれば止まざるべし。而してすべて此の如くなるに、始めより最も完全なる自由あり、何となれば一切の自由は愛よりすればなり、故に最も完全なる自由は婚姻の愛より来る、此愛即ち天界の愛なり。されど姦淫は地獄界に向いて進行し、中途にして止まることあらず、此最下の地獄界には、最も恐るべく、最も寒心すべきもののみおれり。此世を終えて後、姦淫者の上にかかれる運命は此の如きものとす。姦淫者とは、姦淫を喜びて、婚姻を喜ばざるものの謂いなり。

天界における天人の職務のこと

三百八十七　天界の職務は、団体の職掌に従いて、その数無量、その様一ならざるが故に、今悉く之を枚挙し精述すること能わざれども、全般に関しては少しく記す所あるべし。団体は各〻その職掌によりて司どる処を異にせり、そは団体の分割は其のおる処の善如何によればなり（上を見よ、四十一）、団体はまた用によりて分割せらる、天界におる者が有する諸善とは、善の働きにして、是れ即ち用なればなり。天界にては何人も用を為さずと云うことなし、主の国土は用の国土なるが故に。

三百八十八　天界には、地上における如く、数多の統治制度あり、こは天界にも宗制・民事・家政の事務あればなり。天界に宗制あることは、前に礼拝のことを説き示せる処を見ば明かなるべく（二百二十五より二百二十七）、民事あることは、天界の統治制度に関して説き示せる処を見ば明かなるべく（二百十三より二百二十）、又家政あることは、天人の住宅及び家庭に関して云える処、及び天界の婚姻につきて云える処を見ば明かなるべし（三百六十六より三百八十六）。故に天界の各団体中には、数多の職掌あり、統治制度あるは明白なりと謂うべし。

三百八十九　天界における万ずの事物は皆神の順序に従いて施設せらるるものにして、天人の司政は此順序を到る処に警衛するに在り、即ち証覚多きものは全般の福利又は用に関する事務を経理し、証覚少なきものは一部の福利又は用に関する事務を経理す、以下準じて知るべし。一切のもの皆一定の秩序を守りて是に服従せざるはあらず、猶お諸〻の用が神の順序を守りて之に服従するが如し。故にまた用の威重に従いて各職掌に附随せる威重あり。されど天人は此威重を私することなく、悉く之を其用に帰す、用とは即ち天人が所行の善にして、而して一切の善は主よりするが故に、天人は一切を挙げて之を主に帰す。故に自己の尊貴を先にして其用を後にするもの、即ち其用を先にせずして自己を先にするものは、天界において如何なる職をも司どるを得ず、何となれば彼は、己れを先にし、用を第二となして、主を己が背後に置けばなり。用と云えば即ち主を意味することは、先に云える如く、用は善にして、善は主よりすればなり。

三百九十　天界における服従とは如何なるものかは、次の事由によりて推知すべし、即ち各人は用を愛し、崇び、且つ敬うが故に、其用に伴える人をも愛し、崇び、且つ敬うなり、而して其人の、愛せられ、崇ばれ、敬わるるは、其用を私せずして、之を神に帰する度に比例す。何となれば、此度に比例して彼に証覚あり、彼が遂行する所の用は善より来ればなり。霊の上よりして之を愛し、崇び、且つ敬うと云うは、其人にある所の用を愛し、崇び、且つ敬うの義に外ならず、而して用によりて人の誉れあり、人によりて用の誉れあるにあらず。霊の真よりして人を見るものは皆此の如き看をなさざるはなし、何となれば、人の人たるは各人相同じく、其尊貴の大小に拘わることなければなり。各人の間に相異を生ずるは、只証覚の如何にあり、証覚とは用を愛するなり、即ちまた、或は同志の徒、或は団体、或は国家、或は教会に属する善徳を愛するなり。主に対する愛また此中にあり、何となれば一切の善（善とは用の徳なり）は主よりすればなり。隣人を愛すると云うも亦此の如し、何となれば、隣人とは、同志の徒、団体・国家・教会の中にある善を義とし、此善を愛し、此善を他に対して行うを以て隣人に対する愛となせばなり。

三百九十一　天界における各団体は其用を同じゅうせず、即ち先に云える如く（四十一及び以下）、団体は其善を同じゅうせず、此善とは善の活動せるを云う、即ち仁恵の諸徳を云う、これを用となす。嬰児の保育を司どれる団体あり、其生長するに従いて、之を誨え、之を諭す団体あり、世間の教育によりて、よき性情を有し、遂に天界に来れる男女の小児を、また前者の如く誨え諭す団体あり、基教国より来れる率直にして善良なるものを教うる団体あり、之と同じく異邦人よりせるものを教え導く団体あり。又、新来の精霊、即ち新たに世間より来れる精霊をして悪霊のために襲われざるよう之を保護する団体あり、或は霊界の下方にある精霊と隣居し、或は地獄界にある精霊と隣居し、彼等をして規定の範囲外に出でて他を悩ますを拒ぐあり。又死より甦らんとする者と共なれる団体あり。概して云えば、各団体の天人、人間の中に派遣せられて、彼等を守護し、彼等をして悪しき情動とこれより来る悪しき想念より遠離せしめ、又彼等が自主の心を以て享けんと願う程の善き情動は悉く之を彼等に賦与する也。天人はまた此の如き情動によりて人間の行為・事業を支配して、出来得るだけ彼等をして悪しき企謀を抱かざらしむ。天人の人に伴えるときは、其人の情動中に住まえるが如き者あり、而して天人は人の真よりせる善におる限りその人の傍におれども、彼にして一たび善を遠ざからんには、天人は其身を離るべし。されど此の如き天人の勤務は主が天人を経て行い給う所の職掌なりと云う所以は、天人が是等のことを行い遂ぐるは、己れによらず、主によりて然るを得ればなり。故に聖言の中に天人とあるは、其内義によるときは、天人そのものを云うにあらずして、主のことに関するものなるを悟るべし、故に聖言には、天人を呼びて諸神となせり。

三百九十二　以上の諸勤務は天人の全体に通ぜる職務にして、各天人には又個個の義務あり、何となれば全般に渉れる用は各〻、媒介の用、服事の用、随属の用と云える無数の用よりなれば也。一切の用は悉く神の順序に従いて相調和し相従属せずと云うことなし、之を総括して、一般の用、即ち一般の福利を為し遂ぐるものとす。

三百九十三　天界にて教法上の事を行うものは、其世に在りたる時、聖言を愛し、好んで其中の真理を求め、名誉又は利益の念なく、只人生の用を遂げて、自他のためにせんとせるものなり。彼等は、かく用を愛し、用を希う度によりて、照光のうちにあり、天界における証覚の光明のうちにあり、蓋し彼等は聖言によりて天界の光明のうちに来れるもの也、而して天界に在りては、此聖言は下界における如く自然的ならずして霊的なるは既に見たる所なり（二百五十九）。天界にて教師の職に当るものは彼等なり、彼等は他に優りて観照より来る証覚を有するが故に、神の順序に従いて其位地高し。

民文の事に与かれるものは、其世にある時、国家を愛し、公利を先にして私利を顧みず、正しき事、直き事を為すに、只之を愛するの一念よりせるものなり。此く正しきを愛する一心より、正義に関する律法を検査し、依りて以て其智慧を増すに至りたるものは、これがため天界における行政の事務を司どる能力を獲たるものとなすべし、而して彼等はその人の智慧の在る処の度に応じて事務を処理せしむ、而して此智慧の度はその人が公利のために用を愛するの度に比例す。

是の外天界には数多の官職あり、政事あり、また勤務あれども、一一之を枚挙せんは其の煩わしきに堪えず。此の如く多しと雖も、天人は各〻その用を愛して、己れを顧みず、利害を外にするが故に、其事に従い、その労に服するを喜ばずと云うことなし。又何人も其生計のために利を謀らんとするものなし、そは一切の生計に必要なるもの、即ち家屋・衣服・食物の如きは、すべて給与せらるればなり。故に知るべし、自己及び世間を愛すること、用に過ぐるものは、天界に之くと雖も居るに処なきことを。そは、人の愛、即ち情動は、死後に猶お存して、永久に至るも決して亡びざればなり（三百六十三を見よ）。

三百九十四　天界にて各人の其職に従うは相応によれり、されど其相応は、その職に由らずして、其の用に由れり（百十二を見よ）、而して一切の事物のうちに相応あることは第百六節を見るべし。天界にて其用に相応して職を掌り又は事に従えるものは、其生涯の情態、恰も世におれる時のごとし、何となれば霊的なるものと自然的なるものとは相応によりて一となればなり、されど此に相異の点あるは、天界にては、人みな霊的生涯即ち内的生涯を送るが故に、彼が歓楽の情は一層内的にして、随いて一層天界の福祉を受くるに堪うとなすべし。

天界の悦楽と幸福とのこと

三百九十五　天界とは如何、又天界の悦楽とは如何、これを知る人、今の世に極めて稀なり。此事につきて思惟せるものと雖も、その有する所の概念は頗る散漫粗大にして、殆んど概念と云うに足らざるほどなり。此世を出でて他生に行ける精霊よりして、われは彼等が嘗て天界及びその悦楽につきて有せる思想の如何なるものなりしかを十分に知り得たり、何となれば彼等世にある時の如く只独り思う所ある時は其の想念亦昔時に還るべければなり。天界の悦楽の何たるかを思惟して、而かもその実相を知らざるものあるは、彼等只自然的人格に属する外的悦楽を基として、之より推断せんとするによるなり、彼等は内的即ち霊的人格の何たるかを知らざるが故に、また其歓楽と福祉との何たるかを知らず。霊的即ち内的歓楽におるもの、彼等に語るに天界的悦楽の実相を以てするも、彼等は之を会し得ざるべし、何となればこは彼等が未知の概念に属するが故に、彼等の知覚に入ることあらず、即ちこは自然的人格が拒絶する諸事物の一なるべし。されど人一たび外的即ち自然的人格を脱すれば、内的即ち霊的人格となることを知れるならん、さればまた天界の悦楽の、内的且つ霊的にして、外的且つ自然的ならざるを知り得べし。此悦楽は内的にして霊的なるが故に、一層純粋、一層精妙にして人の内分を動かす、内分とは人の霊魂又は心霊より成る所なり。只これのみによりても、他生における歓楽はその人の霊魂と質を同じゅうするものなることは、何人も推し得る所ならん、又身体の上の歓楽は之を肉の喜びと呼びて、敢えて天界のに比すべからざるを知り得べからん。人の心霊其身体を去るとき、死後尚お存して亡びざるものは、その心霊のうちに在りたるもののみなり、そは彼は是より人霊として生くべければなり。

三百九十六　一切の歓楽は愛より流れ出ず、何となれば、人愛する所あれば、彼はその上に歓楽を感ずべく、而して此歓楽の情は此以外の源泉より出で来ることなければなり、故に其人の愛する所を見て、その歓楽の何たるを知り得べし。身体即ち肉の喜びは自己の愛と世間の愛とより流れ来るが故に、この喜びは感覚の情慾とこれよりする快楽なり。されど心霊又は霊魂の歓楽は主に対する愛と隣人に対する愛とより流れ出ずるものにして、此両個の愛は、善と真との情動の源なり、また内的満足の依りて来る所なり。是等の諸愛とこれよりする歓楽とは、共に主より流れ入り、内辺の途を伝わりて、天界より来りて人の内分を動かす、此内辺の途とは上方よりの途なり。然るに自己及び世間の愛とその快楽とは、外辺の途よりして肉及び世間より流れ入り、外分を動かす、此外辺の途とは下方よりの途なり。是の故に人は天界の両愛を享けて之が感動する所となるに随いて、霊魂又は心霊の上に存する内分啓かれ、世間を離れて天界に向うべし、されど人もし世間の両愛を享けて之が感動する所となれば、其感動の度に随いて、身体又は肉よりなれる外分啓かれ、天界を離れて世間に向うべし。愛、人のうちに流れ入りて、之を受くると同時に、其歓楽も亦流れ入る、即ち天界の歓楽は内分に、世間の歓楽は外分に流れ入る、そは前に云える如く、一切の歓楽は愛よりすればなり。

三百九十七　天界そのものは諸〻の歓楽にて満てり、故に其自相より見れば天界は福祉及び歓楽に他ならずと謂うべし、何となれば、天界と此処に在住するものとは、全般の上において、又個個の上において、主の神愛より来る所の神善によりて成るものなればなり、而して神愛とは最奥の原則により心を尽して一切の救済と幸福とを願うの謂いなり。故に、天界と云い、天界的悦楽と云うも畢竟同じ事也。

三百九十八　天界の諸歓楽は無数にして、また言語の悉くし得る所にあらず、此の如く無数の歓楽あれども、身体又は肉の楽しみのみに耽るものは、其一をも知るを得ず、又信ずるを得ず、そは前に云える如く、彼の内分は、天界を離れて世間に向い、かくして後《うしろ》向《むき》となりおればなり。全く身体又は肉の快楽におるもの、即ち、己れを愛し、世間を愛するものは、名と利と、身体及び諸感覚の快楽との外に歓楽すべきもののあるを知らず、而して是等の快楽は天界に属する内的歓楽の情を消滅し且つ窒息して、遂に之に対する信仰を全滅するに至る。故に彼等もし名と利とを好むの情を除きて尚その外に歓楽すべきものありと聞くときは、驚くこと甚し、まして此に継ぎて来るべき天界の歓楽は無数にして、身体及び肉の上の楽（こは重《おも》に名利の楽しみなり）に比すべくもあらずと云うを聞くときにおいてをや。故に知るべし、何が故に世には天界的悦楽の何たるを知るもののなきかを。

三百九十九　天界の歓楽の大なることは、在天の人は皆己れの歓楽と福祉とを他に伝うるを以て楽しみとせざるはなきにて知るべし。在天のもの皆此の如くなるが故に、天界の歓楽の如何ばかり大なるや明かなり。そは上に示せる如く（二百六十八）、天界には一切と個人及び個人と一切との間に交通あるに由る。此の如き交通は天界の両愛より流れ出ず、両愛とは前に云える如く主に対する愛及び隣人に対する愛なり。是等の愛は常にその歓楽を他に伝達せんとす。主に対する愛の此の如くなるは、主の愛とは彼が所有を挙げて一切に伝達せんとし給うに由る、何となれば主は総ての人の幸福を願い給えばなり。此の如き愛はまたすべて主を愛するものの心のうちに在り、そは主彼にいませばなり、而して諸天人が互にその歓楽を他に伝えんとするは是がためなりと知るべし。

　自己を愛し、世間を愛するものは之と異なれり。自己の愛は一切の歓楽を他より引き離し奪い去りて、之を自己の身の上にのみ集めんとす、蓋し自愛は己れのみ好からんことを欲すればなり、而して世間の愛は、隣人に属する所のものを奪い来りて、之を己れが所有となさんとするが故に、是等の愛は他の歓楽を破滅するものとなさざるべからず。また此の如き愛におるもの、その歓楽を他に伝えんと思うことあるも、その動機は固より自己のためにして他人のためにあらざるが故に、他よりこれを見れば、彼の楽しみは他に伝わらずして、却てわが楽しみを破ることあるべし、但し彼の楽しみとわが楽しみと相異なるか、又は其中にある時を除く。自己の愛と世間の愛と、その力を擅にするに当りてや、実に此の如きものあるは、わが活ける経験によりて知る所なり。その世にありて人間の生涯を営めるとき、此の如き愛におりたる精霊あり、彼等われに近づき来る毎に、わが歓楽の減退し消失するを覚えたり。われ聞く、此の如き精霊は天界の団体に近よらんとする丈けにて、其団体にあるものの歓楽を減少し、而して此減少の多寡は此の如き精霊の所現力の程度に比例すと。ここに奇とすべきは、其時悪霊は心に歓喜を感ずること是れ也。されど此の如くして此のものは、その尚お肉体中にありし時、如何なる霊魂の情態に居たるかを暴露したり、何となれば精霊の情態はその身体より分離したる後も尚お当時の情態と相等しければなり、即ち彼は他人の歓楽又は福利を羨み願いて、己れまた之を得るにあらざれば歓楽を感ぜざればなり。是によりて知るべし、自己と世間とを愛するものは、天界の諸悦楽を破滅し、随いて常に他に伝わらんことを欲する天界の愛と全然相反することを。

四百　されど此に注意すべき一事は、自己及び世間を愛するものが、天界の団体に近づくとき、其心に感ずる歓楽は彼等が情欲の上の歓楽にして、天界の歓楽と全く相反することこれなり、彼等は天界の歓楽に住するものをして、其歓楽を失却せしめ、或は遠離せしむるとき、自己の情欲の満足を得る也。されど彼等もし此く他人の歓楽を失却遠離せしむる能わざるときは彼等は喜ばず、何となれば、彼等は此の時天人に近づくを得ず、近づけば則ち直ちに苦悶と痛傷とを感ずべければなり。故に彼等が天界に近より来るは極めて稀なり。是はわが許されて屢〻実現せる所なれば、今一、二の例を挙ぐべし。

精霊の、世間より他生に来るや、その最も熱烈に願う所は、天界に至らんとすることなり。殆んどすべての精霊みな此処に入り来らんことを望むは、何故かと云うに、彼等は只天界に導き入られ摂受せらるればそれにて足るものと思えばなり。この故に、彼等はその願に任せて、先ず最下の天界における一団体中に導かるべし、されど自己及び世間を愛するものは、其天界の第一関に近づくや、直ちに苦痛を覚えて、其内分の煩悶甚しく、其心中には天界を感ぜずして却て地獄界を感ずべし、かくて彼等は其処より驀直にその身を投下するか、又は地獄界に至りて己が同類中に入らざれば休息せず。

又此の如き精霊にして天界の悦楽の如何なるものなるかを知らんと願うこと屢〻これあり、而して此悦楽は天人の内分に存すと云うを聞きて、己れまたこれが伝達を得んと願う、而してまたその願の如くなることあり、何となれば、天界にも行かず地獄にも行かざる精霊は、その遂に或は善果を結ぶに至らんことを思いて、その願のまま許さるべければなり。されどこの交通の彼等に許さるるに及びてや、彼等は心に苦悶を感じて其痛みに堪えず、如何に其身を転回すべきかを知らざるに至る。われは、彼等が其頭を足の下に投げ込み、五体を地に投じ、而かも尚お内分の苦に堪えざるや、蛇の如く其身を彎曲して輾転するを見たり。天界の歓楽が自己及び世間を愛してこれより歓楽を得んと欲するものの上に生ずる所の結果は此の如きものとなす。何となれば、是等の愛は全然天界の愛と相反すればなり、而して相反するものは相鬩ぐが故に、此の如き苦悶あり。又天界の歓楽は内方の途より伝わり来りて、之と反対せる歓楽の中に流れ入るにより、此歓楽の中におるものの内分は、之がために転回して後面に向う、即ちかくして自ら反対せる方向に転回するが故に、此の如き苦痛あるものとす。此の如き両者の反対あるは、上に云える如く、主に対する愛及び隣人に対する愛は、総て己れが所有を他に伝え与えんとすれども（是れ即ち其歓楽なり）、自己及び世間の愛は、他の所有を悉く奪い去りて、之を己れに引き取り、引き取るに従いてその歓楽をませばなり。地獄界は何故に天界より隔離せるかは此事由によりてまた知るを得べし。地獄におるものはすべて其世にあるや、自己と世間とを愛して、只管身体及び肉の快楽に耽りしものなり、然るに天界におるものは其世にあるや、主を愛し、隣人を愛して、心霊及び霊魂上の歓楽に住したるものなり。是等両種の愛は相反するものなるが故に、天界と地獄とは全く隔離して、地獄におるものは、これ以外に一指を出すを敢えてせず、又その頂を擡ぐるを敢えてせず、もし僅かに之をなせば懊悩・苦悶その身を措く所なからんとすべし。これ亦わが屢〻見たる所なり。

四百一　自己及び世間を愛するものは、其肉体の生涯を営むかぎり、其愛より来る歓楽を感じ、又これよりする種種の快楽に住すべし。されど、神を愛し、隣人を愛するものは、其肉体の生涯を送れるうちは、是の愛より起る歓楽と、これよりする善き情動に伴う所の歓楽とをあらわに感ずることなく、只一種微細なる福祉を覚るのみなり、何となれば、此福祉は彼の内分に蓄積せらるる所にして、肉体に属する外分これを蔽い、此世の思慮《わずらい》これを鈍らしむればなり。死後に至りて此情態全く一変す。自己を愛し、世間を愛するより来る歓楽は一変して苦悩と畏怖となり、之を地獄の火と呼ぶ、而してこれによりて彼等の歓楽はその汚れたる快楽に相応せる臭穢汚濁の糞土に転化す、而かも奇とすべきは、是の時彼等之を楽しむこと是なり。されど、神を愛し、隣人を愛せるものは、その世にありたる時、微かに覚えたる歓楽と僅かに感じ得たる福祉とを一転して天界の歓楽となし、今や往くとして明かに之を覚え、之を感ぜずと云うことなきに至る、何となれば、彼等世にありし時、其外分に蔽われながら内に蓄積したる福祉は、其時現前して、顕著なる感覚となるべければなり。彼等は今や霊におれり、而してその感ずる所は霊の歓楽なり。

四百二　天界一切の歓楽は、用と和合してその中に在り、そは用とは天人が居る所の愛及び仁の諸徳なればなり、故に各人の歓楽は其用に依るものにして、その歓楽の等差はまた用に対する情動の如何によるものとす。天界の歓楽はすべて用より来る歓楽なる事は、人間の五官に比較して明かなるべし。感官は、各〻其用、即ち視・聴・嗅・味・触の用によりて、其歓楽を全うするものにして、各官に特有の楽しみあり、視覚は形の美なるを楽しみ、聴覚は音調の和せるを楽しみ、嗅覚は香の快きを楽しみ、味覚は味の美なるを楽しむ。諸感官が種種に遂げ行う用に至りては、之を研究したる者の知る所なれど、相応の事理に悉しき者の之を知ること更に精なるには如かず。視覚に此の如き楽しみあるは智性即ち内視のために其用を遂ぐるにより、聴覚に此の如き楽しみあるは智性と意性とのために其用を遂ぐるにより、嗅覚に此の如き楽しみあるは脳髄と肺臓とのために其用を遂ぐるにより、味覚に此の如き楽しみあるは胃腑のために其用を遂げ、随いて全身に営養を供するによるなり。婚姻より来る歓楽は、触覚の頗る純にして精妙なるもの、其用の故を以て、その楽しみ他に勝れり、その用とは、人類の繁殖、随いて天界における天人の繁殖もまたこれによるを云うなり。是等の歓楽は、天界よりの内流によりて諸〻の感覚の上に存せり、而して天界における各種の歓楽は皆、用に依り、用に従うものとす。

四百三　世上の流説に従える一部の精霊は以為《おもえ》らく、天界の幸福とは一種の閑生涯にして、只人に服侍《かしず》かれて無事に送るべきものなりと。されど天人は彼等に告げて曰う、只無事・無作なるを幸福とすべからず、また之によりて幸福を求めんとすべからず、何となれば各人皆他の幸福を以て己が有となさんと願うべければなり、而して何人も此の如き願を抱かざるはなきが故に、何人も之を達し得ざるべし。此の如き生涯には、活動なくして、只弛怠あり、諸官能は休歇して少しも動かず。されど幸福なるものは活動よりのみ来るものなることを知らざるべからず、活動を停止するは、更に気力を鼓舞し、また活動の生涯に帰らんため、只一時の休養をなすにすぎず。其後数多の証拠によりて、天人の生涯は仁恵の諸徳即ち用を成し遂ぐるにあることを示されたり、天人の一切の幸福は、此用のうちにあり、用よりしてあり、用に随いてありと知るべし。かの天界の悦楽は、倦怠の生涯にあり、無事にして永遠の悦楽中に起臥し生息するにありと思えるものをして、自ら慚愧せしめんため、此の如き生涯を経験することを彼等に許されたることあり。是の時、彼等始めて此の如き生涯は最も哀れなるものなるを知覚したり、即ち一切の悦楽は此に至りて絶無となるが故に、彼等は暫くにして之を否み、之を厭うに至るなり。

四百四　又他に勝れて物学べりと自ら信ぜるものあり、此精霊は云う、世にありし頃、彼等は天界の悦楽を以て只神を讃美して之を光栄にするに在りとなし、而して活動の生涯とは之より外になきものと信ぜり、と。されど天人彼等に告げて曰う、神を讃美して之を光栄にするは、活動の生涯となすべきものにあらず、神に讃美の要なく、又之を光栄にすべき要なし、と。蓋し神の意旨は、一切をして其用を遂げしめ、善行即ち仁恵の諸徳をなさしめんとするにあり。されどかの精霊は仁恵の諸徳中に天界の悦楽あることを会得し得ず、只これを以て奴僕の観をなすに過ぎず、されど天人は此の如き善行を遂ぐる裡に十分なる自由の存するを証せり、何となれば、自由なるものは内的情動より起るものにして、云うべからざる歓楽の之に伴うあればなり。

四百五　他生に入るものは大抵以為らく、地獄の地獄たると、天界の天界たるとは一にして、何人にも同様なるべしと、されど其実天界にも地獄にも無限の変態あり、異様あり。甲の地獄は決して乙の地獄と同じきことなく、甲の天界は必ずしも乙の天界と一ならず、仮令えば、或は人間、或は精霊、或は天人、之を面貌の一事に見ても一として相同じからざるが如し。われ嘗て、全く相似、相等しき二体を思惟したるだけにて、天人は怖れを生じて曰く、すべて全分の成るは数多の異物相倚り相和する所にありて、而してその全分の性相は是等の諸事物が如何に相倚るかに由りて定まるべし。天界の各団体が個個に一をなし、また諸団体が全般に亘りて一をなすは此の如くにして然り、而してこの一たるを得るは只主の愛によるものとす。天界における用もまた千態万状なり。各天人の用は決して相同じからず、故にその歓楽とする所も亦決して自他相等しきを得ず。且つ又一一の用に伴える歓楽の数は無限にして、この無数の歓楽にまた万殊の趣あり、されど是等のもの皆一定の順序に遵いて相和合するが故に、互に相尊重すること、人体中の諸肢節・機関・臓腑が、各〻其用を遂ぐるに似たり、又殊に各肢節・機関、及び臓腑における各細胞・各繊維が其用を遂ぐるに似たり、是等の諸事物参差交互して序を乱さず、相互に他の福利を思わざるはなし、従いて、個個の福利を全体の中に求め、全体の福利を個個の中に収めざるはなし。是の如く、是等の事物の間に個体的及び全般的関係あるが故に、皆一体となりて活動す。

四百六　われまた時に、外的生涯の情態につきて、新たに地上より来れる精霊と物云えることあり、われ曰く、天界の主は何人にして、天界は如何に統治せられ、其形式は如何なるかを知るは必要なる事なり。地上においても、他国土に来るものは、先ず其国の君主は何人にして、其統治は如何なるかなど、その国土に関して其他多くの事実を知るを最も緊要の事となす如く、今や永遠に生息せんとする天界に来りては、此の如き事を知るの要益〻多きを加うる也。故にわれらは次の事実を知らんを要す、曰く、天界を統治するは主なり、宇宙を統治するも亦然り、蓋しこれを主宰するものはまたかれを主宰すべければなり、されば汝等が今おる所の国土は主に隷属するものなるを知るべし、而して此国土の律法は永遠の真理にして、其基礎をなせる法理は、汝等よろしく一切の事物に優りて主を愛し、又汝等の隣人を愛すること己れに優るべしと云うにあり、と。精霊は之を聞けるも、何等の答をなさざりき、そは彼等世にあるとき、此の如きことを聞かざるにあらざりしも、之を信ぜざりければなり。彼等は天界に此の如き愛あり得べきかを怪しみ、又隣人を愛すること己れを愛するに勝り得べきかを怪しめり。されど彼等は又かく教えられぬ、曰く、他生にありては一切の善徳の増長すること極めて大なり、肉体の生涯にありて、己れの如く隣人を愛するを以て極度となす所以は、彼等は物質的事物の裡におればなり、されどわれら一朝此の如き形骸を脱離するに至れば、その愛愈〻純となり、遂に天人の如くなりて、その隣人を愛すること己れに優るを得るに至るべし。蓋し天界にては人に徳を施すとき之に伴う歓楽あれども、之を己れに施すときは絶えて此事なければなり、但し此徳の他人に及ばんことを願うとき、従いて他の為めにとて之を行うときを除く、これを隣人を愛すること己れに優ると云うなり。又曰う、実に此の如き愛の存在し得べきことは、世上にて婚姻の愛に動かされ、わが配偶者の身の上に落ちかからんとする危害を除かんため、寧ろ其身を殺すものあるを見ば明白ならん、又親の子を愛するが如き、母は愛児の食物を欠きて苦しむを見んよりは、寧ろ己れ之に代りて饑え死なんとするを見ば明白なるべし、又真実の友愛の情ある処には、朋友の難に遭わんとするを見るや、其身を以て之を助けんとするあり、又只社交上の友誼に止まりて必ずしも実情あらざる場合にも、真心ある如く装いて、己れが最愛の所有品をも他に遣ることあり、此好意は必ずしも其心にあるにあらず、只其口に止まるものならんも亦妨げざるべし、最後にまた、愛の性たる、己れの為めにするにあらず、只愛そのものの為めに他に事うるを楽となすを察するときは、前に云える如き愛、実に存在することを明らめ得べし、されど己れを愛すること他に勝れるものは、其肉体の生涯にあるや、只私利をのみ是れ謀れる為め、此の如き事理を会し得ざるなり、況んやかの貪婪飽くなきものにおいてをや。

四百七　或る者あり、其肉体の生涯におれるとき他を凌ぎて威力を奮いしより、他生においても亦此の如く人の主たらんと願えり。されど天人彼に告げて曰う、汝は今や異なれる国土に来れり、此国土は永遠なり、汝が地上における主権は既に過ぎ去れり、汝が今居る処の世界にては、人は各〻その善と真とにより、又主の慈恩によるの外、尊重せらるることあらず、而して主の慈恩を受くるは汝が世上にありし時の生涯如何に由れり、又此国土にては、地上における如く、人は其富力と国主の寵恩とによりて尊重せらるるものとす、其富力とは善と真とにして、国主の寵恩とは人間が地上における生涯の如何によりて主より享くる所の慈恩を云う。然るに今之に反して汝もし自ら主とならんとせば、是れ真の主に対しての反逆なり、そは汝は今や他の国主によりて主宰せらるる所の国土に来りたればなり、と。彼の精霊之を聞いて心に愧じぬ。

四百八　天界と其歓楽とは、只大なるものとなるに在りと思える精霊あり、われこれと物云いしとき告げて曰う、天界にては極めて小さきを極めて大なりとなす、極めて小さきものには、力なし、証覚なし、而して彼は此力と証覚とを已れによりて得んと願わず、只主より得んとのみ願う。此の如くにして極めて小さきものは極めて大なる幸福を有せり、極めて大なる幸福を有するが故に、彼は極めて大なるものなり、何となれば彼は一切の力を主より獲て、其証覚は一切のものに優ればなり。もし極めて大なる幸福を享くるを極めて大なるものとなさずば、何をか然りとすべき。力あるものが其力によりて、富めるものが其富によりて、求めんとするは、極めて大なる幸福を享けんとするにあらずして何ぞや。天人又彼等に告げて曰く、天界とは大ならんがために、小ならんを願うことにあらず、かくせば是れ、大を望み、大を貪るなり、天界はわが心の中より已れよりも他を善くせんと願い、其幸福を進めんため之に事うれども、その報いを願うの私情あるにあらず、只愛の心よりする、これを天界と云う、と。

四百九　天界の悦楽は、其自性において、言語に絶せり、何となれば、此悦楽は天人の生涯の最奥底にあり、随いて彼等が一一の思想中、一一の情動中にあり、かくて又彼等が一一の言語中、一一の動作中にあればなり。恰も其内分全く豁開して、意に任せて歓楽と福祉とを受くるに似たり、此歓楽と福祉とは一一の繊維中に浸潤して遂に全身に充溢す。此悦楽を感覚し知覚する模様は言語の尽す所にあらず。此悦楽は先ず最奥底に始まりて、之より其各部分に流れ入り、遂に外分に向いて、伝播、増長せざることなし。善霊の未だ天界に上らざるの故を以て此悦楽の何たるを知らざるもの、天人より放散し来る愛の円相を見て、歓楽の情に充つるや、恍惚として酔えるが如くなりき。天界の悦楽の何たるを知らんと願うものは此の如きを経験することあり。

四百十　或る精霊、天界の悦楽の何たるかを知らんと願い、之を知覚するを許されたることあり、されど彼等は之に堪うるを得ざりき、而かも此悦楽は天人の悦楽にあらず、僅かに其最低度に及べるものなりき（こは交通の理によりて、わが又知覚するを得たる所なり）、されば其微弱なる、殆んど之を冷かなりと云うべきほどなりしも、精霊は之を以て天界に属するものとせり、蓋しこは彼等のために最も内的なる悦楽なりしなり。故に天界の悦楽には等差あるのみならず、又甲の最も内的なる悦楽となす所は、僅かに乙の最下、或は中間の悦楽に及ぶものなるを見るべし。又人にして其最も内的なる悦楽を享くるときは、彼は己が天界的悦楽中におるものと云うを得べし、彼もし之を超越して一層内的なる悦楽を得んとすれば、彼は却てこれが為めに苦痛に堪えざらんとすべし。

四百十一　或る悪しからざる精霊あり、定に入りて眠れるが如くなりしが、その時彼等が心の内分だけは昇りて天界に至れり、蓋し精霊は其内分の未だ啓けざるに当り、天界に導かれて、其処に住まえる天人の幸福に関して教え諭さるることあればなり。彼等は半時間ばかり入定せる後、又もとの外分中に回り来りたるが、その時彼等はその見たる所を想い起すを得き。彼等曰う、われらは天界に行きて天人と倶なりき、われらが見たる所、知覚したる所の事物は、人をして驚殺せしむるものあり、その金銀珠玉の如くに輝きたるが、最も妙なる形式の裡に寓せられ、而してその形式の千態万状にして尽す可からざる、只管驚愕の外なし、されど天人の楽しとする所は、是等の形体そのものにあらず、是によりて表象せらるる所のものにあり、而して此物たる、神的にして、言説すべからず、無限の証覚に充てり、天人は之を見て悦楽す、其外天界にある様〻の事物はその数無限にして、人間の言語にては其百千分の一をも尽すを得ず、もし強いて之を云わんとすれば、物質的思想の裡に堕在せざるを得ず、と。

四百十二　他生に入り来るものは、大抵天界の福祉及び幸福の何たるを知らず、蓋し彼等は内的悦楽の何たるかを会得せず、只肉体及び世間に属せる喜意と悦楽とよりして之を想像するに過ぎざればなり。故に彼等は己れの未だ知らざる所を以て有ることなしと思えり、されど肉体及び世間に属する諸〻の悦楽は之を天界のに比ぶれば何等の価値あらず。善意を有するものにして、而かも未だ天界の悦楽を知らざるものは、之をして其の何たるかを知らしめ、会せしめんため、天人は先ず彼等を楽園の景色中に導き入る、而して此景色の美妙は到底想像の及ばざる所なり。其時彼等以為《おもえ》らく、天界の楽園は此処にあるべしと。されど天人は彼等に諭して曰わん、こは天界に属せる真実の幸福なるものにあらず、こは、と。かくて彼等はまた悦楽の内的情態は如何なるものなるかを知るを許さるるべし、こは彼等が心の最内底にて知覚する所なり。これより後、彼等はその内底に徹して一種平和の情態を生ずべし、是の時彼等其の誤れるを悔いて云う、此の如きは言語・思想の尽す所にあらず、と。彼等は最後に又其内底に徹して無垢の情態に導かるべし。此の如くにして彼等は何をかまことの霊的・天的善となすべきかを知るに至るなり。

四百十三　天界とは何か、天界の悦楽とは如何なるものなるかを知らんため、われは屢〻主の許しを享けて、永く天界の悦楽よりする歓喜の情におるを得たり。故にわれはその何たるかを自家の実験によりて知れども、これを記述せんはわが能くせざる所なり。されど二、三の観察によりて多少か其概念を伝うべし。天界の悦楽とは無数の歓喜及び悦楽に対する一個の情動なり、是等無数のものを概括して全般的のものを現じ、是等全般的事物又は情動中に又無数の情動の調和せるあり。されど之を知覚するは其最も普遍なる所においてするが故に、その知覚は分明ならずして朦朧たり。われは又許されて、此中にある無数の事物が天界の順序に従いて流れ出で、排列せるさま、わが言語の説き尽し得ざる所なるを知覚するを得たり。此順序はまた情動の最も微細なる点に至るまで行わるれども、之を知覚するときは只最も普遍なる事物として現前するに過ぎず、而して此の知覚の度は是等の情動を有する人の能量如何によるものとす。一言にて之を曰えば、各情動の全般的なるものには其中に最も完全なる順序によりて排列せられたる無限の事物あり、而して是等の事物は一として生命あらざるはなく、自余のものを動かすに必ずその内底よりす、蓋し天界の諸悦楽は内底よりして伝わり来ればなり。われ又此の如き歓喜及び悦楽は心臓より来るごとく知覚せり、而してその之より一切内底の繊維を通じ、進みて繊維の集団中に入りて伝播するや、その進行極めて柔かにして、之に伴う歓楽の情は頗る内的なり、各繊維は歓喜及び悦楽そのものより成れるに似たり、知覚及び感覚の量も亦之によりて同じく幸福に充ちて活躍するに似たり。肉体の快楽よりする歓喜と、是等の諸歓喜とを比するは、恰も濃密にして且つ辛辣なる塵埃を、清らかにして且つ頗る軟かなる微風に比せんが如し。われはまたわが楽しみをすべて他に譲らんと思うときは、以前のよりも一層内的にして十分なる歓楽の、其跡に流れ入りて断ゆることなく、弥〻之を思えば、弥〻流れ入るを見たり。而してわれは又この流入の主よりするものなることを知覚しぬ。

四百十四　天界にあるものは、みな生涯の春時に向いて絶えず進行せり、されば天界に住むこと久しきを経るに従いて、彼等が逢う所の春時は益〻楽しくして幸なるものとなる、而して此情態は彼等が愛と仁と信との進歩及び等差に従いて、永遠に増進するものとす。老い衰えて死せる婦人と雖も、もし其世にあるとき、主を信じ、隣人を愛し、婚姻の愛に厚かりしものは、その年の加わるに従いて、また〳〵少時の花期に帰り、妙齢の美婦となる、而して其美なることは、わが視覚にて得たる美の概念の及ぶ所にあらず。此の如き美妙の相は、彼等の衷《うち》にある善と仁との両徳が自らの像相をここに現前せるなり、その面上における至微の一線と雖も仁愛の情と美とを表わさざるはなきが故に、此の如き婦人は仁恵の本然の姿なりと謂うべし。故に彼等を一見して驚歎措く所を知らざるものありき。天界にありて活ける仁恵の姿は、仁恵自ら之を描ける如くにして、之を見れば、天人の全身、殊にその面貌において、分明に仁恵の何たるかを見得べく、又顕然として之を知得すべし。此姿に対すれば其美言語の外にありて、見る者の心を其最も深き処より動かして仁愛の念に充たしむ。一言にて云えば、天界にて老ゆるは若やぐなり。世にありて、主を愛し、隣人を愛せるものは、他生に往きてみな此の如き姿を現ず、其美云うべからず。一切の天人はみな此の如き姿を有せり、而かも其中に無数の変態あり、これによりて天界成る。

天界は広大無辺なること

四百十五　天界の広大無辺なることは、先章に説き表わせる数多の事由により明かなるべし、殊に天界は人類より成ること（三百十一より三百十七）、教会内に生れたるもののみならず、教会外に生れたるものも亦天界に往くこと（三百十八より三百二十八）、かくて地球の創造せられて以来、善を行いたるものは一切天界にあることを明らめたるが故に、これによりて天界の広大無辺なるを知るべし。全世界に如何ばかり多衆の人民あるかは、此地球上における区域・分界・国土などに関して多少の知識あるもののすべて推知する所なるべし。多少計算に心あるものは、数千の人、日毎に死し、数万、数百万の人、年毎に死するを発見せん。此は数千年前の太古より始まれる所にて、是等の人は悉く其死後他界に来り、又絶えず来らんとするなり、他界とは即ち霊界の謂いなり。されど是等の人〻のうちにて、既に天界の天人となりたるもの、及び将にならんとするもの、果して幾何なるかは今記し得る限りにあらず。われ聞く、古代にては人間の想念、今日よりも尚お内的且つ霊的にして、其情動も亦従いて天界的なりしを以て、天人となり得るもの頗る多かりしが、世を経るに従い、人〻次第に外的となりて、其想念は自然的となり、其情動亦従いて世間的となれるが故に、天人となるもの漸く少なくなれりと、是によりて先ず此の地球上の住民だけにて成れる天界の如何ばかり多衆なるかを明らめ得べし。

四百十六　一切教会の内外に生れたる小児は悉く主の養い給う所にして、而して彼等は遂に天人となるが故に、これによりて主の天界の如何に広大なるかを明にすべし、何となれば是等の小児だけにても地上における全人類の五分の一乃至四分の一に及ぶべければなり。如何なる処に生れたりとも、即ち教会の内と外とに拘わらず、又其両親の有信なると兇悪なるとに拘わらず、一切の小児は死後すべて主の摂受し給う所となり、神の順序によりて天界に教育せられ、善に対する諸情動を修習し吸引して、之より真に対する諸知識を得、その後智慧と証覚との円満なるに従いて、天界に導かれ、天人となることは、上来既に見たる所の如し（三百二十九より三百四十五）。是の故に、天地創造以来今日に至るまで、天界には小児より生長せる天人だけにても如何に多衆なるかを推知し得べからん。

四百十七　わが太陽系中、眼に見ゆる限りの惑星は各一個の地球なること、及び其外宇宙に散在せる無数の地球には皆住民あることを知らば、これより推して、主の天界の如何ばかり広大なるかを明らむべし。是等の諸地球に関してはわれ別に一小冊子を著わして之を説けり、今其中より引用せんに、曰く、衆多の地球ありて、其上に住民あり、精霊と天人と亦此の処より来ることは、他界におるもののよく知る所なり。蓋し真理を愛し、随いて用を愛するものにして、わが地球以外の諸精霊と物語るを願うときは、その願い許さるることあり、而して彼等は之によりて宇宙には数多の世界あることを知るべく、又人類はわが一地球のみに限られずして其他無数の地球にも存在することを知るべし。われ嘗て此事をわが地球より来れる諸精霊と云えることありき、其時曰う、苟くも知識あるものは、彼が見聞覚知より推して、地球の数は一、二にして已まず、且つ其上に住民あることをも会得すべし。何となれば、惑星の如き厖大なる諸天体（その中にはわが地球よりも大なるあり）が只空空漠漠として存在して、太陽の周囲を回転し、其薄暗き光を以てわが一世界を照らさんためにのみ作られたりとは、単に道理より推しても、しか考うるを得ず、必ずや其用の更に高大なる順序のうちに存するものあるべし。

そも〳〵神格の宇宙を創造し給える目的は、人類の存在せんため、及び之よりして天界の存在（人類は天界に往くものを保育する所なるが故に）のために外ならざるを信ずるものは、而してこは何人も信ぜざるべからざる所也、また地球ある処、必ず人類あるべきを信ぜんと欲せざらんも得ざるなり。吾人の眼に見ゆる各惑星は、わが太陽系の限域中にありて亦一個の地球なることは、次の理にて明かに知り得べし、即ち諸惑星はわが地球の如き物体より成るものにして、また太陽の光を反照し、これを望遠鏡にて見るときは光焔に燿ける星の如くならずして、暗黒の斑点処処に散在すること猶お地球の如し、又諸惑星はわが地球と同じく太陽を周り、黄道に沿いて進行するが故に、その上には年あり、春・夏・秋・冬の四季あるべし。つぎに又わが地球の如く、惑星は各自の地軸によりて回転するが故に、その上にはまた日あり、朝・午・夕・夜の区別あり。又惑星のうちには、衛星と呼びて、月の之を回るあり、わが地上の月の如く、一定の時を限りて其地球を回転す。土星は太陽を離るること遠きが故に、一種の大なる光帯ありて之を繞れり、この光は反照の光なれども土星のこれによりて照らさるること大なり。是等の事実を知れるもの、理性に基づきて思惟せんには、如何にして是等の諸惑星をただ空漠無人の天体となすを得べきか。且つわれは此事につきて精霊と語れり、曰く、宇宙には唯一の地球のみ存在するにあらずして、此外数多の地球あるべきは、無数の星あり、太空に満ちて其極まる処を知らざるを見ても信ぜらるべし、而して是等無数の星は一一、その在る処においては、又は其系統中においては、一個の太陽にして、大小相同じからざれど、皆わが太陽に似ざるはなし。

此事実に就きて正当に思考するものは、此の如き広大なる宇宙は、その全体をあげて、必ず或る目的に達するまでの手段なること、而して其目的とは天地創造の終局の目的なることを推結せざるべからず、終局の目的とは即ち神格が天人及び人間と共に住まんとする天界の国土なり。何となれば、見る限りの宇宙、即ち此の如き無数の太陽たる諸星の光に輝ける蒼穹は、諸〻の地球及び其上に住まえる人類の存在（天界の国土は此人類より成る）のために過ぎざればなり。是等の事実より推して、理の如く思考せん人〻は、此の如き広大なる目的の為めに造られたる是の如き広大なる手段は、只一地球の人類のみのためとは思い得ざるべし。無限なる神格より見れば、百千万の地球及び其地上におる住民を挙げて、悉く一小事の看あるべし、否、殆んど無有と同じかるべければ、此宇宙と云うも、彼よりすれば何かあらん。

諸〻の知識を集むるを以て唯一の学問となし、之をまたなき楽しみとなせる精霊あり、此の如きは諸方を遊歴するを許さるるが故に、わが太陽系のみならず、他の太陽系内に入りて知識を求むることあり。彼等曰う、住民を有せる地球の数は無限にして、啻にわが太陽系のみならず、此外に出でたる星斗闌干の天亦然らざるはなし、と。是等の精霊は水星より来れるものなりき。之を計算せるものの言によるに、もし宇宙に一百万の地球ありて、各地球上に三億の人類住み、六千年の間に二百代の相続あり、各人又は各精霊を容るるに三立方エルを以てするとも、此全数はわが地球が塡塞せる空間を充つるを得ず、僅かに一惑星の衛星が塡塞せる空処を充たして少しく余りあるに過ぎざるべし、宇宙の広きより見れば此の如き空処は極めて小なるものにして殆んど見難しと云い得べからん、そは肉眼にては衛星は殆んど見得べからざればなり。宇宙の創造者に取りては、此の如きもの何かあらん、彼は全宇宙を充たすとも、尚お足れりとはせざるべし、そは彼は無限なればなり。われ此事に就きて天人と語れり、彼等曰う、われらも亦此の如く思惟す、創造者の無限なるより見れば、人類何ぞそれ僅少なるや、されどわれらの思索は固より空間に基づくものにあらずして、皆情態よりするを知らざるべからず、と。又曰く、此の如く思い運らすときは、たとい万に万を畳ねて、考え得る丈けの数を以て世界の数となすとも、主の眼より見れば、これ将た何かあらん、と（『宇宙における諸地球』二・三・六・一二六を見よ）。

宇宙における諸地球、其住民、其処より来る精霊と天人とに関しては、前に云える小冊子を参考すべし。彼書中のことはわがために黙示せられたる所にして、主の天界の広大無辺なること、天界は皆人類よりすること、及びわれわれの主は到る処天地の神と是認せらるることを世に知らさんためなり。

四百十八　主の天界の広大なることは、又天界を其全般より見て一個の人に似たりと云うによりて、これを明らむべし、天界はまた人間に属する諸〻の事柄、大となく小となく、悉くこれと相応するものにして、而して此相応たるや決して充足の期あらざるなり。何となれば全身中の各肢節・各機関・各臓腑との相応あるのみならず、又一一の個体中、至微のものに至るまで、其中にある小臓腑及び小機関と、其全分において、又その各局部において、一一の細胞、一一の繊維と皆相応あればなり、又啻に是等との相応のみならず、また天界の内流を内に享くる機制的実質との相応あればなり、此に機制的実質と云うは、人の由りて以て内的活動を営む所のものにして、心の運用に服事せり、何となれば、凡そ人の内底に存在するものは必ず形式を有せり、此の形式やがて是れ実質なればなり、蓋し実質を以て属性となして、その裡に存在せざるものは、これ無有なり。天界一切の事物は人間一切の事物と相応することを説けるとき見たる如く（八十七より百二）、是等のものは一として天界と相応せざるはあらず。而して此相応は決して充足の期あらざるなり、そは人身の各肢節に相応せる天人の諸会同益〻増加するに従いて、天界は益〻円満となればなり。天界にては一切のもの唯一の目的を有して、皆一致して之に赴くが故に、天人の数弥〻多くして天界の円満弥〻増進す。此目的と云うは一般の公利を指せるなり、此目的を主となすときは、各人に対しては公利より来る福利あり、全衆の上に在りては各人の福利より来る福利あり、その此の如くなるは、上に見えたる如く（百二十三）、主は天界にあるものをしてすべてこれを己れに向わしめ給い、之によりてすべてを主と一体とならしめ給えばなり。多衆相協力し相合同するときは此に円満あり、殊に今云える如くにして始まり、今云える如くにして団結するときは、愈〻此の如きことあり、こは少しにても光明ある理性を基として思惟するものの明かに見得る所とす。

四百十九　われは又許されて、天界における住民の区域と無住民の区域とを見たるに、無住民の区域の広大なることは、たとい数万の地球ありて、各地上の住民、わが世界の如く多からんに、これを以て此処を塡充せんとするも、永遠に渉りて尚お之を能くせざるべしと思われたり。此事につきては、わが小冊子『宇宙における諸地球』(Earth in the Universe) 中、第六十八節を見よ。

四百二十　天界は広大ならずして、狭小なりと云うものあり、彼等は聖言にある所言をその文字の義に解して、しか推測せるなり。即ち彼等が根拠とする文句は、曰く、天界にては貧しきもののみ摂受せらるべし、曰く、択ばれたるものの外は摂受せられず、曰く、教会内の者のみ許されて、其外のものは許されず、曰く、天界は主の取りなしをなし給えるもののみの為めに有り、曰く、天界充つる時は閉じらるべし、而して此の時は予め定まれり、と。されど彼等は天界の決して閉じらるる事なきを知らず、又予め定まれる時あるにあらず、又一定の数に限られたることなきを知らざるなり、択ばれたるものとは善と真とによりてその生涯を営むもの、貧しきものとは善と真との諸知識を有せざれども之を冀えるもの、此願いの故に、又彼等を飢えたるものと云うことを知らざるなり。

　聖言を会得せざるによりて天界を以て狭小なりと思うものは、又天界を以て或る一定の処に在るもの、而して人は此に来り集まるものなりと想像す、されど天界が多くの団体より成ることは上に見えたり(四十一より五十)。彼等又以為らく、天界は何人にも方便をからざる直接の慈恩によりて賜わるものなり、かくて天界に入るを許さるるもの、此に摂受せらるるものは、主の特寵を受けたるものなりと。殊に知らず、主は限りなき慈恩によりて、主を享くるものは何人と雖も、皆これを天界に導き給うことを。神の順序に遵える律法を愛と信との誡と云う、此誡によりて生涯を営むものは、皆主の享け給う所なり。又主の慈恩とは、此の如く幼少の時より、世上における人生の終焉に至るまで、及びそれより以後永遠に渉りて主のために導かるるを云うなり。故に知るべし、一人として天界の為めに生れざるはなく、此世に在りて已れのうちに天界を享くるものは、死後また天界に摂せられ、然らざるものは天界より斥けらるることを。

精霊界

何をか精霊界と云うこと

四百二十一　精霊界は天界にあらず、又地獄界にあらず、両者の間に介在せる中程の位地、即ち情態これなり、こは人の死後先ず到る処にして、此処におること稍〻久しき後、彼は世上にありし時の生涯の善否によりて、或は天界に昇り、或は地獄界に堕落す。

四百二十二　精霊界は天界と地獄界との間にある中程の位地にして、又人間の死後における中程の情態なり。精霊界が中程の位地なることは、其下に地獄あり、其上に天界あるを見て明かなり、又その中程の情態なることは、人間此処におる限りは、天界におるにもあらず、また地獄におるにもあらざればなり。人間における天界の情態とは善と真との和合にして、地獄の情態とは悪しきと偽りとが人間に在りて和合せるを云う。人霊のうちにある善、真と和合するとき、彼は天界に入る、そは今見たる如く此和合は即ち彼の裡にある天界なればなり、されど人霊のうちにある悪、偽りと和合するときは、彼地獄に到る、そは此和合は即ち彼のうちにある地獄なればなり。此の如き和合は精霊界にある時行わる、人は此の時中程の情態におるが故に。智性と意志との和合と云うも、真と善との和合と云うも同じきなり。

四百二十三　まず智性と意志との和合及び此和合の真と善との和合に似たることにつきて少しく云う所あるべし、そは此和合は精霊界にて行わるればなり。それ人は智性と意志とを有するものにして、智性は諸真理を摂受し、且つこれによりて形成せられ、意志は善を受くる器となりて、また之によりて形成せらる。故に、人の会得する所と此会得によりて思惟する所とを真と云い、又人の志す所と此志よりして思惟する所とを善と云う。人は智性によりて能く思惟し、またこれよりして真なるもの及び善なるものを知覚すれども、彼は意志によりて之を思惟することあらず、但し彼之を志して之を行うときを除く。もし人、此くして之を志し、之を行うときは、真理は彼の智性と意志との裡に存するが故に、また其人格の中にありとなすべし。何となれば、人格は智性のみにてなるにあらず、また意志のみにてなるにあらず、両者の和合を必要とすればなり、故に其意志と智性との中にあるものは、亦その人格の中にあるものにして、彼が所有となるを得るなり。智性のみの中にあるものは、其人格に伴えりと云うべからんも、彼の中にありとすべからず、此の如きは只、彼が記憶中の一事、記憶中にある知識の上の一事にして、彼が独居せざるとき、即ち他人と共なるとき、彼はこの知識につきて思い運らすを得べし。此の如くなるが故に、彼は此事に関して言説すべく、究理すべく、又之によりてその情動を詐り、身振りを装い得べきわけなり。

四百二十四　人は智性によりて能く思索すれども、之と同時にまた意志によりて思索し能わざるは、これ彼をして善に遷るを得せしめんがための方便なり。蓋し人の善に遷るは真理に拠るものにして、而して真理は前に見たる如く、智性に属すればなり。人の生るるや、其意志より見れば、即ちその我のままなるときは、悪しきことのみなり、彼は只己れのみよからんことを願いて他を顧みず、而して己れのみよからんことを願うものは、他の不幸を見て喜ぶ、其不幸却て己れの利となるときは、殊に然りとす、何となれば彼は、すべて他人の利福、其の名誉たると、財力たるとを問わず、之を己れの有となさんことを願えばなり、されば彼が喜びは其成功に従いて大なり。此意志を改めて善に遷るを得せしめんため、人には諸真理を会得するの力、賦与せられたり、此真理によりて其意志より起る一切不善の情動を伏断せんとするなり。故に人は智性によりて真理を思惟し得、又之を言説し、之を行うを得れども、もしその我よりして、即ち其心よりして、真理を志し、真理を行う情態に入ることなければ、其意志によりて真理を行うを得ざるなり。此の如き情態に入るとき、その人が智性によりて思惟する所は、即ち彼が信仰より来るものなるべく、而して其意志より思う所は、即ち彼の愛より来るものとなるべし、故に此時、信と愛と彼に在りて和合すること、猶お智性と意志と和合するが如きものあるなり。

四百二十五　故に智性中の諸真理が意志中の諸善と和合せる限り、即ち人はかくして真理を志して之を行う限り、彼は天界ありとなすべし、そは上に云える如く、天界とは善と真との和合せるを云えばなり。されど智性中の偽りと意志中の悪と和合せんには、そのとき彼は地獄ありと云うべし、地獄とは偽りと悪しきとを和合せるを云えばなり。されど智性中の真未だ意志中の善と相和合せざるときは、彼を以て中程の情態にありとなす。今の世、人間は大抵此情態におれり、彼は真理の何たるを知り、又、知識の上、理性の上にて真理を思惟し得れども、彼が実地其身に行う所の真理に至りては、或は多く、或は少なく、或は絶無なり、或は悪を愛する心、即ち偽りの信仰よりして真理に背ける動作をなすあり。故に人は天界と地獄界との何れかに適従するところあらんため、死後先ず精霊界に導き入れらる、天界に昇るべきものには此処にて善と真との和合行われ、地獄界に投げらるべきものには此処にて悪と偽りとの和合行わる。何となれば、天界にても、地獄界にても、不決定の心を有するを許さず、即ち智性に此を思いて意志に彼を志すが如きを許さず、必ずや、其所志を了知し、其所知を志願せざるべからざればなり。されば、天界にては善を志すものは真を了知し、地獄界にては悪を志すものは偽りを了知せり。是の事由によりて、善きものには、諸偽あることなく、真理のみありて、其善と一致し調和す、しかるに悪しきものには、真理なくして偽りのみありて、其悪と一致し調和す、精霊界とは如何なるものなるかはこれにても明らめ得べし。

四百二十六　精霊界におるものは頗る衆し、そは、精霊界は一切のものが始めて会合する処にして、此処にてまず験され準備せらるればなり。彼等が此処におるべき期限は一定せず、之に入るや直ちに、或は天界に上り、或は地獄界に投下せらるるあり、或は此処にあるあること数週間なるものあり、或は数年なるものあり、されど三十年を超えて此処にあるものあらず。此く時限の等差あるは人の内外分の間に相応あるとあらざるとによる。されど此精霊界において人は如何にして甲の情態より乙の情態に移り、かくして準備を全うするかは次章に説くべし。

四百二十七　人の死後、精霊界に来るや、主は直ちに彼等を明白に甄別し給う。悪しき者の直ちに地獄界における団体に赴くは、彼等の世にあるや、其所主の愛は此に所属したればなり、又善きものの直ちに天界における団体に赴くは、彼等の世にあるや、其愛、其仁、其信は正に此に所属したればなり。分劃此の如く判然たれども、肉体の生涯にありしとき、朋友となり、知己となれるもの、特に夫婦・兄弟・姉妹となれるものは、其願いに任せて、此精霊界において会談するを得べし。われは、一人の父、六人の子と相語り、且つ之を認識せるを見たり、又其外親戚及び朋友と同伴せるものをも多く見たり、されど彼等は世に在るときは、其性情を異にせるにより、間もなく相分れ去りぬ。彼等一たび此処を去りて、或は天界、或は地獄界に行くときは、また相見ることなく、相識ることなし、但し同一の愛によりて同一の性情におるものを除く。彼等の相見るや、天界又は地獄においてせずして、只精霊界においてする所以は、精霊界におるものは肉体の生涯を送れるとき有したると相等しき諸情態に交〻導き入れらるべければなり。されど其後は彼等は所主の愛に等しき一定の情態におりて、その互に相知るは其愛において相似たるに由るのみとす、何となれば、上に示せる如く（四十一より五十）、相似たる者は和合し、相似ざるものは分離すればなり。

四百二十八　人間にありては、精霊界は天界と地獄界との中程の情態なるが故に、その位地また中程なり、其下を地獄となし、其上を天界となす。一切の地獄界は此精霊界の方面に対しては塞がれり、只僅かに岩間の罅隙に似たる穴あり、裂け目あり、又大なる門戸ありて之と通ぜるのみ、而して此門戸には守衛ありて、人の濫りに出入するを許さず。此許しを受くるは緊急の必要あるときに限れり、こは間もなく次に記すべし。天界も亦其四方は塞がれり、天界の団体に通ずべき途もあらず、僅かに一条の狭き路あり、守衛之を守る。是等の出口及び入口は、聖言に所謂る地獄及び天界の門戸なるものなり。

四百二十九　精霊界は山岳と岩石との間にある谷に似たり、此処彼処《ここかしこ》に曲折の処あり、又高き処あり。天界の団体に通ぜる諸門戸は、天界に入るべき準備を了えたるものならでは見るを得ず、他のものは之を発見することなし。精霊界より各団体に通ずべき入口は唯一なり、途を上るに従いて分れて数条となる。地獄に通ぜる門戸は此に入らんとするもののために開く、その外のものは見るを得ず、其開くを見れば薄暗くして、恰も煤多き窠に似たり、斜めに下向して深坑に入る、此処にまた数個の戸口あり。是等の窠孔より悪臭鼻を衝きて出で来る、善霊は之を嫌悪するが故に怖れて走り去れども、悪霊は之を楽しむが故に好んで之を求む、何となれば、世にある人が己れの自性に属する悪を喜ぶが如く、死後に至れば何人も亦その悪に相応せる悪臭を嗅ぐを喜べばなり。此点においては彼等を、貪婪飽くなき禽獣、即ち烏・狼・豚の類に比すべし、彼等は腐屍・堆糞など嘔吐を催さんとするものを喜び、その臭を逐いて集まる。われ嘗て、一個の精霊が、天界の気息に遭えるとき、内辺の苦しみに堪えずして、一声高く叫べるを聞けることあり、されど彼は其後地獄界の悪臭を嗅ぐに及びてや、悠然として心に之を喜びぬ。

四百三十　又各人に二個の門あり、一は地獄に向いて開けり、それより来る悪と偽りとを容れんが為めに開けるなり、一は天界に向いて開けり、それより来る善と真とを容れんが為めに開ける也。悪と其偽りとにおるものは地獄門を開放せり、天界より流れ来る光明は上方の隙間より僅かに数条の線光を下すに過ぎず、彼が能く思惟し究理し言説するは、此光によるものとす、されど、善におり、また随いて真におるものは、天界の門を豁開せり。蓋し、人の理性心に達する途二つあり。高き途、即ち内の途は、善と真とが主より入り来る途なり、低き途、即ち外の途は、地獄界より悪と偽りとが忍び入る途なり、此中間に位して理性心あり、両つの途之に向う。故に天界の光入り来る限り、人は理性的なるを得れども、之を拒みて入れざれば、その人自らは如何ばかり理性的なりと思わんも、その実性は既に亡べり。いま是等の事を記述するは、人をして、彼は天界と地獄とに対して如何なる相応を有するかを知らしめんとてなり。

人間の理性心はその成立のときに当り精霊界に相応す、其上にあるものは天界に相応し、其下にあるものは地獄界に相応す。天界に入る準備をなせるものにありては、其上方の事物開けおれども、下方の事物は閉じて、悪及び偽りの内流を受けず、されど地獄に入る準備をなせるものにありては、下方の事物開けて上方の事物閉せるが故に、善及び真の内流を受けず。これを以て後者は只脚底即ち地獄を望むの外なく、前者は只頭上即ち天界をのみ仰ぎ得べし。頭上を仰ぐは主を望むなり、何となれば主は共通の中心点にして天界の事物皆之を仰げばなり、脚底を瞰むは主に背きて反対の中心点に向うなり、地獄の事物は皆、此点を望み、此点に傾く（上を見よ、百二十三及び百二十四）。

四百三十一　上来云う所の精霊とは何れも精霊界の所住者の謂いにして、天人とは天界の所住者の謂いなり。

人はみな其内分において一個の精霊なること

四百三十二　此事項につきて思惟を回らしたるものは誰も、人の思索する所あるは、身体の所為にあらずして、心霊の所為なるを知るべし、何となれば、身体は物質的なれども、心霊（此不滅につきて言をなせるもの頗る多し）は即ち人の精霊にして、精霊は全く不滅なるものなり。人の身体中にありて思索するは此精霊なり、そは精霊は霊的にして、霊なるもののみ能く霊的を摂受し、霊的に生息す、即ち思索し意志するを得べければなり。故に体中に現わるる一切の理性的生涯は精霊に属せり、一も身体に属せるはあらず。何となれば先に云える如く、身体は物質的なり、而してかく身体に属するが故に物質的なるものは、人の精霊をして、自然界にありて生涯を営み、用を遂げしめんため、精霊に附加せられたるもの、又殆んど附合せられたるものとも謂い得べければ也。世間における万物は物質的にして、それだけにては生命あらざるなり。此の如く、物質的なるものには生命なく、只霊的なるものにのみ生命あるが故に、人身中にて生命あるは其精霊にして、身体の之に服するは、猶お器物が一種の活きて動ける力に服するが如しと謂うべし。世には器物を以て、或は働き、或は動き、或は打つと云うことあれども、実際是を以て器物そのものの活動となし、而して此器物を用いて、或は働き、或は動き、或は打つ所の人あるを信ぜざるは誤れりとなすべし。

四百三十三　この身体中にありて活けるもの、生命ありて動作し、且つ感受するものは、皆ただ精霊のみより来りて、自体よりせざるが故に、実際の人格をなすものは精霊そのものなることを知るべし、別語を以てすれば、人格そのものはまた一個の精霊にして、精霊と相似たる形式のうちにありとなすべし。何となれば、人の身体中にありて生命あり知覚あるものは皆その人の精霊より来る所にして、而して人の身体中にあるものは、頭部より脚底に至るまで、悉く皆生命あり、知覚あらずと云うことなければなり。故にもし身体にしてその精霊より分離するときは、之を死となせども、実際の人格なるものは尚お此に残留して且つ生命を有せり。われ嘗て之を天界より聴く、曰く、死せるもののうちには、その復活するに先だち、尚お棺車の上に横わるとき、冷却せる死体の裡にありながら思索を運らすことあり、また彼等は尚お自ら生命を有せるものと思う外他念あらず、但し彼等はその身体に属する物質的部分に対して毫も之を左右する力なきのみ、と。

四百三十四　人は何かの実質的所依なくしては思索し且つ意志するを得ず、人の能く此の如きを得るは、実に此所依の実質に由り、又その中においてするものとす。実質的所依なくして而かも存在する如く思わるるものは、其実は無有なり。次の事実を見て之を知るべし、即ち、人はその視覚の所依たる眼根なくしては見るを得ず、又聴覚の所依たる耳根なくしては聴くを得ず、是等の機関を離れて見聞することありと云うも、是処あることなし、是の如きは実に無有なり。今、想念は内視なり、知覚は内聴なり、このもの亦前者と同じく、実質の中にあり、実質によりて起るにあらざれば、有るを得ることなし。是等の実質は即ち機制的形態にして、諸官能の所依なりとす。是に由りて人の精霊は亦同じく一種の形態中にあるを知るべし。此形態、即ち人の身体なり、故に精霊は身体を離るる時と雖も、身体に在りし時と同じく感受あり、感覚あり。眼にある生命、耳にある生命、一言にて云えば、人間が有する諸感覚の生命は、すべて其肉体に属せずして、是等の諸機関の中及び其至微至小の局部中に存せる精霊に属するものとす。故に精霊は人間の如く、見、聞き、且つ感ずるを得るなり、されど肉体と分離して後は、是の如き精霊の働きは自然的ならずして霊的なり。精霊が肉体中にありし時有したる自然的感覚は、これと融合したる実質的部分より生ずる結果なり、されど其時においてすら人間は尚お之と同時に想念と意志とによりて霊的感覚をも有しき。

四百三十五　わが今是等の事を云えるは、理性を具えたる人をして、人格をそのものより見れば元是れ一個の精霊なることを信得せしめんがためなり、此精霊に附合せられたる肉体的形骸は、自然界・物質界にありて精霊に服事せんがためのものにして人格そのものをなすにはあらず、僅かにその精霊の用を成就せんための器械に過ぎざる也。されど此事を道理によりてのみ推究するときは、之を会得せざる人多かるべければ、寧ろ之を経験の上より確かむるに如かず、又既に反対の見解を確定したるものに至りては感覚上の諸訛を基礎としてこの道理を究めんとするが故に、わが道理上のみの推究に対しては疑を挟むことあるべし。既に反対の見解を定めたるものは常に以為《おもえ》らく、動物の生命あり感覚あるは猶お人間の如し、されば彼等にもまた人間の精霊に似たる霊的一物なき能わず、而かも此の如きは其肉体と共に死し去るにあらずやと、されど彼等は動物の霊的方面は人間の霊的方面の如くならざるを知らざるなり、何となれば人間には動物が有せざる所の一個内底なるもの存すればなり。即ち人間の精霊中には神格の流れ入るあり、人間はこれによりて神格に向進し之と和合せんとする也。故に人間は神に関し、又天界及び教会における諸〻の神事に関して思索するを得べし、又是等の事物により、是等の事物において、神を愛するを得べし、かくして人間は能く神と和合するなり、而してこは動物の為し得ざる所とす。然るに神格と和合し得べきものは離散するを得ざれども、そのこれと和合し得ざるものに至りては遂に離散の期あり。

　人間が動物を超絶する所以は其内底にありと云うは既に之を云えり（三十九）、されど今記したる如き謬見を基として種種の譎詭を生ずることあり、これを一掃するの必要あるが故に、此にまた前言を繰り返さざるべからず、此謬見は畢竟ずるに知識の欠乏と偏狭なる智性とより来る所にして、人をして此の如き問題に就き合理的結論に達するを得ざらしむる也。前に述べたる所に曰く、「終りに臨み、是等三層の天界における諸天人につき少しく密意を述ぶべし。こは度のことわりを明らめたるもの嘗てあらざりしが故に、何人の心にも未だ浮ばざりし所とす。即ち各天人及び各人間に、最奥、即ち頭《スープリーム》等の度又は分と云うべきものあり。主の神格はまず、即ち直接に、此処より流れ入り、これより順序の度に従いて、次に自余の内分を整理す。この最奥・頭等の度を呼びて、主が天人及び人間に入るの門となすべく、又彼等のうちにおける主が特別の居処となすべし。人に此最奥・頭等の度あるが故に、人は人として畜生界を超出す、畜生界には此の如き度あることなし。是の故に人間は畜生界と異なりて、その心及び稟性の上に一切の内分を有し、是等の内分によりて、主のために高められて、主に到り、主を信じ、主を愛し、かくして遂に主を見るを得、又智慧と証覚とを受けて、合理的言論をなし得る也。是の故に人間の生くるは永遠なり。されど此最奥において主が成し給える施設と準備とに至りては、如何なる天人と雖も、明かに之を意識する能わず、そは天人の思慮の及ぶ所にあらず、証覚の達せざる所なればなり」。

四百三十六　人間はその内分において一個の精霊なることは、多くの経験によりて、わが許されて知れる所なり、而してこの総てを此に書せんには多くの頁数を必要とすべし。わが諸精霊と物云えるは一個の精霊としてなりき、また肉体に在る一個の人間としてなりき。かく一個の精霊となりて彼等と物云えるとき、彼等はわれを以て亦一個の精霊に外ならず、而して彼等の如くまた人身を有せるものと思えり、彼等は能くわが内分を見たり、そはわれ一個の精霊として彼等と物云えるとき、わが物質の肉体は彼等の見る所とならざりければなり。

四百三十七　人は其内分において精霊なることは、人死して身体と分離するとき、人格は尚お依然として存するによりて明かなるべし。此事を確かめんため、われは許しを受けて、生前わが知れる殆んど総ての人〻と物云うを得たり、此会談、或は数時に渉り、或は数週乃至数月、或は数年にも及びぬ、こは要するにわれをして事実を確かめ、之を証拠せしめんがためなりき。

四百三十八　此に附加すべき事は、人〻の精霊は此肉体にあるとき既に諸精霊と交際せることこれなり、されど彼等自身は之を知らず。即ち善人は精霊によりて天人の団体中におり、悪人はまたこれによりて地獄界の団体中におり、死後に至りてまた善悪各〻同一の団体中に入るものとす。此事は死後精霊界に来れるもののために、屢〻語られ、また証拠せられたる所なり。人此世に住めるうちは、その思索は自然的なるが故に、精霊として其団体中に加わることあらず、されど其想念迥然として肉体を脱離するものは、其時精霊のうちにあるを以て、或は各自所属の団体中に現前することあり、此時彼を見るものは、容易くこれを他の諸精霊と分別するを得べし、何となれば、彼は思いに沈みつつ黙然として徘徊し、他を顧みざること、恰も之を見得ざるが如くなればなり、もし精霊のこれと物云うことあれば、彼忽然として消失す。

四百三十九　人はその内分において精霊なることを説明せんため、われはここに、人は如何なる方法にて身体を脱離し、又如何にして其精霊に運ばれて他処に到るかを、経験の上より説くべし。

四百四十　まず第一項、即ち人は如何にして肉体を脱離するかと云うに、此時人は、睡眠にあらず、覚醒にあらざる一種の情態に入るものにして、此情態にあるときは彼は只自らは十分に覚醒せるものとのみ思えり。此情態におけるときの諸感覚は醒醒として、恰も肉体の最も覚醒せるときに異ならず、視覚・聴覚、皆然らずと云うことなし、而して此に特に奇とすべきは、其時に当り触覚の精妙となること到底肉体醒覚時の触覚の及ばざることこれ也。此情態にありて精霊及び天人を見るときは、彼等の生気活在するを認むべく、また彼等の言語を聞くを得べし、尚お奇とすべきは彼等に触接し得ることこれなり、こは肉体に属するもの少しも此間に入り来らざればなり。此情態を呼びて肉体脱離の時と云う、此時人はその肉体のうちにおるを覚えず、またその外におるを覚えざるなり。わが此情態に導き入れられたるは三、四回に過ぎざりき、こはわれをして此情態の何ものなるかを知らしめ、又これと同時に精霊及び天人には諸感覚あること、人間の身体を脱離して精霊となる時にも亦此の如く諸感覚あることを知らしめん為めなりき。

四百四十一　第二項、即ち精霊によりて他処に導かるとは何のことなるか、及びこは如何にして行わるるかにつきては、われまた実地の経験によりて之を知るを得たり、されどこは二、三回に過ぎざりき。いま一例を記すべし。われ嘗て或る市街を通行し、それより郊外に出でたることありしが、われはそのとき歩行しつつ諸精霊と物語りいたり、わが眼は開けて平時に異ならず、われは只醒覚せりとのみ思えり、されど其実われは幻想の中にありしなり、途すがら森・河・宮殿・家屋・人間など種種の物体を見たれども、われは嘗て躓くことあらざりき。されどかくして歩むこと数時の後、われは忽然として肉体に返り、その眼に触るる所、以前と趣を異にするを覚えたり。わが驚愕は一方ならざりき、而してわれは此情態は即ち精霊によりて他処に到るときの情態なるものに等しきを知覚せり。此情態の継続せるうちは、幾何の路程を歩したるかを知らず、又幾何の時間又は日数を費せるかを知らず、又更に疲労の心地あるを覚えざる也。されどその人は未だ嘗て知らざる道筋をたどりながら尚お予定の場処に到りて誤らず。

四百四十二　されど、是等両個の情態、即ち内分にある時の人の情態（精霊にある時の情態と云うも同じ）は、異常なり、そのわがために示されたるは、われをして其何たるを知らしめんがためなりき、蓋しこは教会内に知れおる所なればなり。而して諸精霊と物云うこと、又彼等の位に入りて其一員となることは、過去数年間、肉体の全然醒覚せる時、わが親しく経験するを許されたる所なり。

四百四十三　人はその内分において精霊なることは、前に第三百十一節より第三百十七節に至りて、天界及び地獄は人類より成ることを云えるときに説き及ぼせる所なり、ここに示せる所を見れば、益〻わが言を確かめ得べからん。

四百四十四　人は其内分において精霊なりと云うは、人の想念及び意志に所属せる事物の上より見てしか云うなり、何となれば、是等の事物は人の内分にして、人をして人たらしむる所以なれば也、而して人は其内分以外に出ずるを得ず。

死後の蘇生及び永遠の生命に入ること

四百四十五　もし人の肉体にして其精霊が有する所の諸想念と諸情動と（是は霊界より来るものなり）に相応して、その自然界における諸官能を全うし得ざるときは、之を呼びて死となす、肺臓の呼吸息み、心臓の鼓動止まるとき即ち此事あり。されど此時その人格は死せるにあらず、只此世にて用をなせる肉体の部分より分離せらると云うに過ぎず、人格そのものは猶お活けり。かく云う所以は、人の人たるは肉体の故にあらずして其精霊の故なればなり、此精霊は人の中にありて思索す、而して人格とはこの思想と情動とを合わせたるものの謂いなり。故に人の死すると云うはただ此世界より彼世界に遷ると云うの義なるを明らむべし。是の故にまた聖言の中に死と云うは、其内的意義において、復活の謂い、生命永続の謂いなるを知るべし。

四百四十六　精霊と呼吸及び心臓の鼓動との間に内的交通あり、そは、精霊の想念は呼吸と通じ、其愛より来る情動は心臓と通ずれば也。故に是等両個の活動息むとき、霊と肉と直ちに分離す。肺臓の呼吸と心臓の鼓動とは精霊を繫げる命脈にして、之を壊てば精霊已れに帰る、かくて肉体はその精霊の生命より分離するが故に次第に冷却して遂に腐爛せざれば已まず。人間の精霊が呼吸及び心臓と内的交通をなす所以は、人間の生死に関する活動は、全般的に、個個に皆肺・心両機関に頼る所あればなり。

四百四十七　人の精霊は分離後尚お暫く其体中に残りて、心臓の鼓動全く止むを待つ、而してこは人の死因如何によりて生ずる所なり、即ち或る場合には心臓の鼓動永く継続し、或る場合にはしかく永からざることあるべし。此鼓動息めば人は直ちに甦えるべし、されどこは只主のみの為し給う所とす。復び甦えるとは、人の精霊其の肉体を脱離し霊界に導かるるの謂いなり、普通に之を復活と云う。心臓の鼓動息むまで、其精霊、肉体より分離せざるは、心臓は情動に相応すればなり、情動は愛に属し、愛は人間生命の本体なり、蓋し愛によるが故に人には各〻生命《いのち》の熱あり。而して此和合の継続するうちは相応の存在あるを以て、精霊の生命尚お体中にあるものとす。

四百四十八　われは如何にして人は甦えるものなるかを伝え聞けるのみならず、また実地の経験によりて、わがために示されたり。かくわが経験し得たるは、われをして此途行《みちゆき》を十分に会得せしめんためなりき。

四百四十九　われ嘗て肉体の感覚上より見て、人事不省とも云うべき情態に導き入れられたることありしが、当時われは殆んど将死の人の如く見えき、されどわが内的生涯とその想念とは其ままに残りいたるにより、わが身の上に生ぜる出来事、及び死より甦える人の上に生ずる出来事は、之を知覚してわが記憶の中に保持するを得たり。当時わが肉体の呼吸は殆んどなきが如く覚えたれども、わが精霊の呼吸は尚お残りて、静かに音なき肉体の呼吸と和合しき。此時、心臓の鼓動は天国と相通ずるに至れり、そは天国は人の心臓と相応すればなり。われは又天国より来れる天人を見たり、遠く隔たれるものもありしが、わが頭辺には両個の天人ありて坐せり。かくてわがすべての情動は取り除かれたれども、想念と知覚とは尚ありき。

此情態にあること数時の後、われを囲繞せる諸精霊は、われを以て死せりとなして退き去れり。われはまた香料を塗れる身体より来る如き芳香を嗅ぐを覚えぬ、蓋し天国の天人現前するときは、死屍に芳香あるを覚ゆればなり。諸精霊此香を嗅ぐときは近づくを得ず、人の始めて永生に入るとき、諸〻の凶霊、その人の精霊を離るるに至るは此の如くにしてなり。わが頭辺に坐せる天人は黙然たりしが、只其想念はわが想念と交通しき。かくて彼等の想念摂受せらるるとき、天人はわが精霊の其肉体より分離し得べき情態にあることを知る。想念の交通は天人がわが面を眺むるときに生ずるものとす、そは想念の交通はすべて此の如くにして天界に行わるればなり。かくわれに想念及び知覚の尚お残りいたるは、われをして、心霊の蘇生は如何にして行わるるかを知らしめ、且つ記憶せしめんがためなりしを以て、われは天人の先ずわが想念の如何なるものかを知らんとするを能く知覚せり、又われは天人のわが想念は将死の人が有する所の想念なるか（こは大抵永生の事に関せり）を確かむるを知覚したり。其後われ之を聞く、人の精霊は肉体の末期に当りて抱持したる所の最後の想念をば死後暫くは保存すれども、時を経るに従いて彼はもと世にありし時抱持したる諸想念の裡に還り来ると、蓋し是等の諸想念は彼が全般的情動、即ち所主の情動より来る所のものなり。われは特に許されて、わが心の内分、即ちわが精霊が肉体より牽かるるが如く、又殆んど抽き出さるるが如きを知覚し、且つ感受するを得たり、われ之を聞けり、こは主の所為にして、復活を行う方便なりと。

四百五十　天国の天人は特に甦えらんとするものに附き添いて去るを欲せず、そは彼等は一切のものを愛すればなり、されどもしこの精霊にして永く天国の天人の群に伍し得べき情態にあらざるときは、彼等は遂に之を去らんと願う。此の如きことあるときは、天人、主の霊国より来りて、この精霊をして光明の用を得せしむ、何となれば、彼は今只想念のみを有して、未だ見る所あらざればなり。われはまた此事の如何にしてなさるるかを見得たり。即ち霊国の天人は精霊のために左眼の覆いを鼻梁の方面に向いて巻き上げたる如く見えたり、此は其眼睛を開きて視覚を回復せんためなりき。されど天人は実地にしか為たるにあらず、只精霊のみ実に此事ありしと知覚するに過ぎず。かく眼の覆い巻き上げらるると覚ゆるや、少しの光あり、されど尚お暗し、人の始めて醒むるとき眼蓋の間より物を見るときの如し。われはこの薄暗き光を見て天界の色彩かと疑いぬ、されど其後聞く所によれば、この色彩は人によりて異なれりと。其次にわが面より何ものかを柔かに巻き上ぐる如き心地せり、此事あるとき霊的想念入り来るものとす。此の面より何ものか巻き上げらるる如きも亦一種の幻像に過ぎずして、自然的想念より霊的想念に遷るを表象せんためなりと云う。天人は今将に甦えらんとする人より、愛に本づかざる想念の起り来らんことを恐れて、注意周到を極む。此時、天人彼に告げて、彼は一個の精霊なりと云う。かく光を与えたる後、霊国の天人は、此の新来の精霊が現在の情態にありて願い得べき一切の事を彼が為めに弁じ、又彼が会得する限り、他生の事物につきて彼に教うる所あり。されども此精霊にその教を受くるの心なきときは、彼は諸天人の伍を去らんと願うべし。諸天人にはこの精霊を捨てて去るが如きことなけれども、彼自ら其伍を離れ去る、何となれば天人は一切を愛するが故に、此精霊のために好誼を尽し、教訓を伝えて、之を天界に導かんと思うの外他念なければなり、是れを彼等が最高の歓楽となす。されど此精霊此の如くにして自ら天人の群を離れんとするときは、善霊来りて彼を摂受し、彼、是等の精霊と共なる間は、彼等これがためにあらゆる好情を尽さずと云うことなし。されど此精霊世にありたる頃、善霊の群に入るに足るべき生涯を送らざりしならんには、彼はまた是等の善霊をも離れ去らんと願うべし、此の如くにして、此精霊遂にその世にありし時の生涯と一致するものを得て之と群居するにあらざれば、此の転遷を休止せざるべし。此の如く自己の生涯に順適せるものを発見するに及びて、彼はここに亦在世中の生涯に似たるものを送らんとするなり、誠に不思議なることどもなり。

四百五十一　されど此の人間死後の生涯における第一期は二、三日以上相続するものに非ず、而して其後、彼は如何にして甲の情態より乙の情態に遷りて、終に、或は天界、或は地獄に赴くかは次に説くべし、これまたわが多くの経験によりて知るを許されたる所なり。

四百五十二　われ嘗て死後三日目の精霊と物云えることありき、上に記せる（四百四十九・

四百五十）如き事項は此日に生じたるなり。此中の三人は生前わが世にて知れるものなりしが、われ彼等に葬式の準備整いて彼等の屍体今や埋められんとすと告げぬ。われ此く「彼等を埋む」と云えるとき、彼等之を聞きて恐惶一方ならずして曰う、われらは尚お生けり、われらが朋友は只その世にあるとき、われらのために役使せられたるもののみを埋めて可なるべし、と。其後彼等は尚お世にありし頃、死後此の如き生涯ありと云うことを信ぜざりしを思いて、驚くこと甚しかりき、特に教会内の人にして之を信ずるもの極めて稀なるを見て、彼等は愕然たりき。世にあるとき、肉体は死すれども、霊魂の生涯の尚お相続すべきを信ぜざりしものは、その死後尚お生けるを見て、慚愧措く所を知らず。此の如き不信仰によりて決定したるものは、その同類と相集まりて自ら有信者より分離す。彼等は大抵地獄界における団体に赴くものとす、何となれば、此の如くにして彼等はまた神格を否定し、教会の諸真理を蔑視したればなり。霊魂の永生を肯わざるものは亦天界及び教会の事物を肯わざるものなり。

人は死後円満なる人身を有すること

四百五十三　人間精霊の形式は人身なること、即ち精霊は其形式において尚お人間なることは前数章に云える所にて明かなるべし、殊に各天人は円満なる人身を有せりと説ける章下に明かなるべし（七十三より七十七）、又人は其内分において一個の精霊なること（四百三十二より四百四十四）、及び天界における天人は人類よりすること（三百十一より三百十七）より見てもまた明かなるべし。尚この事は、人の人たるは其精霊によりて其肉体によらざること、肉体の形式は精霊の形式に従いて之に附加せられたるものにして、精霊は肉体よりせざると云うことを見ば益〻分明なるべし、何となれば精霊は自己の形式に従える肉体を以て自ら蔽うものなればなり。故に人間の精霊は身体の各局部にわたりて活動せり、至微のものと雖も洩るることなし、而して此活動の微細親切なるや、もしわが身体に精霊の動かす所とならざるもの、即ち精霊の活動なき所あれば、此部分には生命なし。此事果して然るを知らんとならば次の事実のみを見て足れりとす、即ちわれらが所有の想念と意志とは、この身体の各部分を、全般の上より、個個の上より動かして権力至らざる処なく、一切のものは皆これを得て相協力す、もしこの協力に加わらざるものあらば、そはわが身体の部分にあらず、生命なきものとして外に投げ棄てらるべし。而して意志と想念とは人の精霊に属して、身体に属せざるなり。

　吾人が人間の形態中に身体を離れたる精霊を見ず、又他人の精霊を見ることなき所以は、肉体的視覚の機関たる眼根が、此世において見る限りのものは、悉く物質的なればなり、物質的なるものは只物質的を見るのみ、霊的なるものにあらざれば霊的を見るを得ず。故にいま肉眼の物質的部分を蔽いて、霊的部分との協同を絶つときは、此に始めて精霊の自相を見得べし、而して此自相は即ち人間の形態なり、かくして啻に精霊界の精霊を見得るのみならず、尚お肉体中にある人間の精霊をも見得べきなり。

四百五十四　人体が精霊の形式なる所以は、精霊の上より見て人は天界の形式に従いて造られたるものなればなり。何となれば天界と其順序とに属する一切の事物は亦人の心に属する一切の事物中に集め収めらるればなり。故に人は智慧と証覚とを受くべき能力あり。蓋し智慧と証覚とを受くべき能力と云うも、天界を受くるに足るべき能力と云うも同じ事なり、そは天界の光と熱とにつきて云える所（百二十六より百四十）、天界の形式につきて云える所（二百六十五より二百七十五）、天界は、全般より見ても、各部分より見ても、其形式上、概括して云えば、一個の人体に類せりと説ける章（五十九より七十七）を参照せば明かなるべし、而して此一個の人体に類せりと云うことは、天界と其形式とは主の神的人格よりするが故なり、こは第七十八節より第八十六節に説ける所とす。

四百五十五　理性を有せる人は、原因・結果の連鎖を尋ねて事物を見るが故に、随いて諸真理を秩序的に見るを得るが故に、如上の事項を会得すべからんも、理性を欠ける人に至りては之を会すること難かるべし。これには種種の原因あれども、其重なるものは、之を会得せんとの意志を欠くに在り、何が故に此意志なしと云うに、是等の事項は彼等が自ら真理と思える諸〻の虚偽と相容れざればなり。此の如くにして之を会得せんとの意志なきものは、己れが理性に達すべき天界の途を塞ぐものなり。されど此意志もし抵抗をやむれば、天界との交通は尚お開け得べし（上を見よ、百二十四 四）。

人もし其意志だにあらば、真理を会得して、理性的となり得ることは、多くの経験によりてわがために証拠せられたり。世にありし時、神格及び教会の諸真理を否みて理性に乖戻し、非理の上に自信決定したる凶霊ありき、彼等屢〻神の力によりて真の光ある処に転じ向わしめられたるとき、彼等は天人が為せる一切の事物を会得し、其の真理なること、及び彼等の之を会得せることを告白せり、されど彼等またその己れに帰りて、我意をのみ愛するに至れば、直ちに何事をも会せず、前に云える所を否まざれば已まず。

われはまた或る地獄の精霊の云えるを聞けり、曰く、われらは、その所為の悪しきこと、其所見の偽りなることを知り且つ覚ゆれども、われらは之を愛するの情、即ちわが意志に抵抗するを得ず、自ら悪しきを善となし、偽りを真となす如くに思惟せざるを得ざるなり、と。此の如くにして悪よりする諸〻の虚偽におるものと雖も、会得の力あり、随いて理性的となるに足ることを弁え得べし、只彼等は其意志なきなり、其意志なき所以は虚偽を愛すること真理に過ぐればなり、これ虚偽は彼等がおる諸悪に一致するに由る。之を愛すと云うも、之を志すと云うも同じ事なり、何となれば、人は志す所を愛し、且つ愛する所を志せばなり。故に人は其意志だにあらば、真理を会し得べき能力を有せりとなすべし、かくてわが天界及び教会に関する霊的真理を、理性上の考察によりて確かむるを許されたるは、道理に称える推究によりて多くの人〻の理性を塞げる虚偽を排除し、又かくして多少其眼界を闊大ならしめんがためなり。何となれば、理性上の真理によりて霊的真理を確かむるは、真理におるものが有する特権なればなり。人もし光明ある道理によりて聖言の中に含める真理を見るにあらざれば、誰か能く文字の意義にのみよりて聖言を解すべき。同一の聖言にして、而かも多くの異端ある所以は、此の道理を欠けばにあらずや。

四百五十六　人間の精霊は、身体を離れて後も、尚お一個の人間にして、人体と相似たる形態を有することは、多年の間日〻の経験にてわがために証せられたる所とす、何となれば、わが之を見聞せるは千度に及べるのみならず、われはまた諸精霊と此事につき語りて、世間の人は精霊の人間なることを信ぜず、之を信ずるものは学者之を愚かなるものとなすと曰えることあればなり。精霊は此の如き妄想の尚お世間に行わるるを慨けり、特に教会内に此事あるを慨きて曰う、此の如き所信は重に学者より始まれり、彼等は肉体の感覚に属せる事物によりて、霊魂の事を思惟して以為《おもえ》らく、霊魂は只想念上に在るものにすぎずと、而して彼等は想念を包蔵し涌起せしむる所の所主者を疎外して顧みざるが故に、彼等はこれを以て一種揮発性のものとなし、また純粋なるエーテルの如きものとなし、肉体の死すると同時に亦消散せざるを得ずとなせり。されど教会は聖言によりて霊魂の不滅を信ずるが故に、学者は止むを得ず霊魂を以て想念の如くにして多少生気あるものとなせり。されど彼等はこれを以て人間の有する如き感覚性あるものとはなさず、此感覚は其再び肉体と合するときにのみ有るべしと云う。復活に関する教説の基礎をなし、又最終の審判の時、肉体と霊魂と復た融和すと云う信仰に対してその基礎をなすは是の説なり。既に是の如くなるが故に、学説と臆断とによりて霊魂の事を思惟するものは、霊魂は精霊にして人体の形式を有せりと云うを会得する能わず。

寔に今の世、精霊の何たるかを知るもの殆んど之あらず、まして、天人の如き、精霊の如き霊的存在は、其形式において人体に似たりと云うをや。故に世間より来れるものは大抵其尚お生けるを見、また生前と同じく依然として人間なるを見て愕然たらざるはなし。彼等は見聞し言説し、又その身体には以前の如く触覚ありて、総て生前と相異なるなきを見て愕然たらざるはなし（上を見よ、七十四）。されど彼等自ら驚くことなきに至れば、彼等は次に何が故に教会は死後人間に此の如き情態あることを知らざるか、又天界及び地獄の事につきて知る所あらざるかを怪しむべし、彼等以為らく、而かも世にありしほどのものは皆他生に来りて人間の生涯を営まざるはなきにあらずやと。彼等は又何が故に此の如く教会の信仰に緊切なる事物が幻像によりて明かに人間に示されざるかを怪しめり。されど天界に声あり、彼等に告げて曰う、此はなし難きにあらず、もし主の御意にだに称《かな》いなば、これより容易きはなし、只如何にせん、彼等は深く是等の事物に背きて自信決定したるにより、たとい之を眼に見るとも彼等は之を信ぜざるなり、又虚偽におるものをして、幻像によりて確定する所あらんとするは危険なるわざなり、そは彼等はまず之を信じ、後に之を否み、かくして真そのものを瀆すべければなり、真を信じて後之を否むは汚瀆なり、真を否むものは地獄界中の最も低き処、最も哀むべき処に投下せらるべし。主が次に云い給う所は、此危険を意味せるものなり、曰く、「彼等目にて見、心にて悟り、改めて、癒さざることを得ざらんがために、彼等其目を瞽し、其心を頑梗《にぶく》せり」（ヨハネ伝、第十二章、四〇）と。又次の句は虚偽におるものの尚おその不信を止めざるを云えるなり、曰く、「アブラハム地獄にある富者に云いけるは、彼等にはモーゼと預言者あれば、之に聞くべし、されど彼等曰う、然らず、父アブラハムよ、もし死より彼等に往くものあらば、悔い改むべし。アブラハム云いけるは、彼等もしモーゼと預言者に聞かずば、たとい死より甦えるものありとも之を信ぜざるべし」（ルカ伝、第十六章、二九・三〇・三一）と。

四百五十七　人間の精霊始めて精霊界に入るとき（こは上に記せる如く、蘇生の後ほどなく起る所なり）、彼は尚お世間にありし時と相似たる面貌及び声調を有せり、そは彼は当時尚お外分の情態におりて、其内分未だ啓けざればなり。之を死後最始の情態となす。されどその後は彼の面貌転化して終に全く以前のと相異なるに至るべし、何となれば、彼が世にありし時其心の内分において主となりたる愛、即ち彼が情動の如何によりて、其面貌は次第に転化し之と相似るに至るべければなり、蓋し彼の精霊は尚おその身体中にあるとき此愛即ち情動を以てその生命となせしなり。人間精霊の面貌は其肉体の面貌と頗る相同じからず、後者は彼が父母より伝うる所なれども、精霊のは彼が情動より来る、即ち精霊の貌は情動の肖像なり。而して肉体の死後精霊が現ずる所の面貌は即ち此肖像そのものなり、此時、外分は除き去られて、内分のみ現われ出ずればなり、之を第三の情態となす。

われ嘗て世間より霊界に来りて未だ程経ぬ精霊を見たる事あり、其時われは彼の面貌と音声とにてその誰たるを認識したれども、其後再び之を見たるときは、相識らざりき。よき情動を有せるものは、其面美わしくなれども、悪しき情動におるものの面は醜し、何となれば人間の精霊は、其自性より之を見れば、情動そのものに外ならず、而してその面貌は此情動の外に現われたるものなればなり。此く面貌の転化するは、他生にありては、われにあらざる情動を詐り装うを得ず、従いてわが誠に有せる所の愛と相反せる面貌を装うを得ざればなり。他生にあるものは皆、其思想のままに言説し、その意志のままを面に現わし、また身体に現わすべき情態におるが故に、一切精霊の面貌は其情動の形態なり、肖像なり、故に世間にて相知れるものはまた精霊界にて相識るを得べし、但し天界と地獄とには此事なし（上を見よ、四百二十七）。

四百五十八　偽善者の面貌は他の精霊よりも後れて変化す、その故は彼等の内分は常によき情動を摸するに慣れおればなり。故に彼等は久しくその本来の不美を暴露することなし、されど彼等が虚飾は次第を逐いて取り除かれ、その心所成の内分は亦彼等が情動本来の形態に従いて変容すべきが故に、偽善者は其本色を暴露して、他の聖霊よりも醜なるに至る。偽善者とは天人の如く言説すれども、其内分には只自然界のみを是認して、神格を是認せず、従いて天界及び教会の事物を否定するものを云う。

四百五十九　各人が死後に受くる所の人間的形態は、嘗てその内分において神の事物を愛し、之によりてその生涯を営みたる度の多少に比例して、美醜を別つものなることを知らざるべからず。何となれば各人の内分の啓かれ且つ容づくらるるは、その愛及び生涯の如何によるものなればなり。故に情動益〻内的にして、天界に順適すること益〻大なれば、其面貌は美を極めり、彼等は実に天国の愛そのものを以てその容となせり。されど神の真理を愛すること稍〻外的なるもの、従いてその生を送ること亦外的なるものは、此の如く美わしからず、彼等の面貌の上に耀くは只その外分のみにして、内的なる天界の愛は此に耀かず、故に天界の形式そのものは亦此に現われず。其面上には稍〻朦朧なるものありて懸れり、このもの内的生命の照らす所とならずして活気を欠けり。一言にて云えば、一切のものは内分に随いて円満となり、外分に向うに随いて欠損す、美の損減も亦此の如し。われ嘗て第三天の天人の面を見たるに、其美わしさは、如何なる画家ありてその技術を尽すとも、其光明及び活気の千分の一に比すべきものを、彼が彩色の上に発揮し得べしとは思われざりき。されど最下天にある天人の面貌は多少之を描き得て真を得べからんか。

四百六十　終に臨みて従来知られざりし密意を記すべし。主より起り来りて天界を成せる所の善と真とは、一として人間的形態を存せざるはなきなり、啻に全体の上とその至大なるものとにおいてのみ然るにあらず、亦各部分とその至小なるものとにおいても、悉く然らずと云うことなし。苟くも主より真と善とを摂受するものは、すべて此形態の動かす所となり、また天界におるものは之を摂受するの度如何に従いて人間的形態を具うるものとす。故に天界は全般の上並びに個個の上より見て同一ならずと云うことなく、天界全般の形式、各団体と各天人との形式は皆人間的形態なり（こは先に第五十九節より第八十六節に至る数章中に示せる所なり）。ここにまた附加すべき一事は、天人の想念に属して天界の愛より来るものは亦悉く此形式中にあること是れ也。されど此密意は何人の智性にも容易に入らざる所なるべし、天人のみは天界の光明中にあるが故に明かに之を会得せり。

人間は他生においても亦此世にありしときの如き感覚・記憶・想念・情動を有すること、及び死後此世に捨ておくは物質的形骸のみなること

四百六十一　人の自然界より霊界に移るや、彼はその一切の所有即ち人間として彼に属せしものをすべて持ち去れども、只其物質的形骸のみ後に残しおくことは、多くの経験によりて、わがために証拠せられたるところなり。何となれば、人の霊界即ち死後の生涯に入るや、彼は自然界にありし時の如き身体を有すればなり、彼は何等の相違を知覚し又見得ざるが故に、打見たる所、塵身と霊身とに何等の相違あるを知らず。されどその実此身

体は既に霊的となれり、随いて物質的事物より分離せり、即ち純化せり。霊的なるものの相触れ、相見るは、猶お自然的なるものの相触れ、相見るが如くなれば、人一旦精霊となるも、彼は世にありし時の体中にありとのみ思えり、その嘗て死せることを知らざるなり。

精霊としての人間は亦世にありて感受せる如き内的並びに外的感覚を有せり、即ち彼の見ること前の如く、聞くこと、言説すること亦前の如し、嗅ぐこと、味うこと亦然り、触るる所あれば彼は亦前の如く之を感ずべし、また彼は旧の如く、求むるところあり、願うところあり、欲するところあり、彼は亦、思索し、省察し、感動し、愛し、意志す、而して学問を好むものは亦旧の如く読書し著述す。一言にて曰えば、此世より他生に移ること、即ち此世界より彼世界に移ることは、猶お甲処より乙処に転ずるが如し、何となれば彼は前に人として其身に保てる一切の事物を到る処に持ち行けばなり。故に人の死せりと云うは、物質的形骸の死を云うに過ぎずして、之がために自己を失うことあらず。

彼は又自然的記憶を有てり、蓋し彼は極めて幼少の時より終焉の時に至るまで、世にありて、其見聞せる所、読誦し、学得し、思索せる所は、すべて已れに留収せずと云うことなし。されど其記憶中にある自然的事物は霊界において再現すべからざるが故に、是等の事物は静息せり、猶お此記憶をもととして思索せざるときの如し。されど主の旨に称うときは、是等の事物再び現出することあり。此記憶及びその死後の情態につきては、間もなく後に至りて尚お詳しく説くべし。

感覚上の人は死後此の如き情態あることを会得せざるが故に、亦之を信ずる能わず、彼は霊的事物に関してすら自然的に思惟するより外なきなり、故に彼が知覚せざる所、即ち彼の肉眼にて見、手にて触れざる所は、彼之を断定して無有となす、約翰《ヨハネ》伝中のトーマスの如し（第二十章、二五・二七・二九）。何をか感覚上の人となすと云うことは上に記せり（二百六十七及び其註を見よ）。

四百六十二　されど、霊界における人間の生涯と、自然界の生涯とは大に異なれり、啻に外的感覚と之が情動のみならず、内的感覚と之が情動につきても亦然り。天界にあるものは、其知覚、即ち其見る所、聞く所は一層精妙なり、又其思索も世にある時よりは証覚に富めり、何となれば彼等は天界の光を以て見ればなり、而して天界の光は地上の光に超ゆること数度に上れり（百二十六）、彼等の聞くは霊的空気によれり、而してこは地上の空気に勝ること数度の上にあり（二百三十五）。是等の外的感覚の相違は、猶お地上における青天白日と暗澹たる雲霧との如し、又日中の光明と黄昏との如し、何となれば天界の光明は神真なるが故に、天人の視覚をして極微の物体をも知覚し分別せしむればなり。

天人の外的視覚は亦其内的視覚即ち智性に相応す、何となれば天人にありては此れと彼れとの視覚互に流入して其作動相一致すればなり、彼等が驚くべき鋭敏なる視覚を有するは是がためなりとす。彼等の聴覚は亦其知覚と相応せり、此知覚は智性と意志とに属す、故に彼等は言者の音声と語句とを聞きて、その中にその人の情動と想念とを知覚すること、至微の点に至りても誤らず、其音声中に情動の細目を知り、其語句中に想念の細目を知る（二百三十四より二百四十五）。されどこれ以外の諸感覚は視聴の両覚の如くに精妙ならず、そは視聴の両覚は智慧と証覚とを助くれども、他の諸覚には此事なし。もし両覚此の如く精妙ならざらんには、彼等が証覚の光と歓喜とは取り去られて、種種の情欲及び身体より起る諸欲これに代わるべく、而して是等の諸欲を喜ぶものはその智性暗くして弱し。世上の人を見て正にその然るを知るべし、味覚に耽り、触覚の誘惑に耽るものは、霊的真理を会すること鈍くして遅し。

天界の天人が有する内的感覚、即ち其想念と情動とに属する感覚は、彼等の世にありし時よりも一層精妙にして円満なることは、天界の天人の証覚を説ける章下に明かなり（二百六十五より二百七十五）。地獄界にあるものの情態はまた彼等が世上にありし時と大に異なれり、何となれば、天界の天人が其内外の感覚において大に円満にして精妙なる如く、地獄にあるものは之に逆比例して此両覚欠損して暗昧なればなり。されどこは尚お下章に述ぶべし。

人此世を去る時、一切の記憶を持ち行くことは種種の方法にてわがために示されたり、又われは記述に値すべき多くの事物を見聞せり、序を逐いて其二、三を述ぶべし。さる精霊、その世上にてなせる諸々の悪事と罪逆とを否定し、よりて自ら罪なきものと看られんことを願いしかば、彼等が行為は一一に暴露せられ、その幼時より終焉に至るまでの罪業悉く其順序に従いて彼等の記憶中より算え立てられたり。彼等は重に行姦・淫奔の徒なりき。

又よからぬ手段によりて他を欺けるあり、窃盗せるあり、是等詐欺及び偸窃の行為は一一其次第を逐いて計算せられぬ、而して是等の罪悪中には犯罪者の外殆んど何人も知らざるもの多かりき。彼等は皆之を是認せり、何となれば、是等の犯罪は白日の下に運び出だされたる如く暴露し、当時彼等の心に抱ける思想・計劃・歓喜・恐怖など一一に再現し来りたればなり。

賄賂を貪りて法廷を売りたる者も、亦此の如く其記憶に基づきて、一一暴露せられ、己が就職の日より最終に至るまで剰すことなかりき。彼等は、如何なる賄賂、幾何の賄賂を何の日に受けて、その時如何なる心を有し、如何なる目論見を抱けるかなど細大洩らすことなく、一時に之を其記憶に上ぼし、視覚の前に現わせり、其数数百を超えぬ。此の如き事数〻行われたるが、中につきて不思議に覚えたるは、是等の事項を書しおきたる彼等の覚帖まで、其面前に開かれて、一枚〳〵に読み上げられたること、これなり。

処女を誘惑して、之を辱かしめ、その貞操を破れるものも亦同一の審判に附せられき、彼等がこの罪逆を犯したる当時の状景悉く其記憶より引き出されて読み上げられたり。又彼等が辱かしめたる処女及び婦人の面貌までも、恰も其処に現前せる如く写し出され、犯罪の場処、其時の言語・計劃皆あばき晒されぬ。是等の事物は忽然として幻の如く現われたり、而して此の如きこと数時に渉りて始めて已みき。

又人を誹ることを軽視せるものあり、彼が行える誹謗及び讒毀は悉く次第を逐うて計えられ、其人が当時用いたる言語はそのままに再現し、何人を誹謗して、何人の前に之を云えるかに至るまで、一一彼の面前に活現せられたり、是等の事は、彼が世にありし時、心を用いて隠屏せんとしたる所なりき。又親戚を欺きて其遺産を奪えるものありしが、彼も亦此の如くにして其罪に服し、判決を受けたり、而して不思議なるは、彼等の間に交換せる書簡及び文書まで読み上げられたるをわが聞けるにあり、此中には一句の誤りなかりきと云う。此の同じき人、その前幾程もなく、私かに隣人を毒殺せることあり、此罪悪も亦此の如くにして顕わにせられぬ。此人その足の下に穴を穿つ如く見えしが、之より墓を出ずる如くに出で来るものあり、音声高らかに彼に曰う、汝はわれに何を為せしか、と。かくて其時の光景細大となく顕われ出で、此犯人がなれ〳〵しく物云えること、盃を勧めたること、又此れ以前に彼が私かに考えたること、是れ以後に起りたる事など洩らされたるはあらず。此の如く其罪を暴露せられたる後、彼は地獄に放たれぬ。

一言にて曰えば、一切の悪事・凶行・掠奪・偽巧・詐欺、悉く凶霊の前に明かに現出せられ、彼等の記憶中より将《も》ち出さるるが故に、彼等は其罪に服せざるを得ざるなり、又実に之を否定すべき余地なし、何となれば一切の状況暴露せずと云うことなければなり。われは又天人が或る人の記憶を看察し点検せるとき、われは其人が一ヶ月の中日〻何事を思想せるかを誤りなく見得たることあり、是等の思想は日〻彼の心にありし如く喚び起されしなり。

是等の例によりて、人は記憶をそのままに止め置くこと、世にあるときは如何に隠屏せることも死後現われざるはなきこと、而して是は諸人の面前にて起ることを明かにすべし。主の言葉に曰く、「それ掩われて露われざるものはなく、隠れて知れざるものはなし、是の故に爾曹《なんじら》幽暗《くらき》に語りしことは光明《あかるき》に聞ゆべし。密かなる室にて耳に附き云いしことは屋上に播《ひろ》がるべし」（ルカ伝、第十二章、二―三）と。

四百六十三　人死して後、その生前の行動暴露するときに当り、之が検校の職を司どる天人は、其人の面を熟視し、それより全身にわたりて検査す、その検査は左右の手の指先より始まりて、次第に全体に及ぶものとす。われ之を見て不思議に思いしかば、天人はわがために其理由を説明して曰く、人間の想念及び意志に関することは微細の点に至るまで悉く脳中に銘記せらる、そは脳髄は是等の事物の発足点なればなり。而して是等はまた全身にも銘記せらる、蓋し想念及び意志に関する事項は其発足点を出でたる後、全身に拡がり、これを終極点となして、ここに止まればなり。是の故に意志及びその想念より出でて記憶の中に銘記せらるるものは、啻に脳髄中に銘記せらるるのみならず、亦全身の上に銘記せらると云うべし、而して是等の事物はここにて身体諸部の秩序に従いて排列せらるるものとす。かくて人身の全体はその人の意志及びその想念をそのままに現露せり、即ち悪人はその自ら具うる所の悪の権化にして、善人は善の権化なるや明白なり。故に聖言の中に「生命の書」と云えるは、人の想念及び意志はすべて、その人の全身に銘記せらるるものにして、記憶中より之を喚び起すときは、ここに現前すること猶お文書を読むが如く、又此人の精霊を天界の光明中におくときは、一切のこと悉く眼前に現出するが如きを云えるや明かなり。

以上の事実に附加して、此に人の死後の記憶につき記すべき一事ありと云うは、一旦人の記憶に入れるものは、啻に全般的の事物のみならず、最も微細の点に至るまで悉く留存して決して塗抹せられざること之なり、而してこはわがために確かめられたる所なり。われ嘗て天界にて或る書巻を見たるに、其中の文字世間の文字に似たり、天人われに告げて曰う、是等の書巻は著者の記憶より成るものにして、彼が世にあるとき書きたる書巻中のことは一字と雖も此に欠けたるはあらず、と。かくして最も微細なる事情にして人の世にあるとき既に忘却せられたるものもその記憶中より呼び起さるべし。天人この道理をわがために説けり。凡そ人には、外的記憶あり、内的記憶あり、外的記憶は自然的人格に属し、内的記憶は霊的人格に属す。人の思想・意志・言語・所行、或はその見聞したる所まで、皆この内的・霊的記憶中に記入せられ、一旦記入せられたるものは決して抹殺せられず、何となれば、是等の事物は之と同時に精霊そのものの上に記入せられ、又身体の諸肢節に記入せらるること、上に云える如くなればなり、故に人の精霊なるものは其意志に基づける諸想念及び諸行動によりて成るものとす。是等の事物は互に撞著するが如く見ゆるが故に、之に信じ難しとなすもの多かるべきをわれは知れり、而かもこは真《まこと》の事実なり。故に人は決して其私かに思惟せる所、密かに行える所を以て死後にも尚お秘密に付し得べしと信ずべからず、如何なる至小の事と雖も、この時に至れば青天白日の如く顕著なることを了せんを要す。

四百六十四　外的即ち自然的記憶は死後尚お存すれども、其中にて純粋に自然的なるものは他生に再現せず、只相応によりて自然的なるものに附合せる霊的事物のみ再現す。されど是等の霊的事物も、視覚上に現前するときは、全然自然界にありし時の如き形態を具う。蓋し天界にて見る万物は世間の万物と相同じ、ただ其実性は自然的にあらずして霊的なりとす、こはさきに天界の表象及び形像を説ける章下に示しおけり（百七十より百七十六）。

外的即ち自然的記憶の中にて物質的なるものと、空間及び時間より来れる事物と、自然界に属する其外一切の事物とは、精霊に対してその用を遂ぐること、世に在る人に対する時と同じからず、何となれば、人の世に在るや、外的感覚上のみより思索して、之と同時に内的即ち智性的感覚上より思索せざるが故に、其思索は自然的にして霊的ならざれども、他生にては精霊は霊界にあるが故に、其思索するや自然的ならずして霊的なればなり。霊的に思索すとは智性的又は理性的に思索するを云う。故に物質的事物に関せる外的即ち自然的記憶は其時静息せり、但し、人、世にある時、物質的事物を所依として其心に吸収し、これを理性的となしたるもののみは他生にて用をなし得べし。物質的事物に関せる外的記憶の静息する所以は、霊界にては之を再現すべきようなければなり。蓋し精霊及び天人は彼等の情動とその想念とより言説するによる、是等は皆心の所属なり。故に是等の事物と相一致せざるものは彼等の言説し得ざる所とす、こは前に天界の天人の言語及び彼等と人間との会談のことを云える所に見て明かなるべし（二百三十四より二百五十七）。

是の事由により、人は死後或る程度までは理性的なり、此程度は、彼が世にありし時、語学を知り、学術に長けたる知識の程度にあらずして、是等の事物によりて如何ばかり理性的となれるかを云う。世に在りし頃、学者と称えられたる人〻と、わが物云えることありき、彼等は希伯来《ヘブライ》語・希臘語・羅甸《ラテン》語の如き古代の語学に長けたれども、是等の言語にて書ける文義を会得し、これによりて其理性的能力を修養するを怠りき。是等の事物の中には、何等の語学を知らざるものと同様に愚昧なるあり、又魯鈍なるさえあり、されど彼等には尚お一種自尊の気ありて、自らは他に優りて証覚を有せりと思えり。

われは又、其世にありける頃、人の証覚は記憶の大に比例すと信じて、無暗に多くの事物を記憶せるものと物云えることありき、彼等の言説は殆んど全く此記憶中より来れり、かくて彼等は自ら言説することなく、只他人のために喋喋するのみ、彼は嘗て此記憶中の事物に基づきてその理性を養わんとはせざりき。その中には魯鈍なるあり、又愚痴なるあり、真理を見ても其果して真なるかを会得せず、所謂る学者なるものが真理を語るを聞けば、これを以て直ちに真理なりとなして、その実虚妄の理なるを解せず、何となれば彼等は自ら真偽を甄別するの明なければなり、故に彼等は何事も理性的に看察することなく、只他の云う所を是れ信ずるに過ぎず。

われは又、世間にて多くの著述をなし、各科の学術にすら指を染めて、学名啧啧たりし人と物云えることあり。彼等の中には真理につきて其真否を論究し得るものなきにあらず、又真理の光におるものに向えば其真実なることを会得するものもあり、されど彼等は尚お之を会得するを好まざりき、故に彼等自有の虚偽の裡におるときは、即ちその自己に還るときは、また之を否定したり。又或は無学の鄙人よりも賢ならざるがありき。かくて同一の学者と呼ばるるものにても、彼が著述し又筆記せる学術上の事物によりて、其理性的能力を修養すると然らざるとにより、相互に異同あるを見るべし。されど教会の真理に反対して、学術上より思索し、虚偽の理によりて自信したるものは、理性的能力を養わずして、却て只論究の術にのみ長ぜり。世にはこの論究の能力を以て理性なりと信ずれども、其実は理性を離る、何となれば此は自ら好む所によりて事物を決定する能力に過ぎざればなり、而してその之を決定するや、先入の思想を基とし、虚偽を基とし、真理を見ずして、只非真をのみ見る。此の如き人は決して真理を是認するに至らず、蓋し真理は虚偽によりて見るべからず、而かも虚偽は真理によりて見るを得べければなり。

人の理性は、園庭の如し、花壇の如し、又新墾の田地に似たり。記憶はその土なり。学術的真理及び知識は其種子なり。天界の光と熱とは之をして成長せしむ、此の両者なくば発芽せず。人の光も亦然り、天界の光即ち神真と、天界の熱即ち神愛との入り来るにあらざれば生長せず、理性的なるものは只此両者より来る。天人は、多くの学者が一切の事物を自然に帰し、かくして自ら其心の内分を鈍くし、真理の光即ち天界の光によりて真理の何たるかを見得ざるを悲しむこと切なり。故に此の如き学者は他生にては論究の能力を取り去らる、彼等が此力を利用して魯直・善良なるものの間に虚妄の理を普及し、かくてこれを誘拐することなからんがためなり。彼等は又荒野に放たる。

四百六十五　さる精霊あり、肉体の生涯にありしとき知れる事物にして今想い起し得ざるもの多しと云いて怒り、且つこれがために失う所の楽しみ大なるを悲しめり。されど天人彼に告げて曰う、汝は何物をも失わず、汝は尚お凡ての事をあげて知らずと云うことなけれども、汝が今おる世界にては此の如き事物を想い起すを許さず、今や汝の思想及び言語は以前に比して優秀に且つ円満に近づかんとせり、汝の理性的なるものは、また昔日の如く、かの粗にして暗き物質的・肉体的なる事物の中に埋没せらるることなかるべし、是等の事物は汝が今おる所の世界にありては何等用いる所あらず、汝当にこれを以て足れりとすべし、汝は永遠の生命を養うに足るべき諸用はいま悉く之を有せり、汝が福祉及び幸福を得べき道は只之によるの外あるべからず、故に此国土にて汝が物質的事物は埋没し、静息して記憶中になきが如くなれども、これと共に汝の智慧も亦滅却すべしと信ずるは、一分の不覚なりと謂うべし、然るに其実は汝の心をして外的人格即ち肉体の諸感覚より脱離せしむれば、それに比例して汝は霊界及び天界に属する事物の中に高めらるるなり、と。

四百六十六　他生にありては、時として、是等両性の記憶の性相、彼処にてのみ見得べき形式をとりて眼前に現ずることあり、何となれば、人間より見れば只概念に過ぎずと思わるる所のものも、他生に在りては形態を受けて眼前に現ずること多ければなり。外的記憶は皮膚の硬くなれるに似、内的記憶は人間の脳中にある髄質の如きものと見ゆ、此の如くにしてわれらは其性相を知るを許さるるなり。肉体の生涯中、只記憶力のみを発達して、其理性的なるものを修養せざりし精霊は、その記憶頗る硬きが如く見え、又腱に似たるものありて其裏《うち》を斑文す。虚偽を以て記憶を充たしたるものは、毛ありてこれを蔽う、荒くして粗なり、その紛雑して序なきを示す。自己及び世間を愛するがために記憶を養えるものは、膠にて塗れる如く、骨質となる。所謂る学術的なるものによりて神の奇跡に徹底せんと願えるもの、特に哲学によりて之をなさんとしたるもの、又此の如きものによりて説きさとさるるにあらざれば事物を信ぜざるものは、其記憶暗澹たり、光線を吸収すれども之を転じて却て暗黒となす性質あり。人を欺きて偽善を事とせるものは、其記憶骨質となりて、黒檀の如く堅し、光線を反射す。されど愛の善と信の善とにおるものには此の如く硬きものなし、そは彼等の内的記憶によりて、光明外に伝わればなり、此外的記憶中の物象即ち概念を以て、其基礎となし根柢となして、光線は此に留まり、此に受け収めらる、而して歓喜自ら其中に在り、何となれば、外的記憶は順序の終極にして、此に諸善あり諸真あるとき、霊界及び天界の事物は軟かに来りて此に留まり住めばなり。

四百六十七　此世にありて主を愛し隣人を愛するものは、その身と共に、その身のうちに、天人の如き智慧と証覚とを有すれども、こは彼が内的記憶の奥底に深く潜伏せり。肉体的事物を脱離するにあらざれば、彼は自ら此智慧と証覚とを少しも見ることを得ず。此脱離のとき来るとき、自然的記憶は昏睡して内的記憶のみ惺惺たり、彼は遂に次第を逐いて天人的記憶そのものに達すべし。

四百六十八　如何にして理性的なるものを修養すべきかを少しく示すべし。純粋なる理性的は真理よりなりて虚偽よりならず、何となれば虚偽よりするものは理性的ならざればなり。真理に三級あり、民文・道徳・霊的、是なり。民文上の真理とは、諸国土における法令及び政治に関す、概して曰えば正道と公法とに属せり。道徳上の真理とは、同侶の間及び社交的関係につき、各人の生涯に属するものにして、概して摯実及び正義の事、殊に一切の徳行に関せり。霊的真理に至りては、天界及び教会の事物に係わり、概して愛の善及び信の真に属せり。

各人には又三級の生涯あり（上を見よ、二百六十七）。理性的なるものは、民文《シビル》上の真理によりて第一級を開き、道徳上の真理によりて第二級を開き、霊的真理によりて第三級を開く。されど此に知らざるべからざるは、かの理性的なるものの形成せられ豁開せらるるは、是等の諸真理を知るの故にあらずして、之を其身に行うにあることこれなり、之を其身に行うとは、霊的情動によりて之を愛するの謂いなり。霊的情動によりて之を愛するとは、正しき事、直き事を、正しきが故、直きが故に愛し、実なること、義しきことを、実なるが故、義しきが故に愛し、善且つ真なるを、善且つ真なるが故に愛するの謂いなり。肉体上の情動によりて之を行い、之を愛するとは、自己のため、名声・尊貴・利益のために之を愛するの謂いなり。故に人もし肉体上の情動によりて如上の諸真理を愛せば理性的となるを得ず、蓋し彼は其実之を愛するにあらずして自己をのみ愛し、真理を使役すること主人の奴僕を使役するが如くなればなり。真理を奴僕となすときは真理はその人のうちに入り来らず、又生涯の第一級をも開くことなし、但〻一種の物質的形式によりて所謂る学術的なるものとして、其人の記憶上にのみ留存し、其処にて、自我の愛、即ち肉体の愛と和合し了る。

これによりて人の理性化する模様を明らめ得べし、即ち天界と教会とに属する善及び真に対する霊的愛を有するものはその第三級を開きて理性的となり、摯実及び正義を愛するものは第二級を開き、正道及び公法を愛するものは第一級を開きて各〻理性化す。第二と第三との愛はまた善及び真に対する霊的愛によりて霊化すべし、何となれば、霊的愛、このうちに流れ入り、これと和合して、その印象を此に留むべければなり。

四百六十九　精霊及び天人に記憶あること猶お人間の如し、何となれば、彼等の見聞し、思惟し、意志し、所為する所はみな其跡を留めて、彼等が理性を不断修養するの方法となるべければなり、而して此事永遠に続きて絶えず。故に精霊及び天人は真と善とに関する諸知識によりて人間の如く亦益〻智慧と証覚とに増進す。精霊及び天人に記憶あることは、多くの経験により、わが知るを許されたる所なり。何となれば、彼等が他の諸精霊と倶なれるとき、彼等が嘗て公私の間に思惟し作為せる事物をその記憶より喚び起すをわが見たればなり、われは又魯直にして善なるものが、其徳によりて多少の真理を体得し、遂に次第に諸知識を吸収し、之により智慧を得、其後天界にまで上れるを見たり。

　されど此に知りおくべきことあり、即ち此の如きものは、その世にありし時、善と真とに対して有したる情動以外に出でて諸知識を吸収し、また之によりて智慧を吸収することあらず。何となれば各精霊及び天人の情動は、すべての方面に渉りて、其世にありし時と同一なればなり、而して此情動は其後益〻充足せられて円満となるべし、これ亦永遠に至りて息むことなし。凡そ物として永遠にわたりて益〻充足せられざるはあらず、そは如何なるものと雖も、無窮に変態を生ぜざるはなく、而して是等万殊の事物によりて、豊富となり、増殖し、結実せざるはなければなり。すべて善なるものは窮まることなし、無限より来るが故に。精霊及び天人が、真と善との諸知識により、其智慧と証覚とをして益〻円満ならしめて息むときなきは、天界の天人の証覚を説ける処（二百六十五より二百七十五）、教会以外の国民又は人種に属せる天界の事を説ける処（三百十八より三百二十八）、天界における幼児の事を説ける処

（三百二十九より三百四十五）につきて見るべし。又この円満の度は、人が世にありし時、善と真とに対して有したる情動の外に出でずして、之と相比例するものなることは、第三百四十九節を見るべし。

人間死後の生涯は世に在りしときの如きこと

四百七十　人の死後尚お生命あることは、聖言によりて基教徒の皆知れる所なり、何となれば、人は其所為《おこない》と所業《わざ》とによりて審判せられ、酬いらるべしとは、聖言の屢〻説く所なればなり。善と本真とによりて思惟するものは何人と雖も、此世にてよき生涯を送れるは天界に到り、よからぬ生涯を送れるは地獄に行くことを会得せざるを得ざるべし。されど悪におるものは、彼が死後の情態は彼が在世の生涯の模様によると云うを信ずるを願わず、何となれば、彼以為《おもえ》らく、殊にその病むや以為らく、仮令如何なる生涯を送れりとも、天界は慈恩のみによりて何人にも開かるべく、而してこは只其信仰に由るべしと、殊に知らず、信仰は生涯より分離し得べきものにあらざるを。

四百七十一　人はその所為《おこない》と所業《わざ》とによりて、審判せられ、酬いらるべしとは、聖言の処処に云える所なるが、今其中より下の句を引用せんに、曰く、「それ人の子は、父の栄光を以て、其使等と共に来らん、其時各〻の行に由りて報ゆべし」（マタイ伝、第十六章、二七）と。曰く、「主に在りて死ぬる死人は福なり、霊も亦曰う、然り、彼等は其労苦を止めて息まん、其功之に随わん」（黙示録、第十四章、一三）と。曰く、「われ汝曹《なんじら》各〻の業に従いて与うる所あらん」（黙示録、第二章、二三）と。曰く、「われまた死にしものの、大となく、小となく、皆神の前に立つを見たり、其処に書ありて展く、死にしものは皆、その書に録せる所により、その業に随いて審判を受くるなり。海、その中に死人を出し、死と冥府と、其中の死人を出せり、彼等各〻其業に循いて審判を受けたり」（黙示録、第二十章、一二―一三）と。曰く、「われ速かに至らん、必ず応報あり、各人の所為に循いて報ゆべし」（黙示録、第二十二章、一二）と。曰く、「わが此言を聞きて之を行うものは、われ之を賢き人に譬えん、されどわが此言を聞きて之を行わざるものは、われ之を愚かなる人に譬えん」（マタイ伝、第七章、二四・二六）と。曰く、「われをよびて、主よ、主よと云うもの、悉く天国に入るにあらず、唯これに入るものはわが天に在す父の旨を行うもののみなり。其日われに語りて、主よ、主よ、主の名によりて教え、主の名によりて鬼を逐い、主の名によりて多く奇跡を行いしにあらずやと云うもの多からん。其時われ彼等に告げ、われ曾て爾曹《なんじら》を知らず、悪をなすものよ、われを離れ去れと曰わん」（マタイ伝、第七章、二一―二三）と。曰く、「然るとき、われらは汝の前に飲食し、汝またわれらの衢に教えたりと云い出さんに、主人これに答えて、われ汝等に告げん、われは爾曹を知らず、汝悪をなすものよ」（ルカ伝、第十三章、二六―二七）と。曰く、「われ彼等の行為と、その手の所作に循いて、これに報いん」（エレミヤ書、第二十五章、一四）と。曰く、「エホバよ、汝の目は人の諸〻の途をみそなわし、各〻の行に循いて、その行為の果によりて、之に報い給う」（エレミヤ書、第三十二章、一九）と。曰く、「われは彼等の途によりて之を罰し、彼等の所為によりて之を報ゆべし」（ホセア書、第四章、九）と。曰く、「エホバは、われらの途により、われらの所為によりて、われらを処置し給う」（ザカリヤ書、第一章、六）と。主最終の審判につきて預言し給うとき、主は只所業の事をのみ云い給う、即ちよきわざを為せるものは永遠の生命に入るべし、あしきわざをなしたるものは刑罰に入るべしとなり（マタイ伝、第二十五章、三一より四六を見よ）。尚お此外処処に人の救済と処罰とにつきて云う所多し。知るべし、人の所業と所為とは生涯の外的なるものにして、而して其内的生涯の性相はこのうちに顕然たることを。

四百七十二　されど、その人の所為《おこない》と云い所業《わざ》と云うは、只外部の形式に現わるるのみを云うにあらず、亦其内部の形式中にあるものをも云うなり。何となれば、何人も知る如く人の所為及び所業は一として彼が意志及び想念より起らざるはなければなり、もし此の如くにして起らずとせば、人の行為なるものは只自動機械や形像などの運動と一般なるべし。故に、人の所為と云い所業と云うも、それだけにては一個の結果に過ぎず、必ずや其精神と活力とを意志及び想念の裡より得来らんを要す、かくて人の行為は意志及び想念の外形に現われたるものとなすべし。故に人の所為又は所業を判断せんには、これを生ずる所の意志と想念との如何を見ざるべからず。もし想念と意志とよからんには、其所為と所業とも亦よかるべし、もし想念と意志とあしからんには、たとい外形の上にては一様の看あらんも、其所為と所業とは悪なりとなすべし。此に一千の人あり、同一様に行動するとせんに、即ち皆相似の行為をなすことあらんに、これを其外に現われたる所よりのみ見れば、少しの相異なきに似たり、されど之を其内より見るときは、意志の不同なるが故に、一一相同じきはあらざるなり。

仮令えば朋友と交りて其行為摯実に正義なる場合を考うるに、或る人は、只己れの為めに、己れの名誉のために、此の如く見られんことを願いて、其行を摯実にし正義にするもあるべし、或は世間のため利益のためにするもあるべし、或は報償返酬のためにするもあるべく、或は友情のためにし、或は法令を懼れ、名声・職掌の失墜を懼れ、或は他をして、よからぬにもせよ、己れに党せしめんとするもあらん、或は詐欺のためなるもあらん、其他種種の動機あるべし。彼等はすべて其行動よりすれば善なるに似たり、朋友に対しては実情あり正義なるは善きことなるが故に。されど彼等が此の如くなるは摯実及び正義ならんがためにあらず、即ち之を愛するが為めにあらずして、却て自己と世間とを愛するがために、其行を摯実にし正義にするものなるが故に、之を呼びて悪となすべし、彼等は自愛のために摯実と正義とを使役すること、猶お主人の奴僕におけるが如し、是等両者もし彼に服事すること十分ならずば、彼は必ず之を侮蔑し解傭するに至るべし。

摯実と正義とを愛するが故に、之を行うものは、外より見れば前者と異ならず。是等の人〻の中には、或は信の真、即ち恭順の念に基づきて此く行うもあらん、彼等はこれを以て聖言の命ずる所となせばなり。或は真の善、即ち良心に基づきて之を行うもあらん、彼等はこれを以て宗教の原則となせばなり。或は隣人に対する仁の善に基づきて之を行うもあらん、彼等は隣人の為めに善を謀らざるべからざるを信ずればなり。或は主に対する愛の善に基づけるもあらん、これ善の為すべきは善なるが故なり、此の如きはまた摯実と正義との為めに摯実と正義とを行うもの也、彼等がこの二つを愛するはこれ主よりするが故なり、又主より来る神格その中にあるが故なり、かくてこはまた神格の自体なるが故也。是等の人〻の所為及び所業は内的に善なり、故にまた外的に善なり、そは前に云える如く人の所為又は所業は、其由りて起る所の想念と意志との如何によればなり、是の二つのものなければ、之を所為と云わず、所業と云わず、唯無意の運動に過ぎずとなす。是等の事物によりて聖言の中に云える所為及び所業とは何の意なるかを明にすべし。

四百七十三　人の所為と所業とは其意志及び想念に属するが故に、又愛及び真に属すと云うべく、従いて之が性質を定むるものは愛及び信なりと云うべし。蓋し、人の愛と云い、人の意志と云うも同一物なり、又、人の信と云い、人の意志と云うも同一物なり。人は其愛する所を欲し、その信ずる所を了知す。人もし其信ずる所を愛すれば、亦之を欲して、力の限り之を行う。愛と信とは人の意志及び想念の外にあらずしてその内にあるは何人も知る所なり、何となれば、意志は愛によりて燃え、想念は信仰上の事項によりて耀けばなり。故に其思索中に証覚あるものは光明を有せり、彼等は真を思索し、光明に随いて之を意志す、即ち真なるものを信じて之を愛するなり。

四百七十四　されど人格を成すものは意志なり、想念はその意志より起り来る限り之に与かれり、而して人の所為又は所業は是等両者より起り来るものとす。他の語にてまた此義を云えば、曰く、人格を成すものは愛なり、信は愛より起る限り之に与かれり、而して人の所為及び所業は是等両者より起り来るものなり、と。故に意志又は愛を以て人格の自性となすべし、そは所依は能依に属すればなり。依りて起るとは、知覚され、見得さるるよう適宜なる形式をとりて起り現わるるの謂いなり。これによりて愛と相合わざる信仰とは如何なる信仰なるかを明らむべし、即ち霊的活力を欠ける信仰は知識にして信仰にあらざるなり。又之と同じく愛と相合わざる所為又は所業は如何なるものなるかを明らむべし、即ち、悪を愛し、虚偽を信ずるによりて、活力ある如く見ゆる所為及び所業は、死に属して生に属せざるなり。活力ある如く見ゆるを呼びて霊的死と云う。

四百七十五　人格はその人の所為又は所業の上に全身を現露することを知らざるべからず。意志及び想念、又は愛及び信は人の内分にして、之を充足せんとするには、其外分たる行為又は所業の上に現われ出でんを要す、この外分は意志と想念とが究竟する終極点にして、このものなければ意志と想念とは充足せられず、即ち未だその存在を全うせざるなり、随いて人格中には尚お未だ存在せざるなり。行動を欠ける想念及び意志は（たとい此の如き意志と想念とを有し得る人ありとするも）、器中に屏息せる火焔の如く遂に死滅をまぬかれず、又砂中の種子の如く嘗て成長することあらず、発育の力を蔵しながら滅絶し去るべし。想念と意志と行動と、此三つのもの全ければ、火焔の如く熱と光とを四方に発射すべし、又土中に蒔ける種子の如く、成育して樹木となり花卉となるべし。之を志して而かも之を行わざるは、人たとい之をよくすとも、そは意志にあらず、之を愛して而かも善をなさざるは、人たとい之をよくすとも、そは愛するにあらず、只之を欲し、之を愛すと自ら思うに止まれり、随いて此の如きは一個の抽象的思想なれば、皆人の知る如く、遂に消滅し、分散し去らん。愛と意志とは人間行為の本心なり、而して摯実・正義の事業はこれが軀体なり。霊的身体、即ち人間の精霊が有する身体は此の如くにして始めて成るものとす、何となればこの霊体は愛又は意志に基づける所行を外にして出来上るべきものにあらざればなり（上を見よ、四百六十三）。一言にて云えば、人及びその精霊に属する一切の事物は彼が所為と所業とにあるものとす。

四百七十六　是に由りて今や人の死後に留存する生命とは何を云えるかを明かにし得べし、即ち此生命とは彼が愛及びこれよりする信なり、啻に内に隠れたるを云うのみならず、其所行に顕われたるをも云う、かくて人の死後に留まるものは彼が所為又は所業なり、何となれば此中に彼が愛及び信に基づける一切の事物を含有すればなり。

四百七十七　所主の愛は人の死後に留存し、又は永遠に渉りて転化せず。人には皆多くの愛あり、されど是等の愛は皆その所主の愛に繫がれてこれがために統一せらる、或は是等の愛相集まりて一個所主の愛をなすとも云うべし。意志よりする事物にして所主の愛と一致するを総て愛と云う所以は、皆その愛せらるる所なればなり。是等の諸愛は内的にして又外的なり、或は直接に所主の愛と和合するあり、或は間接に然るあり、或は近きあり、或は遠きあり、又或は種種の処方によりて之に隷属せり。是等の愛を概括するときは恰も一王国をなすと云うべし、何となれば是等はみな此の如き順序にて人のうちにあればなり、されど人自らは此順序につきて知る所あらず。他生にありては、此に類するもの、その人のために現前すべし、蓋し彼が有する所の諸愛の順序に従いてその想念と情動とに延長あればなり、もし彼が所主の愛にして天界の諸愛より成るときは、その想念と情動とは天界の諸団体に延長し、もし地獄界の諸愛より成るときは、地獄界に延長すべし。精霊及び天人の想念と情動とが諸団体のうちに延長を有することは、さきに天界の天人の証覚を説ける章、及び一切の会同及び交通が依りて成る所の天界の形式を説ける章にて見るべし。

四百七十八　以上述べたる事物は只理性的人物の思想力に訴うる所なれば、是より感官上の知覚に訴えんため、是等を説明し且つ確かむべき経験を述ぶべし。第一、人は死後、自有の愛、即ち意志そのものとなること。第二、人は其意志より見れば、即ち所主の愛より見れば、永遠に至るまで、己が本来の自格を存すること。第三、天愛・霊愛をもてるものは天界に至り、この愛をもたずして、只肉愛・塵愛におるものは地獄に至ること。第

四、天愛に基づかざる信仰は永存せざること。第五、人間の生命そのものを示せる愛の活動は永存すること。

四百七十九　人は死後、自有の愛、即ち自有の意志となることは、多様の経験の証拠する所なり。天界はその全般を挙げて善の愛の異なるに従いて諸種の団体に分たれ、而して天界に上りて天人となれる精霊はすべてその愛のある処如何によりてそれ〴〵の団体に編入せらる。精霊此に来るときは、恰も己が家に帰るに似たり、己が生れたる家に帰るに似たり、天人之を見て、その己れと相似たるものを求めて友とし交わる。彼もし此処を捨てて他処に移るときは、彼は絶えず一種の逼迫を感じ、又その己れに似たるものの裡に帰らんとするの念を生ずべし、即ち彼はかくしてその所主の愛に帰らんと願うなり。天界において同朋相結ぶは此の如くにしてなる、地獄界においても亦然り、但ゝ此処にありては天愛に反くことを喜ぶ精霊群をなせり。天界は諸団体より成ること、地獄界も亦然ること、各団体の相異は愛の相異によること、是等は既に上に見えたり（四十一より五十、及び二百より二百十二）。

人は死後自有の愛となることは、すべて彼が所主の愛と一致せざるものは、彼を離れ、彼より取り去らるるを見ば、また明かなるべし。彼もし善霊ならんには、すべて彼の善と調和せず合同せざるものはすべて、彼を離れ、彼より取り去らるべく、かくして彼は己が自有の愛に導き入れらるべし。凶霊の場合も亦然り、但ゝ凶霊より取り去らるるは真理にして、善霊より取り去らるるは虚偽なり、之を相違となす、されど皆終に自有の愛となるは一なり。こは人霊第三の情態に入るとき起るものとす、後に至りて説くべし。此事起るとき、人は絶えずその自有の愛の方面に向いてその面を転ずべし、その身は如何なる方向に転ずることあらんも、彼が自有の愛はその眼前に在らずと云うことなし（上を見よ、百二十三・百二十四）。その所主の愛に繋がるる限りは、精霊を導きて何地にも至り得べし、彼は其事の成行を知りて之に抵抗せんと思えども、彼は遂に之を能くするを得ず。精霊は如何ばかりその所主の愛に背きて自由に行動し得べき余地を有するかを試さるること屢〻ありたれども、皆其効を奏せざりき。彼が所主の愛は、鎖の如く、綱の如し、彼はこれに束縛せられ、之に牽かるるが故に、彼は決してこれと相離るるを得ず。世における人も亦此の如し、彼等は其愛の導くままに動き、また其愛のための故に他の制する所となる、されど彼等一たび精霊となれば更に甚しきものあり、何となれば此時、彼等は自有の愛にあらざるものを榜標し、また己れに属せざるものを仮装するを得ざればなり。

人の精霊とはその所主の愛なることは、他生における一切の交感に現われて顕然なり、何となれば、もし甲の行為又は言説にして乙が有する所の愛と一致すれば、乙の面貌全体現出して少しも隠れず、その愉快にして活気にとめるを認め得べけれど、もし甲の行為又は言説にして、之と相反するときは、乙の面貌全く転変して暗澹となる、復た見るべからず、遂には全く消え去ること、恰も始よりここにあらざりしが如くなればなり。われは屢〻何が故に此の如くならざるべからざるかを怪しみぬ、そは世間にては此の如きこと絶えてあらざればなり。されど天人われに告げて曰う、人間のうちにある精霊もまた此の如し、彼自ら転じて他に向うときは、また之を見得べからざるなり、と。

人の精霊とはその所主の愛なりと云うことは、各個の精霊皆その愛と一致するものを残らず攬取して己れが所有となさんとするを見て、また証拠するを得べし。各人所主の愛は木質にして海綿の如く孔多きものに譬うべし、此愛は其生長を促すべき液体をのみ吸収して其他はすべてこれを拒絶す。又之を譬うれば各種の動物が己れに必要なる食料を知り、その性格と一致するものをのみ求めて、その然らざるものを忌避するに似たり、何となれば愛は皆己れに似たるものを取りて自ら養わんと願えばなり、即ち悪しき愛は虚偽をとり、よき愛は真理をとるが如し。われ嘗てさる朴直なる善霊が真と善とを凶霊に教えんとするを屢〻見得たることあり、されどかかる時は凶霊逃げ去りて其誨えを受けず、自己の仲間に帰りてその愛と一致せる虚偽を見るに及びて始めて喜ぶこと甚し。われはまた善霊が真理につきて互に物語れるを見たることありしに、此処にありし善霊は熱心に此会談を聴きいたりしが、凶霊の亦此処にありしものは何事にも意を留めず、恰も聞かざるに似たりき。

精霊界に幾多の途あり、或は天界に通じ、或は地獄に通ず、皆何れかの団体に通ぜざるはなし。善霊は天界に通ずる途及び彼等自有の愛の善におる天人の団体に通ずる途をのみ進み行きて、その外の途は彼等の眼に触るることあらず。されど凶霊は地獄に到る途及び彼等自有の愛の悪における地獄の団体に通ずる途をのみ進み行きて、此外の途にはその眼を触るることなし、もし之を見ることあるも之を行くを好まず。霊界における是等の途は如実の形像にして、真理又は虚偽に相応す、故に聖言にては途を以て真理又は虚偽を表わせり。此の如く経験上の証拠によりて、前に道理によりて云える所、即ち人は死後、自有の愛、自有の意志となると云うことを確かめ得べからん。わがここに自有の意志と云えるは、各人の意志即ち是れ各人の愛なればなり。

四百八十　人は死後、其意志即ち所主の愛より見れば、永遠に至るまで本来の自格其のままなることは、また多くの経験によりてわがために証拠せられたる所なり。われ嘗て二千年前に住める諸精霊と物云えるを許されたることありき、彼等の生涯は歴史によりてわが能く知れる所なるが、其時の彼等は尚お依然として旧時の如く歴史に記述せる所と相違せざりき、即ち彼等が生涯の源泉となり標準となれる自有の愛は、今に至りて尚お変らざる也。此外一千七百年前に住みて、歴史に知られたるあり、又四百年前に住めるあり、三百年前のものあり、乃至今日に至れり、而してわれは皆是等の人々と相語るを得たるに彼等は尚お旧時と同一の情動によりて動けり、只異なる所は、彼等今は昔日の歓喜に相応せる諸事物を愛すること是なり。天人曰う、所主の愛は永遠に渉りて変異なし、各人皆其愛に基づきて其生を送る、蓋し人は自有の愛そのものなればなり、故に此所主の愛を取り除くは精霊の生命を奪うに等し、即ち彼等を滅ぼすなり、と。天人又曰う、其理由は、人は死後、世間にありし時の如く、他の誨えを受けて改善することあらず、何となれば自然的知識と情動とより成れる終極の平面なるものは霊的ならざるが故に、霊界にありては静息して亦復び開くべからざればなり（四百六十四を見よ）、而して人の心と性格とより成れる内分は、家の礎の上に立つが如く、此の平面の上に据え付けらるるなり、故に人は世にありしとき有せる愛によりて永遠に其生を送るものとす、と。天人は世の人が所主の愛即ち是れ人の自格なることを知らざるを見て驚くこと一方ならず、又世に、人は主より直接の慈恩によりて救わるるもの、即ち信のみにて救わるるものにして、其生涯の如何に関せずと云うことを信ずるもの多く、又神の慈恩は間接なること、世にある時、並びに死後の永生に至るまで、主の導き給う所となる、是れ神の慈恩と云うこと、又罪悪の生涯におらざるをば慈恩に導かると云うこと、又信仰とは主より来る天愛より起る所の真理に動かさるるを云うこと、是等の事理を知らざるもの多きを見て、天人の驚きは一方ならざりき。

四百八十一　天界及び霊の愛におるものは天界に来り、肉体及び世間の愛におりて、天界及び霊の愛なきものは地獄に行くことは、われ親しく天界に来れるものと地獄に投げられたるものとを見て、明かにその然ることを知れり。何となれば、天界に取り上げられたるものは天界及び霊の愛によりて其生を送れるものにして、地獄に投げ入れられたるものは肉体及び世間の愛によりて其生を送れるものなればなり。天界の愛とは、只善なるが故に善を愛し、誠なるが故に誠を愛し、正しきが故に正しきを愛して、而して此愛より之を行うを云う。かくて天界の愛におるものは、其性や善なり、誠なり、正し、即ちこれを天界の生涯となす。善き事、誠なる事、正しき事を、唯そのことの為めに愛して、之を為し之を身に行うものは、亦万物に勝りて主を愛するものなり、是等の事は主よりするが故に。又彼等は隣人を愛するものなり、是等の事は即ち所愛の隣人なるが故に。されど肉体の愛とは、善き事、誠なる事、正しき事を愛するに、そのことのためにせずして、己れの為めにするを云う、此の如きはその愛より来るべき名誉・尊貴・利益を求むるものなり。彼等は、善き事、誠なる事、正しき事の裡に主と隣人とを求めず、只自己と世間とを喜びて虚妄の中に起臥せり、而して虚妄に基づける、善き事、誠なる事、正しき事はみな、悪なり、不実なり、不正なり、而かも彼等が善を愛すると云うは是等のことの為めにする也。

此の如く人〻の生涯を定むるものはその愛なるが故に、人の死後、精霊界に入るや、直ちに彼は如何なる愛を有せるかを検せられ、彼と相似たる愛におるものと交際す、即ち、天界の愛におるものは天界のものと交わり、肉体の愛におるものは地獄のものと交わる。第一及び第二の情態を経過せる後は、彼等相分れて復た相見ず、相識らず、何となれば、人は各〻その自有の愛に還りて、其心の内分より面貌・身体・言語の外分に至るまで、皆此愛となるべければなり。かくて如何なる人も、その外形に至るまで、自有の愛を現像せずと云うことなし。肉体の愛を現ずるものは、粗にして暗澹、黒くして醜陋なり、天界の愛を現ずるものは、快活にして耀き、白くして美わし。此両者は其想念と感情とにおいても亦全く異なれり。天界の愛を現ぜるものには智慧あり証覚あれども、肉体の愛を現ぜるものは魯鈍にして恰も痴呆に似たり。

天界の愛におるものの想念及び情動の内外分に徹して、之を見ることを得ることあらんには、われらは彼等の内分の光の如くなるを認め、又或は光焔の如き光あるをも認むべし、而して彼等の外分は虹霓《こうげい》の如く様〻の美わしき色彩を有するを認むべし。されど肉体の愛におるものの内分は、閉塞せるが故に、只黒きものの如く見ゆ、或は暗澹たる火の如く見ゆるもあり、是等は嘗てその内分に険悪なる詐偽を宿せるものなり。其外分に至りては、色汚れて見るだに心地悪し。主の御心に称うときは、心と性格とより成れる内外分を併せて、此の如く霊界にて現前せしめ給うことあり。

肉体の愛におるものは天界の光明を見ることとなし、此光明彼等には只黒暗暗たり、而して地獄の光は炭火の光に似たれども、彼等は之を明かなる光となせり。天界の光明中にありては、彼等の内視は暗くなり行き、遂に彼等をして発狂するに至らしむ、故に彼等は之を避けて洞穴及び窠孔に隠る、その浅深は彼等が悪より来れる所の虚偽の多少に比例せり。之に反して天界の愛におるものは、天界の光明中に来ること、益〻高く、益〻内的となれば、彼等の物を見るや益〻分明にして美わしく、而してその真理を知覚するや益〻智的にして証覚あり。

肉体の愛にあるものは如何にしても天界の熱に堪うるを得ず、何となれば、天界の熱、即ち天界の愛なればなり。彼等は地獄の熱に住めり、此熱は己れを好まざるものを焼かんとする熱なり。此熱より来る歓喜は他を侮蔑するにあり、仇敵・憎怨・報讐の情に燃ゆるに在り。肉体の愛におるもの、ここに住するとき、其本来の生涯に入る、彼等は善そのものにより、及び善そのもののために、他に善を行うとは、何の事なるかを知らず、唯悪の心によりて善をなし、悪のために善をなすを知るのみ。

肉体の愛にあるものは又天界に来りて呼吸するを得ず、何となれば、凶霊もし天界に導かるることあれば、恰も人と相争える如く、其呼吸逼ればなり。されど天界の愛にあるものは、天界に入ること益〻内的にして、呼吸益〻自在となり、生気益〻充足す。故に知るべし、天界の愛、霊の愛は人に在りては天界となることを、天界の一切は此愛の上に銘記せらるるが故に。されど、天界の愛、霊の愛なき肉体と世間との愛は、人に在りては地獄となる、地獄の一切は此愛の上に銘記せらるるが故に。之を推して、天界及び霊の愛におるものは天界に来り、肉体及び世間の愛のみありて、天界及び霊の愛を欠けるものは、地獄に行くものなることを知るべし。

四百八十二　天界の愛に基づかざる信は人と共に留存せざること、これまた多くの経験にてわがために顕わになれり、もし此事につきてわが見聞せる事物を記さんとせば数巻の書を要すべし。肉体及び世間の愛におりて、天界及び霊の愛を欠けるものには、何等の信仰なく、又何等の信仰をも有し得ざること、又彼等が有する所のものは知識または一種の勧誘に過ぎざること、こはわが自ら証拠し得る所なり、勧誘とは、もし此に一物ありて、此もの彼等自利の愛のために用を弁ずることあれば、彼等は之を真理なりと自ら勧誘して、之を信ぜんとするを云うなり。自ら信仰なりと思える多くの人、実に信仰あるものの処に導かれて、相互の間に交感を起さんとしたるに、彼等は遂に自ら信仰なきものなることを知覚せり。彼等其後自白して曰く、只真理を信じ、聖言を信じたりとて之を信仰と云うべからず、天界の愛によりて真理を愛し、内底の情動によりて之を志し、之を行う、これを信仰となす、と。又彼等が所謂る信仰となせる一種の勧誘なるものは冬日の光に過ぎず、何となれば此光には熱なきが故に、地上の万物は霜に包まれて生気なく、雪に埋れて起つこと能わざればなり。此理由によりて、彼等が有せる勧誘的信仰の光なるものは、天界の光線に逢著するとき、忽ち消滅するのみならず、亦黒暗暗となりて、何人も自ら見るを得ざるに至る。又之と同時に其内分も暗くなり行きて、彼等は何事をも会得する能わず、遂に虚偽のために発狂すべし。故に此の如きもののためには、嘗て聖言より学べる所、教会の教説より学べる所、及び彼等が信仰に基づけるとなせる一切の諸真理なるものは、皆取り除かるべし、而して之に代うるに、彼等はその生涯に属する悪と相離れざる一切の虚偽を以て充たさるべし。何となれば一切のものは其人の愛に循いて導き入れられ、之と一致して離れざる虚偽と抱合すればなり、此時、彼等は真理を憎み嫌いて之を斥くべし、そは真理は彼等が所住の悪より来る所の虚偽と相容れざるに由る。教説によりて信仰を得たりと口には称えながら、その身に悪を行なえるものは、地獄に往生すること、こはわが天界及び地獄の事物につき、親しく経験せる所によりて証拠し得る所なり。われは地獄に投げ落さるるもの数千の多きに上るを見たり、此事につきてはわが小著『最終の審判及びバビロンの滅亡につきて』(On the Last Judgment and the Destruction of Babylon) を見るべし。

四百八十三　死後に留存するものは愛の活動なり、従いて人間の行為なりと云うことは、今経験によりて示したる所及び人の行為《おこない》及び所業《わざ》につきて云える所より必然に来るべき結論なりとす。愛の活動とは所業と行為とのことなり。

四百八十四　一切の所業と行為とは道徳上及び民文上の生涯に属することを知らざるべからず、故にこは、誠にして直きこと、正しくして公平なることに関すと謂うべし。誠にして直きは道徳上の生涯に属し、正しくして公平なるは民文上の生涯に属す。而してこの行為の源泉となる愛には、天界的なるあり、地獄的なるあり。道徳上及び民文上の所業及び行為にして、天界の愛に基づけるものは天界的なり、何となれば天界の愛によりてなさるる所は主によりて為さるるなり、而して主によりてなさるる所は皆善ならざるはなければなり。されど道徳上・民文上の行為・所業にして、地獄界の愛に基づけるものは地獄的なり、何となれば、此愛は自己及び世間の愛にして、之によりて為さるる所は人によりて為さるるなり、而して人によりて為さるる所は皆それ自身に悪ならざるはなければなり。蓋し人はその自性即ち自我より見れば只悪のみなるによる。

各人の生涯に属せる歓喜は死後之に相応せる歓喜となること

四百八十五　前章において、各人能治の情動、即ち所主の愛は、永遠に留存することを示したり、今は、この情動即ち愛に属する諸歓喜は之に相応せる歓喜に転化することを示すべし。相応せる歓喜に転化すとは、自然的歓喜に相応せる霊的歓喜に転化するの謂いなり。此の如き霊的転化ある所以は、人は其物質的形体におるうちは、自然的世間に住めども、此身体を脱離するときは、霊界に来り、霊的身体をつくるを見て明かなるべし。天人には円満なる人間の相あること、死後の人間も亦然ること、而して彼を蔽える身体は霊的なること、是等は既に上に見たるところなり（七十三より七十七、及び四百五十三より四百六十）、霊的事物と自然的事物との相応とは何なるかもまた上に説ける所なり（八十七より百十五）。

四百八十六　人の有する一切の歓喜はその所主の愛より来る、何となれば人はその愛する所以外に出でて楽しむ所なければなり、かくて彼が他に勝れて愛する所は彼が特に喜ぶ所なり、そは所主の愛と云うも他に勝れて愛する所と云うも同じ事なればなり。是等の歓喜は一にして足らず、何となれば概して曰うに、所主の愛の数あるほど歓喜あるべければなり、故に歓喜の数は人間・精霊・天人の数と同じきわけなり、そは甲の所主の愛は、すべての方面において、乙の愛と同一ならざるべければなり。人各〻其面貌を異にするはこれがためなり、面貌はその人の心の肖像なり、霊界にありてはその人の所主の愛の肖像なり。

又各人が有する個個の歓喜には無限の変態あり、又甲の歓喜と乙の歓喜とは全く相等しきことあらず、相同じき事あらず、或は甲乙相続して起り、或は同時に起ることあらんも、彼と此とは決して相同じからず。されど人は各〻是等個個の愛を以て彼が自有の愛に帰せり、自有の愛とは即ち所主の愛なり、蓋し此愛は是等個個の歓喜より成るものにして、かくして之と相一致すればなり。此の如くにして一切の歓喜を全体より見れば皆一個の総括的所主の愛と関連せざるはあらず、即ち天界にては総てのもの主に対する愛と連関し、地獄にては自我の愛に連関す。

四百八十七　各人の自然的歓喜は死後転化して霊的歓喜となると云う、此歓喜とは何か、又其性質は如何、是は相応の理によらずしては到底知り難き所なり。一般に相応の理の教うる所によれば、曰く、自然的なるものにして、之と相応せざる霊的事物を有せざるはなしと、又個個につきて云えば、此理は此く相応する事物の何なるか、其性質の如何なるかを教うるなり。故に、今此知識を有して、又自己所有の愛の何たるかを知り、又彼が一切の愛を連結せる普遍的主の愛の何たるかを知ること、先に云えるが如くならば、彼は死後如何なる情態に移るべきかを確かめ得べく、また之を知り得べきわけなり。

　されど此の所主の愛の何たるかを知るは自己をのみ愛するものの決して能くせざる所とす、何となれば、彼等は自己の所有を愛し、自己の悪を善と称え、これと同時に此悪を助くる虚偽を真理と称え、之によりて諸悪の上に自信決定すればなり。されど彼等もし之を願わば、証覚あるものにつきて之を学び得べし、証覚あるものは彼等自ら見る能わざる所をも見得て分明なり。されど此れ亦自愛の念に充てるものの能くせざる所とす、そは彼等は一切証覚あるものの教誨を斥くればなり。

　されど天界の愛におるものは教誨を受け、真理によりて彼等が生来の諸悪暴露するときは、自ら其悪なることを見得す、何となれば真理は諸悪を顕わにすればなり。人はみな善に基づかざる真によりて悪と其虚偽とを見得すれども、悪よりしては善且つ真なるものを見得する能わず。此理如何と云うに、悪よりする虚偽は暗くして、暗黒に相応するが故なり。故に悪よりする虚偽におるものは盲者の如し、光明中に在るものを見ず、又彼等が之を避くるは夜の鳥に似たり。されど善よりする真は光明なり、而して光明に相応せり（上を見よ、百二十六より百三十四）。故に善よりする真におるものには明あり、其眼は開けり、以て光明のものと暗黒のものとを並び弁ずべし。

　われは又経験によりて是等の事を確かめ得たり。天界の天人はその心の中に時として起る所の悪念と虚偽とを見且つ知覚するを得、又精霊の世界にありて地獄と関係せる諸精霊が有する所の諸悪と諸偽とをも見得るなり、されど是等の精霊は自家の悪と偽りとを自ら見ること能わざるなり。彼等は天界の愛に属する善とは何なるかを会せず、又良心とは如何、私利のためにせざる誠実及び正義とは如何、主のために導かるるとは如何など云うことを会せず、彼等は云う、此の如きものはあらず、故に何等の価なし、と。今わが是等の事を云えるは、人をして自ら其好む所を見て其愛の何たるかを省察せしめ、また随いて彼が相応の理を知る限りにおいて自ら死後の生涯の何たるかを知らしめんとてなり。

四百八十八　如何にして各人生涯の歓喜は、死後之に相応せる歓喜に転化するかは、実に相応の理を知るものの知る所なれども、此理尚お未だ世に普く知れざれば、われは経験上の諸例によりて、此事を明かにせんと思う。すべて悪におりて、その心を教会の真理に反ける虚偽によりて固めたるもの、殊に聖言を斥けたるものは、みな天界の光明をさけて隠処に逃げ去る、その入口頗る黒し、又岩のさけ目に入りて身を潜む、こは彼等虚偽を愛して真理を憎めるが故なり、光明の真理に相応する如く、是等の隠処及び岩のさけ目は虚偽に相応するものとす。彼等は此の如き処に住むを喜びて、広き田野に住むを喜ばず。

密謀暗計を喜べるもの、詐りの術策にて密かに人を陥るるを喜べるものにも亦之に似たる行為あり、彼等は隠処に退き、暗窟に入る、その裡暗くして自他を弁ずべからず、彼等は隅に潜みて耳語す、彼等が愛に伴いたる歓喜は此の如きものに転化する也。

只学者と呼ばれんために学術を修め、之によりて其理性を養うことをせず、多くの事物を記憶して自ら傲れるものは、砂多き処におるを喜ぶ、田野及び花園は彼等の所択にあらず、蓋し砂多き処は彼等の如き修学に相応せり。己が属せる教会及びその外の教会の教理を学びて而かも此知識を己が行為に適用せざりしものは、岩多き処を択び、岩石重畳の間に住めり、彼等は耕墾の田野を嫌うが故に避けておらず。

一切の事物を自然に帰せるもの、又一切を自己の光明に帰して、種種の偽巧によりて自ら尊貴の地位に上りて、富を積めるものは、他生に行きて魔術を研究し、神の順序を乱さんとするを以て、此上なき生涯の楽しみとなす。

神真を曲げて自己の愛を行うの用に供したるもの、かくて真理を偽造したるものは、尿液を喜べり、彼等の愛は此の如きものを喜ぶより生ずる所の歓楽と相応すればなり。

貪婪飽くことを知らざりしものは、穴倉に棲みて豚の汚糞を喜び、又胃中にありて消化せざりし物体より発する悪臭を喜べり。

驕奢を事とし、安佚に耽り、口と胃との楽を貪り、之を以て人生の最上善となせるものは、他生に来りて糞堆及び厠孔を好みて之を楽しむ、彼等が世にて喜べる快楽は霊的汚糞なればなり。彼等が清浄にして汚穢を止めざる処を避くる所以は、彼等之を楽しむことなければなり。

姦淫を喜べるものは、他生に行きて淫房に住む、賤陋にして臭穢なるもの皆是に在り、彼等は之を好みて貞潔の家には近づかず、もし近づくことあれば、彼等は絶息すべし。彼等の歓喜とする所は他の婚姻を破るに在り、楽しみ此上なしとなせり。

復仇の念に燃えて、之がために野蛮・残忍の性を養うに至れるものは、死屍を喜びて、此種の地獄におれり。其他の実例は推して知るべし。

四百八十九　之に反して、世にあるとき天界の愛におれるものは、彼等の生涯に属せる歓喜を転化して、之に相応せる事物となす、仮令えば天界の太陽及び此太陽の光明によりて存せる諸天界の事物の如し。此光明は嘗て彼等の心中に隠れいたる神的事物をして現前せしむ。此光明によりて眼中に入り来るものは、内には天人の心を動かし、之と同時に外には其身体を感動す。神的光明は主より起り来る神真にして、此光明流れて天界の愛にて開かれたる心の中に入るが故に、其愛に属せる諸歓喜に相応せる種種の事物は、これによりて外辺に向って現露す。天界にありて眼に見ゆるものは、天人の内分に相応すること、即ち信と愛とに属せる諸事物、随いてその智慧及び証覚に相応することは、天界における表象及び形像を説ける章（百七十より百七十六）、及び天界の天人の証覚を説ける章（二百六十五より二百七十五）中に示せる所なり。

既に事物の道理によりて推究せる所を説明し、またこれを確実にせんため、経験上の実例を挙げ来りたれば、今また個個の事物につき、世にあるとき天界の愛におりて其生を送れるものの自然的歓喜は如何なる天界の歓喜に転化するかを記述すべし。内的情動、又は真そのものに対する情動に基づきて神真及び聖言を愛せるものは、他生にありては山の如く見ゆる高処に住み、此処にて絶えず天界の光に浴せり。彼等は暗黒の情態即ち世上における暗夜の如きものの何たるを知らず、而して彼等は又春時の気候中におれり、彼等の眼中に入るものは、田野・収穫・葡萄園の如きものなり。彼等が家屋中のものはすべて宝石にて造りたらん如く輝き渡り、その窓より眺むるときは猶お純粋なる水晶を看透すが如し。之を彼等が視覚上の楽となす、されど是等のものは亦天界の神に属する事物との相応によりて、彼等の心をも娯しましむ、何となれば彼等が愛したる聖言の真理は収穫・葡萄園・宝石・窓・水晶に相応すればなり。

聖言に由来せる教会の教法をそのままその生涯に適応したるものは、最奥の天界にありて、証覚に属する歓喜を楽しむこと他に優れり。彼等は万物の上に神の事物を見得す。彼等は実に是等の事物を見れども、之に相応せる神の事物は直下に彼等の心の中に流れ入り、之を充たすに福祉を以てす、而して、此福祉は彼等がすべての感覚を動かすが故に、此にある一切のものは欣然として遊戯し、生息する如く見えざるはなし。此点につきては上を見よ（二百七十）。

学術を愛し、之によりて其理性を修養し、智慧を獲、同時に神格を是認したるものは、学術を研究するを好み、理性的歓楽を喜ぶ、此歓楽、他生にありては霊的歓楽となり、真と善とを知るの楽しみとなる。彼等は園庭の中に住めり、此園庭には花壇あり緑草ありて、美しく排列せられ、之を繞りて樹木あり、また園亭あり、細逕あり。樹木及び花卉には日々の変態あり。彼等は此の全景を見て、その心を大体の上に楽しましめ、また個個の物体の変態によりて、此楽しみを日々に新たにす。されどすべて是等の事物は神の事物に相応し、而して又彼等は相応の理を知れるにより、彼等の知識は日々に新たになり、彼等の霊的理性は此の如くにして円満となる。此の如きを彼等の歓喜となす、何となれば庭園・花壇・緑草・樹木は、学術・知識、また之より来る智慧に相応すればなり。

一切の事物を神格に帰し、自然は之に比すれば死せるが如しと観じ、只霊的事物のために使用せらるるものとなし、此信によりて自ら確定せるものは、天界の光明により、此光明は彼等の眼前に横わる一切万物をして澄徹ならしむ、而して是等の事物はまた光明によりて無数の色彩を現前し、天人の内視は直下に之を抱擁するに似たり、彼等が其内容に歓喜を覚ゆるは之が為めなりとす。彼等が家屋の中に見ゆるものは恰も金剛石にて造れる如く、その光明の色彩また前に似たるあり。彼等が家屋の墻壁は既に云える如く、水晶に似て、又透徹す、此中に天界の事物を表象せる形体流るるが如くに現わる、而して此物また常に変態して止むときあらず。その然る所以は、此の如き透徹性は主によりて照らさるる智性に相応すればなり、自然の事物を信じ、之を愛するより来る陰影は、既に一掃せられてまた此跡を留めざるなり。嘗て天界に行けるものが、此処にて眼の未だ嘗て見ざる処を見たりと云えるは、是等の事物及び其他無数の事物を云えるなり、又其処に在りしものより伝達して、神の事物を知覚し、是に由りて其耳の未だ嘗て聞かざる所を聞けりと曰えるなり。

其行為に隠れたる所なく、社会における生涯の許す限り、其思惟せる所は皆人の見る所とならんを願えるものは、（これ彼等は、神格より来れる、誠実の事、正義の事の外は嘗て其心を煩わさざるが故に、）天界にありては其面光明に充てり、此光明によりて彼等が有せる、一切の情動、一切の想念、悉く其面に現像す、彼等の言語及び行動は恰も彼等が情動の形像なるに似たり。故に彼等は他に勝りて主の愛を受く。彼等の物云うとき、其面少しく暗澹となれども、其言を終れば、彼等が今云える所、悉く其面に現露して少しも蔵るる所なし。彼等の内に在るものと相応して、その周辺に存在するものは、又悉く現われて、其何を表象し、何を意味するかは、他の明かに知覚する所となる。隠れたる行を喜べる精霊、もし此の如きものを遠方より見ることあれば、之を避けて、這い逃ぐること恰も蛇の如きものあり。

姦淫をよからぬ事の最大なるものと観じて、婚姻の愛に貞節なりしものは、天界の順序と形式とにおること他に勝れり、故に彼等は美の頂点にありて、青春の花の如く衰うることなし。彼等が愛に属する歓楽は言語に絶し、而して永遠に増進す、何となれば天界一切の歓喜・悦楽は此愛の上に流れ来ればなり、蓋し此は主の天界及び教会と和合し給うより起り来るなり、概して曰えば、善と真との和合より来ればなり、此和合は、全般より見れば天界そのものなり、個個に云えば主の天人と和合し給うより来る（三百六十六より三百八十六）。彼等が外分の歓喜は人間言語の尽す所にあらず。是等は天界の愛におるものに付与せらるる歓喜の相応につきて、わが所聞の二、三を挙げたるに過ぎず。

四百九十　故に各人の歓喜は死後之と相応せる歓喜に転化し、愛其ものは尚お永遠に留存することを知るべし、愛とは、婚姻の愛、正しき事、誠なる事、よき事、真なることを喜ぶ愛、学術及び知識の愛、智慧及び証覚の愛等を云う。歓喜は是等の諸愛より出ずること水流の源泉より流るるに似たり、故に又無窮なり、されど自然の事物より霊的に上るときは是等の歓喜更に一層を登るものとなす。

人の死後における情態第一

四百九十一　人の死後、天界又は地獄に行くに先だち経過すべき情態三あり。第一は外分の情態なり、第二は内分の情態なり、第三は準備の情態なり。人は此の如き情態を精霊界にて経過するものとす、されどこの順序を俟たずして、死後直ちに、或は天界に導かれ、或は地獄に投げらるるあり。直ちに天界に導かるるは、世にあるとき既に復活して、天界に入るの準備具われるものなり。此の如く復活し、準備具われるものは、只其肉体と共に自然的汚習を洗い去れば、直ちに天人によりて天界に導かる。われはかくして死後直ちに導き上げられたるものを見たり。されど善を其表に標榜して内に凶悪を蔵せるもの、即ち己れの凶悪を装いて人を欺かんため善を利用したるものは、直ちに地獄に堕落す。われは死後直ちにかくして地獄に投げられたるものを見たり、其最も欺騙に富めるものは足を空にし頭を倒にして投げられぬ、その外様〻の態をとれるもありき。又或は死後直ちに岩窟の中に投げらるるもあり、是は彼等をして精霊界にあるものと分離せしめんためなり、彼等は時に此処より取り出されまた引き入れらるることあり。是等の人は親切を口にして隣人に害を被らしめたるものなり。されど此の如きは比較的僅少にして、大抵は精霊界に留まり、神の順序に循いて、或は天界、或は地獄に入るの準備をなす。

四百九十二　外分に属する第一の情態なるものは、人の死後まず入り来る所とす。人各〻其精霊の中に外分と内分とを有せり。精霊の外分とは、人の世にあるとき他と交際せんため、其身体をして之に適順せしむる手段、特にその面貌・言語・作法を云う。されど精霊の内分とは、人の意志及び意志よりする想念に属するものにして、是は其面貌・言語・作法に現わるること稀なり。何となれば、人は幼時より友情・仁恵・誠実を外に摸するを習えども、其意志よりする想念は之を内に包めばなり。故に、人は其内心の如何を問わず、表面には道徳的・文明的生涯を営むを常とす、此慣習の結果として人は己れの内分を知ること稀にして、また之がためにその思慮を煩わすことなし。

四百九十三　死後における人の第一の情態は世における時の如し、そは彼の外分尚お依然たるに由る。故に彼の面貌・言語・性情は生前に相似たり、其道徳上・民文上の生涯も亦異ならず、故に彼もし相遇う所の事物に意を留むることなく、又天人が彼を甦えらせし時、彼は今や一個の精霊なりと云えるを想い起すことなくば、彼はかく精霊界にありても、尚お此世にあるの感をなすの外なかるべし（四百五十を見よ）。此の如くにして、他生は猶お此生の如し、死は唯此間の通路に過ぎず。

四百九十四　此世を去りて幾程もなき人の精霊は、まず此の如き情態におるが故に、彼は朋友・相識の認むる所となるべし、何となれば、精霊は彼の面貌及び言語によりて彼を知覚するのみならず、亦彼等相近接するときは彼が生命の円相によりて彼を知覚すべし。他生にては甲もし乙の事を思うときは、其面貌を思い、之と同時に其生涯に属せる事物を思う、而して甲之をなすとき、乙その前に現出す、恰も人を遣りて之を招ける如し。霊界に此事あるは、此には想念の交通ありて、且つ自然界における如き空間なるものなければなり（百九十一より百九十九）。故に他生に来れるものは皆、互にその朋友・親戚・知己を認識せざるはなし、而して世にありし時の交情によりて、彼等は互に談話し交際す。われは屢〻、世間より来れるもの、また此処にて其朋友を見るを喜び、又既に此処におれるものがその朋友の来れるを喜ぶを聞けり。最も普通なるは夫婦の再会なり、彼等は互に相祝し、世にありし時、双棲の歓喜を楽しめる度に比して、或は久しく、或は暫くまたその生涯を共にす。もし彼等の間に、真実の婚姻の愛、即ち天界の愛に基づける心の和合あらざるときは、彼等は暫くにして相別る。されどもし当事者間に、不和あり、密かに嫌えることあらんには、此仇讐の念は今や外に破裂して、時に或は相争闘することあり、然かはあれど、此分離は第二の情態に入らざれば起らざるものとす。尚お下に説くべし。

四百九十五　世間より新たに来れる精霊の生涯は自然界における時と異ならず、又彼等は死後の生涯の何たるかを知らず、又聖言の義を文字に随いて解し、之に基づける説法を聞ける外、天界及び地獄界の何たるを知らず、故に彼等は尚お一種の身体を有して世にある時の如く諸感覚有り、又相似の物体に遭遇するを見てこれを怪しまざるはあらず、されどその後彼等は之がために、天界の何たり、地獄の何たり、彼等の何処にあるかを知らんの願を生ず。故に彼等の朋友は之がために、永生の情態とは如何なるものなるかを説き示し、彼等を又様〻の場処、様〻の集団に伴い行く、又時には市街・園庭・楽園に入り、又屢〻高壮なる事物に接せしむ、蓋し彼等は尚その外分におるが故に、此の如き事物を見るを楽しめばなり。彼等は又次第を逐いて、其世にありし時、死後の霊魂の情態、天界及び地獄につきて、嘗て彼等が抱ける諸〻の思想中に導き入れられ、遂に彼等は此の如き事につき全然知るところなかりしを憤り、又教会中に此の如き不覚行わるるを憤るに至るべし。

彼等は大抵果して天国に至るべきかを知らんと願わざるはなし、又かくあるべしと信ずるものも少なからず、これ彼等は世にありて道徳及び民文の法則に従いて生息したる故なり。されど彼等は善者と不善者とその外面の生涯においては相似たるものあるに考え到らず、両者は同じく他のために善をなし、教会に行き、説法を聞き、祈禱を捧げたるなり。彼等はまた、外面の所為、外面の行動は礼拝と相関せず、只是等外面の行動を起し来る内面の情態を重しとなすことを少しも知らざるなり。内面の情態の何たるかを知り、人間より見れば天界及び教会は此の内分にあることを知れるは、千人中稀に一人あるのみ。まして外面の行動は其動機と想念との如何によるものにして、而して此裡に愛と信と（動機と想念とは之によりてあり）の存在することを知るにおいてをや。彼等はたとい此の如き教誨を受くるも、思想及び意志に何の要あるかを解せず、唯言説と行動とをのみ貴しとなせり。此の如きは今日基教国より他界に来るものに多し。

四百九十六　善霊は種種の方法によりて新来の精霊を点検し、如何なる性格を有するかを知らんとす、何となれば此第一の情態にありては凶悪なるものも亦真理を語り、善を行うこと善者と異ならざればなり。彼等は、既に述べたる如く、外面上みな有徳の生涯を送れり、即ち彼等は一定の統治の下にありて、法律に循いて生息し、之に由りて、正しきもの、誠あるものとの名声を博し、又特恵を得て尊貴の地位に上り、富を集めたるなり。されど精霊の善不善を甄別するは主として次の方法による、即ち凶霊は常に外的事物につきて談論するを好むこと甚しけれど、内的事物に至りては少しも顧みず、内的事物とは教会及び天界に関する真と善となり。彼等は之を聴かざるにあらず、されど更に意に留むることなく、又心に楽しまず。又凶霊と善霊とを分別せんには、凶霊の屢〻或る一定の方向に転向せんとするを見て知るべし、凶霊もし其意のままに放任せらるるときは、此方面に通ずる道路を往来するを常とす。彼等が転向する方面と彼等が往来する道路とによりて、彼等を指導する愛は何の辺にあるかを確かめ得べし。

四百九十七　世間より新たに来る精霊は、すべて天界又は地獄界のさる団体に属せざるにあらざれど、こは只内分の事なるが故に、彼等の尚お外分におるうちは之を現前せず。蓋し外的事物は内的を隠して之を蔽うに由る、内的に悪しきものは殊にその然るを見る。されど其後、彼等第二の情態に移るや、此内分現露す、此時、外分は眠りて内分のみ開けり。

四百九十八　人の死後における第一の情態は、或は数日、或は数月、或は一年に渉る、されど一年を超ゆるは極めて稀なり、かく各〻長短の差あるは、内外両分の一致・不一致による。何となれば精霊界にありては、何人も思想及び意志と言説及び行動とを別にするを許さざるが故に、各精霊の外分と内分とは一となりて相応せざるべからざればなり。此に在るものは、一人として、彼が自有の情動、即ちその愛の形像ならざるはなきが故に、彼はその内分にある所をまたその外分に現わさざるを得ず。是を以て天人は先ず精霊の外分を暴露し、これを順序中に入らしめて、以てその内分に相応する平面たらしむるなり。

人の死後における情態第二

四百九十九　人の死後における第二の情態を呼びて内分の情態と云う、このとき彼は内分に導き入れられて、第一の情態にありしときの外分は眠る、内分とは心に属す、即ち意志と想念とに属す。人の生涯・言説・行動を観察するものは、何人にも内分あり外分ある事を知るべし、即ちその想念及び意志に内外の別あるを知るべし。こは次の事由にて知る、凡そ民文ある社会に生息するものは、他人の事を思惟するに当り、その人に対する世の噂又は会談によりてその見聞せる所を以て基礎となす、されど彼は此人と語るとき其心の思うままを吐くことなし、たとい之を悪しざまに思うことあらんも彼が応接は礼に合えるを常とす。此事果して然るを知らんとせば、かの事を推託するもの、諂諛《てんゆ》を喜ぶものを見るべし、彼等の云う所、行う所は、彼等の思う所、願う所と全然相反せり、又偽善者を見るべし、彼等は、神の事、天界、霊魂の救済、教会の真理、国家の利福、隣人の事を語るときは、恰も信と愛とに基づけるが如くなれども、其実彼等の心には此の如き事を信ぜず、愛する所は只己れあるのみ。

故に知るべし、想念には内外の区別ありて、是等の人々は外的想念より言説し、其内には却て異様の感情を蔵せり、而して彼等はこの両者を区別して一とならざるを勉む、内的想念の外に流れ出でてここに暴露することなからんを勉む。されど人の創造せらるるや、その内的想念をして、相応によりて、外的想念と相一致せしめざるべからざる理あり。而して此一致は実に善人に見る所とす、これ、彼等が思う所、云う所は唯善のみなればなり。されど内外想念の一致は悪人において見るを得ず、彼等は悪を思いて而かも善を口にすればなり。故に悪人にありては此順序正に相反せり、即ち彼等は外に善を示して内に悪を抱けり。かくて善は悪のために制せられ、之に使役せらるること奴僕に似たり、彼等はその愛に属せる目的を達せんがため、善を以てその方便となすなり。かくて彼等の言説と行動とに現わるる所の善事は、そのうちに彼等の悪しき目的を伏蔵せるが故に、其善は善にあらずして、悪の汚す所となるや明かなり。外面上之を見て善となすは、彼等の内分を知らざるものの言なり。

　善におるものは之と異なり、彼等は順序を乱ることなし、善はその内的想念より流れて外に出で、それより言説となり行為となる。人は此の如き順序の裡に創造せられたるもの也、何となればかくて彼が内分は天界にあり、天界の光明中に在ればなり、而して天界の光明とは主より起り来る神真にして即ち天界の主なり（百二十六より百四十）、故に此の如きは主によりて導かるるものとなすべし。今わが是等の事を云えるは人をして其想念に内外あり、而して内外互に相隔たることを知らしめんためなり。此に想念と云えるは、意志をも併せ云えるなり、そは想念は意志より来る、意志なくしては何人も想念あらざれば也。是によりて人の外分の情態及び内分の情態とは如何なるものなるかを明かにすべし。

五百　意志及び想念と云うときは、この意志の裡にまた情動・愛、及び是等より来る歓喜・悦楽をも含めるを知るべし、是等のものはみな意志と関連するが故なり、何となれば人はその欲する所を愛し、之によりて又歓喜・悦楽の情を生ずればなり、即ち之を逆にして云えば、人の愛する所、歓喜・悦楽の情の起る所は、亦人の欲する所なればなり。又想念とは人が由りて以て其情動即ち愛を確かむる所のもの一切を云う也、何となれば想念は意志の形式に過ぎず、即ち意志が由りて以て自ら顕照せんと欲する所のものに過ぎざればなり。此形式は種種の理性的解析によりて現露す、而してこの解析は其源を霊界に発するものにして、人の精霊に属すとなすを適当とす。

五百一　人の人たるは全く其内分にありて、内分を離れたる外分にあらざる事を知るを要す。何となれば、内分は人の霊に属し、人の生涯なるものは此霊の生涯に外ならざればなり、身体に生命あるは此霊によれり。是の理によりて、人はその内分の如くに生存し、永遠に渉りて替らず、されどその外分はまた肉体に属するが故に死後離散し、その霊に附著せる部分は眠り、唯内分のためにこれが平面となるに過ぎず、こは人の死後に留存する記憶の事を説けるときに示せるが如し。かくて人の自有に属するものと自有に属せざるものとを明かにすべし。即ち悪人に在りては、その言説を起さしむる所の外的想念と其行動を起さしむる所の外的意志とに属するものは、一も以て彼等の自有となすべからず、只彼等の内的想念と意志とに属するもののみ其自有となすべし。
五百二　前章に云える如く、第一の情態即ち外分の情態を経過して後、人（今や精霊なり）はその内分の情態、即ち内的意志と想念との情態の裡に導かるべし、こは彼が世にありて其意志のままに放任せられたるとき、自ら其心の中に思想して少しも憚る所なかりしものなり。彼もし言説に最も触接せる想念を離れ、又はその言説の起原となれる想念を離れて、その内的想念の裡に退き、此に在留するときは、彼は其世にありしときと同じく、自らその内分の情態に入りて、而かも自覚する所あらざるべし。故に人（今や精霊なり）、此情態におるときは、これを以て其本性に返り、その本来の生涯を営むとなすべし、何となれば己れの情動に任せて憚る所なきときは、人は本来の生涯に入り、自己の面目に還ればなり。
五百三　此情態における精霊は自身の意志そのままに思索するを以て、彼の想念は本来の情動即ち愛そのものより来るべし、而して其時彼が想念と意志とは一致するなり。此一致によるが故に、彼は自ら思惟するを覚えず、ただ意志すとのみ思えり。彼の言説するときも、亦これに似たるものあれども、只相違の点は、彼の言説はその意志に属する想念そのままを赤裸裸に露出するを憚るの情こもれり、こは世間にありしとき、俗を逐いて其生を営めるが故に、此慣習、その意志に附属するに至れるなり。
五百四　人は死後皆残りなく此情態に導き入れらるるものとす、何となればこは彼等の心霊に所属する情態なればなり。第一の情態は人が他と相伴えるとき居たる霊的情態にして、彼が自有にはあらず。此情態、即ち死後第一に人の精霊が経過する外分の情態は、前に説ける如く、彼の自有にあらざることは、数多の事由によりて明らめ得べし、例えば、精霊は己が情動よりして啻に思慮し得るのみならず、亦言説するを得べし、何となれば天人の言語を説ける章に云い示せる如く（二百三十四より二百四十五）、彼等の言語はかかる情動よりすればなり。人も亦世にありて己れの心のうちにて思惟せるときは此の如きものありき、何となれば其時彼は其口舌上の言語によりて思惟せざりければなり、彼は只これを其心の中にて見たるに過ぎず、即ち彼はかくして一分時の間に、其後半時間を費して言説すべき事物を見たるなり。

彼が外分の情態は其自有にあらず、又その心霊の情態にあらざることは、彼の世にありて他と相伍するや、道徳上及び民文上の規律に遵いて言説し、其時彼が内的想念は、甲の人が乙の人を制御する如く、又その外的想念を制御し、之をして礼儀作法の範囲外に出でざらしめたるを見て、之を明かにすべし。

こはまた次の事由によりても明かなるべし、即ち彼自ら其心に思うや、彼は如何にして他を喜ばし、友情を起さしめ、好意・恩恵を博し得べきか、而して彼は如何なる自然的方便によりてこれを遂ぐべきかと、かくて彼は此時、その自有の意志に任せて行動するを得る時と其行為に相違あるを認め得べし。故に知るべし、今彼が導き入れらるる内分の情態は彼が自有の情態にして、彼が世にありし時おれる人格自有の情態なることを。

五百五　かくて精霊其内分の情態におるときは、彼が世にありたるとき、如何なる人格を有せしかを明白に現露すべし、是の時彼は其自我によりて行動すればなり。世にありし頃内的に善なりしものは、今や其行動の理性と証覚とに称うこと益〻深きものあるを認め得べし、何となれば、彼は今や肉体との関係を離れて、さきに雲翳の如く彼の心霊を昏くし且つ礙《さ》えたる物質的事物を脱却したればなり。されど世にありて悪におれるものは、今や其行動、痴呆の如く、狂漢の如し、其世間にありしときよりも一層狂癲の態を呈せんとす、何となれば、彼は今や自由を得、繋縛を離れたればなり。彼が世にありし頃、外面上健全の相を呈したるは、之によりて理性的人物に擬せんとしたればなり。然るに今や全く外部の面殻を取り去りたれば、彼が狂質此に遺憾なく暴露するに至れり。外面上善人の形態をなせる悪人は、之を蓋ある器に比すべし、外面は光り輝けども内部は蓋にて蔽われたり、これを取り除くとき、始めて其裡にあらゆる汚物の伏蔵するを見る、主の宣言し給う所に曰く、「爾曹は白く塗りたる墓に似たり、外は美しく見ゆれども、内は骸骨と諸〻の汚穢にて充てり」（マタイ伝、第二十三章、二七）と。

五百六　世にあるとき善に住し、良心に循いて行動せるもの、即ち、神格を是認し、神真を愛せるもの、殊に之を其身に行えるものは、其霊界に至りて内分の情態に導き入れらるるや、眠りより寤めたるものの如く、又日蔭より日向に入りたるものの如し。彼等の思索はまた天界の光明に基づくが故に、内的証覚より発し来り、其行動は善より起るが故に、内的情動より溢れ出ず。かくて天界そのものは彼等の想念と情動との中に流れ入り、福祉と歓喜とを以てその内分を充たす、皆彼等の未だ曾て知らざりし所なり、そは彼等今や天界の天人との交通を啓きたればなり。此時彼等はまた主を認め、その自有の真心を尽して彼を礼拝す、蓋し前に述べたる如く（五百五）、彼等内分の情態に住するときは、即ち彼等自有の真心におるときなればなり。彼等は（他に強いらるることなく）その自主の心によりて主を礼拝し、是認す、これ自主の心は内的情動に属するが故なり。是において彼等は外的聖行を離れて、内的聖行に入る、内的聖行は真《まこと》の礼拝そのものなり。此の如きを聖言の教誡によりて基教的生涯を送りたるものの情態となす。

　されど世にあるとき悪に住し、良心を滅ぼし、従いて神格を否定せるものの情態は全然之と相反せり。悪に住せるものはすべて内心に神格を否定せり、たといその外的想念にては、実に神を否定せず、之を是認すと思惟することあらんも、其内心は決して然らず、そは神格を是認すると悪に住するとは相容れざる所なればなり。是の如きもの他界に来り、内分の情態に入りて、その言説する所を聞き、其行動する所を見れば、彼等は恰も狂せるが如し、何となれば、彼等の凶慾此に爆裂して一切憎悪の事となり、他を侮蔑して到らざるなく、嘲罵・謗讟・憎怨・復仇少しも顧みる所なければなり。彼等が陰謀をたくみて狡譎・奸悪なるは、人をして殆んど此の如きことの人間にあり得べきかを疑わしむるばかりなり、何となれば、彼等世にありしときは、外的事物のために制圧せられ、沮滞せられたれども、今や其羈絆を脱し、彼等の意志よりする想念にまかせて、放縦自在なるを得ればなり。一言にて云えば、彼等は理性を没却せり、そは彼等が世にありし頃所有したる理性力は、その内分に住せずして外分にのみ住したるに由る、而かも彼等自らは他にすぐれて証覚あるものの如く覚えたるなり。

彼等が第二の情態にありて其性格を暴露すること此の如し、彼等はかくて又時ゝ少間をおき、外分の情態に戻されて、彼等が内分の情態のとき為せる行動を想い起さしめらるることなり。其時、或は自ら愧じてその狂態を是認するあり、或は少しも愧じざるあり、或は常に外分の情態に留存せしめられざるを憤るものあり。されど天人は彼等に示して曰う、彼等もし常に此情態にあらんには、彼等がさきに内分の情態にありしとき為せる如き所為を再演するに当り、彼等は今や秘密の手段を用いて表に善・誠実・正義を装い、此を以て心と信とに愚直なるものを誘惑し、遂にその身自ら全く亡滅するに至るべし、何となれば、彼等の外分は竟にその内分の火に等しき炎に燃えて、彼等の生命すべてを焼き尽すべければなり、と。

五百七　精霊第二の情態に在るときは、その世にありし時と全く相等しき内分の情態を現ず、而して彼等がさきに秘密に行える所、云える所は、今や現露して匿るる所なし、何となれば此時彼等はまた外的事物の制縛する所とならざるが故に、世に在りしとき為せる所を今は公然として、之を言説し、之を行為して、さきに保ち得たる名声を顧みるが如きことなければなり。又彼等をして天人及び善霊の前に其真実の性相を現わさしめんため、彼等は導かれて其自有の悪境涯に入れらるべし、かくしてその隠れたるは開かれ、潜めるは発かるること、主の云い給える所の如し、即ち、「それ掩われて露われざるものはなく、隠れて知れざるものはなし、是の故に爾曹幽暗《くらき》に語りしことは光明《あかるき》に聞ゆべし。密かなる室にて、耳に附き云いしことは屋上に播《ひろ》がるべし」（ルカ伝、第十二章、二―三）と。又曰く、「われ爾曹に告げん、凡て人の云う所の虚しき言は審判の日に之を訴えざるを得じ」（マタイ伝、第十二章、三六）と。

五百八　此情態に住める悪人の性相は数言の能く尽す所にあらず、何となれば、彼等は皆其情慾にまかせて癲狂ならざるはなく、而して是等の情慾は千殊万別なればなり。故にわれは只数個の殊外の場合のみを記し、其余は自然の推断に一任すべし。一切の上にわれのみを愛し、義務及び職掌を果すにも自家の名誉を求むるを主となし、又用と用より来る歓喜との為めに用を遂げず、只他に秀でて名を成し、誉を獲、かくて己が尊貴に誇らんとの念より用を遂げんとするものは、此第二の情態に入りて魯鈍となること他に勝れり。何となれば、自己を愛するの度に比例して天界より遠離し、天界より遠離する度に比例して亦証覚を遠離すればなり。

又自己を愛すると同時に権謀に長けたるより、偽巧を弄して、遂に自ら尊貴の地位を占むるに至れるものは、極悪の精霊と交を結びて、魔術を学び、神の順序を侮蔑し、以て彼等を尊敬せざるものを迫害し且つ悩まさんとす。彼等は、陥穽を設け、憎悪を挟み、復仇の念に燃え、すべて己れに従順ならざる者に対して、忿怒の情を洩らさざれば止まず。彼等が此の如き凶悪を遂ぐるの度は、彼等を助くるものの多少に由る。彼等終には心の内に如何にして天界に上り来りて、之を破壊し得べきか、又如何にして自ら神人となりて他の崇拝を受くべきかと思うに至る、彼等が狂癲は此に至りて極まると謂うべし。

此の如き性格を有せる羅馬加特力《ローマカトリック》教徒はその癲狂の度一層を加う、何となれば彼等は、天界と地獄とを以て、彼等が勢力の下にあり、其意に任せて他の罪悪を赦し得べしと堅く自ら信ずればなり。彼等はすべて神格に属する所を自己の有と称し、自ら呼びて基督と云う。彼等が此事を自信するの深き、此自信の流入する処、必ず人の心を乱し、暗黒を生じて、遂に苦痛を起すに至る。是等の精霊は第一と第二との情態において相似たり、されど第二にありては、彼等理性を欠けり。彼等の狂態及び第二情態以後における運命につきては、『最終の審判及びバビロンの滅亡につきて』(Concerning the Last Judgment and the Destruction of Babylon) と云える小冊子中に詳述せる所あり。

天地の創造を自然に帰し、口には云わざれど、心に神格を否み、随いて教会及び天界に属する万事を否めるものは、第二の情態において、同類相交わり、譎詐に長ぜるものを神人と称え、神の如く之を崇め、之を貴ぶ。われは此の如き精霊が相集まりて魔術遣いを崇めおるを見たり、彼等は自然につきて議論を闘わせり、而して其身を行うの痴なる殆んど人間の形せる獣類の如くに見えぬ、されど彼等の中には世にあるとき威厳ある位地を占めたるもあり、又世の人の為めに学者・達人と信ぜられたるもあり。其外亦此の如きもの様〻の変態におれり。

神格を是認せず、信仰の生涯を送らず、かくて天界の流入を受けざりしものの場合に見る如く、その心より成れる内分、天界に逆いて閉じらるるとき、此人の性相の如何なるものなるかは、是等二、三の実例によりて推し得らるべし。今此に人ありてもし此の如き性質を有し、其意に任せて行動し、曽て法令を恐れず、人命の損失を顧みず、又外面の制縛を離れて、名誉を害し、或は尊貴、或は利益、或は是等よりする諸歓喜を滅ぼすを厭わざるときは、此人はその死後何等の境遇に入るべきか、こは其人の自ら判断して余りある所ならん。

されど是等の精霊は、主の制裁によりて、其狂癲を無限に擅にするを得ず、必ずや用の範囲内に止まるべし、何となれば、何人にも一種の用ありて、此の如き凶性を有するものにもまた之あればなり。善霊は之を見て悪の何たるを知り、其性相を知り、又人もし主の導く所とならざれば、遂に如何なる淵に沈むべきかを知るべし。此の如くにして相似たる凶霊各〻其群をなして、善霊より隔離せらるるは、また一種の用なり、凶霊が抛りて以て自ら装い自ら欺くの用に供せる諸〻の真理及び諸〻の善事をば、彼等より放して、彼等をして、其生涯に本来属せる諸悪及び之よりする諸偽に還らしめ、かくしてその地獄に入るの準備を全うせしむるは、是また一種の用なり。何となれば何人も彼が自有の悪及びそれよりする諸虚偽に住せざれば地獄に往くことなければなり、地獄にては両心を有するを許さず、即ち、その思惟し言説する所と、其意志する所と相違うを許さず。地獄における一切の凶霊は、悪より来る虚偽を思惟し、悪に属する虚偽によりて言説し、又之を為すに当り、其意志即ち自有の愛、及び之に伴える歓喜・悦楽の情に由らしめざるべからず、即ち彼が世にありし時、其霊によりて思惟せる所、即ち内的情動の力にて、自ら其心に思惟せる所と、正に相同じからんを要す。其の此の如くならざるべからざるは、人の人たるは其意志にありて想念にあらざればなり（意志の分に入れる想念は此限りにあらず）、意志は人格の本性・本質なるが故に、其意志に還るとは、即ち其本性・本質に還るの義、又其本来の生涯に還るの義なり。何となれば、人は其生涯によりて一種の性習を得、死後に至りても斯くして世にあるとき得たる所の性習はそのままに留存すればなり。凶霊にありては、此性格を改善し、又は転化すること、想念の力又は真理を会得するの力の能くせざる所とす。

五百九　此第二の情態にあるとき、凶霊は各種の凶悪を行う毎に屢〻処罰を受けて哀しむべき境遇に陥るを常とす。精霊界における責罰には数多の種類あり、而して之を励行するに当りては、世にありし時、国君たり、従僕たりしを問わざるなり。悪として責罰の之に伴わざるはなく、悪と責罰とは和合して離れず、故に悪におるものは亦其責罰におるものなり。されど地獄にては何人も世にありし時なせる諸悪の為めに罰せらるることなく、只彼が此にありて為す所の悪によりてのみ罰せらる。されど人は世にありし時なせる諸悪のために処罰を受くと云うも、他生にて為す諸悪の故に責罰せらると云うも畢竟同じ処に帰すべし、両者は全く同一なり、何となれば、人として死後彼が本来の生涯に帰らざるはなく、かくて世にてなせる所と等しき諸悪を亦ここにて行わざるはなければなり。人格の性相は、死後と雖も、肉体上の生涯を送りし時と相替らざるは既に之を見たり（四百七十より四百八十四）。

凶霊の責罰せらるるは、彼等の此情態にあるや、罰を恐るるの心なくば、凶暴到らざるなければばなり。此時に当りては、勧誘も教誨も其功を奏せず、法令の所禁、名声の失墜をも亦彼の憚る所にあらず、蓋し彼は自有の性格によりて行動するが故に、僅かに責罰の外は、之を制約し、之を毀折する能わざる也。されど善霊は世にありて為せる悪事ありとて責罰せらるることなし、何となれば彼等の悪事はまたその身に還ることなければなり。われは又許されて善霊の悪行は別種・別性に属するものなるを見たり、即ち彼等が悪に陥るることあるは、真理に乖戻せんとの意ありしにあらず、又悪心を抱きたりしにあらず、只彼等内的を離れて外的におれるとき、両親よりの遺伝に駆られて、自ら不覚の歓喜を求めたるによるなり。

五百十　人は皆死後、其世にありし時、其精霊が所属せる各団体に来るものとす、何となれば人は其精霊において、或は地獄、或は天界の或る団体と和合しおればなり。悪人は地獄における団体と和合し、善人は天界におけるさる団体と和合す、かくて人は死後皆各自の団体に還る（四百三十八）。精霊は順次歴程を逐いて此団体に導かれ、遂には全く其中の人となるものとす。凶霊は、その内分の情態におるとき、漸を逐いて彼が所属せる団体の方向に転進し、此第二の情態を終えんとするに先だち、遂に直ちに之に向いて進み、而して此情態の終了を告ぐるや、彼は其類に従いて自ら地獄に投入するなり。其投入するとき彼は足を空にして頭より堕落する如く見ゆ。彼がかく逆下する如く見ゆるは、彼は順序を転倒して、地獄に属する事物を愛し、天界の事物を拒絶したるに由る。此第二の情態におる凶霊の中には地獄に入りてまた出で来るものあり、されど彼等はその全然脱離して悪そのものとなりたるときの如く逆しまに堕落するとは見えず。彼等はまた尚お外分の情態におるとき、その心霊は世にありて正に如何なる団体に属しいたるかを示さるることあるは、これ彼等をして肉体の生涯を送れるとき既に地獄にありしを知らしめんためなり。されど此情態は地獄そのものの中におるときの情態と似ずして、精霊の世界におるものの情態に似るものとす。此情態は地獄におるものの情態に比して如何なるべきかは此下に尚お説く所あるべし。

五百十一　善悪の精霊を区分するは此第二の情態においてす、第一の情態にては彼等相雑居せり。そは精霊尚お其外分におるときは世における時の如く善悪互に相交われるに由る、されど彼等内分の情態に入りて、各〻その自有の性、即ちその意志に還るときは、また此の如くならず。善と悪とを分つ方法に種種あり。大抵凶霊は其第一の情態にありしとき、その善想念及び善情動によりて相交通したる諸団体の裡に導かる、是等の団体はさきに凶霊の外形をのみ見て其実彼等は凶悪なる精霊なることを信ぜざりしなり。大抵の場合には、是等の凶霊は導かれて広き円形の処を通過し、善霊をして残る隈なく彼等の実性を見るを得せしむ。善霊之を見るとき、其面を背く、之と同時に凶霊も亦其面を背けて善霊を見ず、即ち己等が将に入らんとする地獄の団体のある方面に転向するなり。尚お此外分離の方法あれども今説かず。

人の死後における情態第三、即ち天界に入るものが教誨を受くる情態のこと

五百十二　死後における人の情態、即ち其の精霊の第三の情態は教誨の情態なり。此は天界に来りて天人となるものの為めにして、地獄に行くものの為めにあらず、地獄に行くものは教え難し、故に彼等が第二の情態は即ち第三の情態なり、彼等既に全く自有の愛に還り、かくして地獄の団体に入り、彼等の同類と相伍するときは、彼等の情態此に終る。此に至れば彼等は自有の愛に任せて思惟し、意志す、而して此愛は地獄の所属なるが故

に、彼等の意志は悪ならざるはなく、彼等の想念は偽りならざるはなし、而して是れ彼等の喜ぶ所なり、其愛に所属すればなり。是を以て彼等はその嘗て己が愛の目的を達する方便として使用せる諸善・諸真は、今や悉く全く之を排斥し了る。

されど善霊は第二情態より導かれて第三情態に入る、此情態に至るとき彼等は教誨を受けて天界に入るの準備をなす。何となれば、何人も真善の知識なくしては、即ち教誨によらずして天界に入るを得ざればなり。此の如く教誨を受くることなければ、何人も霊的善真の如何なるものか、又之に相反せる悪及び偽りの如何なるものかを知る能わず。民文上・道徳上の真善は之を呼びて正義及び誠実と云う、こは世の知れる所ならん、何となれば、世間には民文上の法令ありて人に正義を誨え、又社会上の交際は彼を道徳上の規律に従わしむればなり、是等は皆誠実と正直とに関せずと云うことなし。されど霊的善真は世間より学び得る所にあらず、必ずや天界よりす。彼等は、聖言により、又聖言より来れる教会の法理によりて霊的善真の何たるかを知ることあらん、されど彼等が心の内分にして天界の中にあらざれば、是等は其生涯に流れ入ることなし。而して人の天界にあるは、神格を是認して、之と同時に其行動を正しくし、誠にするときにあり、而して之をなすに当り、彼はこは聖言の要求する所なるが故にかく行わざるべからずとの確信ならんを要す。かくて彼等の正しく且つ誠ある生涯を送るは神格のためにして、自我及び世間を其目的とせるにあらずとなすべし。

されど人先ず世に神あることを教えらるるにあらざれば、其行い此の如くなる能わず、彼はまた、天界あり、地獄あり、死後の生涯あり、万物に優りて神を愛せざるべからず、己れの如く隣人を愛せざるべからず、又聖言は神よりせるが故に聖言にあるところは悉く信ぜざるべからずと云うことを学ばざるべからず。是等の諸真理を知り、且つこれを是認するにあらざれば、人の想念は霊的となるを得ず。而して彼もし此事につきて思惟することなければ、之を意志する能わず、何となれば人は其知らざる所を思惟する能わず、又その思惟し得ざる所を意志し能わざればなり。故に人是等の真理を意志するときは、天界は、即ち天界を経て主は、人の生涯中に流入すべし。何となれば主は意志に流入し、意志を経て想念に流入し、両者を経て人の生涯の中に流入すればなり、人の全生涯は是等両者より来るものとす。故に知るべし、霊的善と真とは世間よりせずして天界よりすることを、又何人も教誨を受けずして天界に入るの準備をなし得ざることを。主、人の生涯に流れ入り給う限り、彼は主の誨え給う所となる、何となれば主は彼が意志を照らして真理を知らんとの念を起さしめ、又想念を照らして之を知らしめ給えばなり。是の如き事物ある限り、人の内分は啓けて、天界此に植え付けられ、神の事、天界の事は、彼が道徳的生涯に属する一切誠実の事物中に流れ入り、是等の事物をして霊化せしむ。何となれば人は此時神の故を以て、神によりて之を行えばなり。此源頭より始まれる人の所為、即ち彼等が道徳上・民文上における誠実及び正義の事物は霊的生涯の結果そのものとなる。而して此結果の性相を定むるは其有力的原因にあり、蓋し原因のある如く、結果も亦然るべければなり。

五百十三　此教誨は数多の団体に属せる天人の掌る所なり、是等の団体は特に北方及び南方にあり、何となれば是等の天人の団体は善及び真の諸知識より来れる智慧と証覚とに住すればなり。教誨の場処は北方にあり、教誨の種類は一にして足らず、天界における善の種類とその変態とに従いて、その設備を異にし、その区分を明にせり、こは各人をして悉く其性情と摂受の力とに従いて教を受けしめんためなり、その教誨の場処は頗る広くして遠し。教えを受くべき善霊は霊界における第二の情態を経過せるもののみにして、彼等は主に導かれて此処に来る、されどこは一切の善霊を含めるにあらず、何となれば世にありて既に教えを得たるものは、主によりて天界の準備を遂げたるが故に、他の道程に上りて天界に導かる、或は死後直ちに然るあり、或は暫く善霊と留まりて後然るあり、此時彼等は世にありて富貴のために感習せる想念及び情動中の粗なるものを脱却して純化せらる。或は先ず脱離せらるるあり、こは足の裏の処において行わる、此処を下土と云う、此処にて苦しむこと甚しきものあり、彼等は善き生涯を送りたれども、虚偽によりて其心を確定せるものなり、何となれば自ら虚偽に確定せるものは、此虚偽膠著すること頗る強く、之を散解し去らざれば、真理を見る能わず、随いて天界に摂受せられず。されど此事の脱離法及びその他種種の方法によりて成し遂げらるることは『天道密意』（Arcana

Cælestia）にて説けり。

五百十四　教誨処におるものは皆相隔離せり、何となれば各〻其内分においては、当に入らんとする天界の各団体と既に関連しおればなり。天界の諸団体は天界の形式に従いて排列せらるるが故に（上を見よ、二百より二百十二）、天界より教誨の場処を望めば小式の天界に似たり。縦には東西に延び、横には南北にひろがる、幅は長さよりも短きが如く見ゆ。大体の排列は下の如し。前列には、幼時に死して、少年の頃に至るまで天界に成育し、教母の傍にてその幼時を過せる後、今や主に導かれ、此に在りて教えを受くるものとす。此の後には、成人の頃死せるものを誨うる処あり、彼等世にありし時は真理に対する情動におれり。此次に、回教を奉じて、世にありし時有道の生涯を送り、神を是認し、主をまことの預言者となせるものあり。彼等は、マホメットの人を助くる力なきを見、彼より退きて、主に近前し、主を礼拝し、主の神格を是認し、今や基督の教えを受けおれり。此次に、今少しく北にあたりて、種種の異教者を教うる場処あり、彼等は各〻その宗教に基づきて、世にありしとき善き生涯を送り、之によりて一種の良心を得たるものなり、又彼等は政府の法令を恐るるの念よりも、寧ろ宗教の法令を慎しまんため、正しきこと、直きことを行えり、彼等はその宗教の法令を以て神聖に守るべきもの、決して之を行為の上に破るべきものにあらずと信ぜり。すべて是等の精霊は教えらるるままにたやすく主を是認す、何となれば、神は見えざるものにあらざること、神は人身を有して見るを得べきものなることを、彼等は其心の中に深く印銘したればなり。彼等の数は頗る多くして他に勝れり、最も善きものは亜弗利加《アフリカ》より来る。

五百十五　されどすべて皆此の如く教えらるるにあらず、又天界における同一の団体によりて教えらるるにあらず。幼時より天界にて教導を受けたるものは、内辺の天界に住せる天人之に誨う、何となれば、彼等は宗教上の諸虚偽によりて虚偽を吸収せず、また世間の富貴より来る粗大の想念によりて、彼等が霊的生涯を汚さざればなり。成人に達して死せるものは、大抵最終の天界に位する天人之を誨う、そは是等の天人は内辺の天界に住する天人よりも適任なればなり、内辺の天人は其証覚一層内的にして彼等は未だ之を享くる力あらず。されど回教徒を教うるものは、先に世にありしとき同教を奉じて其後基教に改宗せる天人なり。異教徒も亦嘗て彼等と同教なりし天人によりて教えらる。

五百十六　一切の教誨は聖言より来れる法理を本として、法理なき聖言を本とせず。基教徒は聖言の内的意義と全然一致せる天界の法理によりて教えられ、回教徒及び異教徒は彼等の会得し易き法理を以て誨えらる、此法理の天界の法理と異なる所は、彼等各〻其世にありたるとき信奉せる宗教上の善法と一致する所の有道の生涯を基として、彼等に霊的生涯の何たるを教えらるるにあり。

五百十七　天界の教誨の地上の教誨と異なる所は、諸知識を記憶に付せずして、直ちに之を其生涯となすにあり、何となれば精霊の記憶は其生涯の裡にあればなり、彼等は其生涯と相合うものは之を受けて己れに吸収すれども、之と相合わざるものは受くることなし、まして吸収するをや、蓋し精霊とは情動なり、故に彼等は其情動に似たる人間的形態の中に住めり。

精霊既に此の如くなるが故に、真理に対する情動は絶えず彼等が生涯の上に注ぎ来り、各〻其性に従いて、其用を遂げんと願う、蓋し主は各人をして其個性に適せる諸用を受けしめ給い、更に此愛を高からしめんため、彼等をして天人たらんとの望を起さしむ。天界における一切の用は皆共同の用に関連し、即ち主の国土に関連し、而して此国は即ち彼等の郷国なるが故に、且つ又一切個個特殊の用は、かの共同の用に関渉すること、愈〻近く、愈〻充足するに従いて、愈〻優勝なるが故に、一切無数の特用は、個個に善ならざるはなく、天界的ならざるはなし。故に何人も真理に対する情動と用に対する情動とを和合一致せしめて、之を別種のものとなさず、かくして真理は用の上に植え付けられ、彼等が習得する真理は即ち用の真理となる。天人的精霊の教誨を受けて、天界に入るの準備は此の如くにして行わるるなり。

精霊をして、用と相称える真理に対して情動を起さしむる方法は種種あれども、大抵は世の知らざる所なり、こは主として用の表象に由るものとす、而して精霊界にありては、之を現前するの方法一にして足らず、之に伴える歓喜・悦楽の情は彼等が心の内分より身体の外分に徹底して到らざる処なし、故に精霊の全分は之がために動かさるるなり。かくして精霊は恰も自有の用となると云うべし。此を以て精霊は此教誨によりて準備を了り、各自の団体に入るや、彼は自有の用に住して、又自有の生涯におるものとなす。是等の事由によるが故に、知識なるものは外的真理に過ぎず、之によりて天界に入らんは何人も能くせざる所、只知識の方便によりて導き入れられたる用の生涯、即ちわが本来の生涯によるにあらざれば、天界に入る能わざることを明らむべし。

五百十八　一種の精霊あり、その世にありしとき有せる思想より推して、自ら以為《おもえ》らく、われらは当に天界に往くべし、而して他に先だちて摂受せらるべし、何となれば、われらは聖言と教会の説教とによりて多くの事物を学び、又之を知ればなり、われらは達人なり、所謂る聖言の中に記せる「大空《そら》の輝光の如く耀き、星の如く」（ダニエル書、第十二章、三）なるものなりと。されど彼等は先ず其知識は記憶中のものなるか、将た彼等の生涯に入れるかにつき点検せられたり。肉体及び世間の事物より離れて、用のための故に（是等の用はそれ自らに霊的なり）、真理に対して至純の情動に位せしものは、天人の教誨を受けたる後、また天界に摂受せらる、天人その時天界に耀くは何物なるかを彼等に教えて曰く、こは神真なり、神真とは天界の光明が現われて用となれるものなり、而して此用は彼の光線を受け之を転化して種種の荘厳となす所の平面なり、と。

されどかの記憶の上にのみ知識を積めるものは、この知識によりて真理のことを論究する能力を有し、また己が原則として摂受せる所を確定するの能力をも有せり、この所謂る原則なるものは、其実虚妄に過ぎざれども、彼等は自ら之を確定して真理となせるなり、是は彼等天界の光明中におらざるが故なり、されど通常此の如き智慧に伴える一種傲慢の気によりて、彼等は他に勝れて学得あるを恃みとなし、彼等は当に天界に行きて、天人は彼等に服事する所となるべしと思えり。天人は彼等が此の如き迷妄の信仰を離れて、させる天人の団体に入らんことを欲し、之を導きて第一天即ち最終の天界に入らしめんとしたるに、彼等は其時天界の光明の流入し来るに会いて、其眼は昏み、その智性は狂い始めぬ、彼等は終に死なんとするものの如く、その呼吸頗る切迫するに至れり。彼等また、天界の熱、即ち天界の愛を感ずるに及びて、その心の内に苦悩を覚えたり。此を以て彼等は遂に天界より堕落し来れり、其後天人彼等に教えて曰う、知識は天人をなす所以にあらず、知識より獲来れる生涯即ち是れ天人の生涯なり、何となれば、其自性より見れば知識は天界の外にあり、只之によりて獲来れる生涯のみ天界中にあればなり、と。

五百十九　精霊は前に記せる場処にて教誨を受けて、天界に入るの用意を整うるや（此用意には長時を要せず、彼等は既に霊的想念に住するが故に、多くの事物をも一時に会得す）、大抵細布に似たる白やかなる天人の衣装を著けて、上方天界に到るの途に導かれ、其の処にて守衛の天人に引き渡さる、其時他の天人来りて彼等を引接し、団体に挙薦し、福祉を受けしむること多し。其後各〻主に導かれて自家の団体に入る、此方法一様ならず、或は紆余曲折して到ることあり。されど主に導かれて往く途は、主の外如何なる天人分に住するを以て直ちに新来の天人を是認し、喜びて之を迎接す。

五百二十　今此に云える所に更に附言すべき著しき一事あり、そは、是等の場合より天界に到る道途、即ち新来の天人が導き行かるる道途に関してのことなり。八条の道途あり、各〻の教誨処より二条ずつを出だす、一条は東に向いて上り、一条は西に向う。主の天国に往くものは東道よりし、霊国に往くものは西道よりす。主の天国に赴く四条の道は橄欖樹及び種種の果実を結ぶ樹木にて装飾せられ、主の霊国に赴く道は葡萄樹と桂樹とにて装飾せらる。こは相応の理によるなり、蓋し葡萄樹と桂樹とは真理及び其用に対する情動に相応し、橄欖樹と果実を結ぶ樹とは善及び其用に対する情動に相応す。

何人も制約なき仁慈によりて天界に往くことなきこと

五百二十一　天界の事、天界に到る途、人における天界の生涯、是等のことにつき教誨を受けざるものは以為《おもえ》らく、天界に往くは只主の仁慈による、此仁慈は信に住するもの、主のとりなし給えるものに許さるるところなり、故に天界に入るは只主の特恵にして、何人と雖も、主の心にだに称《かな》いなば、残りなく救わるべしと、中には地獄にあるものと雖も、此特恵を受くることあらんと思えるものさえあり。されど彼等は人格と云うことにつきて知るところあらざるなり、彼等は、人の人たるは全く其生涯如何にあること、其生涯は愛の如何にあること、啻に彼が意志及び智性の内分に関して然るのみならず、彼が身体の外分に関しても亦然ること、身体の形式は只内分の結果として外辺に顕現せる所に過ぎざること、故に人間全格を挙げて只彼が自有の愛なること（上を見よ、三百六十三）、彼等はすべて此の如きことを知らざるなり。彼等は又、身体は自存にあらず、その霊によりて存在するものなることを知らず、而して、人の霊とはその情動に過ぎざること、人の霊体とは此情動が人体となりて外に現われたるものにして、死後始めてその全身脱露することを知らざるなり（四百五十三より四百六十）。是等の事を知らざるうちは、人は救済を以て主の仁慈及び恩寵と称すべき主の聖意にのみ存するものと信じて止まざるべし。

五百二十二　先ず神の仁慈とは何を云うかを説くべし。神の仁慈とは人類全体を救わんとて神が之に対して有し給う純粋なる仁慈そのものなり。此もの常に此目的を以て各人の裏に在り、決して彼を離れず、故に救わるべきものは救われずと云うことなし。されど聖言の中に主が示現し給える神の方便に由らざれば何人も救われず。此方便を呼びて神真と云う、人もし救われんと思わば如何なる生涯を送るべきかはその教うる所なり。是等の真理によりて主は人を天界に導き、及び之によりて人の心の中に天界の生涯を種植し給う。主はすべての人に対してかくなし給えども、悪を制せざるものの心には天界の生涯を種植すること能わず、悪之に逆えばなり。されど悪を制し得る人に対しては、主は仁慈の自体よりして、其神的方便を以て、幼より終焉に至るまで、又之より後永遠に渉りて、その人を導き給う。神の仁慈とは此の如きを云う。故に主の仁慈とは純粋なる仁慈そのものの謂いにして、制約なき仁慈の義にはあらず、即ち人の生涯如何を問わず、只聖意に任せて之を救うとの義にはあらざるなり。

五百二十三　主は決して順序に反して行動し給うことなし、主自ら順序なればなり。主より起る所の神真、之を順序となす、神の諸真理は順序の規律にして、主は之によりて人を導き給うなり。故に制約なき仁慈によりて人を救うは神の順序に背けり、而して神の順序に背くは亦神格に背くなり。神の順序とは人にありては天界なり、されど人は神の諸真理なる順序中の諸規律を破れる生涯を営みて自ら順序に乖戻せり。故に主は純粋なる仁慈そのものによりて人を此順序中に復帰せしめんため、順序中の諸規律を以てその方便となし給う。人もし此の如くにして復帰すれば、彼は其心に天界を摂受すべく、而して天界を摂受するものは天界に往くべし。故に亦神の仁慈とは純粋なる仁慈そのものの謂いにして、制約なきにあらざるを明らむべし。

五百二十四　人もし制約なき仁慈によりて救わるるとせば、一切は救わるるべし、地獄にあるものも之に洩れざるべし、否、地獄なるものなきに至らん、何となれば主は仁慈・愛・善そのものなればなり。故に主を以て一切を制約なく救う力なりとして、而かも尚お彼等を救わずと云わば、こはその神格に背けりとなすべし。主は一切救済を望みて、何人をも罪に陥るるを好み給わざることは、聖言によりて知る所なり。

五百二十五　基教国より他界に来るものは、大率、制約なき仁慈によりて救わるべきものとの信仰を抱けり、そは彼等此の如き仁慈を哀求すればなり、されど之を点検するときは、彼等の信仰なるものは、天界に来るときは只之に入るを許さるるの義にて、一旦此許しを得れば、天界の歓喜に与かり得るものと信ずるにあり、されど彼等は、天界の何たり、天界の歓喜の何たるを知らざるなり。故に天人彼等に告げて曰う、主は何人にも天界を拒み給わず、入らんと欲せば則ち入りて此に留まるを得べし、と。此く願えるもの、天界に入るを許されたるに、僅かに其門域に到るや、彼等は天界の熱に逢著して、心の悩みに堪えず、天界の歓喜を受けずして、却て地獄の苛責を覚え、恐惶措く所なく、身を倒にして堕落し去れり。天界の熱とは天人がおる愛の謂いにして、こは天界の光、即ち神真より来る所の内流なり。此の如く彼等は其実験によりて、人の天界に入るを得るは制約なき仁慈によるにあらざることを教えられぬ。

五百二十六　われ屢〻この事につきて天人と語れることあり、其時われ云う、世にありて悪しき生涯を送れるものの、天界及び永遠の生命につきて相語るや、大率、天界に来るとは只仁慈のみによりて此に入るを許さるることと思いて、更に他の事あるを知らず、此の如き信仰は特に信を以て救済の唯一方便と思えるものの有する所なり。何となれば、彼等は其宗教の原則によりて、その生涯の如何を省みず、又其生涯をなすところの愛の行動如何を顧みず、故に又主がよりて以て人間に天界を種植し、彼をして天界の歓喜を摂受するに足らしむる方便の如何を顧みざればなり。かくて彼等は実地の方便を逐一拒絶するが故に、必然の結論として、人は只仁慈のみによりて天界に来り、父なる神はその子のとりなしによりて仁慈の情を動かすものとなすに至るなり。

天人之に答えて曰う、此の如き教条は彼等が信に関して臆定せる原則のみより推定しても、その必然に従い来るべきものなるは、われらが知る所なり、此教条はその他の一切教条の主脳となれども、真実ならざるが故に、教会中には今や、主、天界、死後の生命、天界の歓喜、愛と仁との本質につきて知る所あらず、又一般に善及び善と真との和合、随いて人の生涯、こは何より来りて、如何なる性相を有せるかにつきても、彼等は知る所あらざるなり、されど何人も未だ嘗て想念の上にのみありてその生涯を営むはあらず、必ずや其意志と意味に基づける行為との上においてすべし、その想念の生涯に入ることあるは、意志と相関渉する時に限れり、されば只真のみありても益なし、必ずや愛の之と関渉せんことを要す、と。天人は又是等の人〻が何人も信のみを有し得るものにあらざることを知らざるを悲しめり、蓋し信にして其源泉たる愛を欠くときは、只一種の知識に過ぎず、又信仰に相似せる一種の勧誘に過ぎざる場合もあるべし（四百八十二を見よ）、此の如きは人の生涯中に入らずして其外辺に止まれり、何となれば人の愛に膠著せざるものは其人格と一なる能わざればなり。

天人又曰く、救済の主要なる方便に関して此の如き原則を有せるものは、制約なき仁慈を信ずるの外あるべからず、蓋し彼等は自然界の光明及び視覚の経験によりても、信だけにては人格をなすべからざるを知覚すべし、悪しき生涯を送れるものも、その思惟する所とその自ら信ぜんと欲する所とは亦他の人と異なるなきを得べければなり。故に只もし臨終の時に当りて主のとりなしあるべきを信じ、之によりて神の仁慈を受くべしと信ずれば、善人となく、凶漢となく、皆等しく救わるるとの所信を生ずるに至るべし、と。天人自ら表明して曰く、悪しき生涯を送れる人、世にありてかの親委又は帰信（こは著しく信の義とせる所なり）に基づきて如何なることを云いたらんも、此の如きもの未だ嘗て一人も天界に摂受せられたるを見ず、と。

アブラハム、イサク、ヤコブ、ダビデ、及び使徒等は、制約なき仁慈によりて天界に摂受せられたるにはあらざるかと問われたるとき、天人答えて曰う、一人も此の如くにして摂受せられたるはあらず、皆世にありし時の生涯如何に由れり、われらは彼等の今何処にあるかを知れり、彼等は他人に勝れて一層の尊重を受くることあらず、と。天人曰う、彼等が聖言の中にて尊重せらるるは、その内義によりて彼等を主と同一視すればなり、主の神格及び神的人格より見て、主は、アブラハム、イサク、及びヤコブとなり、主の神威より見て、主はダビデとなり、主の神真より見て、主は諸使徒となる。人の聖言を読むを聞くとき、天人は少しも是等の人物の何たるを知覚せず、人物の名称の如何は天界に入ることなし、天人は今記せる如く是等の人物を通じて只主を知覚することあるのみ、何となれば天界における聖言には（上を見よ、二百五十九）何処にも是等の名称を記さざればなり、これ天界の聖言は世上の聖言における内的意義なるに由る。

五百二十七　世に在りて天界に反対せる生涯を送れるものに天界の生涯を種植せんは不可能なること、こはわが多くの経験によりて証するを得る所なり。神の真理を天人より聞けるとき、死後これを受くるは容易の事なるべしと思えるものあり、蓋し彼等は之を信じおきながら、生前にはこれと異なれる生涯を送り、かくして天界に摂受せられ得べしと信ぜるなり。此事果して然るべきかを知らんため、天人は之を多くの人に試みたり、されど此く試みられたるは、彼等をして死後改悛の不可能なるを知らしめんためにして、只此の如き信仰を有せるものにのみ此試験は許されたるなり。之を受けたるものには真理を会得して之を摂受し得る如く見えたるもあり、されど彼等一たびその自有の愛の生涯に転向するや、忽ち是等の真理を拒絶し、剰え之を誹謗するもありき。又其中には直ちに真理を拒絶して、これを聞くを願わざるもありき。或は彼等が此世にありし時その自有の愛によりて修得したる生涯を脱離して、天人の生涯、即ち天界の生涯を其中に注入せんことを願えるもあり。此れ亦其所願に任せて許されたれども、彼等がその愛に基づける生涯を脱却するや、彼等は死人の如くにして、全く其感覚を亡失せり。是等及び其外の経験によりて、天人はかの魯直にして而かも善なるものを教えて曰う、人の生涯は死後に至りて転化するものにあらず、人は悪しき生涯を転じて善き生涯となすを得ず、又地獄の生涯を天人の生涯となすを得ず、何となれば、精霊のうち一人として、頭より足に至るまで、その愛の化現ならざるはなく、故にその生涯と同一性ならざるはなし、此の生涯を転化して之に反対せるものとなすは即ちその精霊を全然滅却するなり、と。天人また表明して曰く、地獄に属する精霊を転化して天界の天人となすは、夜梟を化して鳩となし、有角の梟を化して楽園の鳥となすよりも難し、と。人は死後と雖も世にありし時と同一の生涯に留まることは、其章下において既に見たる所なり（四百七十よりー四百八十四）。此に由りて何人も制約なき仁慈によりて天界に摂受せらるることなきを明らむべし。

天界に至るべき生涯を営むは、人の信ずる如き難事にあらざること

五百二十八　天界に到るべき生涯、即ち霊的生涯を送るは難事なりと信ずるものあり、何となれば、霊的生涯を送らんには世を捨てて、その身と肉とに属せる所謂る情慾なるものをすべて脱離せざるべからざればなり、と。而して彼等は此義を以て、主として富貴より成れる世間的事物を斥け、神、救い、永遠の生命と云うことに関して、絶えず敬虔なる想念を凝らし、祈禱を捧げ、聖言及び宗教上の書物を読みて其生を送ることとなす。彼等は此の如きを以て、世を捨て、肉を離れて、霊に住するものと思えり。されどわれは多く

の経験及び天人との会談によりて、此事の然らざるを知る、此の如くして世を捨て霊に住むものは却て一種悲哀の生涯を修得し、天界の歓喜を摂受するを得ず、そは各自の生涯は死後に留存するものなればなり。人もし天界の生涯を受けんとせば、世間に住して、その業務をとり、その職掌を尽し、道徳的・民文的生涯を送り、かくして始めて霊的生涯を受けざるべからず。此を外にして、霊的生涯をなし、其心霊をして天界の準備を全うし得べき途あらず。内的生涯を送ると同時に、外的生涯を営まざるものは、基礎なき家屋に住むが如し、或は次第に陥没し、或は壁落ち、床破れ、或は崩壊して、遂に傾覆せずば已まず。

五百二十九　人の生涯を理性的直観によりて視察し検査するときは、その三分より成れるを見るべし、而して各個分立せり、三とは、霊的、道徳的、民文的、是なり。何となれば、民文的生涯を送れども道徳及び霊の生涯を送らざるものあり、道徳上の生涯を送れども霊の生涯を送らざるあり、又民文上・道徳上の生涯を送ると同時に霊の生涯を送るもあればなり。後者を以て天界の生涯を送るものとなし、前者を以て、世間の生涯を送り、天界の生涯と相離るるものとなす。故にまず第一に霊の生涯は、自然的生涯即ち世間の生涯と相離れずして、之と和合すること、霊魂と身体との如くなるを明らむべし、又之を相離せば、上に云える如く、基礎なき家に住むが如きを明らむべし。蓋し道徳及び民文上の生涯は霊的生涯の活動なり、霊的生涯とは其意志をよくするにありて、而して道徳及び民文上の生涯とは其行為をよくするにあり、もし是等の両者なきときは、霊的生涯は只想念及び言語より成るに過ぎずして、意志は退縮すべし、其脚を踏み留むべき根柢を失うが故に。されど主として人の霊分をなすはその意志にありとす。

五百三十　人の信ずる如く、天界に到る生涯を送るの難事にあらざることは、下の道理にて見るべし。民文及び道徳上の生涯を営む能わざるもの誰か有る、人各〻幼時より此の如き生涯に入りて、世上の経験より之と親近せざるはなし。悪となく、善となく、皆又此の如き生涯を送れり、誰か世に誠実・正義の名を喜ばざるものある。殆んどすべての人は皆、外面上、誠実と正義とを実行せり、これその心にも亦誠あり義あるが如きを人に示さんためなり、或はその実に誠実と正義とによりて行動せるものの如きを他に示さんためなり。霊の人の生涯も亦之と相似たり、是等の徳を行うこと自然の人と異ならず、されど此に相違あり、霊の人は神格を信じて、其行為を誠実にし正義にするは、啻に民文及び道徳上の規律に遵うが故のみならず、亦神の規律に称うが故なり。

霊の人は、其行為中に神の事物を思惟するを以て、天界の天人と交通せり、而して此の如くなる限り、彼は天人と和合す、随いて彼が内的人格啓けり。此人格を其自体より見れば即ち是れ霊の人なり。人此情態にあるとき、主は彼を納れ、彼を導き給う、されど彼自らは之を知らず。此人此の如くにして道徳及び民文上の生涯に属せる誠実及び正義の事を行えば、これを以て霊的根源に基づける行動となす。霊的根源に基づきて誠実と正義とを行うものは、是れ即ち至純の誠実と正義とによりてその身を修むるなり、即ちその心よりして之を行うなり。外面より見れば、彼が誠実と正義とは自然の人の誠実と正義とに異ならず、又凶悪にして地獄に属すべき人の所為ともその外面は相似たりとなすべし、而してその全然相反する所はその内面にあり、悪人の其行為を誠実にし正義にするは、自己のため世間のために過ぎず、故に彼等もし、法律と其責罰、又は名誉・尊貴・利益・生命の損失を恐れざらんには、彼等は不誠不義を犯して到らざるはなかるべし。彼等は、神を畏れず、神の律令を畏れず、かくて内的制裁の憚るべきものなきなり。故に彼等は、此の如き場合には、その有る限りの力を尽して他を欺瞞し、剝を奪し、劫掠するを楽しみとなすべし。

彼等は其内分において此の如き性格を有することは、他生にありて彼等と相似たるものを看察すれば特に其然るを明らめ得べし、他生にては各自の外分脱落してその内分開け、其ままにて人は永遠に至るべければなり（上を見よ、四百九十九より五百十一）。此の如く外来の制裁なくなりて、法律を憚らず、また名誉・尊貴・利益・生命の損耗を恐るることなければ、彼等はその狂態を暴露して恥ずる所なく、誠実と正義とを一笑に付せんとす。

されど神の律令と云うの故を以て、その行を誠にし、又正しくするものは、その外分脱落して内分のみとなるとき、その行動達人の如くなるべし、何となれば彼等は此時天界の天人と和合して、其証覚の交通を受くればなり。ここにおいてか、道徳及び民文上の生涯にありては、霊の人は自然の人と全く相同じけれども、唯彼が内的人格、即ちその意志と想念の上においては、彼は神格と和合せることを今や始めて明にし得べし（上を見よ、三百五十八・三百五十九・三百六十）。

五百三十一　霊的生涯・民文的生涯・道徳的生涯の規律は十誡の中に説き示さる。前三誡は霊的生涯の規律を蔵め、次の四誡は民文的生涯の規律を蔵め、後三誡は道徳的生涯の規律を蔵む。自然を出でざる人は、外面上、霊の人と同じく是等の教誡を守れり、何となれば、彼は霊人の如く、神を礼拝し、教会に往き、説法を聴聞し、表に敬虔の態度をなし、又殺人・姦淫・窃盗などの罪悪を行わず、偽りの証拠をなさず、又隣人を欺きて其財を奪うことあらざればなり。されど彼の如くなるは、己れのため世間のため、其外観を保たんが為めに過ぎず、其内面に至りては外に顕わるる所と全く相反せり、そは彼はその心に神格を否み、其礼拝は偽善者の礼拝なればなり、彼もし独りおりて其心のままに思惟するときは、教会に属する神聖の事物を嘲笑し、是を以て只魯直なる多衆を制裁するに過ぎずとなすべし。

此の如き人は全く天界と隔離せり、彼は霊の人にあらざるが故に、亦道徳上の人にあらず、亦民文上の人にあらず。彼は殺人の罪を犯さずと雖も、彼に逆うものは彼皆之を憎みてその心に報讐の情を燃やせり、もし民文上の律令及び外界の制裁の、彼を畏伏し管束することなければ、彼は殺人罪を犯すを辞せざるべし。彼は此の如き情念に燃ゆるが故に、彼は絶えず殺人犯を行えりとなすべし。又彼は姦淫を犯さざれども、尚お姦淫を以て必ずしも禁制すべきものと信ぜざるが故に、彼は常時の姦淫者なり、もしその慾を遂ぐべき機会あらば、彼は之を犯すを憚らざるべし。又彼は窃盗せざれども、尚お他の財産を希求し、欺瞞・詐譎の術を以て、民文上の法令に逆うものにあらずとなすが故に、彼は絶えず其心に窃盗を行える也。偽りの証明をなす勿れ、他の財産を希う勿れと云える道徳的生涯に関する教誡に関しても亦之と相似たるものあり。

此の如きを、神格を否み、宗教より来れる良心を無みする人の性格となす。是れ実に彼の性相なることは、他生にありて此種類に属するものを見ば分明なりとす、何となれば、他生にては人の外分脱落して、皆各〻其内分に入ればなり。此時彼等は天界と相隔たるが故に、其行動は地獄と合体し、その身は地獄におるものの群に入る。

されど、其心に神を是認し、神の律令を重んじて之を其身に修め、十誡中の前三条並びに其余を守れるものは之と異なれり。彼等の外分脱落してその内分に入るや、彼等は世にありし時よりも尚お一層証覚を有するに至るべし、何となれば、彼等その内分に入るときは、日蔭より日向に出で、不覚より証覚に移り、悲苦の情態より福祉の裡に入るが如きものあればなり、彼等は今や神格の中に住せり、従いて天界の中に住せるなり。わが今是等の事を云えるは、人をして、仮令外面上相似たることあるも、是等両種の人は其内実において如何なる性類に属するものなるかを知らしめんためなり。

五百三十二　人の想念はその思度に循いて流れて、その傾向を定むること、即ち想念は人の思度する方向に転ずることは、何人も知る所ならん。何となれば、想念は人の内的視覚にしてまた外的視覚と同じく、その転回、指示せらるる処に随いて、その処に転じ、その処に歇息すれば、内的視覚即ち想念を世間の上に転回して、此に歇息せしむれば、其想念は乃ち世間的となるべく、また之を自己及び自尊の方向に転ずれば、肉体的となるべし、されど之を天界の方面に転ずれば、また天界的となるなり。故に知るべし、天界に向いてその想念を転ずるは之を向上ならしむる所以なることを。而して又之を自己の上に転回すれば、その想念は天界より引き下げられて、肉体的事物の中に沈没し去るべく、又之を世間の上に向くれば、その想念は天界より曲がり下りて、眼前事物の間に敷衍せらるべし。

人の意志を定むるものは其愛なり、愛は人の内視即ち想念を転回して其対境の上に到らしむ。かくて自己を愛すれば之を自己及び自己に属せる事物の上に転ぜしめ、世間を愛すれば之を世間の事物の上に転ぜしめ、天界を愛すれば之を天界の事物の上に転ぜしむ。故に其愛の何地にあるかを知れば、其心の内分の情態の何たるを知り得べし。天界を愛するものの内分は天界に向上して其上方啓けり。されど、世間を愛し、自己を愛するものの内分は上に閉じて外に啓けり。

故に知るべし、理性心の高処にして、その上方塞がるときは、人はまた天界及び教会に属する事物を見るを得ず、是等は黒暗暗の中にあるべし、而して黒暗暗の中に在るものは、人、或は之を否み、或は之を会せず。何事にも勝りて自己及び世間を愛するものは、かくして其心の高処を閉ずるが故に、その心に神の真理を否むに至る、彼等或はその記憶よりして此事につき言説することあらんも、彼等は尚お之を会し得ざるなり。彼等が是等の真理を見るは猶お世間的・肉体的事物を見ると異ならず。彼等の理性既に此の如くなるが故に、彼等は只肉体の感官を経て入り来るものに其意を留むるを得るのみ、此以外に至りては彼等また楽しむことあることなし、而して是等の肉体上の事物は大抵汚穢・淫猥・褻瀆・凶悪なり。されど彼等の心は、今云える如く、その上方塞がるが故に、天界より内流を受くる能わず、是を以て彼等は是等の事物を脱却する能わざるなり。

　人の内視即ちその想念を決著する所の思度とは、彼が意志のことなり、そは人は其の意志する所を思度し、其思度する所を考慮すればなり。故に彼の思度もし天界を指せば、その想念また此方向に決著すべし、而して彼が全心も亦之と与《とも》に此方向に転ずべし、かくて其人の心は天界にありと謂うべく、而して彼れ此時其下にある世間の事物を見ば、猶お屋上より瞰下するに似たるものあるべし。されば其心の内分啓けたるものより見れば、彼に随伴せる諸悪及び諸偽、皆之を看取し得べきわけなり、そは是等は霊的心の下にあればなり。之に反して内分啓けざる人〻は自己の諸悪及び諸偽を見る能わず、何となれば、彼等は其中にありて、その上に出ずること能わざればなり。是等の事由によりて、人は何処より証覚を得、何によりて癲狂となり、又死後内分のままに意志し、思惟し、行動し、言説するときは、彼は如何なるものとなるべきかを推断し得べからん。わが是等の事を云えるは、人はたとい外面上如何に相似ることとあらんも、その内分に在りては果して如何なるべきかを示さんためなり。

五百三十三　人の信ずる如く、天界の生涯を送るの難事にあらざることは今又次の道理によりて明かなるべし、即ち人もし其心に念う所ありて、而して其念う所の、誠ならず、義ならざるを知るときは、只当に下の如く思惟すべし、曰く、こは神の教誡に背くが故に、われは之を為すべからず、と。彼もし常にかく思惟するに慣れ、従いて之によりて一種の習性を養うに至れば、彼は次第に天界と和合すべし、かく和合するに従いて、彼は不実不義の何ものなるかを看取すべし、彼はかく是等の不善を看取するに従いて、之を放下せんとするならん、蓋し不善を放下せんには、先ず之を看取せざるべからざればなり。人はその自由の意志によりて此情態に入り来るものとす、そは何人も其自由意志によりて此の如く思惟し得べければなり。されど彼もし其初歩を得れば、主は彼が心の中に伏在せる一切の善を促進せしめ給い、彼をして啻に諸悪を看取せしめ給うのみならず、また之を意志することなからしめ、遂に之を嫌悪して措かざるに至らしめ給うべし。主の言に、「わが軛はやすく、わが荷は軽し」(マタイ伝、第十一章、三〇)とあるは之を云えるなり。されど茲に知らざるべからざるは、此の如く思惟するの困難、又悪に抵抗するの困難は、その人の意志よりして悪をなすの度如何に比例することこれなり、何となれば、彼は自ら悪に慣れて、遂に之を看取する能わざるに至り、其後は之を愛し、又此愛に伴う歓喜によりて之に惑溺するや、一切の虚偽によりて之を確定して、是等の悪は必ずしも禁ずべからず、是等は善なりと云うに至るべければなり。青春の交、諸惑に沈溺して制する所を知らず、之と同時に心より神の事物を斥くるものを見ば、わが言の然るを知るべし。

五百三十四　わがために、天界に到る途と、地獄に到る途とを表象せられたることあり。一条の広き路あり、左方即ち北方に赴けり、われは数多の精霊の之を往来せる如きを見る。されど此広き路の極まる処遥かに大石あり、此石より路二つに分れ、一は左折し、一は之と反対して右折す。左せるものは細くして窄し、西を経て南に進み、かくして天界に通ず。されど右せるものは、広くして大なり、斜めに下向して地獄に通ず。始めは一切の精霊同一路を行くが如く見えたるも、大石ありて路の分るる頭《ほとり》に至り、此点において彼等相分離せり。善きものは左回して天界に通ずる直路に入りたれど、あしきものは石のあるをも見ずして、之に躓き倒れて自ら傷つけり、其復た起つに及びてや、彼等は地獄に通ぜる右方の大道に向いて走り去れり。

其後天人わがために此義を解して曰う、始めの広き路に多数の精霊あり、善となく、悪となく、朋友の如く共に往来し且つ談話せるは、彼等の間に未だ何等の眼に見ゆべき差違なきによれり、こは外分上より見て人は皆誠実に正義なる如く、彼此の間に眼を以て分別すべき点なきを表わせり。両路の分るる処、即ちその隅角にあたりて、大石のあるは神真を表わす、凶霊は之に躓きて倒れ、それより直ちに地獄に通ずる路に向いて走れり、地獄の方面を望めるものは此神真を否定せり。此石は又高上の義によりて主の神的人格を表わせり。神真を是認し、又之と同時に主の神格を是認せるものは、天界に通ぜる路によりて進み去れり。是等の事よりしてまた、外面上にありては悪しきものも亦善きものと同一の生涯を送りて、彼此の等差なく、又容易く同一の路をたどれども、心より神格を是認せるもの、殊に教会内にありて主の神格を是認するものは天界に導かれ、之を是認せざるものは地獄に赴くと云うことを明かにすべし。

人の思度及び意志より起る所の諸思想は、他生にありてはこれを路にて表わせり。而して此路は人の思度よりする諸思想の如何によりて現前するなり、即ち人も亦此の如く其思度より起り来る思想に従いて各〻其路を行かざるはなし。故に精霊の性相及び彼等の思想の如何を知らんとせば、彼等が歩める路を見るべし。是等の事によりて亦主が下に云い給う所の義を明らむべし、曰く、「窄き門より入れよ、沈淪に至る路は闊く、其門は大なり、此より入るもの多し、生命に至る路は窄く、その門は小さし、其路を得るもの少なし」（マタイ伝、第七章、一三―一四）と。生命に至る路の窄きは、困難の故にあらずして、茲に云う如く、之を求め得るものの少なきが故なり。広き共通の路の極まる処、其隅角のほとりに石ありて、之より両つの路、反対の方向に走れりと云えり、今此石によりて主が下に云い給える文句の義を解すべし、曰く、「匠人の棄てたる石、是こそ屋隅の首石となれと録されしは何ぞや、此石の上に墜つればそのもの砕かるべし」（ルカ伝、第二十章、一七―一八）と。石とは神真を表わし、而してイスラエルの石とは神的人格より見たる主を表わせり。匠人とは教会に属せるものを云い、屋隅の首石とはかの両途の別るる処なり、落ちて砕くるとは、否みて滅ぶるの謂いなり。

五百三十五　われ他界にあるものと物語るを許されたることあり、其内に敬虔・神聖の生涯を送らんため世界を脱却せるものあり、又様〻の方法にて自ら其身を苦しめたるものあり、彼等はかくするを以て、世間を棄て、肉の慾を調伏するなりと思える也。されど大抵は悲哀なる生涯を営みて、世間の中に在りてのみ行い得べき仁慈の事業より自ら遠ざかりたるが故に、彼等は天人と会同するを得ざりき、何となれば天人の生涯は福祉に富めるが故に、彼等は常に悦楽せずと云うことなく、又彼等は善事即ち仁恵の事業を施すを以て其生涯となせばなり。且つ世間の職業を遠離せる生涯には、自己の功徳に傲らんとする気あり、彼等は絶えず此功徳によりて天界を得んと願い、又其果報として天界の悦楽に与からんと思惟す、されど彼等は未だ嘗て天界の和悦とは如何なるものかを知らざる也。故に彼等の、天人中に引接せられて、その悦楽に与からんとするや、彼等は驚愕すること甚しく、恰も自己の所信以外の事物を発見したる人の如し、蓋し天界の悦楽とは無功徳なり、人各〻公然としてその義務を行う処にあり、而して之を行うによりて成就せる善を楽しむに在り。されど彼等は此悦楽を受くべからざるを以て、彼等はここを去りて、己れと類を同じゅうせる精霊の間に交われり、是等は皆その世にありしとき相似の生涯を送れるものとす。

又世にありし時、常に教会において祈禱を凝らして外観上清浄なる生涯をなせるものの、又其霊魂を苦しむると同時に、常に心の中に、彼等は此の如き行によりて他に勝れたる尊敬と名誉とを得て、死後聖徒となるべしと思えるものは、他生に行きても天界に至るを得ざる也、何となれば彼等は是等の事を行なえるとき常に自己の利害をのみ思惟したればなり。彼等は神の真理を汚すに自我の愛を以てし、此中に自ら沈没し了せるが故に、其癲狂の甚しきは自ら称して神となすものさえあり。彼等の運命は地獄にあり、而して彼等と相伍するものは皆彼等と相似たる徒なり。此外狡譎にして詐欺に長けたるあり、彼等は詐欺者の地獄に住せり。彼等は譎欺と偽巧とによりて其外面の所行をのみ清浄にし、又之によりて世間尋常の人をして神の如く聖浄なるもの彼等の裡にありと信ぜしめたるものなり。

羅馬加特力教の聖者なるものに此の如きもの多し。われは彼等の世にありし時及び其後の生涯の如何なるものありしかを明かに見得たり。わが是等の事を云えるは、天界に到るべき生涯は、世間を離れたる生涯にあらずして、世間の中に住する生涯なることを知らしめんためなり、又仁恵の行なき敬虔の生涯（こは世間にありてのみ能くすべし）は人をして天界に到らしめず、只仁恵の生涯のみ能く人を天界に導くことを知らしめんためなり、而して仁恵の生涯とは、万人の内分即ち天界的動機によりて、一切の義務・職掌・事業を果すに当り、その行動を誠実にし正義にするを云う也。而して此天界的動機は、人その行を誠実にし正義にするに当り、こは神の律令なるが故にとの心を有して失わざるとき其生涯の中にあるものとす。此の如き生涯は難からず、されど仁恵を欠ける敬虔のみの生涯は難し、而して人はこの難き生涯を以て天界に到るべしと信ぜり、殊に知らず、其実は益〻之を遠離するものなることを。

地獄界

主は諸〻の地獄を統御し給うこと

五百三十六　前に天界の事を説けるとき（特に二より六）、到る処主は天界の神にして、諸天界の統治は主に由ることを示したり、而して天界と地獄との相互の関係は両極端の関係に似て、互に相対抗し、其主動と反動とによりて万物の中に常に存在する平衡の情態を見るものなるが故に、此平衡を維持せんためには、彼を統治するもの亦此を統治するの要あり。もし同一の主、諸〻の地獄における反抗を制抑し、その狂癲を拘束するにあらざれば、平衡の破毀と共に全分の潰乱を来すべし。

五百三十七　されど此に先ず平衡につきて云わざるべからざる事あり。二物ありて相互に反抗し、甲の活動と強迫とに対して乙の反動と抵抗あるときは、其力両つながら無有に帰すべし、そは双方に同等の力ありて相拮抗すればなり。此の如き場合にもし第三者ありて此間に入り来らば、彼はその意に任せて両者を動かし得べし、何となれば二物同等の力を以て拮抗するときは、両つながら其力を失いて、第三者のみ有力となり、これに対しては何等の抵抗をもなかるべければなり。此の如きを天界と地獄との平衡となす。而かもこは同度の力を有する二個物体の相闘いて平衡の情態を生ずるにあらずして、霊的平衡なり、即ち、偽、真に逆い、悪、善に逆うなり。悪よりする虚偽は絶えず地獄より吐出し来り、善よりする真実は天界よりす。人間は此霊的平衡によりてその想念と意志との上に自由あり、何となれば、彼が思惟し意志する所は、一として、或は悪と其虚偽、或は善と其真とに関渉せざるはなければなり。是を以て、人この平衡の情態におれば、其意のままに、或は地獄よりする悪と其虚偽とを認容し摂受すべく、或は天界よりする善と其真実とを認容し摂受すべし。主が各人をして此平衡を得せしめ給う所以は、天界と地獄と並びに主の統御し給う所なればなり。されど、人は何故にこの平衡によりて自由を有し、又人は何故に神の力によりて悪と其虚偽とより遠離し、善とその真実とを此に種植せざるかは、その章において以下之を説くべし。

五百三十八　われ時に許されて悪よりする虚偽の円相の地獄より吐き出ずるを見たることとあり。これには、すべての善きこと、真なることを間断なく破毀せんとの勢あるに似たり、之と相合して憤怒の情あり、一種狂乱の気あり、これその勢を逞しゅうするを得ざるを憤るなり、また特に主の神格を亡滅し破毀せんとの勢を示すは、一切の善と真とは主より来るが故なり。されど天界よりは善に基づける真実の円相の出ずるあり、これにて地獄より昇騰せんとする猖狂の気勢を挫く、是においてか平衡あり。此円相は天界の諸天人より来る如く見ゆれども、われは主のみより来るを知覚せり。此円相の只主よりのみ来りて天人よりせざるは、天界にありては、天人は善と真とを以て己れよりするものとなさず、一切を以て主に帰すればなり。

五百三十九　霊界における一切の威力は善よりする真実に属せり、悪よりする虚偽には何等の威力あらず。善よりする真実に一切の威力の存する所以は、天界における神格の自体は神真と神善とにして、而してすべての威力は此神格の有する所なればなり。悪よりする虚偽に威力なきは、善よりする真実にのみ威力ありて、悪よりする虚偽には、善よりする真実なるもの少しもなければなり。故に一切の威力は天界にありて、地獄には絶えてなし。天界におけるものはみな善よりする諸真実に住し、地獄におけるものはみな悪よりする諸虚偽に住せり、そは善よりする諸真実に住せざれば、何人も天界に入るを許さず、又悪よりする諸虚偽に住せざれば、地獄に堕つることなければなり。こは人の死後における第一・第二・第三の状態を説ける諸節（四百九十一より五百二十）にて見るべし。一切の威力は善よりする真に属することは、天界の天人の威力を説ける章（二百二十八より二百三十三）につきて見るべし。

五百四十　されば之を天界と地獄との平衡となす。精霊の世界にあるものは皆此平衡の裡に住せり、そは精霊の世界は天界と地獄との中間にあればなり、而して世間における人〻が亦これと相似たる平衡の中におるはこれがためなり。主が精霊界における諸精霊界を経て世間の人〻を統治し給うことは、後来其章にて説く所の如し。主もし天界と地獄とを並び統治して双方の勢を規制し給わずば、此の如き平衡を見る能わず。もし然らざらんには、悪よりする諸虚偽は勢を得て、かの魯直にして善なるものを感染するに至るべし、而して彼等は天界の末端に住するものにして、その乖離し易きは天人の比にあらざるなり。かくて平衡は亡ぶべく、平衡亡びて人に自由なし。

五百四十一　地獄は亦団体によりて分類せらるること天界と同じ、而して其団体の数も天界のに等し、そは天界の各団体に対して亦地獄の団体あればなり、これ平衡を保持せんがためなり。而して天界における諸団体は善及びその真によりて分劃せらるるが故に、地獄における諸団体も亦悪及び其偽によりて分劃せらる。各個の善に対して亦其悪あり、各個の真に対して亦その偽あるは、凡そ物として相対ならざるはなきを見て之を知るべし、故に今一個の善又は真ありて、その性相と度量とを知らんとせば、当に之と相反する所のものとその度量とを見るべし、これ一切の知覚及び感覚の始まりなり。是の故に主は常に天界の各団体に対抗するものを地獄におき、両者をして其平衡を保たしめ給う。

五百四十二　地獄は天界の如くまた許多の団体に分劃せらるるが故に、天界における団体の数に相応して亦許多の地獄あるを知るべし。何となれば、天界の各団体は一一天界の小なるものにして、地獄の各団体も亦一一地獄の小なるものなればなり。而して天界にはすべて三層あるが故に、地獄にも亦三層あり、最奥即ち第三の天界と相対して最低の地獄あり、中間即ち第二天界と相対して中間の地獄あり、最下即ち第一の天界と相対して最高の地獄あり。

五百四十三　いま主が地獄を統治し給う方法を略記せんに、全体の上より見て、地獄は天界よりする神善及び神真の一般的外流によりて統治せられ、諸〻の地獄より迸出し来る大勢をこれにて拘束し、制約す。されど此の外にまた各天界及び各団体よりする特種の外流あり、地獄はまたこれにて統治せらる。個個より見るときは、地獄は主の命を受けたる天人を経て統治せらるるものにして、是等の天人は諸〻の地獄を監察して其狂妄と紛乱とを制抑す。又主は特に天人を此処に遣わし、彼等をして親しく其紛乱を鎮静せしめ給うことあり。されど一般に云えば、恐怖を以て地獄にあるものを統治す。或は世に在りしとき種植せられたる恐怖の念、尚お彼等に膠著するより、之によりて統治せらるるもあれど、是の念には十分の力なく、又次第に減退するが故に、彼等をしてすべて責罰の恐るべきを知らしむ。彼等が悪を為すに躊躇する主要の原由は此責罰を恐るればなり。地獄における責罰は一様ならず、悪に従いて、寛なるあり、厳なるあり。大抵の場合には、譎詐・偽巧に長け、凶悪他に勝れたる精霊をして彼等に臨ましむ。是等の凶霊は己れに服せざるものを責罰し、之に由りて他の心を震駭せしめ、これを従順ならしめて、奴隷の境遇におらしむ。されど是等の凶霊が有する統治権はその制限以外に出ずるを許さざる也。故に知るべし、地獄に居るものの暴逆と狂乱とを制抑する唯一の方便は責罰にあることを。之を外にしては他に方便あることなし。

五百四十四　従来世人の信ずる所によれば、一個の魔王ありて諸〻の地獄を統治す、彼は嘗て光明の天人なりしも、反逆の罪によりて其衆族と共に地獄に堕落せりと。此の信仰の大に流行するに至れるは、聖言の中に、魔王、サタン、並びにルシファーの事を記しあるを見て、世人は之を文字上の意義に従いて解したるを以てなり。されど、魔王と云い、サタンと云うは地獄のことなり。殊に魔王とは背後に位せる地獄の事にして、此処に住めるものを凶鬼と云い、凶悪最も甚し、サタンとは前面に位する地獄のことにして、此処に住めるものは、さして凶悪ならず、之を凶霊と云う、ルシファーとはバベル即ちバビロンに属するものを意味し、彼等の領土は天界にまで拡がれり。一個の魔王ありて諸〻の地獄を統治せざることは、地獄に住するものと、天界に住するものとを問わず、皆人類よりするを見て明なり（三百十一より三百十七）、又天地創造以来今日に至るまで、人類の数、万又万を越えたるが、皆其世にあるとき神格に反抗したる度に比例して一個の悪魔ならざるなきを見て明かなり（此事につきては上を見よ、三百十一・三百十二）。

主は何人をも地獄に堕落させ給わざれど、精霊自ら此に堕落すること

五百四十五　世に説をなすものあり、神は其面を人に背けて、之を外に斥け、之を地獄に堕落させ給う、神は悪の故に人を怒り給えりと、又更に進みて曰うものあり、神は人を

罰し、之を害い給うと。彼等は聖言の中に此の如き事を云えるを、その文字の意義に従いて解し、以て其説を確定せんとす、何となれば、彼等は聖言の文字的意義を解釈するものはその霊的意義にして、而して此霊的意義は文字的意義と全く相異するを知らざればなり。故に聖言の霊的意義に従える教会の純正なる法義なるものは、彼等の説くところと異なれり、即ち神は決して人に其面を背け給わず、また人を外に斥け給わず、また何人をも地獄に堕落させ給わず、また神は何人をも怒り給わざるなり。もし明覚ある人、聖言を読まば必ずわが言の然るを知覚すべし、何となれば神は善・愛・仁慈の自体なればなり、善の自体は何人にも害悪を加うることなく、また愛及び仁慈の自体は何人をも外に斥くることなし、此の如きは是れ仁慈及び愛の本性に背くが故に、また神格の自体にも背けり。されば観照の心をもって聖言を読むものは、神は決して自ら人に背くものにあらざるを明知すべし、神既に決して自ら人に背かず、故に彼は人に接するに善と愛と仁慈とを以てせざるはなし、即ち彼は人のために、善を念い、人を愛し、人に仁慈を施さざるはなし。故に又是等明道の人は、此の如きことを云える聖言にはその文字的意義の中に霊的意義を伏蔵するを見、また如上の文字は此霊的意義に従いて解すべきを知るべし、文字的意義は人の会得し易からんがためにして、彼が有する最初の普通の概念に訴うるものに過ぎず。

五百四十六　覚照の情態に在るものはまた善と悪とは両対在なるを見るべし、是等両者の対在は天界と地獄との対在と同一なり、即ち一切の善は天界よりし、一切の悪は地獄よりす。又天界をなすものは主の神格なるが故に（七より二十）、主より人に向いて流れ来るものはすべて善ならざるはなけれども、地獄より来るは唯悪あるのみ、かくて主は常に人をして悪より離れしめんとし給うに反し、地獄は常に人をして悪に赴かしめんとす。人もし是等両者の間に介在することなければ、人は、何等の想念、何等の意義をも有せざるべし、まして自由をや、選択をや、何となれば人の是の如き事物を有するは善悪平衡の賜なればなり。故に主もし自ら人に背き去り給わば、人は悪を為すに一任せらるべく、而して其人たる所以は亡ぶべし。是等の事物によりて、主より人に向いて流れ来るは唯善のみなるを知るべし、而して悪人と善人と共に之に浴せり、されど此に相異の点あるは、主は悪人に対しては常にこれをして悪より離れしめんとし給い、善人に対しては常にこれをして善に向わしめんとし給うことこれなり。是の如く両者の相異あるは、人自ら之を為すなり、そは人は所受の器なればなり。

五百四十七　是を以て見れば、人の悪を為すは地獄よりし、其善をなすは天界よりするや明なり。されど人は其所為を以て皆己れよりするものと信ずるが故に、彼等が為せる悪はみな其自有として彼に膠著せり、人自らその悪の原因となりて、主これに与からざるはこれを以てなり。人が有する悪はその人の中にある地獄なり、蓋し地獄と云うも悪と云うと同一事なり。人既に自有の悪の原因なるが故に、彼が地獄に赴くはまた彼自ら赴くなり、主の之に赴かしめ給うにあらず、何となれば、人もし自有の悪に住するを欲せず、又之を愛せずば、主は之をして地獄より脱離せしめ給うべく、之をして地獄に赴かしめ給うが如きこと決して之れあるべからざればなり。

人の意志及び愛はすべて其まま死後に留存す（四百七十より四百八十四）。世に在りて、悪を欲し、悪を愛したるものは、他生に往きても亦、同一の悪を欲し、同一の悪を愛す、而してその時彼はまたその悪を脱却せんとの念を有せざるなり。この故に悪に住するものは地獄に赴かざるを得ず、その心霊の上より見れば、彼は実に既に此処におるものなり、死後に至りても彼はただその悪の在る処に留まらんと思うの外他念なし。故に人の死後地獄に堕落するは自らこれに赴くなり、主之をして赴かしめ給うにはあらず。

五百四十八　如何にして此事あるかを今此処に記すべし。人の他生に入るや、天人先ず之を引接し、彼がために斡旋して到らざるなく、又彼と共に主・天界・天人的生涯の事を語り、また彼に諸善事・諸真実を誨う。されどもし此人（今や精霊なり）にしてその世にありし時、此の如き事物を既に知得せるも、その心に或は之を否み或は之を軽視せるものならんには、彼は少時く談話せる後、是等の天人を遠離せんと願い、且つしかせんと勉むべし。天人之を知覚すればすべて彼の欲する所に一任す。彼はこれにより離れて又暫く他の群に入れる後、遂に自己と相似たる悪の裡に住するものを求め得て、之と群居すべし（上を見よ、四百四十五より四百五十二）。此事ある時、此人は自ら転回して主に背きて地獄に向う、此地獄とは彼が世にありしとき既にこれと和合せる所にして、此処には悪を愛すること彼と相似たるものおれり。是の故に知るべし、主は天人を経、且つ天界の内流によりて、各精霊を己れに引き寄せ給えども、悪に住せる精霊は却て力を尽して之に抵抗し、恰も自ら強いて主を振り離るるに似たることを。蓋し彼等が自有の悪即ち地獄によりて曳かるるは猶お縄索に曳かるるが如くなればなり。而してかく曳かるるとき、彼等はその悪を愛するの情に任せて喜びて之に従う、乃ち知る、彼等は自由の意志を以て自ら地獄に堕落するものなることを。

此事、実に有るは、世人の信じ能わざる所なり、これ彼等が地獄に対して有する概念の故なり。又他生にても地獄外のものの眼には此の如く見えず、却て全然之に反するが如きを覚ゆべし、ただ自ら地獄に堕つるもののみは、その己が自由の意志によりて悪に入るを知れり。悪を愛するの念熾なるより地獄に入るものは、足を空にし、頭を倒にして驀地に地獄に投げ落さるる如く見ゆ。此く見ゆるが故に、人は彼等を以て神の力によりて地獄におとさるるとなす、されど此事につきては尚お下に説くべし（五百七十四）。今云える所によりて主は何人をも地獄に堕落せしめ給わず、只其人自ら世に在るとき、並びに死後精霊界に来るとき、その身を投じて地獄に落つるものなることを見るべし。

五百四十九　主、その善・愛・仁慈より成れる神性を以てして而かも各人に臨むこと同一なる能わざるは、各人自有の諸悪と之よりする諸虚偽とが、主よりの神的内流に抵抗して、啻に之を蔽うのみならず、亦能く之を排すれば也。悪及び之よりする虚偽は太陽と人目との間に散布せる黒雲の如し、太陽は常に己れを蔽わんとする雲霧を放散せしめんと勉めて止むことなけれども、黒雲はかの静かに輝ける光をして人間に到らざらしむ、されど太陽は尚お黒雲の上に輝きて、種種に迂回せる途を経つつ、その薄暗き光明を人の眼中に送り来る。精霊界に在りても亦然り、主と其神愛とは太陽なり（百十六より百四十）、神真は其光明なり（百二十六より百四十）、悪よりする諸〻の虚偽は黒雲なり、智性は人の眼なり。かの霊界にありて、悪よりする虚偽に住むものは、此の如き雲の包む所となる、その悪の強弱に随いて此雲黒くして濃し。此譬喩によりて、主は常に人と共なれども、その人によりて之を摂受すること相異なるを見るべし。

五百五十　精霊の世界にては凶霊に対する責罰峻厳なり、こは此責罰によりて彼等をして悪を行うに逡巡せしめんためなり。是れ亦主よりするに似たり、されど責罰は主より来らずして悪の自体よりするものとす、これ悪と責罰とは和合して相分離するを得ざればなり。地獄に属せる衆族は只悪を行わんことをのみ願い且つ之を喜ぶ、殊に主のために守護せられざるものを害し、之に責罰を加うるを喜べり。故に悪心を以て悪を行うときは、この人はかくして自ら主の守護を拒みたるが故に、地獄の衆霊は此犯罪者の上に馳せ集まりて之を責罰す。これ亦世上における悪事と責罰とに見て多少か説明し得らるべし、両者の和合は此にもまた之あり。何となれば世間の法令は一一の悪事に配するに其責罰を以てすればなり。斯くて罪悪に馳せ赴くものは亦其責罰に馳せ赴くものなり。但し此に相異の点あるは、世間にては罪悪或は隠匿し得べし、他生にては決して此事あらず。是等の事物によりて、主は何人にも害を加え給わざるを明らむべし、猶お世上において責罰の原因をなすものは、国王にあらず、判官にあらず、又法令にあらざるが如し、彼等は犯罪者が有する罪悪の原因ならざればなり。

地獄にあるものは総て自己及び世間の愛より生ずる諸悪及びこれよりする諸偽に住すること

五百五十一　地獄にあるものはすべて諸悪及びこれよりする諸虚偽に住せり、悪に住すると同時に真に住するものは一人もあらず。世間には霊的真理即ち教会の諸真理を知れる悪人頗る多し、何となれば、彼等は幼時より之を耳にしたるを始とし、その後之を説法に聞き、又聖言を読誦して之を学び、又それより之につきて言説したればなり。彼等の中には又人をして彼等は其心より基督教の信徒なりと信ぜしめたるものあり、蓋し彼等は能く其情動を矯め、その言説をして真理に本づけるものの如くし、又その行動を直くして霊的信仰に本づけるものの如くするを知ればなり。されど此の如く其心の中に是等の真理と相反せる思想を抱きて、而かも此思想と一致せる諸悪を為すを憚れるは、唯民文上の法令を恐れ、又名誉・尊貴・利益の損亡を怖れたるがためなれば、その心よりすれば彼等は悉く悪ならざるはなし、善と真とは只彼等の身体に在りて其霊にあらざる也。故に彼等一旦他生に往きて外分を脱却して内分を現露するときは、彼等の全然悪と偽とに住せるを見るべし、真と善とは絶えて此にあらず。乃ち知る、真と善とは只所得の知識として彼等の記憶の上に存したることを、又彼等が之につきて言説せるときは、ただ之を其中より持ち出し来り、恰も霊愛と信仰とより出でたる如くして其徳を矯めたるものなることを。此の如き精霊、其内分に導き入れられ、随いて其凶悪を暴露するときは、彼等はまた真理を言説するを得ず、只虚偽を言説するのみ、何となれば其時彼等は只悪によりてのみ言説すればなり、悪によりて真理を云わんは不可能のことなり、精霊は其時只自有の悪に住するが故に、只偽なるもののみ其悪より出で来る。精霊は皆地獄に堕落するに先だち此情態に入らざるはなし（上を見よ、四百九十九より五百十二）。之を呼びて真と善とに関する脱離と云う、されど脱離とはその人の内分に導き入れらるるの義に外ならず、而して内分に入るとは、即ち精霊の自有する所、即ち其自体に入るの謂いなり。此事につきては前に尚お云える所あり（四百二十五）。

五百五十二　死後此情態に入るときまた第一の情態にありし如く人にして且つ霊なるものにあらず（四百九十一より四百九十八を見よ）、彼は如実に一個の精霊なり、何となれば真個に精霊となれるものは、その心の内分に相応せる面貌と身体とを有すればなり、かくて彼が外形は彼が内分の模型即ち形式なり。此の如きを上に云える第一及び第二の情態を経過せる後の精霊となす。是の故に、人は一見して直ちに彼の何者なるかを知り得べし、啻に其面貌のみならず、その身体・言語・挙動によりて亦之を知り得べし。かくて彼は既にその自体に復したれば、彼と相似たるもののおる処以外に出ずる能わず。何となれば精霊界にては諸〻の情動とその想念とは相互に一種の普遍的交通を存するが故に、精霊は自ら其情の赴く所、歓喜のある所に往きて各〻その同類の群に入ればなり。又彼が実に自ら此方向に転回する所以は、彼は之によりて、自ら生息すること、即ち呼吸すること、自在にして、容易なるを覚ゆればなり、而して他の方向に転ずるときは彼これを能くせず。又精霊界における相互の交通は各自の面貌を転ずる方向によりて定まること、何人も常に自己に似たる愛におるものを其面前に見ること、こは如何なる方向に其身体を転ずるとも常に此の如く現前すること（百五十一）を知らざるべからず。これを以て地獄におるものは一切主に背きて黒暗暗の処と日蔭の処とに向えり、こは世間の日と月との在る処なり。されど天界の天人はすべて天界の日月たる主の方向に向うものとす（上を見よ、百二十三・百四十三・百四十四・百五十一）。是等の事物によりて、今や地獄におるものは一人として悪とその偽とに住せざるはなく、又自有の愛に向わざるはなきを明らむべし。

五百五十三　少しにても天界の光明によりて地獄の諸精霊を見るときは、皆その悪に基づける形式中におれり。何となれば、其人の内分・外分と相一致する時は、その内分明かにその外分に現わる、即ち面貌・身体・言語・挙動に現わるるが故に、悪霊は十分にその自有の悪を外に表象せずと云うことなければなり。故に彼等の性相は一見して之を認め得べし。全体より云えば、彼等の相好は、他に対しての軽侮、己れを尊ばざるものに対する威赫を表せり、又憎悪の相あり、報仇の相あり、皆一一其類を異にせり。獰猛・峻酷の内分亦其相好の上に現わるるを見る、されど彼等もし他のために称讃・尊重・崇敬せらるるときは、其面貌和ぎて歓喜の情より起る欣悦の相を呈すべし。されど是等の相貌を其実際のままに略して述べんとするも到底不可能の事なり、そは一として相同じきはなければなり。但〻相似の悪に居るもの、従いて同一の地獄の団体に居るものの間には一般的相似の点あり、此点を原来の平面として一切の面貌の上に一種の肖似ある如く見ゆ。概して云えば彼等の面貌には怖るべき相あり、而して其生気を欠けるは恰も死屍に似たり、されど其うちには、或は黒色なるあり、或は小さき炬火に似て燥烈なるあり、或は疣子・黒子、大なる腫物にて見苦しきあり、或は其歯のみを現わせるあり。彼等の身体は亦怪奇にして、其言語は憤怒・憎悪・報仇の言語なり、そは彼等の言語は虚偽より出で、其音調は悪より来ればなり。一言にして尽せば、彼等は皆其所住の地獄を表象せずと云うことなし。

われ地獄界の自体を全般より見て如何なる形式を有するかを知らんと願いたれど許されざりき、されどわれ之を聞く、全天界を総合して一個の人間に類する如く（五十九より六十七）、地獄全界を総括して見れば一個の悪魔に似たり、又之を一個の悪魔と表象して可ならんと（五百四十四を見よ）。されど、諸〻の地獄、即ち地獄的諸団体の個相に至りては己れ屢〻之を見るを得たり、即ち其入口に地獄の門と云えるあり、通常此に一個の怪鬼ありて立てり、此怪鬼は大体において門内に住せるものの相好を代表せり。此処に住めるものの猛烈なる情火は亦人の心をして震慄せしむるが如き事物にて表象せらる、今敢えて之を記さず。

されど此に知らざるべからざるは、天界の光明によりて之を見るとき此の如き悪魔の相貌あれども、彼等各自の間には皆一個の人身なることこれなり。こは主の仁慈によるものにして、彼等相互の間にありては、天人の眼より見る如く、しかく厭うべきものに非ざるなり。されど此の如き形像は一個の譎詐なり、天界より一条の光明下り来れば、彼等が人身の相好は忽ちに怪形と化して彼等自有の姿に還ること、前に述べたるが如し。蓋し天界の光明の、到る処、物として其実相を現ぜざるはなければなり。是れ亦何が故に彼等は天界の光明を避けて、己が炭火に似たる光の中に匿れんとする所以なり、此光は亦時に硫黄の燃ゆるに似たることあり。而して天界より一道の光明其上に流れ来るときは此光変じて黒闇となる。故に地獄を以て、黒暗暗の中及び日蔭に在りと謂うなり、而して此黒暗暗と日蔭とは地獄にふさわしき悪より来る諸〻の虚偽を表わすものとす。

五百五十四　地獄にある諸精霊が有する所の怪形は、これ皆他に対する軽侮の諸相なり、己れを恭敬し尊重せざるものに対する威赫の相、又己れを愛重せざるものに対する憎悪・復仇の諸相なることは先に云えり、今之を点検するに、此の如きは自己の愛及び世間の愛を表せる普通の形式なるを明らめ得べし、又如上の諸悪徳は其源を是等両個の愛より発し、之が特種の変態に過ぎざるを明らめ得べし。われは又、之を天界より聞ける所と多くの経験とによりて、是等の両種の愛は専ら地獄に行われ、而して実に地獄をなす所以なること、また之に反して主に対する愛及び隣人に対する愛は専ら天界に行われて、亦実に天界を為す所以なることを確信するに至れり。而して是等両個の地獄の愛と天界の愛とは全然正反対の位地に立つものとす。

五百五十五　われは始め、如何にして自愛及び世間の愛はかく怪悪にして、此愛に住せるものは此の如き凶鬼となりて見ゆるかを怪しめり。蓋し人の世に在るや、自愛につきては少しも顧慮する所なし、ただその外分に現わるる矜高の情、所謂る自尊なるものは、何人も之を外より見得るが故に、只此を以て自愛の念なりとせり。且つ又自愛の念にして此の如く現然として表に見はるることなければ、世人は之を以て生命の火と信じ、人間はこれに駆られて職業を求め、また諸〻の用を成就するものと信ぜり、彼もし此中に名誉と光栄とを認むることなければ彼の心は萎靡し了すべしと彼等は思えり。彼等曰う、他人によりて、又は他人の心の中にて、尊重せられ、称美せらるることなくば、誰か能く値あり用ある行をなして自ら衆に優れんとするものあらんや。而して人をして此の如くならしむるは、その光栄と尊貴とを熱望するの心、即ち自愛によるにあらずして何ぞや、と。かくて世には専ら地獄に行わるる愛及び人をして自ら地獄を造らしむるものは愛我の自体なることを知らざる也。されば われ、まず愛我の何たるを記し、つぎに一切の悪とその虚偽とは此愛より始まるものなることを示すべし。

五百五十六　愛我とは己れのみよからんと願う意志なり、其他人のよからんを願うことあるはただ己れに益ある時のみに限れり、されば此愛にあるのは、或は教会、或は国家、或は如何なる人類の団体に対しても、これがために何等の利福を願うことあらず、また彼は己が名誉・尊貴・光栄のためにあらざれば他に向って決して仁恵を施すことあらず、彼もし他のために用を遂ぐるに当りて、其の中に此の如き自利と相関係せざるものあれば、其の心に謂う、「これ何の益かあらん。われは何が故に之をなすべきか。こはわがために果して何等の利得を生ずとせんか」と、かくて彼は何事をもなさざるなり。故に愛我の念に住するものは、教会を愛せず、国家・社会を愛せず、又用をも愛せず、唯己れのみ是れ愛するを明らむべし。彼が歓喜とするところは只愛我の歓喜に外ならず、而してその人の所愛より起る歓喜は則ち其人の生涯を成す所以なれば、此の如き者の生涯は自我の生涯なり、自我の生涯は其人の我執の念より来る生涯なり、されば其自体より見るときは我執の念は悪ならずと云うことなし。自ら愛するものは又自己の所属を愛す、特に云えば其子孫、大体に云えば彼と其行動を一にするもの、所謂る朋友なるものを愛す。是等の人ゝを愛するは、また自ら愛するなり。彼はこれを見ること己れの如くし、又己れを其中に見ればなり。彼が所有と称するものの中にはまた、すべて彼を称誉し、尊重し、彼に阿諛するものを含むと知るべし。

五百五十七　愛我を天界の愛と比するときは、その如何なるものなるかを明かに見得べし。天界の愛とは、用の為めに用を愛し、又善のために善を愛して、教会のため、国家のため、社会のため、同胞の為めに之を躬行するにあり、之を神を愛し、隣人を愛すると云う、一切の用と一切の善とは神より来り而して此中に亦己が所愛の対象たるべき隣人あればなり。されど己れが為めの故に是等の事を愛するは、之をして己れに服事せしめんため、即ち之を婢僕として愛するなり、故に愛我に住するものは、教会・国家・社会・同胞の彼がために服事せんことを願いて、自ら之に服事するを願わず。何となれば、彼は自ら是等の事物の上に卓立し、之をして己が脚下におらしむればなり。故に人、愛我に住する限りは、自ら天界より遠ざかる、そは天界の愛より遠ざかればなり。

五百五十八（イ）　又天界の愛に住するものは、用と善とを愛して、心よりして之を行うを楽しみ、教会のため、国家・社会・同胞のために之を躬行するが故に、彼は此時主の導く所となる、蓋し此愛は、主が所住の愛なり、又主より起る愛なればなり。されど愛我に住するものは、只己れのために用と善とを行うが故に彼は自ら導くものなり、而して自ら導くものは主の導くところとならず。故に己れを愛するものはみな自ら神格より遠離し、かくて天界より遠離すると云うべし。人自ら導くと云うは我執の念に導かるるなり、而して我執の念は只是れ悪のみ、何となれば、我執の念とは人が有する遺伝的悪習にして、己れを愛すること神を愛するに優り、世間を愛すること天界を愛するに優るを其の性となせばなり。人もし善を行うに当り、其中に自我の心を存することあれば、彼は乃ち我執の念に陥り、遺伝的諸悪のうちに入り来るべし。何となれば、彼は此時善を離れて己れに向えども、己れを離れて善に向うことなければなり、故に彼が所為の善行中には自我の面影を留めて神格の面影を見ず。

こは我がために経験により証せられたる所とす。天界の下にありて北と西との間に介在して住処を定めたる凶霊あり、彼等は性情悪しからざる精霊を迷わして、之をして我執の念中に陥らしめて、諸種の凶悪を行わしむるの術に長ぜり。凶霊の此事をなさんとするや、或は公然之を称美し尊重することあり、或は密かに其情動を自己の上に向わしむることあり、凶霊はかくして彼等の思想を転じて己れに向わしめんとす。而して凶霊の一たび之を為し遂ぐるや、彼等はかの性情悪しからざる精霊の面貌を転じて天界に背かしめ、亦従いて其智性を昧ましめ、その我執の念よりして諸悪を喚起せしむ。

五百五十八（ロ）　愛我の隣人に対する愛と相反せることは、両者の起原と実性とを見て明かなり。愛我に住するものの隣人を愛するは其源自己に在り（蓋し何人も自己の隣人なりと云えばなり）、彼は此自己を中心として次第に己れと合一するものに進み行くや、その愛は之と和合する度に比例して減退すべし。此範囲の外に在るものに至りては未だ始めより顧慮せられず、もし此範囲内におるもの及びその諸悪に対して反抗するものあれば彼は之を目して仇敵となす、其人の何たるを問わず、証覚あるもの、律直なるもの、誠実・正義なるもの、皆挙げて之を敵視す。されど隣人に対する霊の愛は、其源を主に発し、主を以て其中心となし、すべて愛と信とによりて主と和合せるものに向いて進み行く、而して其進行は彼等が信と愛との性質如何によりて定まるべし。故にかの自己より始まりて隣人の愛となるものは、この主より始まるものと、其質を異にするや明かなり、前者は我執の念より起り来るが故に悪に始まり、後者は主即ち善の自体より起り来るが故に善に始まれり。又、己れよりし、我執の念よりする隣人の愛は肉体的なれども、主よりする隣人の愛は天界に属することを知るべし。一言にて云えば、愛我に住するものは此愛をその頭上に据えて天界の愛を脚下に置く、彼は此上に立てり、天界の愛もし彼に服事せざることあれば、之を脚下に蹂躪すべし。是を以て地獄に堕落する者は、頭を倒にして之に向い、足を空にして天界より下り来るが如く見ゆるなり（上を見よ、五百四十八）。

　五百五十九　又愛我の性質たるや、もし之をして其羈絆を脱せしむる時は、即ち、法令及びその責罰を恐るるの念、又名誉・尊貴・利益・職業・生命の損亡を恐るるの念を離れて、外界の拘束のまた之を制することなければ、其自由を得たる度に従いて其実相を露わし来り、遂に啻に全世界のみならず、全天界より神格そのものをさえ統御せんと願うに至るべし、蓋し愛我は、制限を知らず、究極を知らざるによる。此傾向は愛我に住せるもの皆之を有せり、但し世に在りては、前に記せる如き外界の拘束ありて、之を制するが故に敢えて外に現われざるなり。其果して然るを知らんと思わば、世の国王及び大権あるものを見るべし、彼等は此の如き拘束・制約の下にあらざるが故に、其成功するに任せて、他の国土・州郡を征服して憚るところなく、権威と光栄とを希いて止まる所を知らず。又之を近代の巴比倫《バビロン》に見るべし、彼は其の領域を天界に拡充し、主の神威力を己れに移したるのみならず、尚その余を貪りて絶えて飽くことを知らず。此の如き人は全く神格と天界とに反き、死後他生に入るとき地獄の厄介者となることは、『最終の審判及びバビロンの滅亡につきて』(On the Last Judgment and the Destruction of Babylon) と云える小冊子につきて見るべし。

五百六十　試みに、此処に一個の団体ありて、これに所属せるものは、皆己れのみを愛するものとせよ、而して他を愛することあるは己れと合一するときのみに限れりとせよ、吾人は彼等の愛は盗賊の間に存在せる愛に等しきを見るべし。彼等相和合して行動する限り、互に接吻して朋友と呼べども、もし此の如き行動の和合熄みて、彼等の統治体中に破綻を生ずるときは、彼等は競い立ちて相互に殺戮するに至るべし。彼等の内分即ち其心中をあばき見るときは、相互に対する憎悪の情、死に至りて猶お止まざるもののあるを認めん、彼等は其心に一切の誠実及び正義、乃至神格をも嘲笑し、これを以て少しも顧慮するに足らざるものとなす。従来説く所の如く、地獄における是等の人ゝの団体を見れば此事益ゝ明かなるべし。

五百六十一　万事に優りて自己をのみ愛するものの想念及び情動の内分は、ただ自己と世間とに向い、従いて主と天界との外に転じ去れり。故に彼等は各種の罪悪を有して神格の内流を許さず、何となれば、もし此内流あれば忽ちに自我の諸想中に陥没して之がために汚瀆せられ、却て我執の念より来れる諸悪の中に注流することあるべければなり。是を以てすべて此の如き徒は、他生に在りては主に背きて黒暗なる方面に向えり、此黒暗は世間の太陽の在る処にして、主なる天界の太陽と正反対に位す（上を見よ、百二十三）。黒暗とは又悪を表わし、世上の太陽とは自我の愛を表わす。

五百六十二　自我の愛に住するものが有する諸悪は、大体の上よりすれば、他に対する軽侮なり、媢嫉なり、己れを称美せざるものに対する憎怨、夫より起る仇敵の念、諸種の怨恨・報復・譎詐・欺偽・不仁・残虐、これなり。宗教上の事につきては、彼等は啻に、神格及び神に関する事物、即ち教会の真理及び諸善事を軽侮するのみならず、亦之に対して憤懣の情あり。人、精霊となれば此情一転して怨恨となる、此時彼は啻に是等の事物を言説するを忍ばざるのみならず、亦凡て神格を是認し崇敬するものに対して怨恨の情に燃ゆ。われ嘗て一個の精霊と相語りしに、彼は世に在るとき、権威あるものにて最も自愛の念に深かりき。わが神格の事を説き、殊に主の名を云えるとき、彼は之を聞くのみにて憤懣すること甚しく、遂に之より一転して憎怨の火を燃やし、主を虐殺し去らんとの欲を起すに至りぬ。此人またその覊絆を脱して自有の愛のままなるときは、自ら魔王となり、愛我の念によりて、天界を擾乱して已むときなからしめんと願えり。此の如きは亦一部の加特力《カトリック》教徒が、他生に来りて、一切の威力は主にのみありて自分は如何の力をも有せざるを見るとき、往往にして抱く所の願なりとす。

五百六十三　西方に当り南に傾ける方角に一類の精霊あり、われに現われて曰く、われらは世に在りしとき、頗る尊威ある地位を占めたれば、今や他の上に秀でてこれを統御すべきものなり、と。是において天人彼等の内面を点検したるに、彼等の世に在りて其義務を行うや、只己れが事のみを顧みて用を顧みず、かくて彼等は己れを先にして用を後にせることを発見せり。されど彼等は他の上に秀でんことを希い、之を求むること頗る強かりしを以て、遂に天人の許しを得て緊要なる事件を談判するものの中に入れられたり。されど彼等は今や問題となれる事件につきては少しも与かり知ること能わず、又事物の真相に徹底する能わず、又其事の用によらずして、只己が我執の念によりて言語するを知り、個人的恩恵に基づきて、其私慾のままに行動するを得るのみなりき。天人之を知覚するや、彼等をして其所管を去らしめ、またその意に任せて別処に其義務を求めしむ。是において彼等は益〻西向して彼所此所《かしこここ》に少らく留まりたれども、天人は到る処彼等に告げて曰く、汝等は只己が事をのみ思惟し、己れ以外のものにつきては何等の思料なきが故に、汝等は随いて魯鈍なり、只情慾のみを有せる肉体的精霊に異ならず、と。是の如くにして彼等は到る処より放逐せられ、時を経るに従いて貧窶自ら救うを得ず、遂に他の食を乞うに至りき、かくして愛我に住するものは世に在るとき、此愛火によりて達人の如く言説することあらんも、彼等は只其記憶によりて言説し、何等の理性的光明をも有せざることを明らむべし。故に他生に入りて自然的記憶中の事物また再現するを許されざるに至れば、彼等は他に勝りて暗愚となる、これその神格を遠離するが故なり。

五百六十四　人に二個の領土あり、一を隣人の愛となし、一を愛我となす。其実性より見るときは両者全く相反せり。隣人の愛によりて統御するものは、すべての人のために善を念いて、其愛するところは只用のみ、故に他に服事するを喜ぶ、是れ即ち善を人に施し、又教会・国家・社会・同胞のために其用を遂ぐるものなり、是を其人の所愛となし、其心の歓楽となす。彼もし他に秀でて尊威ある位地を占めんか、彼は其尊威の故を以て之を喜ばず、但〻彼をして其用を成就せしむる機会愈〻多く愈〻優れるを以て之を喜ぶのみ。此の如きを天界における権威あるものとなす。されど自己の愛によりて統御するものは、只己れのみよからんことを願う、彼が成就するところの用は自己の尊貴と光栄との為めに過ぎず、何となれば彼にとりては此外に用なるものなければなり。彼もし他に服事することあらんには、そは彼ら自ら亦他のために服事せられ称美せられ権力に到らんため也。彼が尊厳の地位を希うは、国家及び教会のために其力を尽さんとするの意あるにあらず、只自ら高位に昇りて光栄を得んことを願うに由る、彼はこれを以て衷心の歓楽となせり、世上の生涯を終えたる後は、人各〻その主とする所の愛を留む。隣人の愛を主としたるものは、天界において亦権力を委任せらる、されど統治者たるは彼等自らにあらずして彼等が愛する所の用これあり、用の統治は即ち主の統治なり。されど世に在るとき愛我を主としたるものは、世上の生涯を了えて後、地獄に赴き、此処にて陋劣なる奴隷となる。われは、大権者がその世に在るとき自我の愛を主としたるを以て、最も陋劣なるものの中に堕落するを見たり、またその中には厠孔に陥れるもありき。

五百六十五　世間の愛の、天界の愛に反するは、自己の愛の如く直接ならず、何となれば其中に愛我の如く大凶悪を伏蔵せざれば也。世間の愛とは、所有《あらゆ》る手段を尽して他の財産を己れに獲んとするに在り、富有ならん事を希いて世間の導く儘に一任し、霊の愛より隔離するにあり、霊の愛は隣人の愛なり、彼はかくして天界及び神格より隔離す。されど此愛は万殊なり。其願う所は尊貴にありて、之が為めに財産を愛するあり、財の多からんを欲して尊貴と威厳とを愛するあり、財の用によりて世間的歓楽を得んがため之を愛するあり、又守銭奴の如く、財のために財を愛するあり、其他一ならず。財を求むる所以の目的を呼びて其用となす、愛は其用即ち目的によりて其質を定めずと云うことなし、蓋し目的の如何によりて愛の如何を知るべし、其他一切の事物は只其方便として利用せらるるに過ぎず。

何をか地獄の火及び切歯と云うこと

五百六十六　聖言の中に永遠の火及び切歯は地獄におるものの経験する所なりと云える

が、世にはその義の何たるを知るもの極めて稀なり、こは彼等聖言に存する霊的意義を知らずして、只其云える所を物質的に思惟するによれり。故に、或は此火を以て物質上の火なりと思えるあり、或は一般に苛責を云えるものとするあり、或は良心の悔悟を云うとするあり、或は又想像すらく、こは只凶悪のものをして恐怖せしめんがために予め云えるに過ぎず、と。又切歯につきては、或はこれを以て実地に切歯すとなすあり、或は只切歯の際人の感ずる如き恐怖の情を云えるに過ぎずとなす。されど霊的意義より聖言を解するものは、何をか永遠の火となし切歯となすかを知れるなるべし、何となれば聖言には一言一句として霊的意義を蔵せざるはなければなり、そは聖言は其内底において霊的なるが故なり。されど人は自然界に住して、其処にある事物を本として思索するが故に、霊的なるものを表わすに亦自然的方法に由らざるを得ず。故に今凶悪の人が死後に至りて、其霊魂の来る処、即ち精霊界において、彼等の精霊が苦しむと云う永遠の火及び切歯とは何の義なるかを、下に説くべし。

五百六十七　熱の由来する所二つあり、一は天界の太陽より来り、一は世間の太陽より来る。主なる天界の太陽より来る熱は霊の熱にして、其実性は愛なり（上を見よ、百二十六より百四十）、されど世間の太陽より来る熱は自然の熱にして、其実性は愛にあらず、只霊の熱即ち愛を受くるの器となるに適せるのみ。愛は其実性において熱なることは、人、愛する所あれば、その心熱し、随いてその身熱し、而して其熱の度は愛の強弱と善悪とによるを見て明かなるべし。此の種の熱は血の熱する如くにして夏と冬との区別なく人の一様に経験する所とす。世間の太陽によりて存在する自然の熱は、霊の愛を受くるの器となることは、肉体の熱がその霊魂の熱によりて呼び起さるるを見て明かなり、肉体の熱は霊の熱を此に代表せり、又特に春夏の交、各種の動物が其熱により毎年其愛を新たにするを見て之を明らむべし。自然の熱によりて此の如き結果ありと云うにあらず、自然の熱は肉体を修成して以て霊界よりして其中に流入する熱を受くるに適せしむるにすぎず、何となれば霊界の自然界に流入するは原因の結果に流入するが如くなればなり。自然の熱によりて此の如き愛ありと信ずるものは甚だ誤れり、そは、霊界よりして自然界に注ぎ来る内流はあれども、自然界より霊界に対しては此事なきによる。而して一切の愛は霊的なり、生命の自体に属するが故に。又自然界には霊界の内流によらずして存在し得るものなりと信ずるものあり、是れ亦誤れり、何となれば自然的は、唯霊的によりて始めて存在し、また恒在し得ればなり。植物界に所属するものも亦霊界の内流によりて発芽するを得るものとす。春夏の際に当りて、自然の熱は植物の種子を膨脹し開展せしめて之を其自然の形式に修成し、以て霊界の内流が此に原因として来りて運為するを待つ。是等の事を説けるは、熱に両種ありて、之を霊の熱、自然の熱と云うこと、霊の熱は天界の太陽よりし、自然の熱は世間の太陽よりすること、前者の内流と之に随い来る協力的運為とにより、世上われらの眼前に現わるる如き結果を生ずることを示さん為めなり。

五百六十八　霊の熱は人にありては生命の熱なり、そはさきに云える如く熱は其実性において愛なればなり。聖言に火と曰えるは此熱のことなり、主に対する愛及び隣人の愛を天界の火となし、愛我及び世間の愛を陰府の火となす。

五百六十九　地獄の火即ち愛は、天界の火即ち愛と其起原を同じゅうす、両者共に主なる天界の太陽より来る、されど之を転じて陰府の熱となすは、之を受くる人にあり。何となれば霊界よりする一切の内流は之を受くるものの如何によりて一様ならず、即ち流入する所の形式によりて一様ならざればなり、猶お世間の太陽より来る熱と光との如し。此太陽より流れて灌木及び花壇の上に来る熱はその発育を促進す、開ける花は芳香を吐きて其恩を謝するに似たり。されど此熱、糞土及び敗汚せる物体の上に流るるときは腐爛を起して悪臭鼻を衝く。之と相似て、太陽よりする光は亦、甲の物体に美わしき楽しげなる色を生ずれども、乙には醜き快からざる色を生ず。天界の太陽即ち愛よりする熱と光とも亦之に似たるものあり。之よりする熱即ち愛にして、善人・善霊・天人の如き善の中に流れ入るときは、其善をして実を結ばしむれども、一旦火人の中に流れ入れば、其結果は正に之と相反せり、其悪、之を窒息し捩曲すればなり。また之と同じく、天界の光、善よりする諸真理の内に流れ入れば、智慧と証覚とを生ずれども、悪よりする諸虚偽の中に流れ入れば、癲狂及び虚妄と化し去る、而して其万殊にして一も相同じからざるは、常に之を受くるものの如何に由るなり。

五百七十　陰府の火とは自己の愛及び世間の愛なるが故に、また是等両個の愛よりする一切の情欲なり、情欲とは愛の相続して已まざるに名づく、何となれば之を欲求して已むことなければなり、又之を悦楽となす、何となれば人その愛する所、欲求する所を獲ば此に悦楽を覚ゆればなり、而して人は此以外の原由によりて内心の悦楽を得ることなし。故に陰府の火とは是等両個の愛を起原として発し来る情欲と悦楽となり。是等の愛より起る諸悪は、他を軽侮すること、己れを喜ばざるものに対して憎悪・仇敵の念あること、娼嫉・怨恨・復讐、之よりする残忍・酷虐、是なり。また神格の事に関せる諸悪は、教会に属する神聖なる事物を否定すること、之よりして軽侮・嘲罵・褻瀆を事とするにあり。死後、人の精霊となるや、是等の諸悪は転化して神聖なる事物に対する憤懣・憎悪の情となる（上を見よ、五百六十二）。而して此の如き諸悪は其所謂る怨敵なるものに対して憎悪と復讐の念とに燃ゆるが故に、之を滅亡し殺戮し尽さんとして間断あらず、されば彼等が悦楽とする所は、他を亡ぼし、他を殺さんと願うに在り、彼等之を能くせざるときも尚お悪戯をなし、傷害を事とし、残忍を行わんとの念を失わず。

　聖言の中に、凶悪のもの及び地獄の事を云える処に、言の火に及ぶときは、皆如上の義あるを知るべし、今此義を確かめんため聖言より引照すること次の如し。以賽亜書《イザヤ》、第九章、一七より一九に曰く、「其民は悉く邪しまなり、悪を行うものなり、而して各〻の口は愚かなる言を語らう、悪は火の如く燃ゆればなり。火は棘と荆とを食い尽し、茂り合う林を焼くべければ、みな煙となり、むらがりて騰らん、その民は火の燃え草となる、人ゝ互に憐れむことなし」と。約耳書《ヨエル》、第二章、三〇・三一に曰く、「天と地とにわれ徴証を現わさん、血あり、火あり、煙の柱あり、日は黒暗となるべし」と。以賽亜書、第三十四章、九・一〇に曰く、「その土は変りて燃ゆる樹脂とならん、昼も夜も消えず、その煙り、尽くるときなく立ち昇らん」と。馬拉基書《マラキ》、第四章、一に曰う、「看よ、炉の如くに焼くる日来らん、すべて驕傲者と悪を行うものは藁の如くにならん、其来らんとする日、彼等を火にてやくべし」と。黙示録、第十八章、二・一八、及び第十九章、三に曰く、「バビロンは今悪魔の住処となりぬ、彼等その燃ゆる煙を見て叫びぬ、その煙のぼりて世に熄むときなし」と。黙示録、第九章、二に曰く、「彼、底なき坑を啓きたれば、大なる炉の烟の如き煙、坑より上り、日と蒼穹とは、此坑の烟の為めに暗くなれり」と。又、黙示録、第九章、一七・一八に曰く、「馬の口より火と煙と硫黄と出ず、此火と煙と硫黄とにて人の三分の一は殺されぬ」と。又、黙示録、第十四章、九・一〇に曰く、「もし獣を拝するものあらば、彼は神の怒の酒を飲まん、即ち神の怒の杯に物を交えずして斟《つ》げるものなり、彼は又火と硫黄とを以て苦しめらるべし」と。又、黙示録、第十六章、八・九に曰く、「第四の使者、その金椀を太陽の上に懸けければ、太陽火を以て人を焼くの権を与えられたり、而して人ゝ大熱にて焼かれぬ」と。又、黙示録、第十九章、二〇、及び第二十章、一四・一五、及び第二十一章、八に曰く、「彼等は火と硫黄とにて燃ゆる火の池に投げいれられぬ」と。馬太《マタイ》伝、第三章、一〇、及び路加《ルカ》伝、第三章、九に曰く、「すべて善き実を結ばざる樹は斫られて、火に投げ入れらるべし」と。又、馬太伝、第十三章、四一・四二・五〇に曰く、「人の子、その使者を遣わして、其国の中より、凡て躓礙《つまずき》となるもの、また悪をなす人をあつめて、之を炉の火に投げ入るべし」と。又、馬太伝、第二十五章、四一に曰く、「王また左におるものに曰く、罰せらるべき者よ、われを離れて、悪魔と其使者のために備えたる永遠の火に入れよ」と。又、馬太伝、第十八章、八・九、及び馬可《マルコ》伝、第九章、四三より四八に曰く、「彼等は、永遠の火、地獄の火に投げ入れらるべし、此処に入るものの、虫つきず、火つきず」と。路加伝、第十六章、二四に、「富める人、アブラハムに、彼は炎にて苦しめらる」と云える記事あり。以上及びその外多くの例にて、火とは愛我及び世間の愛を云い、それより上る煙とは悪よりする偽りを云うなり。

五百七十一　陰府の火とは、自己の愛及び世間の愛より起る、悪を作さんとの情慾にして、又前章に示せる如く、こはすべて地獄におるものの情慾なれば、地獄の開くるとき、火の煙上騰すること、烈火の時に見るが如し。愛我の横行する地獄よりは重なれる火燃え上り、世間の愛の横行せる地獄よりは炎多き火燃え上る。されど地獄を閉ずるときは、また火勢を見ず、只黒煙の塊を見るのみ。されど火は其下に在りて熾なり、之より出ずる熱気にて知るべし、此熱気は残火の灰燼より来るに似たり、或る処には熱き炉の如きあり、又熱湯の如きあり。此熱、人に流れ入るときは、其心中に情慾を動かす、悪しきものには憎怨及び復仇の念を生じ、病めるものは狂癲となる。此の如き火、又は此の如き熱は、上に云える如き愛に住するものの有する所にして、彼等は、其霊魂の上より見て、地獄に赴くべき運命を有せり、否、其肉体の生涯をなすときすら彼等は既に此に在り。されど此に知らざるべからざるは、地獄におるものは火中にあらず、火は唯其形像に過ぎず、彼等の感ずる所は火の焚くにあらずして、さきに世に在りしとき経験せる如き一種の熱なること是れ也。火の形像は相応より起るなり、何となれば、愛は火に相応し、而して霊界における一切のものは相応によりて現前せずと云うことなければなり。

五百七十二　此陰府の火即ち熱は、天界の熱の流入に遭えば、冷却して極寒となることを記憶せざるべからず。此時地獄におるものは、極寒に犯されたる如く身震いし、又心の内に苦しみあり。こは彼等全然神格と相背くが故なり。天界の熱は神愛にして、地獄の熱即ち愛我を滅却するを以て、此寒さあり、身顫いあり、苦しみあり。此時また黒暗暗あり、之に継ぎて迷狂と瞽盲とあり。されど此の如きは稀に之れ有り、唯地獄における擾乱其度を超ゆるとき之を鎮静せんためにあり。

五百七十三　陰府の火とは自我の愛より流れ来る諸悪を行わんとの情慾を云えるが故に、此火はまた地獄にある如き苦しみをも意味せり。愛我より来る情慾は、己れを尊ばず敬せず拝せざるものを害わんとの情慾なれば、其憤懣の情と之よりする怨恨・復讐の念とに比例して、酷虐の行を他に加えんとの情慾に強弱あり。此の如き情慾、団体中の各員に存在して、法令を憚り、又名誉・尊貴・利益・生命の損失を憚るが如き、外界の羈絆に拘束せられざるときは、各〻自有の悪よりする本能に任せて、互に相争い、其力を尽して他を己が制御の下におかんと努め、もし己れに従わざるものあれば之に酷虐を加うるを以て其楽とすべし。此悦楽は全く他を制御するの念と相合一するが故に、制御の度愈〻全うして悦楽愈〻大なり、何となれば、他に害悪を加うるの悦楽とは、之を敵視し、之を嫉み、之を憎み、之に報復するにあればなり、而して是等の諸悪は、先に云える如く、みな愛我より来る。一切の地獄は皆此の如き団体なり、故に此処にあるものは一人として其心に憎悪の念を宿さざるはなく、而して此念一たび破裂するときは、各〻其力に任せて酷虐の事を行う。是等酷虐の行と、之より起る諸〻の苦悶は亦地獄の火なり、蓋しこは情慾の結果なればなり。

五百七十四　先に凶霊の地獄に堕落するは自ら堕落するなりと云えり（五百四十八）、今数言を尽して、此の如き苦悶あるに拘わらず、彼等の自ら地獄に赴く所以を説くべし。一一の地獄より吐き出ずる情慾の円相あり、こは其地獄におるものの情慾より来る。相似の情慾にあるもの此円相を知覚するときは、其心動きて悦楽の情此に溢る、何となれば情慾の在る処は悦楽のある処にして、両者合一して相離れざればなり。故に精霊は此方面に転回し、其心の悦楽するままに其処に至らんと希う。彼は未だ此の如き苦悶のまた此にあるを知らず、たとい之を知ることあらんも彼は尚お之に赴かんとの情を禁ずる能わず。何となれば精霊界にありては、何人と雖も其情慾に抵抗するを得ず、情慾は愛よりし、愛は意志よりす、意志はその人の自性なり、而して霊界にあるものは其自性に由りて行動せざるはなければばなり。故に精霊、其心に任せて、即ち其自由意志によりて、歩を地獄に進め、此に入り来るや、その迎接始めは頗る慇懃なり、彼乃ち以為らく、今や親朋の中に来れりと。されどこは僅かに数時間を出でず、彼等は此間に彼が如何ばかり敏捷にして、如何なる能力を有するかを点検し、此点検了れば、彼等乃ち之を苦しむるに様〻の方便を用い、次第に峻厳・激烈を加う。愈〻地獄の内辺に導き入れられ、奥底に近づくに従うて、彼は益〻此の如き事に遭遇すべし、何となれば地獄は愈〻その内辺に入り、奥底に近づくに従い、此に住する精霊愈〻凶悪となればなり。彼等此の如く之に害悪を加えたる後、又酷虐なる責罰を以て之を苦しめ、遂に之をして奴隷の境遇に陥らしむ。されど地獄にては何人も至大ならん事を望みて他を憎悪するの念に燃ゆるが故に、反逆・闘争此に絶ゆることなし、一乱熄みて又一乱興り、活劇の舞台常に新たなり、故に先に奴隷となれるものも亦救われて新たに勃興せる悪魔のために他を征服するの用に供せらるべし。此時悪魔の一言に俯伏して之に従わざるものは、様〻の方法によりてまた悉く苛責せられずと云うことなし、此の如きもの間断なし。此苛責を地獄の苛責と云う、所謂る地獄の火なり。

五百七十五　歯ぎしりするとは、諸〻の虚偽、相互に抗争し、乱闘して已まざるを云う。故に是等の虚偽に住するもの、他に対する軽侮・敵仇・嘲辱・罵詈・褻瀆の諸悪と和合して、相互に乱闘するを亦歯ぎしりすと云う。是等の諸悪破裂するときは様〻の争乱を起す、そは各〻自己の虚偽を真理として之がために争闘すればなり。是等の抗争及び乱闘の地獄より出ずるを聞けば歯ぎしりするに似たり、又天界よりの真理此中に流れ来るときは、是等は実に歯ぎしりとなる。自然を是認して、神格を否定したるものは、すべて是等の地獄に在り、而して此の否定に自ら安住するものは尚お深く地獄の下に在り。此の如きは天界の光明を受くること絶えてなし、故に何事をも自ら内的に見るを得ざるにより、大抵は肉体的にして外感的なる精霊なり、彼等は、その眼の見る処、其手の触るる処の外、何ものをも信ずることなし。故に外感よりする一切の虚偽は彼等の真理とする所にして其抗争は皆是等の虚偽の致す所なり。是の故に彼等の抗争は歯をきしる如く聞ゆ、何となれば霊界における一切の虚偽には相軋る響ありて、歯は自然界における終極の事物に相応し、又人間における終極の事物、即ち肉体的・外感的に相応すればなり。地獄に歯ぎしりあることは、馬太伝、第八章、一二、第十三章、四二・五〇、第二十二章、一三、第二十四章、五一、第二十五章、三〇、路加伝、第十三章、二八を見るべし。

地獄における精霊が有する怨恨及び凶悪なる術数のこと

五百七十六　人もし内的に思惟して自ら其心の中に動く所の事物を看察するときは、精霊の人間に比して大に優れる所あるを見且つ会得すべし。何となれば、彼は半時間を費して之を言説し、之を記述すべき事物にても、其の心の中にては一分時の間に之を考慮し論究して結論に達し得るのみならず、亦進みてこれ以外の事物をも思料し得ればなり。故に人、其心霊の裡に住するときは、随いて精霊となるときは、如何ばかり肉体の人に優るかを明らめ得べし。何となれば、之を思料するは心霊にして、その身体は只之に使役せられて、或は言説に、或は筆紙に、其思想を発露するに過ぎざればなり。故に死後、人の天人となるや、其智慧及び証覚は彼が世にありしときに比して、優勝なること言説の外に在るを見るべし。彼の世に在るや、其心霊は身体のために繋留せられ、而してその身体は自然界に留まれり。此の理によりて、彼が当時霊的に思料する事物は皆流れて自然的概念の中に入るべし、而して是等の概念は比較的平凡にして、粗く、且つ昧《くら》し、霊的想念中に存する無数の事物を容るるに足らず、従いて世間的思料より起る雲霧のために蓋覆せらるるなり。されど心霊の一旦身体を脱離して霊的情態に入るときは之と異なるものあり、これ即ち心霊が自然界より出でて己が所属の霊界に入るときなり。此情態にあるときは、精霊の想念と情動と、さきにありしときよりも遥かに優勝の情態に入れることは、今云える所にて明かなり。故に天人が思惟する事物は、言説すべからず、名状すべからず、人の自然的想念中に入ること能わざればなり、されど天人として其始めは人間ならざりしはなく、又人間として生息せざりしはなきなり、而して当時彼は他人に勝れて証覚ある如くは見えざりしなり。

五百七十七　天人が智慧及び証覚を有する度に比例して、地獄の精霊は凶悪と譎詐とを有せり。此の如く両者の間に比例あるは、人の霊魂一たび其身体を離るるときは、或は自有の善、或は自有の悪に住すればなり、即ち天人的精霊は自有の善に在りて、地獄の精霊は自有の悪に在り。何となれば、前に屢〻云い示せる如く、人の精霊は自有の愛なるが故に、随いて亦自有の善或は自有の悪ならざるはなければなり。故に天人的精霊が、自有の善によりて、思料し、意志し、言説し、行動する如く、地獄の精霊も亦自有の悪によりて然かす、悪の自体に基づきて、思料し、意志し、言説し、行動するときは、悪にある一切の事物に基づきて然かするなり。

彼の尚お肉体にあるときは此の如きことなかりき、何となれば其人の心霊は、其時法令を憚りたるにより、又利益・富貴・名誉を希いて之を失わんことを恐れたるにより、それがため自ら拘束せられざるを得ざりしなり、故に彼が心霊中の諸悪は外に暴露して、其意のままに運為するを得ざりき。且つ又其人の心霊中に宿れる諸悪は、外面上、篤信・誠実・正義・善及び真に対する情動によりて包蓋せられ隠匿せられいたり、而して是等の諸徳は彼が世間のために自ら衒いて、偽り装える所なり。彼が自有の悪は此の如き表面上相似の諸善によりて隠され且つ昧まされたるにより、彼自らは其心霊の如何ばかり凶悪にして譎詐なるかを悟らざりき、又死後其精霊の身体を離れて自己に復り、自性を現わすや、此の如き悪魔と転化し去るべしとは思わざりき。

　されど其時凶悪の自相を暴露するは、一切の所信の及び難き所なり。此時、悪の自体より爆裂し来る所の諸悪は千を以て数うべし、其中には如何なる言語を以てするも到底説き及ぶべからざるものあり。われは多くの経験によりて、是等の性相を知るを得、又知覚するを許されたり。何となれば主はわが霊魂の霊界に到るを許し給いたればなり、されど其時わが自体は其まま自然界に残りき。彼等の極悪なる、其千分の一をもここに記述し得べからざること、而してもし主の守護なからんには人を地獄より救い上ぐること到底不可能なること、こは実にわが自ら証拠し得る所なり。人〻には地獄よりの精霊及び天界よりの天人ありて之に伴えることは、さきに説けり（二百九十二・二百九十三を見よ）。而して主の人間を守護し給うは、彼が神格を是認して有信・有仁の生涯を送るときに在り。もし然らざれば彼は主を離れて地獄の精霊に向う、かくて彼が霊魂はこれと相似の凶悪に浸染すべし。

　しかはあれど、人は主によりてその諸悪より間断なく隔離せらるるものとす、是等の諸悪は各人が凶霊との会同によりて自ら其身に行う所、恰も自ら之を牽引するに似たり、而して主が人を是等の諸悪より隔離し給う方便は、良心の内的制裁これなり（されど神格を否定するものは之を受けず）、もし然らざるも尚お外的制裁あり、外的制裁とは、前に云える如く、法令及びこれに伴える責罰、利益の損亡、尊貴及び名声の失墜、是なり。此の如き人は自己の愛に基づける悦楽の故にまた、之を失い、之を奪わるるを恐るるが故に、諸悪を避くることあらんも、彼は霊的諸善に導き入れらるるを得ず。何となれば、彼もし是等の諸善に導き入れらるるときは、則ち譎詐・欺瞞を事として、其面貌を装い、善き事、誠なる事、正しき事を擬作して他を勧誘し、斯くて之を欺瞞せんとすればなり。此の如き譎詐は彼が精霊の悪をして益〻悪ならしめ、又之悪を構成し、之を薫染して譎詐の性を得しむ。

五百七十八　一切の精霊中、自我の愛よりして諸悪に住し、之と同時に己が内分において詐欺を行えるものを極悪の精霊となす。何となれば、詐欺は他の諸悪よりも人の想念及び思度に入る事一層深刻にして、之を害毒すること甚しく、かくて人の霊的生涯を全く滅亡し了ればなり。此の如きものは大抵後面の地獄に在り、これを鬼霊と名づく、彼等の楽しむ所は、其姿を隠して、幻像の如く他の身辺に乱翔し、彼をして陰かにわが凶悪に浸染せしむ、彼等の凶悪を散ずるは毒蛇の毒を散ずるに似たり。彼等は他に優りて一層恐るべき苛責を受くべし。されど此の如く詐欺に長けず、又凶悪なる術策に陥らざるも、自我の愛によりて悪に住するものは、亦後方の地獄にあり、されど此処は前の如く深からず。之に反して世間の愛よりして悪におるものは前方の地獄に在り、之を精霊と名づく。彼等は前者の如く凶悪ならず、即ち自我の愛におるものの如き憎怨・復仇の念を有せず、故にまた彼等の如く、極悪ならず、譎詐ならず、其地獄は稍〻寛なり。

五百七十九　われは実験によりて所謂る鬼霊なるものの何たるかを知るを許されたり。鬼霊は想念の上に運為せず、又其中に流入せずして、情動の中に流れ入る、彼等が之を知覚し、嗅ぎ出すこと、猶お狗が森の中にて野獣を嗅ぎ出すに似たり。彼等もし人の心に善念の動くを見れば、直ちに之を転じて悪念となし、その意の欲するがままに、之を引き、之を曲ぐ、その態、奇を極めたり、而して彼等の之をなすや、頗る隠密にして且つ其手段凶悪を極むるが故に、人は嘗て之を意識せず。物あり、その想念の裡に入り来りて、彼等の術を暴露することあるを防がんため、彼等が自ら護ること譎詐を極めたり。是等の鬼霊は人にありては後頭部の下方に住めり。是の如き鬼霊は世にある時、譎詐の術数を用いて、他人の心を誘惑し、巧に之を牽引し誘致して、己が意のまま、情慾のままにその身を動かせるなり。されど苟くも改悛の望ある人は、主之を導きて、此の如き鬼霊を放逐し給う。何となれば鬼霊の凶悪なるや、啻に人の良心を滅亡するのみならず、亦その平時潜伏せる遺伝的諸悪を誘起すればなり。故に人をして是等の諸悪の誘致するところとならざらしめんため、主は方便によりて是等の諸地獄をば全然閉鎖し給えり。而して此の如き性格の人間、死後他生に来るときは、直ちに此地獄に堕落し来るものとす。其譎詐にして欺騙なる点より見れば、是等の鬼霊は毒蛇に似たり。

五百八十　地獄の精霊の凶悪を極むることは、彼等が所行の残忍なるを見て明なり、而して是等残忍の所行の多きは、一一之を数えんにも一巻の書を要し、之を記述せんとせば数巻に渉るべし、是等は殆んど全然世間に知れざる所なり。第一種は相応の濫用に関し、次は神の順序における終極点の濫用に関し、次は想念と情動との交通・内流を行うに当り、転回・瞥見の法に由り、また自己以外の精霊を行使することに関し、次は幻像によれる運為に関し、次は、自己の投影、即ち其身体の在る処を離れて他処に現前することに関し、次は仮託・勧誘・虚言に関す。悪人の精霊、其身体を脱するとき自ら此の如き詐術を知るに至る、そは此の如きは彼が当時所住の性悪中に内在すればなり。彼等の地獄に在るや、是等の術を以て互に相苛責す。されど仮託・勧誘・虚言によりて行う術数を除けば、他は皆世間に知れざる所なるが故に、われは一一之を記述せざるべし、そは世人之を会得せず、又之を記述せんには余りに忌まわしければなり。

五百八十一　主は何故に地獄に苛責あるを許し給うかは、諸悪を制抑し調伏するは只此法に由ればなり。諸悪を制抑し調伏し、かくて地獄の衆族を拘束する唯一の方法は懲罰を恐るるの念なり。此外他の術あらず。懲罰・苛責を恐るるの念なきときは、悪は爆裂して狂となり、一切は瓦解すべし、猶お地上の国土に法令なく、責罰なきときの如し。

地獄の形像・位地・員数のこと

五百八十二　霊界、即ち精霊と天人とのおる世界には、自然界、即ち人間のおる世界におけると相似せる事物あり、而して其相似の至れるや、外形上何等の差異なきが如くに見ゆ。平野あり、山岳あり、丘陵あり、岩石あり、其間に谿谷あり、又水あり、其外地上見る所のもの多し。されど是等はみな其起原を霊界にとれり、故に天人及び精霊は之を見得べし、人は自然界に属するを以て是等は其眼中に入らず。霊的存在は霊的起原を有するものを見、自然的存在は自然的起原を有するものを見る。是の故に人は其肉眼によりて霊界の事物を見ること能わず、只許されて其霊に在るとき、及び死後自ら精霊となるとき、之を見得べし。之に反して、天人及び精霊は自然界の事物を見る事能わず、但ゞ彼等と物云うことを許されたる人間に伴える時のみ之を見得べし。何となれば、人の眼は自然界の光明を受くるに適し、天人及び精霊の眼は天界の光明を受くるに適すればなり、而かも両者の眼は外面上全く相似たり。霊界の性相此の如くなることは自然の人の会得し能わざる所なり、まして外感上の人においてをや、外感上の人は、只其肉眼にて見る所、其手にて触るる所、即ちその視覚と触覚にて取り入るる外、何ものをも信ぜざるなり。彼は此の如き事物に基づきて思索するが故に、其思想は物質的にして霊的ならず。霊界と自然界との間に此の如き相似あるが故に、人は死後と雖も、嘗て生れたる処、今離れ来れる処の世界に尚お住するとのみ思えり。是の故に人は死を呼びて、此より彼の世界、此に似たる彼の世界に移るなりと云う。両世界の間に此の如き相似あることは、先に天界の表象及び形像を説ける所にて見るべし（百七十より百七十六）。

五百八十三　天界は霊界の高処に在り、下方に精霊の世界あり、地獄は尚お其下にあり。天界は精霊の世界にあるものの見る能わざる所なれど、精霊の内視啓くるときは之を見るを得べし、されど時には天界の、霧の如く、輝ける雲の如くに見ゆることあり。是の理如何と云うに、天界の天人は智慧及び証覚の内境涯にあり、かくて精霊の世界におけるものの視覚を超絶すればなり。されど平原及び谿谷にある精霊は互に相見る。しかはあれど、彼等もし各〻その内分に導かれて相隔離するときは、凶霊は善霊を見る能わず。善なるものは悪なるものを見得べし、されど彼等は面を転じて之と相背く、相背くときは互に見ることとなし。地獄はその門口を除く外見るべからず、閉鎖すればなり、此の所謂る門口なるものは他の彼等と似たるものを導き入るるときに開かる。地獄に到る一切の門口は精霊の世界より開けて、天界よりせず。

五百八十四　地獄は到る処に在り、山岳・丘陵・岩石の下に在り、又平原・谿谷の下に在り。山岳・丘陵・岩石の下にある地獄の開けたる処、即ちその門戸は、岩の穴即ち裂け目に似たり、広く大にひろがれるあり、窄く細きあり、大抵は平坦ならず。之を覗くときは暗くして分明ならず、此処におる地獄の精霊は炭の燃ゆる如き光の中におれり、彼等の眼は之を受くるに適せり。何となれば彼等の世にあるや神の真理を否定せるが故に、是等の真理につきては黒暗暗の中にありたれども、諸〻の虚偽に関しては之を肯定せるが故に、彼等は亦一種の光明に似たるものの中に居たればなり。故に彼等が精霊となりて後の眼は此種の光明を得るに適すれども、天界の光明に至りては只是れ黒暗暗なり、故に彼等その岩穴より出で来るとも何物をも見る能わず。是等の事物によりて、人の天界の光明に来るは、その神格を是認し、天界及び教会の事物に関して自信決定したるによること、又人の地獄に来りて黒暗暗の中に入るは、其神格を否み、天界及び教会に反対する事物のうちに自信決定したるによること、わがために甚だ明白となれり。

五百八十五　平原及び谿谷の下にある地獄の開きたる処、即ちその門戸には様〻の形あり。或は山岳・丘陵・岩石の下なるに似たるあり、或は洞穴・岩窟に似たるあり、或は大なる裂け目、渦巻に似たるあり、或は泥田に似たるあり、或は死水に似たるあり。皆蓋ありて之を覆う、凶霊ありて精霊の世界より此処に墜ち来るときにあらざれば開かず。此口開くときは其中より、或は火及び煙の如きもの吐き出ずることあり、燃え上れる家より空に騰る煙に似たり、或は煙なき炎の如きもの出で、或は煙突より煤烟の焚け出ずる如きものあり、或は霧の如く、又濃き雲の如きものあり。われ之を聞く、地獄の精霊は是等の事物を見ることなく知覚することなしと、蓋し彼等此中にあるときは自有の空気中にありて最も其生涯を楽しめる時なり。而して此の如くなるは、是等の事物は各〻凶霊が所住の諸悪及び諸偽と相応すればなり、火は憎悪と復讐に、煙と煤とはこれよりする諸虚偽に、炎は愛我の諸悪に、霧及び濃き雲はこれより起り来る諸虚偽に相応す。

五百八十六　われ地獄をのぞき込みて其裡に如何なる処あるかを見るを許されたること

あり、何となれば主の意《こころ》に称うとき、主は精霊或は天人をして上方より瞰下して地獄の深底を洞観し、其性相を点検せしめ給えばなり、彼等はその時掩蓋に拘わらず、地獄を見得るなり。わが地獄を見るを許されたるも亦是の如くにしてなりき。或る地獄は、岩間にある窟の如く、洞穴の如くにして、内に向い、その後転じて斜となり、或は直下して、遂に無底の淵に入る、或は猛獣の森中に住める如き洞穴及び窟に似たるあり、或は鉱穴の如く、孔道下に通じて、地窖及び窮穴に似たるあり。大率、地獄は三層となれり、上層は黒暗なり、そは此処には悪よりする諸偽におるもの住めばなり、下層は火に似たり、そは此には悪そのものにおる凶霊住めばなり、何となれば、黒暗は悪よりする諸偽に相応し、火は悪そのものに相応すればなり。地獄の深き処には其行動悪に基づきてその内分よりこれを為せるものおり、さまで深からざる処には、其行動亦悪に基づけども、只その外分よりせるものおる、これ即ち悪よりせる虚偽に基づきて行動せるものなり。或る地獄には恰も火災後の家屋及び市街の焼け残りの如きものありて、凶霊此中に隠れ住めり。寛やかなる地獄には恰も粗造の小屋に似たるものあり、或は連接して一個の都市をなして、道路通ぜり。屋内に住める凶霊、間断なく闘争し、抗敵し、相撃ち、相戦う、道路には盗賊・搶剝横行す。或る地獄には只淫房のみあり、汚穢と糞土とに充てり、面を向くべからず。又茂れる森あり、凶霊此処に徘徊すること猛獣に似たり、又此地下に洞穴ありて、他のために駆逐せらるるときは彼等此裡に隠る。或は地瘠せて砂のみなる沙漠あり、或は岩石乱立して洞穴を有せるあり、或は小屋の立てるあり。極度の責罰を受けたる凶霊は地獄より逐われて此の如き荒野に投げ棄てらる、特に世にありたるとき、偽巧を弄し、譎詐を工むこと他に勝れて妙を尽せるものは、此に来りて彼等が最後の生涯を営むものとす。

　五百八十七　一一の地獄の位地につきては、何人も之を知らず、天界の天人すら之を知らず、只主のみこれを知れり、されど全般の上よりすれば其方位によりて知るを得べし。何となれば地獄はまた天界の如く方位によりて排列の分劃明かなればなり、而して霊界における方位は愛によりて定まるものとす。天界の方位は其太陽たる主より始まる、即ち東より始まる、而して地獄は天界に反対する処、即ち西方より始まる。天界の方位を説ける章を見よ（百四十一より百五十三）。是の故に西方における地獄を以て、最も凶悪にして最も恐るべき処となす、そは東を離るるに従い、漸を逐いて次第に益〻悪となり、恐るべきものとなればなり。是等の地獄には世にありて自我の愛におれるもの住せり、彼等はその自我の愛によりて、他を軽侮し、己れを喜ばざるものを敵視し、己れを尊崇せざるものを憎怨し、之に報復せんとせる也。又此方位に当り極めて隔離せる処に、所謂る羅馬加特力教《ローマカトリック》に属せるものの、自ら神と崇められんことを願い、彼等に人の霊魂及び天界を制御すべき権威あるを是認せずと云うものに対し憎怨報復の念に燃えたるもの、此処におれり、彼等は地獄にありても、その尚お地上にありしとき有したる特殊の性情を抱きて止まず、即ち彼等は尚お己れに逆うものに対して憎怨報復の念を忘れざる也。彼等が至大の歓楽は酷虐を行うにあり。されど他生にありては、此歓楽は却て彼等の所有とならず、何となれば、西方に充満せる是等の諸地獄にありては、凶霊各〻己が神的権威を称え、苟くも之を犯すものは必ず之に害悪を加えんとすればなり。されど此事につきては、『最終の審判及びバビロンの滅亡につきて』（On the Last Judgment and the Destruction of Babylon）と題せる小冊子中に尚お説きおけり。

此方位における地獄の排列如何は得て知るべからず、但し此種に属して最も恐るべき地獄は北方に当り、少しく脇によりてあり、しかく恐るべからざるは南方に当りてあり。かくて地獄の寒心すべきは、北方より、南方、及び又東方に赴くに従いて減ずるを見る。東におるものは傲岸にして神格を信ぜざりしものなり、されど彼等が憎怨報復の念及び譎詐の巧は西方底深き処におる凶霊の如くならざりし也。

東方に当りては今や地獄あらず、嘗て此に住めるものは皆前面西方の地獄に移されぬ。北方及び南方に当りては地獄多し、此におる凶霊は嘗て地上にありし時、世間の愛に住せるもの、かくて怨讐・敵愾・窃盗・劫賊・狡譎・貪婪・不仁の如き諸悪におれるもの也。此種に属して最も凶悪なるものは北方にあり、稍〻寛なるは南に住めり。彼等の寒心すべきは、西方に近づき、南方を距るに従いて増進し、東方及び南方に減退す。西方の諸地獄の裏に暗き森あり、此裡に猛獣の如く徘徊するを刻薄なる凶霊となす、北方の諸地獄の裏にも之に似たる森あり、されど南方の諸地獄の裏には先に云える如き沙漠あり。地獄の位置につきてわが記し得べき所は此の如し。

五百八十八　地獄の員数につきては、天界における天人の団体の如く多し、何となれば天界の各団体に相応して地獄にも団体ありて之と対立すればなり。天界の団体は無数なること、愛・仁・信よりする諸善徳に従いて一一に分割せることは、天界をなせる団体の事を云える章（四十一より五十）、及び天界の広大無辺なるを云える章（四百十五より四百二十）にて見たる所なり。地獄の団体も亦之と同じく、是等の諸善徳に反対せる諸悪に従いて分割せらる。

一一の悪は一一の善に似て、其中に無限の変態を蔵せり、されどこは、一一の悪、仮令えば軽侮・怨讐・憎悪・報復・譎詐など云う悪につきてただ単純なる概念を有するものの解し得ざる所なり。されど彼等は、是等の諸悪には一一其中に数多の特態・異相あり、又是等一一の特態中に更に数多の特態・異相ありて、此を枚挙せんには一巻の書あるも尚お足らざることを知らざるべからず。かくて諸地獄は一一の悪中に存せる相異に従い、画然として排列し、整然として分明なること、物として此の完全なる組織に比すべきはなし。これによりて又地獄の数は無限なること、而して相互間における遠近は、全般より見、種類の上より見、個個の上より見て、その悪の相違に従うことを明らむべし。

又地獄の下にも地獄あり。地獄間の交通は或は通途によるあれど、大抵は其処より迸出する気息によれり、されど一切の交通は各種各類の悪の間に存する親和の度によりて一定せり。地獄の数の多きことは、天人のわがために下の如く指教せるによりて之を知る、一一の山の下、丘の下、岩の下に地獄あり、又一一の平野・谷間の下に地獄あり、而して地獄は、縦に、横に、深く下方に拡がれり。一言にて云えば、全天界及び精霊全界の下、之を発掘するとせば、其処一面に地獄あるを見るべし。地獄の数目につきてわが記し得る所は此の如し。

天界と地獄との平衡のこと

五百八十九　万物の間に平衡あらざれば一物も存在することなし。平衡なければ原動なく反動なし。平衡とは、此に二物ありて、其一は動き、其一は之に反して動くとき、此原動と反動とによりて生ずる静止の情態を云うなり。自然界にては万物の間に平衡あり、又一一の個体中に之れ有り。一般に云えば、空気の間に平衡あり、上に在るもの動きて下圧するに従い、下にあるもの之に反動して抵抗す。又自然界にては寒熱・明暗・乾湿の間に平衡あり、平衡とは其中間の情態を云うなり。又自然の三界における各事物の間に平衡あり、鉱物界・植物界・動物界、是なり。蓋し彼等の間に平衡なくしては、何ものも存在せず、恒在せず、そは到る処一方に努力の活動と云うべきものあるに対し、他方には之が反動あればなり。

一切の存在、即ち一切の結果は平衡より起る、一力ありて動けば、他に之が所動となるものあり、之によりて物の存在を見る、之を換言すれば、一力行動して他に流入するとき、他のもの之と相応して之を受け、これに従うによりて、物の存在あり。自然界にありては能動者・所動者を力と云い、又努力と云う、されど霊界にては能動者・所動者を生命と云い、意志と云う。霊界における生命は活ける力なり、意志は活ける勢なり、而して平衡の自性を自由となす。故に霊的平衡即ち自由は、一方に善の情動あり、他方に悪の反動ありて、其間に存在し恒存す、又一方に悪の能動ありて、他に善の反動ありとも謂い得べし。

善人にありては、能動の善と反動の悪との間に平衡を得んとし、悪人にありては能動の悪と反動の善との間に平衡を得んとす。霊的平衡の善悪の間に存する所以は、人間の全生涯は善と悪とに関渉して、彼の意志は両者を容るる器なればなり。又真と偽との間に平衡あり、そは善悪間の平衡を能依とす。真偽間の平衡は明暗の間の平衡の如し、明暗が植物界の物体の上に作為することあるは、其寒熱の中に存するに由れり。明暗だけにては何物をも生ぜず、物を成育するの力は熱にあり、冬期と夏期と其明暗において相似たるを見て之を明かにすべし。真偽を明暗に比するは相応の理によれり、何となれば、真は光に、偽は暗に、熱は愛の善に相応すればなり。されど此事は、天界の光、熱の章にて説きおけり（百二十六より百四十）。

五百九十　天界と地獄との間に常住の平衡あり、何となれば、地獄よりは間断なく悪を行わんとの努力迸り出でて上騰せんとし、天界よりは間断なく善を行わんとの努力迸り出でて下降せんとすればなり。精霊の世界は此平衡中にあり、前に云える如く（四百二十一より四百三十二）、此世界は天界と地獄との間に介在せり。此く精霊界が両者平衡の中にある所以は、人各〻死後まず精霊の世界に入り、此処にて嘗て世にありし時と相似の情態に留住すればなり。されど、もし正確なる平衡、此に存在せざるときは、此の如きことあるを得ず。蓋し一切のもの此精霊界にあるとき、その自由意志にまかせて行動すること猶お世上にありし時の如くなるを以て、各自の性格は此に現露するなり。前に云える如く（五百八十九）、人間と精霊とにありては、自由意志を有するを以て霊的平衡となす。天界の天人が霊界における各人の自由意志の如何なるものなるかを知るは、彼が情動及び之よりする想念の交通によるものとす。而して此交通は天人的精霊の視覚に入るとき各人が歩み行く途となりて見ゆ。即ち善霊は天界に通ずる途を歩み、凶霊は地獄に通ずる途を歩む。此途は精霊界において実際に認め得る所なり、故に聖言にて「途」とは、善に赴く真理と之に反きて悪に赴く虚偽とを表わせり。故に又聖言にて、行く、歩む、旅すると云うは、人生の進路を示せるなり。われは屢〻この途を見るを許されたり、又精霊が各〻其情動とこれよりせる想念とに循いて此途を自由に往来するをも見たり。

五百九十一　地獄より絶えず悪を吐き出して上騰し、天界より絶えず善を吐き出して下降する理由は、霊的円相なるものありて各人を包擁し、此円相は彼が情動的及び之よりする想念的生涯の中より流れ来り、注ぎ出ずればなり。此の如き円相、各人の生涯より流れ出ずるが故に、亦天界の各団体及び地獄の各団体よりも流れ出で、随いて是等の諸団体を合一したるものよりも亦流れ出ず、即ち此円相は全天界及び全地獄より流れ出ずるなり。天界におるものは皆善におるものなるが故に、善は天界より流れ出で、地獄におるものは皆悪におるものなるが故に、悪は地獄より流れ出ず。天界よりする善は総て主よりす、何となれば天界の諸天人は我執の念を離れて主の自我の中に住せり、而して主の自我は善の自体なればなり。されど地獄にある凶霊は皆各自の我執の念に住せり、而して此我執の悪念ならざるはなし、既に悪ならざるなければ、是れ即ち地獄なり。故に、天界における天人、並びに地獄における凶霊が住する所の平衡なるものは、精霊の世界における平衡と相同じからざるを明らむべし。天界における天人の平衡は、彼等が善に住するを喜ぶ度衡なり、即ち此度衡によりて彼等が世にありしとき如何ばかり善におれるかを見るべく、随いて如何ばかり悪を嫌忌せるかをも見るべし。されど地獄における凶霊の平衡は、彼等が悪に住するを喜ぶ度衡なり、即ち此度衡によりて、彼等は如何ばかり世にありしとき悪に住せるかを見るべく、また随いて如何ばかり彼等の情及び心は善に反けるかを見るべし。

五百九十二　主もし天界と地獄とを併せ統御し給うにあらざれば平衡あることなく、もし平衡なければ天界も地獄も存在する能わず。何となれば宇宙における一切のものは、自然界と霊界とを問わず、皆平衡によりて恒存すればなり。是れ事実なることは、苟くも理性を有するものの皆会得する所なるべし、蓋し一方に偏重ありて、他方に抵抗力あらざるときは、双方共に亡ぶるや明かなり。かくて善もし悪に反動して、間断なく之が叛逆を制するにあらざれば、霊界は亡ぶべく、又神格によりてのみ此事成るにあらざれば、天界と地獄と、又人類全世界と併せて亡ぶべし。此に「神格によりてのみ此事成らざれば」と云えるは、自我の念は、天人と精霊と人間とを問わず、皆悪ならざるはなければなり（上を見よ、五百九十二）。是の故に如何なる天人・精霊と雖も、地獄より間断なく吐き出ずる諸悪には抵抗するを得ず、彼等が有する自我の念はすべて地獄に向えばなり。是等の事物によりて、主のみ地獄と天界とを併び統制するにあらざれば、何人も救済を得ること能わざるや明かなり。且つ又地獄における諸悪は天界における諸善の如く相連結せるが故に、一切の地獄は皆行動を一にす、而して此の如く無数の地獄が、天界及び此処におるものすべてに反抗し、其勢を一にして侵し来らんとするに対し、能く之と抵抗し得るものは、只主より起り来る神格あるのみ。

五百九十三　天界と地獄との平衡は、天界及び地獄に入り来る、日〻数千を以て数うべきほどの精霊の数量によりて偏重を生ず。されどこの均衡何の辺に傾くかを見且つ知覚し、又之を規定して軽重なからしむるは、只主の威力中にのみありて、天人の与からざる所也。何となれば、主より起り来る神格は遍在して見ざる所なく、苟くも権衡を失する所あれば、則ち之を知ればなり。されど天人は只其身辺にあるものを知るに止まりて、己が団体中に行わるる事すら自ら知覚せざるなり。

五百九十四　天界及び地獄において万物の排列せらるる方法、即ち之によりて、全体の上より、個個の上より、すべて平衡を失わざらしむる方法は、さきに天界及び地獄につきて説き示せる所より見て多少は明らめ得べし、即ち、天界の諸団体は善及びその種類と変態とに従いて分劃せられ、最も整然たること、地獄の諸団体も亦悪及び其種類と変態とに従いて此の如く分劃せらるること、又天界各団体の下に之と相応せる地獄ありて相対すること、而して此く対立せる相応によりて両者間に平衡を維持すること、是等の事物を説ける所より推して多少は明らめ得べし。故に主は間断なく意を用いて、天界の団体の下に伏在せる地獄の団体をして横行することなからしむ、もし少しにても横行せんとすれば、主は様〻の方便にて之を鎮静し、常に平衡の度を保たしむ。此方便に数多あり、今僅かに其一、二、三を挙ぐべし。或は主の現前を感ぜしめ給うこと、平時よりも強きことあり、或は一団体又は数団体をして他と交通し和合せしめ給うこと、常よりも密なることあり、或は過多の凶霊を荒漠の処に逐斥し給うことあり、或は此の如き凶霊を甲の地獄より乙の地獄に移し給うことあり、或は種種の方法によりて地獄におるものの間に規定を回復し給うことあり、或はさる地獄を一層厳密なる掩蓋の下に隠し給うことあり、又彼等をして一層深き処に落し給うことあり、其外尚お様〻の方便あり、又上方の天界に行わるるもあれど、今云わず。是等の事実を此に記せるは、人をして天界と地獄との間のみならず、到る処に善悪の平衡を維持せしむるよう計り給うは、只主のみの所為に帰することを、多少知覚せしめんためなり。蓋し天界及び地上における一切万物の安寧は此平衡の上に建設せらるるによる。

五百九十五　諸〻の地獄は天界を攻撃し、之を亡ぼさんと努めて間断あらざること、又主は天界にあるものをして、自我の念より来る諸悪より遠ざからしめ、以て主の自体よりする善の中に独立せしめ、是によりて天界を守護し給うことを知るを要す。われは屢〻地獄より流れ来る円相を知覚するを許されたり、此円相は主の神格に従いて天界を破壊せんとの努力の円相なり。われは又さる地獄の沸騰せるを知覚せり、こは此処を脱出して破毀を行わんと努むるなり。之に反して、天界は決して地獄を攻撃することなし、何となれば主より起り来る神的円相は一切を救わんとの常住の努力なればなり。されど地獄に住むものは、悪におり、主の神格に逆抗して、救うべくもあらざるが故に、主は及ぶ限り地獄における暴戻を制し、残忍を抑え、以て相互に害悪を加うることあるも、之をして定限外に逸出せざらしむるに止まる。之をなす方法は亦無数にして、皆神の威力より来るものとす。

五百九十六　天界を分ちて二国土となし、一を天国と云い、一を霊国と云うことは、上に云えり（二十より二十八）。之と相似て、地獄も亦両国土に分る、一は天国に対し、一は霊国に対す。天国に対せる地獄の国土は西方にあり、此に住めるものを鬼霊と云う。されど霊国に対せる地獄は北方にあり、此に住めるものを精霊と云う。天国にあるものは、すべて主に対する愛におり、之と反対せる地獄におるものは、すべて自我の愛におれり、又霊国におるものは、すべて隣人の愛におり、之と反対せる地獄におるものは、世間の愛におれり。故に、主に対する愛と自我の愛とは相容れず、又隣人の愛と世間の愛と相容れざるや明かなり。主は絶えず其方便によりて天国に反対せる地獄よりする外流をして霊国におるものに向い来らざらしめ給う、そはもし此事あらんには、上に云える道理によりて（五百七十八・五百七十九）、霊国は亡ぶべければなり。是を全分に渉れる二個の平衡となす、主は間断なく之が順序を維持し給う。

人間は天界と地獄との間における平衡によりて、自由なること

五百九十七　天界と地獄との間に平衡あることは、さきに説けり、また此平衡は天界よりする善と地獄よりする悪との平衡なること、従いてこは霊的平衡にして、其実性において自由なることを示したり。霊的平衡の其実性において自由なる所以は、此は善悪間の平衡にしてまた真偽間の平衡なればなり、而して是等の事物は皆霊的なりとす。故に、善或は悪を意志するか、真或は偽を思索するか、両者其一を択ぶ力、之を今われら云う所の自由となす。此自由は主の賜にして、決して奪い去らるることなし。こは実に其起原、人に

あらずして主にあるに由る、即ち主より来ればなり。されど人の改善と救済との為めに、主之を生命と共に人間に賜わり、其所有となし給えり。何となれば、自由なくしては改善あらず、救済あらざればなり。苟くも理性的直観あるものは、人は其自由にまかせて、或は悪、或は善、或は誠実、或は不誠実、或は正義、或は不正義を思惟し得ることを見得べし、又人は其言説及び行動を、善にし、誠にし、正しくするの力あり、又霊的・道徳的・民文的法令ありて其外分を制約するがため、人はその言説及び行動を、悪にし、不実にし、不正にするを免かるることを知り得べし。故に、人の霊魂、即ち人身にありて思索し意志する一物は自由を享有するや明かなり、されど人の言説し行動する外分は、前に云える如き法令と一致するにあらざれば、自由なることを得ず。

五百九十八　人、自由を享有するにあらざれば、改善しがたき理由は、人の生るるや各種の悪におれり、而して之を遠離するにあらざれば救済の途なきによる。されど之を遠離せんには、人自ら之を看取し、之を是認して、然る後之を念うの意を去り、最後に之を嫌悪するに至らざるべからず。是の時始めて、人、悪を遠離す。而して之を為すには、人は善悪の両境におるを要す、かくして人は善によりて悪を甄別し得べし、されど人は悪によりて善を甄別する能わず。人が思索し得べきほどの霊的諸善は、彼、之を幼時より聖言を読み、説法を聞けるによりて学得し、道徳上及び民文上の諸善は、世にありて其生涯を営むとき学得す。之を人の自由ならざるべからざる所以の第一となす。第二の理由は、凡そ愛の情動より起らざるものは何ものもその人の生涯中に所属せざればなり。此以外の事物にして人心中に入り来るものあらんも、そは僅かに人の想念中に入るに止まりて意志には及ばず、而して人の意志に入らざるものは、其の自有とならず、何となれば、想念の所有は皆記憶より来れども、意志の所有は人の生涯其ものより来ればなり。意志よりせざるものは、即ち愛の情動よりせざるものは、嘗て自由を得ることあらず。何となれば、人の意志する所、人の愛よりする所は、悉く彼が自由によりて為せる所なればなり、故に、人の自由と云い、人の愛又は意志に基づける情動と云うも畢竟同一なり。これを以て人の自由を享有するは、之によりて善と真との動かす所となるを得て、即ち両者を愛することを得て、之を自家の所有となさんため也。一言にて云えば、凡そ物、自由を有する人格中に入らざれば、此に留まることなし、そは彼が意志即ち愛より来らざればなり。而して人の愛即ち意志よりせざるものは、その霊魂より来れるものにあらず。人の霊魂の実体は愛即ち意志なりとす。此に「愛即ち意志」と云えるは、人の愛する所、即ち人の意志する所なるによる。さればこれを人自由ならざれば改善の途なき所以とす。

五百九十九　人の改善せんことを欲して、之を自由ならしむるには、其霊魂の上より見て、人は天界と地獄とに和合せんことを要す、何となれば地獄の精霊及び天界の天人は一一の人と相伴えばなり。地獄よりの精霊によりて、人は自有の悪に住し、天界よりの天人によりて主よりの善に住し、かくして人に霊的平衡あり、即ち人は自由なり。各人に伴える天界の天人及び地獄の精霊のことにつきては、天界と人類との和合を説ける章下に見るべし（二百九十一より三百二）。

六百　人間と天界及び地獄との和合は、是等両者と直接に行わるるにあらずして、精霊の世界に住める精霊によりて間接に行わるる事を知るを要す。人と相伴えるは是等の諸精霊にして、地獄或は天界より直ちに来れるものにはあらず。人は精霊の世界にある善悪によりて天界と和合し、其凶霊によりて地獄と和合せり。故に、精霊の世界は天界と地獄との中間にありて、其処に平衡の自体あり。精霊の世界は天界と地獄との中間にあることは、その世界のことを説ける章下に見るべく（四百二十一より四百三十一）、又天界と地獄との間における平衡の自体此に在ることは、前章にて見るべし（五百八十九より五百九十六）。かくて人が享有せる自由の根源は今や明白となれり。

六百一　人に伴える精霊につきて尚お云うべきことあり。甲の団体より派出せられたる一個の精霊によりて、甲の全団体はその外の団体及び個人とも（其何地にあるを問わず）交通し得ることあり、此の如き精霊を多衆の所従と云う。精霊世界より来て人に伴える精霊によりて、人が天界の諸団体及び地獄の諸団体と和合するは、亦之と同様の理によるものとす。

六百二　最後に、わが云わんと欲するは人のうちに天界の内流あり、此内流によりて人は死後の生涯に関して、本より一個の信仰を有せり、今此信仰につきて云う所あらんと欲す。魯直なる凡夫あり、世にありしとき信の善に住せり。天人は彼等を導きて、世にありしときと相似の情態に入らしめぬ、こは主の許しによりて何人の上にも行わるる所なり、かくして天人は彼等は人の死後の生涯につきて如何なる概念を有せしかを示せり。彼等曰く、世にありしとき、智慧に富めるものあり、われらに、世上の生涯を終えたる後、その霊魂は如何になるべしと思えるかを問えり、われら答えて、何を霊魂となすかを知らずと云う。彼等またわれらが死後の情態につき信ずる所如何と問う、よりてわれら云う、われらは精霊として生涯すべしと信ず、と。彼等又次にわれらが精霊に関して信ずる所を問う、われら曰う、精霊は人なり、と。其次に何を以て之を知るかと問われたれば、われら曰う、只此の如くなるが故に、これを信ず、と。是等の智慧多き人〻は、魯直なるものに此の如き信仰ありて、彼等自らは之れなきを稀有なることと思えり。是の故に天界との和合あるものは何人となく死後の生涯につきては本来信ずる所あるを明らむべし。この本来の所信は他処より来らず、只天界よりの内流によれり、即ち精霊世界よりして人に伴える精霊を所依として、主が天界より下し給う所なり。此内流は、人の霊魂に関して様〻の臆説を立てて之を確定し、かくて想念の自由を亡ぼさざりしものの有する所なり、滔滔たるものは霊魂を以て、或は自体中の想念なりと云い、或は活ける原力なりとして、其の所坐を身体中に求むれども、其実、霊魂とは人の生涯に外ならず、而して精霊は人格の自体なり、彼が世にあるとき、荷い行く物質的身体は一個の具器に外ならず、之に依りて精霊即ち人格の自体は自然界に順適せる行動をなすを得る也。

六百三　此書中、天界、精霊の世界、地獄につきて云える所は、霊的真理の知識を喜ばざるものには朦朧たるべし、されど之を喜ぶもの、特に真理の為めに真理に対する情動を有せるもの、即ち真理の故に真理を愛するものには、明瞭なるべし。何となれば人の愛する所はすべて分明にその心中の概念に入るべければなり、殊に真理を其所愛となすとき然るを見る、蓋し一切の真理は光明中にあればなり。

附録　スエデンボルグ小伝

科学者・哲学者・神学者を兼ねたるエンマニュエル・スエデンボルグは西暦一千六百八十八年一月二十九日を以て瑞典《スエーデン》国ストックホルム市に生る。父の名をジェスパー・スエッドボルグと云い、その頃は国王チャーレス第十二世の朝廷に仕えて宮中の僧職をつとめたるが、その後に至り、出でてスカーラの僧正となれり、此人は学徳兼備の聞え高く、教会のうちに横われる従来の積弊を革むるに鋭意なりき。

スエデンボルグは幼時奇言を吐くを以て有名なりしかば、彼の両親は、天人あり、来りて此小児をして云わしむるならんと思えること屢〻なりしと云う。もし詩人の言を信じて「われらの幼時は尚お天界を去ること遠からず」となすときは、此両親の言をも信じ得べからん。スエデンボルグは始めは家庭にて教育を受けたるが、長ずるに及びて、ウプサラ大学に入りて二十一歳の暁まで此処に蛍雪の功を積めり。

それより彼はその頃身分あるものの子弟の習として国外に出でて大旅行を企て、英吉利《イギリス》・法朗西《フランス》・和蘭《オランダ》・独逸《ドイツ》の諸国を遍歴したるが、彼が新知識を求むるに熱心なる、到る処に当時科学界の泰斗を訪い、又彼が一生を通じて衰えざりし不屈不撓の精力は事物に触れて現われずと云うことなかりき。彼は啻に諸科学の理論的方面に注意せるのみならず、亦その実際応用の模様をも看察するを懈らず、倦むときは羅甸語《ラテン》にて詩を作り、又数学を習えり。実際的方面における彼の趣味は、彼がレンズを磨くの術を学び、諸種の科学的器械を造り、製本術を修め、又音楽を習いて教会の讃美歌を奏するを得るまでに至りたるを見ば明かなるべし。彼はまた諸種の器械を発明したるが、その中には水雷艇に似たるものあり、サイフォンの理を応用したる運河法あり、発火器械、一切の音調を出す楽器、水時計、空気車、新空気鉄砲の如きものありき、是はみな一千七百十年より一千七百十五年に至る間の製作に係る。

彼は外に在ること五年ばかりにして帰り来れるが、その頭脳は諸種の科学的計画と発明とに充ちおれり、是においてて彼は、その国における最初の科学雑誌『北国の技士《デーグルス・ハイボルポリアス》』と云えるを発行せり、此の雑誌は永続せざりしけれども、その紙面には数多の斬新なる思想の活躍せるを見たり。彼はチャーレス第十二世に見ゆるに及び、鉱山局の臨時検査官を拝命し、「瑞典のアルキメデス」と呼ばれたる大科学者ポルへムと事を共にするに至れり。その後一千七百十八年に、国王、諾威《ノルウエー》と兵を構え、フレデリック・シャルトと云える城を囲めるとき、スエデンボルグの設計によりて諸種の船艦をして容易く十四哩にわたれる山岳渓谷を越え行かしむるを得たることあり、亦以て彼が工学上の造詣を窺い知るべし。

チャーレス王死してウルリカ・エリアノーラ女王位に即くに及び、スエッドボルグは貴族に列せられ、その名をスエデンボルグとかえ称え、エンマニュエルはその長子として貴族院に一席を占むるに至れり。彼が政治界における活動は亦人の注意を惹くに足るものにして、議院内に在りては常に明達なる意見を発表したり。その後四十三年を経て、ヘップケン伯爵はスエデンボルグの財政に関する意見を以て一千七百六十一年の議会における、最も健全にして、最も善く草せられたる提案なりとなせり、当時瑞典はチャーレス王の打ち続ける戦争によりて国帑枯渇したるを以て、商業を奨励し、その頃既に有名となれる国中の鉱業を振興し改善せんとの問題、頻りに研究せられいたるなり。

　されどスエデンボルグの知識に対する欲望の熾にして、観察力の明敏なるや、彼をして其才能を諸種の事物の上に発揮せしめたり。彼が其頃の著作に次の如きものあり、曰く、『月によりて緯度を発見する法』、曰く、『暖炉改善法』（こは亦米国にも輸入せられたり）、曰く、『代数学』（瑞典における最初の代数書）、曰く、『古代における海と湖との平準』、曰く、『太陽より見たる現在及び過去における地球と諸惑星との運動と位置』、曰く、『計算を利便にして分数を省くため金銭及び度量衡の分割に関する一提議』、曰く、『船渠、堤防、運河を築く新案』、曰く、『化学及び物理学上の現象を幾何学にて説明する考案』、曰く、『鉄及び火の性質に関する新発見』、曰く、『機械学の原理を応用して船舶の力を発見する一法』等、是れ也。スエデンボルグはまた結晶学に関する最初の著述をなしたる人にて、此学の基礎は実に彼の定めたる所なり。此に注意しておくべきことは、是等の研究は大抵実地に渉るものなること、是れ也。

一千七百二十一年、彼はまた国外に旅行したり、されどこは遊楽の為めにあらずして学術研究のためなりき、即ち彼は此行において『瑞典文芸時報』にて公にすべき諸論文を準備し、また瑞典における地質の変化につきて研究したればなり。そのライプッィヒに入るや、彼は到る処に鉱山業に関する調査をなし、鉱物発掘の諸方法を審にしたり。

一千七百二十二年に入りて、彼は始めて瑞典国における鉱業検査官の本職に任ぜられ、それより十二年間は孜孜としてその役目を勤めて少しも怠らず、他の模範となれり。一千七百二十年、ウプサラ大学より数学の教授たらんことを乞い来りたれども、実地の事業を愛する彼は、その聘を辞したり。彼は此の如くその職に恪勤なりしも、尚その余暇を以て著述に従事し、『原理論』、及び鉱山・鎔鉱に関する諸書を一まとめとしたる『理学及び鉱物学論』を草し、これを刊行せんため、一千七百三十三年、ライプツィッヒに向いて出発したり。ボヘミヤにおける諸鉱山を調査したる後、彼が著書中の鉱山論を完結し、ブルンスウィック侯爵の保護によりて之が刊行を遂ぐるを得たり、侯爵はスエデンボルグの志を喜び、自ら巨金を投じて此書を美装して世に出さしめたる也。此書の今日に到るも尚お有益なるは、只其科学的価値のためを以て其一分の仏訳せられたるを見て明かなるべし。一般の読者にとりて興味あるは、その『原理論』なるべく、彼は此書中、カント及びラプラース以前において既に已に星雲説を称え出し、図解と記述とによりて諸惑星の形成せらるる所以を示せり。

ライプツィッヒに在留中、彼はまた「宇宙創造の無限的・窮極的原因」に関して一書を刊行したり、こは彼が瑞典を出発して後に著述したるものの如し。

彼は一千七百三十四年に一旦帰国したるが、其後二年を経て、わが俸給の半を与えてその職を代人に委ね、また国外に旅行せり、この時彼は丁抹《デンマーク》・日耳曼《ベルギー》・和蘭《オランダ》・法朗西《フランス》・以太利《イタリー》の諸国を歴遊し、新方面に向いて其研究を進めたるに似たり。即ち彼は従来重《おも》にその眼を物体世界の上に注ぎたりしが、今やその練達せる研究的才能を人間身体の構造と生理との上に傾け、更に進んで、此肉体の中に潜み、之をして活動自在ならしむる所の心霊をも講究せんとするに至れり。一千七百四十年、彼はアムステルダムにおいて『動物界における経済』と云える書を出版し、これより三年を経て、又『動物界』と云える書のうち二篇、即ち「心霊界」の印刷を検校するため此に帰り来れり。是等の著述中にて彼は人体の各機関が遂ぐる所の自然的用及び霊的用なるものを説けり。されど彼は「心霊界」にて尚お多く説くべき処を説き尽さずして止みぬ、殊に将来学術界のために大に貢献すべき部分、即ち彼が頭脳につきての見解を記せる稿本は当時出版に附せられざりき。こは近頃に至り始めて英語に翻訳せられ、二巻となりて公刊せられたるが、此書につきては、一千九百一年、維納府《ウインナ》のノイブルガー博士が独国の博物学者及び物理学者の会にて演説せるとき、スエデンボルグが脳髄生理に関せる意見は当時の思想界を超越せるものにて、近代における数多の発見を既に已に予測せりとなせり。博士は更に語をつぎて曰く、「スエデンボルグが此上になせる新発見は彼をして其時代より進むこと百年ならしむ、即ち彼は脳髄の外層を組成せる物質を以て高等なる心理作用を起す処となし、心霊活動の座となせることと是なり」と。此演説のありし後、程なく瑞典国の皇立科学研究院は委員を択びて、そこに保管せられたるスエデンボルグの原稿を調査せしめたるに、其原稿は科学・哲学に関せる著述にして、孰れも目醒ましきものなるにより、該研究院は之を出版するに決したり。既に公にせられたるは二巻なり、欧洲にて有名なる科学者はこれに英語の序文を添え、第一巻は『地質学』にしてエー・エッチ・ネーソルスト教授の緒言あり、第二巻は『宇宙起原論』にしてエス・アルヘニアス教授の序あり。

記して此に至れば自ら起るべき一疑問あり、曰く、「スエデンボルグは此の如く卓絶せる才能を有し、此の如く豊富なる研究材料を得べき科学界にありながら、何が故に是等緊切なる著述の編成を完うせざりしか」と。之に対する答は極めて簡なり、即ち彼は此時に当りてこれよりも一層高き方面に活動すべき使命を受けたりと自信するに至れるなり。而して此使命の性質は世界の歴史上極めて奇特・稀有のものなりしが、彼はこれを果すに十分なる資格を有したり。何となれば、彼は宗教上無信仰大流行の世に生れながら牢固抜くべからざる底の信仰を有し、又科学界にあっては諸種の研究を積みて、其頃知れわたれる知識は総てこれを咀嚼し同化したる老科学者なればなり。されば彼は此の如くにして得たる精緻にして明確なる科学的才能をまた精霊界に傾けて、人間心霊の諸現象を検査し、自然界の基礎をなせる諸原因、及び聖典の裡に潜在せる相応の事理を闡明したり。

彼が生涯の一大転機を完結せる前に著述し、公刊せる最後の哲学書は『神の礼拝と愛』と云えるものにして、一千七百四十五年に出版せられ、その中には人類最初の配偶が成れる所以の記事を収め、彼が人間創造に関せる意見を述べあり。

彼が心霊上の証覚は、一千七百四十三年、始めて倫敦《ロンドン》にて起れり。彼の記す所によれば、この時、主自ら彼の前に現われ給い、次の如きことを世に告げよと命じ給いぬと。即ち基教の真信仰の既に全く亡失したるを更に顕わにすること、死後における天界・地獄、及び是等両者の中間に存する境涯を説き示すこと、此中間の境涯は人の死後直ちに入り来る所なるも、生前われらは既に此に住して而かも未だ之を自覚せざること、精霊と物体との間には相応の理ありて相聯関し、聖典は此理を基として書かれたるものにして、吾人もし之を体し、潜心凝神して聖文を読むときは其秘鑰を得て救済の途に入ること、是なり。

これは頗る尋常ならざる声言にして、その果して然るかを是認するには極めて厳密なる調査を経たる後ならざるべからず。スエデンボルグは、この声言を以て、聖文・理義・人性の三つに照らして誤るものにあらずとなすが故に、われらも亦此によりて之を検するを怠るべからず。

彼が提出せる宗教上・哲学上の系統は整然して一糸乱れざるの観あり。神と万物との関鎖は最も美わしく読者の眼前に描き出され、又愛と智と力とよりなれる神の本性、及び人間と神との関係の如何なるものなるかは、彼の十分に説ける所なり。

すべて心霊上の事に意を留むるものは（而して何人も此の如くならざるべからざるなり）、スエデンボルグの『天界と地獄』及び『神智と神愛』、或は後世の著述家がものせる諸書冊中に彼が教理を説けるものを読まざるべからず。彼が著書中到る処に認得すべき心霊上の達見は、実にエマーソンの云える所を証して余りあり、曰く、「近世、自然を想念の上に移したる人ゝの中にありてスエデンボルグの如く卓爾たるはあらず」と。

スエデンボルグが此の如き使命を天より受けたるは、実にその五十五歳の時にして、心身共に堅実の域に進める頃なりき、されど彼は自己の肩頭にかけられたる事業を果さんため、第一歩として希伯来《ヘブライ》語を学修し、それより聖典の研鑽・校覈にこれ日も足らず、孜孜として勤めたり。

彼が当初の著述にして而かも最大なるものは『天道密意』なり、一千七百四十九年より一千七百五十六年にわたりて出版せられたるものにして八大冊より成る、創世記及び出埃及《エジプト》記の霊的註釈書なり、これを天的証覚の無尽蔵と謂うべし。彼は第一巻を倫敦にて出版せんため、その草稿を携えて此に来り、公刊の運び整うまで此に留まれり。彼は始めより此厖然たる書巻の出版費を総て自ら負担し、又この書を人に与うるを惜しまざりき、彼は出版書肆を訓して、その販売より来るべき利益は悉く之を聖書刊行会へ寄附せしめたり、亦以て彼が如何に利害得失を外にして、使命を果すに一意なりしかを知るべし。此書は始め無名にて公刊せられたるを以て、著者の何人なるかを知れるは僅かの人に過ぎざりき。

彼は此の如く力を聖書の註釈に尽しいたるに拘わらず、瑞典国の貴族院における座席は依然として彼之を占め、会議のおりは自己の意見を吐くを忘れざりき。彼が霊界と交通の事ありしを公に宣言したるは、その事後十六年なりき。

『天道密意』完結の後、二年を経て五部の著述は公にせられたり、是等は何れも『密意』中より摘載せるものなり、第一を『天界と地獄』となし、最も一般に行わるるものとす、此書につきて女詩人エリザベス・ブラウニングは曰く、「わが見る所にては、他界を照らせる唯一の光明はスエデンボルグの哲学の外あらず」と。第二を『最後の審判』となし、第三を『白馬』、第四を『宇宙における諸地球』、第五を『新エルサレムと其教説』となす。其後、一年、二年ずつを隔てて出版せられたる書籍は、『神愛と神智とに関する天人の証覚』、此中には一切の所造物は神より来れども、神そのものにはあらず、神より生を享けて有限なるものなることを説く、次に『主に関する新教会の四大教説』、『聖典と生命と信仰』、『神慮論』、此書には人に行動の自由あれども、実は神之を導き給うことを明にせり、次に『黙示録明解』、これには『密意』の如く黙示録の霊義を説けり、次に『婚姻の愛と非愛』、こは両性の関係を以て性慾以外に霊的和合あることを説ける唯一の書なり、その次は羅馬加特力教《ローマカトリック》と新教とスエデンボルグの教会との間に存せる相違を説ける『新教会教学概説』、次は『心霊と身体との交通』、最後に『真正なる基督の宗教』又は『新教会の全神学』と云うべきもの一千七百七十一年に顕われたり、これ彼が八十三の高齢に達せるとき著述せるものにして、彼が教説の一切を詳論し、相互の関係を明にしたるものなり。

使命を受けて以来の彼の生涯は極めて平穏にして、其著述を出版せんためアムステルダム又は倫敦に旅行せる外は家居せり。されば彼の所言は其所行にして、その著作はその行動なりと謂うべし。されど此間親しく彼の言行に接したるものは何れも、彼が至善至真の人なることを信ぜざるはなかりしと云う。家国に在りては総て当時の重なる人物、仮令えば僧正・議官・王族などと、彼は親密なる交際を有しいたれども、彼が眷族のうちには彼の説に反対したるものありしが如し、殊に彼の甥なる僧正フィレニアスを然りとす。此の如く一派の開祖となるべき人の親戚中に却てその反対者を見出すは宗教歴史中珍らしからぬことなり。

八十二歳の高齢にて彼は故国を辞してまた外に出でんとしたるが、其時の理由を彼は瑞典《スエーデン》の大学にあてたる手書に説きて曰う、こは新教会の教理全篇を著作し、出版せんためなり、と。一千七百七十一年、アムステルダムにて此書の出版を終えたる後、彼はその年の八月に倫敦に向いて出帆し、その翌年三月二十九日、八十四歳にして英京にて長逝せり。

死に先だち、彼はジョン・ウエスレーに書を寄せ、霊界にてウエスレーが彼と相見んとの志厚きを知れる旨を云いやりたるに、ウエスレーは書を知己と共に読了して驚愕一方ならず、自ら此の如き願あるよしを告げたり。されどウエスレーは今や将に諸方巡教の途に上らんとするときなりしを以て、願わくは今より六ヶ月の後を期せんと云い遣わしたり、されどスエデンボルグは答えて曰う、彼は翌月二十九日を以て今生を辞して霊界に遷るべければ、此期は遅きに失すべし、と。此外彼が他界との交通を実に感得したりとなすべき情共少なからず、これのみにてもスエデンボルグが尋常ならざる使命を帯ぶと云うに対して精細なる研究を施す価値十分なりとなすべし。

彼が平生の起居の平静なりしにも拘わらず、其健康は頗る順良なりき。されど彼が食事は極めて単純にして、全然菜食主義なりしと云うも可ならん、ただ時に葡萄酒を用いることとあり。彼は常に和楽にして親しみ易かりしも、その云う所は遅くして思う所あるに似たりき。交際社会に出ずること殆んど絶無なりしも、音楽と理智上の対談とはその常に好む所なりき。彼は終生独身なりしも、婦人との交際を厭わず、小児に対しては常時何か甘きものを携うるをわすれざりしと云う。

死時を去るいくばくもなくして、彼はまた自ら三月二十九日に此世を辞すべきことを云えり、聖餐の礼を受くべきかと人の尋ねたるに、彼答えて、天人の間に住めること彼が如きものには、此聖式を受くる要なけれども、地上の教会と天界の教会との間に交感の理あることを示さんため、彼は喜びて之を受けんと云いければ、瑞典路錫《ルーテル》派の牧師はこれを彼に授けたり。

スエデンボルグは著書の刊行と流通とを除きて別に布教なるものをなさざりき、さればその教理を信ずるものが一個特別の教派として教会を組織するに至れるは彼が死後十五年の事なり。

彼の記憶と勢力とはその死後に至りて益〻揚がるに至りたれば、彼の名と思想とは広く世に知られ世に行わる、今日の如きは未だ嘗てあらざりしなり。彼の思想には生気ありて充てり。彼に踵《つ》いで起れるもの、彼によりて力を得たるは少なからず、エマーソン、コルリッジ、ブラウニング夫妻、ゲーテ、カント、バルザーク、ホイッチヤ、パットモアの如き是れなり、その他各基督教派の名士を感化したるは今必ずしも云わず。

スエデンボルグの死後百三十六年を経て、彼が故国の瑞典は未だ彼を以て其国民の至大なる者となすには至らざれども、尚お彼の偉大なりし事を是認し、瑞典国のウエストミンスター院とも云うべきウプサラ寺院の境内に彼が永眠の墳墓を作らんため、一千九百八年の春、其遺骸を倫敦より運び去れり。

ゼームス・スピヤース謹誌

鈴木大拙のスウェーデンボルグ

解説
安藤礼二

極東の列島、日本の金沢に生まれ、禅を世界に広めた鈴木大拙（一八七〇―一九六六）と、北欧スウェーデンのストックホルムに生まれ、内的な霊界を遍歴したエマヌエル・スウェーデンボルグ（一六八八―一七七二）と――この解説中では「スウェーデンボルグ」という表記を用いるが、本書の著者名としては大拙が一貫して使用している「スエデンボルグ」を採用していることをまずはお断りしておきたい。

生まれた時代も場所も、そして二人がともにその生涯をかけて探究し、実践した宗教（大拙の仏教とスウェーデンボルグのキリスト教）も、一見すると大きく隔たっている、あるいはまったく異なっていると思われている両者であるが、少なくとも大拙にとって、スウェーデンボルグの霊的体験とその体験をもとに構築された意識発生論にして宇宙発生論、すなわちスウェーデンボルグの宗教哲学を自身の内に消化吸収することは、後に独創的な「霊性論」を確立していくにあたって重要な役割を果たしていったと推測される。

明治の末から大正の初めにかけて、大拙は、スウェーデンボルグに関する一冊の概説書（『スエデンボルグ』）と四冊の翻訳書（『天界と地獄』から『神慮論』まで）を矢継ぎ早に刊行していった。その後も、それ以前に較べれば少なくはなるが、晩年に至るまで（宗教学者ルドルフ・オットーや深層心理学者カール・グスタフ・ユングらが創設に関わったエラノス会議への参加の際など）、スウェーデンボルグの神秘神学に対する発言は要所要所で繰り返され、関心は持続していた。

人生のある時期、大拙は間違いなくスウェーデンボルグとともにあった。大拙のスウェーデンボルグは、大拙思想の完成にとって必要不可欠であっただけでなく、柳宗悦の民藝運動の一つの源泉、谷崎潤一郎や三島由紀夫の文学の一つの源泉、そして出口王仁三郎が『霊界物語』を書き上げる際の一つの重要な源泉になっていったと思われる。

大拙によるスウェーデンボルグ、その軌跡をまとめてみれば、次のようになる――。

『天界と地獄』（明治四三＝一九一〇年）
『スエデンボルグ』（大正二＝一九一三年）
『新エルサレムとその教説』（大正三＝一九一四年）
『神智と神愛』（大正三＝一九一四年）
『神慮論』（大正四＝一九一五年）

『天界と地獄』を訳出し、刊行したとき、大拙はすでに四〇歳を迎えようとしていた。しかもその前年、大拙は一〇年以上に及ぶアメリカでの生活を切り上げ、ヨーロッパを経由して日本に帰国したばかりであった。帰国した大拙は学習院の英語講師の職に就き、その上でまず世に問うたのがスウェーデンボルグの代表作『天界と地獄』の翻訳だった。大拙の日本での再出発はスウェーデンボルグとともに、その代表作である『天界と地獄』の翻訳・刊行とともに、はじまったのである。

それでは、一体なぜスウェーデンボルグだったのか。大拙は、『スエデンボルグ』の「緒言」で三つの理由をあげている。おそらく大拙のスウェーデンボルグ受容、スウェーデンボルグ理解は、その三点に尽きている――。

まず彼は天界と地獄とを遍歴して、人間死後の状態を悉く実地に見たりと云うが、その云うところ如何にも真率にして、少許も誇張せるところなく、また之を常識に考えて見ても、大に真理に称へりと思うところあり。是れスエデンボルグの面白味ある第一点なり。

此世界には、五官にて感ずる外、別に心霊界なるものあるに似たり、而して或る一種の心理情態に入るときは、われらも此世界の消息に接し得るが如し。此別世界の消息は現世界と何等道徳上の交渉なしとするも、科学的・哲学的には十分に興味あり。是れス氏研究の第二点なり。

スエデンボルグが神学上の所説は大に仏教に似たり。我《プロプリアム》を捨てて神性の動くままに進退すべきことを説くところ、真の救済は信と行との融和一致にあること、神性は智《ウィズダム》と愛《ラブ》との化現なること、而して愛は智よりも高くして深きこと、神慮《ディヴァイン・プロヴィデンス》はすべての上に行き渉りて細大洩らすことなきこと、世の中には偶然の事物と云ふもの一点も是れあることなく、筆の一運《ひとはこ》びにも深く神慮の籠れるありて、此処に神智と神愛との発現を認め得ること、此の如きは何れも、宗教学者、殊に仏教徒の一方ならぬ興味を惹き起すべきところならん。是れスエデンボルグの研究すべき第三点なりとす。

注目しなければならないのは、やはり最後の言明であろう。スウェーデンボルグの特異なキリスト教神学は、「仏教」の教義と大変よく似ている部分がある、というのだ。しかし、その場合の「仏教」は、いわゆる仏教一般を指しているわけではない。北方仏教（インドから中央アジアに広がった「大乗仏教」）でもなく、南方仏教（インドからスリランカをはじめとする東南アジア諸国に伝えられた「小乗仏教」）でもなく、その二つの流れを一つに総合するかのように、この列島日本（「極東」）でかたちになった、大拙名づけるところの「東方仏教」の教義の構造と、スウェーデンボルグのキリスト教神秘神学の教義の構造はきわめてよく似ていたのである。

アメリカ時代の大拙は、「東方仏教」の教義の核心と自らが考えた諸概念と、それら諸概念から構築される教義の体系を、他者の言語である英語を用いて一冊の大部な書物、『大乗仏教概論』としてまとめ上げた（原著刊行＝一九〇七年、ただしこの書物への参照、およびこの書物からの引用は、以下、佐々木閑による邦訳＝二〇〇四年、岩波書店刊より行っている）。大拙がスウェーデンボルグの思想に触れ、その書物を読み込んでいったのは、『大乗仏教概論』刊行以前にまでさかのぼる（アメリカにおける大拙の協力者、『大乗仏教概論』でも頻繁に参照されている『法句経《ダンマパダ》』の英訳者A・J・エドマンズからの教示による）。

大拙の主張する「東方仏教」は、いわゆる一般の仏教理解とは大きく異なったものだった。「東方仏教」は、自らの「心」の奥底に存在する「仏」（如来）と一体化することが可能である、と説く。『大乗仏教概論』で述べられた大拙のそうした仏教理解は、ヨーロッパの仏教学者たちから激烈な批判を浴びた。「東方仏教」は仏教の正統な教えを逸脱するものである、と。スウェーデンボルグのキリスト教もまた、一般的なキリスト教理解とは大きく異なったものだった。スウェーデンボルグも、自らの体験をもとにして、こう説いていたからだ。霊界は自己の外部に存在するのではなく、自己の内部、「心」のなかに存在する。その霊界こそが「神」である、と。スウェーデンボルグのキリスト教も、キリスト教界から激烈な批判を浴びた。キリスト教の正統な教えを逸脱するものである、と——『天界と地獄』ではそうした攻撃への対抗として、カソリック勢力が徹底的に批判されて

アメリカ滞在中の鈴木大拙。30代半ば頃。写真提供／松ヶ岡文庫

いる。

大拙の仏教もスウェーデンボルグのキリスト教も、いわゆる正統な教義理解からは、ともに「異端」として位置づけられるものだった。宇宙そのものを産出する超越的な根本原理が、自らのうちに内在することを説いていたからだ。仏教がたどり着いた極限にして限界（地理的にも「極東」に位置する）から仏教を乗り越えていくような教えと、キリスト教がたどり着いた極限にして限界（地理的にも「極北」に位置する）からキリスト教を乗り越えていく教えが、大拙の裡で一つに結び合わされたのである。

大拙は、仏教とキリスト教の伝統を脱構築することでかたちになったこの二つの極を一つに包み込む概念として「神秘主義」を見出す。言葉にすることができない「神秘」の体験を通して、人間を超越する「神」（あるいは「仏」）と人間に内在する「心」が一体化する、つまりは「合一」するのである。神人合一にして即身成仏である（大拙の『大乗仏教概論』は、ヨーロッパの仏教文献学者から、あまりにも密教的な理解である点が批判されていた）。もちろん、大拙は「神秘」に溺れきっていたわけではない。「神秘」は、なによりも実践を通してしか顕現しない。しかも、定義上、言語化を拒絶する「神秘」の体験を、大拙はなんとか言語化しようとしていた。大拙は「科学」を最後まで捨てなかった。大拙にとって、神秘と科学は両立するものだった（それこそ、大拙が、プラグマティズムの哲学が勃興するアメリカで得た最大の教訓であったはずだ）。

仏教とキリスト教を二つの比較の軸とした、「神秘主義」としての宗教理解。それが大拙思想の始まりから終わりまで貫徹されているものである。大拙の大乗仏教理解の中心、さらには「東方仏教」の抽出は、キリスト教神秘主義思想との比較——あるいは双方向的な「翻訳」（英語から日本語へ、日本語から英語へ）——の上で可能となったものだった。

大拙の本名（貞太郎）を付してはじめて出版された書物は、大拙をアメリカに呼び寄せたポール・ケーラスが著した『仏陀の福音』の翻訳であった（一八九五年——このとき大拙はまだ日本にいる）。「福音」と記されている通り、ケーラスが意図していたのは、ゴータマ・シッダルタの生涯と教説を、イエスの生涯と教説、つまりは「福音書」のように再構成することだった。世界の救世者たるブッダとキリストと。ケーラスにとっては、あるいはその翻訳者であった大拙にとっても、仏教とキリスト教は比較可能であり、さらに言えばこの二つの世界宗教には、その教義の中核に共通するものが存在していたのである。それを「神秘」の体験として整理していくために、大拙にとって、スウェーデンボルグが書き残した異形のテクストとの格闘が必要だったのだ。

『仏陀の福音』の刊行から半世紀以上が経った一九五七年（大拙の死の九年前である）、晩年の大拙は、やはり英語を用いて一冊の書物、『神秘主義　キリスト教と仏教』をまとめ上げる。その書物のなかで仏教の神秘主義思想たる「禅《ゼン》と真《シン》（浄土真宗）」と比較されるのはスウェーデンボルグではなく（しかしながらスウェーデンボルグへの言及も存在する)、一三世紀後半、ドイツに生まれたキリスト教神秘主義思想家マイスター・エックハルトであった。エックハルトは説く。「神」は一であるとともに全である。それゆえ、この「私」のなかにもまた、神的な性質が存在している。「私」は「神」と出会うことが可能である。しかし、そのためにはあらゆるものの外へと「離脱」し、「純粋な無」を媒介としなければならない。

大拙は続ける。エックハルトが主張する「無」の場所とは、仏教がその祖師以来主張し続けて来た「空」と同じく、消極的かつ受動的、破壊的なゼロではない。積極的かつ能動的、生産的なゼロ、無限の可能性を潜在的に内包したゼロ、無尽蔵の内容に満ちたゼロなのだ、と。最後の大拙が到達したこうした境地は、実は『大乗仏教概論』を書き上げた段階で、あるいはスウェーデンボルグの『天界と地獄』の翻訳を完了した段階で、大拙のなかですでに過不足なく表現されていた。その点に、大拙のスウェーデンボルグがもつ「可能性の中心」が存在する。

＊

自らの身体の外部ではなく、身体の内部、つまりは「心」のなかに霊界を見出し、その光輝く内宇宙を経めぐった体験から構築された、スウェーデンボルグによるキリスト教神秘神学。しかしながら、スウェーデンボルグは『聖書』という唯一無二の聖なる「書物」

を無視したわけではなかった。スウェーデンボルグにとって、世界が二重（現実界と霊界）に存在していたように、『聖書』も二重の意味（現実的な意味と霊的な意味）をもっていた。『聖書』を表層的、つまり字義通りに――現実的に――読むのではなく、深層的、つまり霊的に読み込まなければならない。

そのためには、この「私」もまた現実世界を離脱し、霊的世界の直中で、自らのもつ現実的な身体を霊的な身体に変貌させなければならない。外的（現実的）な呼吸法ではなく、内的（霊的）な呼吸法にもとづいて、スウェーデンボルグは仮死状態となり、生と死の中間領域を彷徨う。大拙は、そうしたスウェーデンボルグの営為を「西洋禅」と名づけ、スウェーデンボルグ自身の言葉を引きながら、その詳細をこう記している――「人の呼吸には内外の別あり、われら普通の呼吸は外的にして五感の世界に適せり、されどわれらもし一たび内的呼吸に入る時は、天界の消息此に通じ、人間ならざる別天地に入るを得べし」（『禅の第一義』、大正三＝一九一四年）。

スウェーデンボルグは、聖典の卓越した解釈者だった。「解釈」の意味を、自らの体験を通して実践的に変革していったのだ。その点は、大拙にもあてはまる。「解釈」の実践的な変革者。それゆえ、スウェーデンボルグと大拙が交わる地点、すなわち『天界と地獄』をさらに読み解いていくことから、ヨーロッパではウィリアム・ブレイクやオノレ・ド・バルザックやシャルル・ボードレールが、日本では柳宗悦や谷崎潤一郎や三島由紀夫や出口王仁三郎が、それぞれ独自の作品世界を構築していったのである。そのことによって、近代の美的表現、散文的表現、詩的表現、そして宗教的表現が、文字通り「変革」されたのだ。その変革の中心は、「一」なるものと「多」なるもの、霊界と現実界の「照応」（コレスポンダンス）――大拙自身はコレスポンダンスを「相応」と訳しているので、以下、大拙の言及に関しては「相応」を用いる――にある。

大拙にとっての仏教も、スウェーデンボルグにとってのキリスト教も、現実界と霊界、外的な身体と内的な精神、「自然性と霊性」（大拙自身が使っている言葉である）という二つの世界が分かれ出でる以前の根源的な場、「一」にして無限かつ永遠の場に立つための実践的な教えだった。そこでは「一」なる霊的太陽から無限の「度」をもった「多」なる霊的光が、さまざまな形態（「情態」＝精神的な身体）を取りながら、絶えず流出しては、また帰還していた。時間と空間という制限が取り除かれたなかで、霊的な光、精神的な身体そのものとなった者たちはただ自由に、幸福に、遊び戯れていた。そのような内的かつ霊的な世界の光景を、自らの体験をもとに詳細に描写したのが『天界と地獄』であり、その体験を踏まえて体系的な意識発生論にして宇宙発生論、つまりは一つの宗教哲学の体系として整備することが意図されたのが『神智と神愛』、そして『神慮論』だった。

これまでの大拙研究のなかで、大拙が悪戦苦闘しながら一連の書物のかたちにしていったスウェーデンボルグ関係の諸著作は、ほとんど正面から論じられることはなかった（できる限りその関係性を一時的かつ消極的なものとして捉えようとした者も多い）。まずはその代表作である『天界と地獄』の全貌を、大拙自身の翻訳によって読者に呈することが本書によって実現された。次いで、『天界と地獄』に描き出された霊界の風光が、大拙思想の始まりに位置する「東方仏教」（『大乗仏教概論』）、さらにはその完成に位置する「霊性論」（『日本的霊性』、昭和一九＝一九四四年）と具体的にどのような関係をもっているのかが論じられなければならないであろう。そのために『天界と地獄』とともに参照しなければならないのが、「霊性」という単語が本文中に頻出する『神智と神愛』である——『神慮論』も重要であるが、やや冗長で繰り返しが多く、大拙自身もこの段階まで来てスウェーデンボルグへの関心が明らかに薄れていったことを推測させるため、本解説では取り上げない。

スウェーデンボルグの神秘神学との比較対照のために、まずは大拙が提唱した「東方仏教」の構造をまとめておきたい。「東方仏教」の体系を構築する際、大拙が大きく依拠したのが、一九〇〇年に自ら英語に翻訳して刊行した、「如来蔵」思想を中心に据えた『大乗起信論』である。大拙の時代には、大乗仏教思想の起源として考えられていた「如来蔵」思想であるが、現在では大乗仏教思想の終末期、ヒンドゥー教の「不二一元論」（内在する純粋な霊魂＝アートマンと超越する究極の宇宙原理＝ブラーフマンは「一」なるものである）との相互関係のなかでかたちになり、密教的な「即身成仏」を成り立たせる基盤となった理論書として位置づけられている。

象徴的なのは、大拙が『大乗起信論』を英訳してから百年近くが経った一九九三年、日本人としては例外的に、イランでかたちを整えたイスラーム神秘主義思想を研究した井筒俊彦が、遺著として、やはり『大乗起信論』を主題として論じた（『大乗起信論』の哲学」というサブタイトルが付されている）、『意識の形而上学』を刊行していることであろう。「神」（超越）も無化され、「私」（内在）も無化された「心」の最奥、その究極の場で両者が出会う。「無」である神から「一」なるものが生まれ、「多」なるものへと展開してゆく。井筒が理解した純粋一神教イスラームの東方的な展開であり密教的な展開でもあるイランの「存在一性論」と仏教の「如来蔵」思想には著しい類似点がある、というのである。そこには「東洋哲学全体」を「共時論的構造化」するための鍵が隠されている、とも。一神教の「東方」と仏教の「東方」が出会っているのである。

森羅万象あらゆるものの「心」の根底にひらかれるアーラヤ識には「如来」（仏）になるための種子が秘められている。「心」、すなわちアーラヤ識は「如来」を生み落とす存在の「子宮」なのだ。「如来蔵」思想は、そう説く。如来蔵とは如来の子宮であるとともに宇宙の子宮なのである（大拙自身が使っている表現である）。その如来蔵、つまりは「心」の奥底たるアーラヤ識に到達するためには、まずなによりも人間的な「自我」意識を徹底的に粉砕しなければならない。如来蔵＝アーラヤ識を、宇宙を産出する如来の原理的な本質として捉えたものが「真如」であり、存在論的な実践として捉えたものが「法身」である。如来蔵、アーラヤ識、真如、法身。それらが「東方仏教」を成り立たせる基本概念となる。

まず「真如」について、大拙は、こうまとめている──「真如は仏教における神性（the Godhead）であり、一切の起こりうる矛盾を統合し世界の事象の方向性を自ずから指し示す最高原理」なのである。この「真如」、すなわち仏教の「神」（God──大拙自身が使っている言葉である）である「法身」を、我々はすべて心のなかに秘めているのだ。さらに大拙の言葉を借りる。「法身」とは、「現象の限界を超越しているのに、いたるところに内在して輝かしく自らを顕現し、我々がその中で生きて活動し、自分の存在を成り立たせている、そういう実在」なのだ。大拙は、森羅万象あらゆるものを産出する「一」なる実在、法身を、主に『華厳経』の表現を用いて「太陽の仏」、あるいは端的に「太陽神」（the sun-god）と表現している。宇宙は、この「太陽神」たる法身の顕現であり、その表現なのだ。すべては太陽神から発する無限の光のなかで一つに融け合っている（相即）。

人間をはじめ森羅万象あらゆるものは、その心のなかに根源的な太陽神を孕んでいる。それゆえ、人間をはじめ森羅万象あらゆるものは、心のなかに孕まれた霊的な太陽から発出し、流出した霊的な光の表現として可能になる。だからこそ、人間にとって、森羅万象あらゆるものにとって、救い（「涅槃」）とは、如来蔵＝アーラヤ識、真如＝法身である「太陽神」と一体化することにあるのだ。自我への愛（「自愛」）を捨てて、神への愛（「神愛」）のなかで一つに融け合うこと。それが、大拙による「東方仏教」の結論である。と同時に、大拙がスウェーデンボルグの体験を通して見た「霊界」の真実そのものでもある。

『天界と地獄』でスウェーデンボルグ＝大拙は、こう述べていた。森羅万象あらゆるものの生命は、心のなかにひらかれる霊界の「主」に由来する。「主」は唯一の真なる実在であり、「天界における一切中の一切」（「十二」）なのである。あるいは、「天界の太陽とは主なり、その光は神真なり、その熱は神善なり」（「百十七」）とも。霊界の太陽たる「主」は、本質《エッセ》と存在《エキジステレ》、愛と智、熱と光あるいは一と多、全体と部分、大と小など相反する二つの極を一つにつなぐものである。大拙もまた、『大乗仏教概論』で、「法身」を、こう定義していた――「法身は霊魂（soul）であり、意志を持ち認識する存在であり、それ自身が意志と知性であり、思考と活動なるものである」。『大乗仏教概論』に説かれた「法身」と、『天界と地獄』で体験され、『神智と神愛』で整理された霊界の太陽たる「主」は、ほとんど等しい存在として描き出されている。汎神論的にして汎心論的な、あるいは唯神論的にして唯心論的な一元存在。

『天界と地獄』でも、『神智と神愛』でも、霊界が心のなかにひらかれるためには、自我への愛（「自愛」）が完全に消滅して、神への愛（「神愛」）に満たされることが必要不可欠であると説かれていた。その果てに、はじめて目にすることができる神＝人間である「主」。神は無限であり永遠である。空間に規定されない広がりであり、時間に規定されない流れである。神のなかでは、森羅万象あらゆるものが「差別的に一」なる状態で存在している。だから、神は、森羅万象あらゆるものを「無」からではなく、「自己」から生み出すのだ。一切の万物は神より出でる。「永遠よりの主、即ちエホバは、宇宙とその中の一切万物を自己より創造して、無よりは創造せざりしこと」（『神智と神愛』第四篇、冒頭の章題）。まさに宇宙は、「一元的にして汎神論的体系（monisticopantheistic、一即多）」（『大乗仏教概論』に記された大拙の言葉）としてある。

神による万物の産出は静的ではなく、きわめて動的なものである。神は二つの相反する極、本質と存在をもち、それぞれが神の智（「神智」）と神の愛（「神愛」）としてあらわされる。それら二つの極から霊界の太陽はなっており、熱と光を「分出《プロシード》」し、それが森羅万象あらゆるものの生命となる。スウェーデンボルグ＝大拙は、『神智と神愛』のなかで、人間のみならず鉱物界、植物界、動物界の神との「相応」（コレスポンダンス）を説く。種子から植物が生育していくように、胎児から動物が成育していくように、霊界の太陽という生命から森羅万象あらゆるものが無限の形態を得て、産出されてくるのだ。心の内の「霊界」と心の外の「現実界」は相応する。人間という小宇宙と神という大宇宙は相応する。神の愛と神の智、熱と光、意志と知性は相応し、心臓と肺臓は相応する。さらには霊魂と身体、精神と物質もまた相応する。

その有様は、大拙が『日本的霊性』の冒頭で定義した「霊性」とほぼ等しい。『神智と神愛』のなかで、大拙はすでに「霊覚」をひらくことで「霊界」を見る、と記し、自然性に対して「霊性」という言葉を用いていた。後年の大拙による「霊性」の定義は、こうなる――。

精神又は心を物（物質）に対峙させた考の中では、精神を物質に入れ、物質を精神に入れることが出来ない。精神と物質との奥に、今一つ何かを見なければならぬのである。二つのものが対峙する限り、矛盾・闘争・相剋・相殺など云うことは免れない。それでは人間はどうしても生きて行くわけにいかない。なにか二つのものを包んで、二つのものが畢竟ずるに二つでなくて一つであり、又一つであってそのまま二つであると云うことを見るものがなくてはならぬ。これが霊性である。今までの二元的世界が、相剋し、相殺しないで、互譲し、交驩し、相即相入するようになるのは、人間霊性の覚醒にまつより外ないのである。云わば、精神と物質の世界の裏《うち》に今一つの世界が開けて、前者と後者とが、互に矛盾しながら、しかも映発するようにならねばならぬのである。これは霊性的直覚又は自覚によりて可能になる。

スウェーデンボルグ＝大拙が定義した「相応」（コレスポンダンス）がよりダイナミックに定義し直されている。あるいはこう言い換えることも可能かも知れない。普遍的な「相応」をアジア的な「相即」と読み替え、さらには日本的な「即非」の理論として完成したのだ、と。

「相即」は中央アジアで原型が整えられた『華厳経』が説く、森羅万象あらゆるものが、無限の差異をもったまま光のなかに融け合っている様を表現している（法身が中心を占める法界の光景である）。さらにその超越の世界と内在の世界、無限の仏と有限の人間を相矛盾するまま一つに結び合わせるのが、大拙が「日本的霊性」を体現するとした「禅《ゼン》と真《シン》（浄土真宗）」によって磨き上げられてきた「即非」の論理である（同一のものではなく非同一のものとこそ「相応」が成立する）。

大拙の思想は首尾一貫しており、スウェーデンボルグの諸著作は、その思想が完成するためにきわめて重要な役割を果たしたのである。

＊

『天界と地獄』の「天界における婚姻のこと」に記された、「天界にては一双の夫婦を両個の天人となさずして一個の天人となす」（「三百六十七」）という記述から、バルザックは少女からは美しい青年セラフィトゥス、青年からは美しい少女セラフィータと見える両性具有の天使が天界に昇天する物語、『セラフィータ』を紡ぎ出した。谷崎潤一郎の『魔術師』や三島由紀夫の『豊饒の海』四部作の一つの源泉である（大正期の谷崎には、オカルティックかつ仏教的に解釈し直されたスウェーデンボルグの天界をそのまま舞台とした「ハッサン・カンの妖術」という作品も存在する）。

「天人の言語のこと」（さらには「天人と人間との談話のこと」「天界における文字のこと」）に、ボードレールは来たるべき詩的言語の可能性を幻視した――アルチュール・ランボーによる「言葉の錬金術」の一つの起源にもなっているはずだ。ボードレールは、ハシッシュの陶酔のなかで、さまざまな諸感覚が一つに融け合う様を、スウェーデンボルグの名前を出して「照応」（コレスポンダンス）という概念のもとで語り、同名の詩篇（「照応」）のなかで「諸々の香り、色彩、音響が互いに照応し合う」様を詠った。

日本に帰国した大拙がはじめて教えた生徒の一人であった柳宗悦は、大拙のスウェーデンボルグに言及しながら当時のことを回顧している（時期はややずれるが、同じ学習院出身の三島由紀夫がスウェーデンボルグの『天界と地獄』を求めて古書店をさまよい歩いていたことは川端康成に宛てた書簡に記されている）。若き柳が書き上げた大著の主題であるウィリアム・ブレイクは、スウェーデンボルグ神学に導かれながら内的宇宙を探究し、奇怪で美しい数々のイメージを残した。後に柳が高く評価する、無名でありながら日々の生活と宗教的実践が密接に結びついた「妙好人」たちが残した書画、山野を住処とした無名の修行僧、円空や木喰たちが残した彫刻は、「如来蔵」の表現、人間のなかに孕まれる如来の姿をそのままかたちにしたものでもあるだろう。柳は、若き大拙の忠実な弟子だったのである。それが「民藝」概念の一つの源泉になっていることは疑い得ない。

スウェーデンボルグ＝大拙の影響下で、柳が美的革命を成し遂げたとしたなら、出口王仁三郎は、宗教的な革命を成し遂げたといえるだろう。王仁三郎による新たな聖典、『霊界物語』を書き上げる際に読み込んだと思われる、大量の書き込みがなされた大拙訳の『天界と地獄』が、今に伝えられている。

『天界と地獄』は、残念ながら、現代の読者に対して決して読みやすい書物とはいえないだろう。そのため、最後に、大拙が翻訳する際に原本に記した訳語一覧を掲げておく（『鈴木大拙全集』第二十三巻の「後記」に復刻されたものである）――。

巻末の余白に二頁に亘って

〔初頁〕justice 正道／merit 徳性／judgment 公法 審判／principle 原力?・原則?／divine order 命法（神の命法）法序／good 善 徳 利―（一字判読出来ない）／common good 公利／church=dwelling of God with men

〔次頁〕State 状態／Representation 表像／appearance 皃相／consociation 会同／

degree 度／communication 来往通交／order 法命　法則 or 天則／quality 性格?
／subject 主者／conjunction 和合／ultimate 究極／affections 情動／Wisdom 証覚
／intelligence 智 智慧／form 形態 相 形式／understanding 智性／interiors 内分／
exteriors 外分／in person 自格／by aspect 化相／genii 鬼霊／spirit 精霊／grand
man 巨人／continuity 相続性／image 形相

略年譜

鈴木大拙

一八七〇年（明治三年）
一〇月一八日、金沢市に生まれる。本名・貞太郎。

一八七六年（明治九年）　六歳
金沢市本多小学校入学。父・良準逝去。

一八八二年（明治一五年）　一二歳
石川県専門学校付属初等中学科入学。

一八八八年（明治二一年）　一八歳
西田幾多郎とともに四高に入学。まもなく家庭の事情で中途退学。

一八九〇年（明治二三年）　二〇歳
母・増逝去。

一八九一年（明治二四年）　二一歳
上京し東京専門学校に学ぶ。鎌倉円覚寺の今北洪川について参禅。

一八九二年（明治二五年）　二二歳
帝国大学文科大学哲学科選科入学。洪川没後、後を継いだ釈宗演に師事。

一八九四年（明治二七年）　二四歳
釈宗演のもとで、見性「大拙」の道号を受ける。

一八九七年（明治三〇年）　二七歳
渡米し、イリノイ州ラサール市オープンコート出版社の一員となる。一九〇八年までの滞在中、仏教学を中心とする東洋哲学を修める。

一九〇〇年（明治三三年）　三〇歳
『大乗起信論』を英訳し学界の注目を集める。
一九〇七年（明治四〇年）　三七歳
英著“Outlines of Mahayana Buddhism”（『大乗仏教概論』）刊行。
一九〇八年（明治四一年）　三八歳
米国から欧州に渡る。
一九〇九年（明治四二年）　三九歳
帰国。
一九一〇年（明治四三年）　四〇歳
学習院教授就任。訳書『天界と地獄』刊行。
一九一一年（明治四四年）　四一歳
ビアトリス・レンと結婚。
一九一二年（明治四五年・大正元年）　四二歳
スエデンボルグ協会の招きで渡英。
一九一八年（大正七年）　四八歳
釈宗演の遺言により松ヶ岡文庫設立の計画立案。
一九一九年（大正八年）　四九歳
釈宗演遷化、これより参禅をやめる。
一九二一年（大正一〇年）　五一歳
真宗大谷大学教授就任。同大学に「東方仏教徒協会」を設立、英文雑誌“The Eastern Buddhist”創刊。
一九二七年（昭和二年）　五七歳
英著“Essays in Zen Buddhism : First Series”（『禅論文集一』）刊行。
一九三〇年（昭和五年）　六〇歳
大谷大学で「楞伽経の研究」を講義。
一九三四年（昭和九年）　六四歳
大谷大学より文学博士号を受ける。
一九三六年（昭和一一年）　六六歳
ロンドンの世界宗教大会に日本代表として渡英。
一九三九年（昭和一四年）　六九歳
ビアトリス夫人逝去。
一九四三年（昭和一八年）　七三歳
西谷啓治の紹介で、妙好人浅原才市の詩を発見。
一九四四年（昭和一九年）　七四歳
『日本的霊性』刊行。
一九四六年（昭和二一年）　七六歳
鎌倉に財団法人松ヶ岡文庫の創立認可。初代理事長に就く。
一九四九年（昭和二四年）　七九歳
日本学士院会員となる。文化勲章を受章。この年に渡米し、以降一〇年間にわたり欧米の各大学で講義を行う。
一九五二年（昭和二七年）　八二歳
コロンビア大学客員教授に就任。
一九五五年（昭和三〇年）　八五歳
日本仏教思想の海外紹介と『鈴木大拙選集』により朝日文化賞受賞。
一九五八年（昭和三三年）　八八歳
帰国。『教行信証』翻訳着手。
一九五九年（昭和三四年）　八九歳
ハワイ大学での第三回東西哲学者会議に出席。帰国して以降、松ヶ岡文庫で研究生活を続ける。
一九六〇年（昭和三五年）　九〇歳
大谷大学名誉教授となる。
一九六四年（昭和三九年）　九四歳
第一回タゴール生誕百年賞受賞。ハワイ大学での第四回東西哲学者会議に出席。
一九六六年（昭和四一年）
七月一二日、東京・聖路加国際病院にて没。九五歳。
一九六八年（昭和四三年）
『鈴木大拙全集』第一次刊行開始。
一九八〇年（昭和五五年）
『鈴木大拙全集』第二次刊行開始。
一九九九年（平成一一年）
『鈴木大拙全集』第三次刊行開始。

（松ヶ岡文庫作成の略年譜を基に、『鈴木大拙全集』所収の年譜等を参照し、編集部で作成）

本書は、岩波書店版『鈴木大拙全集』第二十三巻（一九六九年九月刊行）を底本として使用し、新字新かな遣いに改めました。なお、一九一〇年刊行の単行本『天界と地獄』初版も参照し、誤字と思われる箇所は正し、適宜ふりがなと表記を調整しました。なお底本にある表現で、今日から見れば不適切と思われるものがありますが、作品が書かれた時代背景および作品価値、著訳者が故人であることなどを考慮し、そのままとしました。よろしくご理解のほど、お願いいたします。

天界《てんかい》と地獄《じごく》　スエデンボルグ著
鈴木大拙《すずきだいせつ》　訳

二〇一六年八月一〇日第一刷発行

発行者――鈴木　哲
発行所――株式会社　講談社
東京都文京区音羽2・12・21　〒112-8001
電話　編集（03）5395・3513
販売（03）5395・5817
業務（03）5395・3615

デザイン――菊地信義
印刷――豊国印刷株式会社
製本――株式会社国宝社
本文データ制作――講談社デジタル製作

定価はカバーに表示してあります。

講談社
文芸文庫

ISBN978-4-06-290320-2

講談社文芸文庫

青柳瑞穂	ささやかな日本発掘	高山鉄男——人／青柳いづみこ–年
青山光二	青春の賭け 小説織田作之助	高橋英夫——解／久米 勲——年
青山二郎	眼の哲学|利休伝ノート	森 孝———人／森 孝———年
阿川弘之	舷燈	岡田 睦——解／進藤純孝——案
阿川弘之	鮎の宿	岡田 睦——年
阿川弘之	桃の宿	半藤一利——解／岡田 睦——年
阿川弘之	論語知らずの論語読み	高島俊男——解／岡田 睦——年
阿川弘之	森の宿	岡田 睦——年
阿川弘之	亡き母や	小山鉄郎——解／岡田 睦——年
秋山駿	内部の人間の犯罪 秋山駿評論集	井口時男——解／著者———年
芥川比呂志	ハムレット役者 芥川比呂志エッセイ選 丸谷才一編	芥川瑠璃子–年
芥川龍之介	上海游記|江南游記	伊藤桂一——解／藤本寿彦——年
阿部昭	未成年|桃 阿部昭短篇選	坂上 弘——解／阿部玉枝他–年
安部公房	砂漠の思想	沼野充義——人／谷 真介——年
安部公房	終りし道の標べに	リービ英雄–解／谷 真介——案
阿部知二	冬の宿	黒井千次——解／森本 穫——年
安部ヨリミ	スフィンクスは笑う	三浦雅士——解
鮎川信夫 吉本隆明	対談 文学の戦後	高橋源一郎–解
有吉佐和子	地唄|三婆 有吉佐和子作品集	宮内淳子——解／宮内淳子——年
有吉佐和子	有田川	半田美永——解／宮内淳子——年
安藤礼二	光の曼陀羅 日本文学論	大江健三郎賞選評–解／著者———年
李良枝	由煕|ナビ・タリョン	渡部直己——解／編集部——年
李良枝	刻	リービ英雄–解／編集部——年
伊井直行	さして重要でない一日	柴田元幸——解／著者———年
生島遼一	春夏秋冬	山田 稔——解／柿谷浩一——年
石川淳	紫苑物語	立石 伯——解／鈴木貞美——案
石川淳	安吾のいる風景|敗荷落日	立石 伯——人／立石 伯——年
石川淳	黄金伝説|雪のイヴ	立石 伯——解／日高昭二——案
石川淳	普賢|佳人	立石 伯——解／石和 鷹——案
石川淳	焼跡のイエス|善財	立石 伯——解／立石 伯——年
石川淳	文林通言	池内 紀——解／立石 伯——年
石川淳	鷹	菅野昭正——解／立石 伯——解
石川啄木	石川啄木歌文集	樋口 覚——解／佐藤清文——年

▶解=解説 案=作家案内 人=人と作品 年=年譜を示す。 2016年8月現在

講談社文芸文庫

江藤 淳	考えるよろこび	田中和生—解／武藤康史—年
江藤 淳	旅の話・犬の夢	富岡幸一郎—解／武藤康史—年
円地文子	朱を奪うもの	中沢けい—解／宮内淳子—年
円地文子	傷ある翼	岩橋邦枝—解
円地文子	虹と修羅	宮内淳子—年
遠藤周作	青い小さな葡萄	上総英郎—解／古屋健三—案
遠藤周作	白い人｜黄色い人	若林 真—解／広石廉二—年
遠藤周作	遠藤周作短篇名作選	加藤宗哉—解／加藤宗哉—年
遠藤周作	『深い河』創作日記	加藤宗哉—解／加藤宗哉—年
遠藤周作	[ワイド版]哀歌	上総英郎—解／高山鉄男—案
大江健三郎	万延元年のフットボール	加藤典洋—解／古林 尚—案
大江健三郎	叫び声	新井敏記—解／井口時男—案
大江健三郎	みずから我が涙をぬぐいたまう日	渡辺広士—解／高田知波—案
大江健三郎	懐かしい年への手紙	小森陽一—解／黒古一夫—案
大江健三郎	静かな生活	伊丹十三—解／栗坪良樹—案
大江健三郎	僕が本当に若かった頃	井口時男—解／中島国彦—案
大江健三郎	新しい人よ眼ざめよ	リービ英雄—解／編集部—年
大岡昇平	中原中也	粟津則雄—解／佐々木幹郎—案
大岡昇平	幼年	高橋英夫—解／渡辺正彦—案
大岡昇平	花影	小谷野 敦—解／吉田凞生—年
大岡昇平	常識的文学論	樋口 覚—解／吉田凞生—年
大岡 信	私の万葉集一	東 直子—解
大岡 信	私の万葉集二	丸谷才一—解
大岡 信	私の万葉集三	嵐山光三郎—解
大岡 信	私の万葉集四	正岡子規—附
大岡 信	私の万葉集五	高橋順子—解
大西巨人	地獄変相奏鳴曲 第一楽章・第二楽章・第三楽章	
大西巨人	地獄変相奏鳴曲 第四楽章	阿部和重—解／齋藤秀昭—年
大庭みな子	寂兮寥兮	水田宗子—解／著者—年
大原富枝	婉という女｜正妻	高橋英夫—解／福江泰太—年
岡部伊都子	鳴滝日記｜道 岡部伊都子随筆集	道浦母都子—解／佐藤清文—年
岡本かの子	食魔 岡本かの子食文学傑作選 大久保喬樹編	大久保喬樹—解／小松邦宏—年
岡本太郎	原色の呪文 現代の芸術精神	安藤礼二—解／岡本太郎記念館—年
小川国夫	アポロンの島	森川達也—解／山本恵一郎—年

小川国夫──あじさしの洲|骨王 小川国夫自選短篇集　富岡幸一郎─解／山本恵一郎─年
奥泉 光───石の来歴|浪漫的な行軍の記録　前田 塁───解／著者────年
奥泉 光───その言葉を|暴力の舟|三つ目の鯰　佐々木敦──解／著者────年
奥泉 光
群像編集部 編-戦後文学を読む
尾崎一雄──美しい墓地からの眺め　宮内 豊───解／紅野敏郎──年
大佛次郎──旅の誘い 大佛次郎随筆集　福島行一──解／福島行一──年
織田作之助-夫婦善哉　種村季弘──解／矢島道弘──年
織田作之助-世相|競馬　稲垣眞美──解／矢島道弘──年
小田実───オモニ太平記　金 石 範──解／編集部───年
小沼丹───懐中時計　秋山 駿───解／中村 明───案
小沼丹───小さな手袋　中村 明───人／中村 明───年
小沼丹───埴輪の馬　佐飛通俊──解／中村 明───年
小沼丹───村のエトランジェ　長谷川郁夫-解／中村 明───年
小沼丹───銀色の鈴　清水良典──解／中村 明───年
小沼丹───更紗の絵　清水良典──解／中村 明───年
小沼丹───珈琲挽き　清水良典──解／中村 明───年
折口信夫──折口信夫文芸論集 安藤礼二編　安藤礼二──解／著者────年
折口信夫──折口信夫天皇論集 安藤礼二編　安藤礼二──解
折口信夫──折口信夫芸能論集 安藤礼二編　安藤礼二──解
折口信夫──折口信夫対話集 安藤礼二編　安藤礼二──解／著者────年
開高 健───戦場の博物誌 開高健短篇集　角田光代──解／浦西和彦──年
加賀乙彦──帰らざる夏　リービ英雄-解／金子昌夫──案
加賀乙彦──錨のない船 上・下　リービ英雄-解／編集部───年
葛西善蔵──哀しき父|椎の若葉　水上 勉───解／鎌田 慧───案
葛西善蔵──贋物|父の葬式　鎌田 慧───解
加藤典洋──日本風景論　瀬尾育生──解／著者────年
加藤典洋──アメリカの影　田中和生──解／著者────年
金井美恵子-愛の生活|森のメリュジーヌ　芳川泰久──解／武藤康史──年
金井美恵子-ピクニック、その他の短篇　堀江敏幸──解／武藤康史──年
金井美恵子-砂の粒|孤独な場所で 金井美恵子自選短篇集　磯﨑憲一郎-解／前田晃一──年
金井美恵子-恋人たち|降誕祭の夜 金井美恵子自選短篇集　中原昌也──解／前田晃一──年
金井美恵子-エオンタ|自然の子供 金井美恵子自選短篇集　野田康文──解／前田晃一──年
金子光晴──絶望の精神史　伊藤信吉──人／中島可一郎-年

上林暁——白い屋形船｜ブロンズの首　高橋英夫——解／保昌正夫——案
上林暁——聖ヨハネ病院にて｜大懺悔　富岡幸一郎-解／津久井 隆——年
木下順二——本郷　高橋英夫——解／藤木宏幸——案
木下杢太郎-木下杢太郎随筆集　岩阪恵子——解／柿谷浩一——年
金達寿——金達寿小説集　廣瀬陽一——解／廣瀬陽一——年
木山捷平——氏神さま｜春雨｜耳学問　岩阪恵子——解／保昌正夫——案
木山捷平——白兎｜苦いお茶｜無門庵　岩阪恵子——解／保昌正夫——案
木山捷平——井伏鱒二｜弥次郎兵衛｜ななかまど　岩阪恵子——解／木山みさを-年
木山捷平——木山捷平全詩集　岩阪恵子——解／木山みさを-年
木山捷平——おじいさんの綴方｜河骨｜立冬　岩阪恵子——解／常盤新平——案
木山捷平——下駄にふる雨｜月桂樹｜赤い靴下　岩阪恵子——解／長部日出雄-案
木山捷平——角帯兵児帯｜わが半生記　岩阪恵子——解／荒川洋治——案
木山捷平——鳴るは風鈴 木山捷平ユーモア小説選　坪内祐三——解／編集部——年
木山捷平——大陸の細道　吉本隆明——解／編集部——年
木山捷平——落葉｜回転窓 木山捷平純情小説選　岩阪恵子——解／編集部——年
木山捷平——新編 日本の旅あちこち　岡崎武志——解
木山捷平——酔いざめ日記
清岡卓行——アカシヤの大連　宇佐美 斉——解／馬渡憲三郎-案
久坂葉子——幾度目かの最期 久坂葉子作品集　久坂部 羊——解／久米 勲——年
草野心平——口福無限　平松洋子——解／編集部——年
倉橋由美子-スミヤキストQの冒険　川村 湊——解／保昌正夫——案
倉橋由美子-蛇｜愛の陰画　小池真理子-解／古屋美登里-年
黒井千次——群棲　高橋英夫——解／曾根博義——案
黒井千次——たまらん坂 武蔵野短篇集　辻井 喬——解／篠崎美生子-年
黒井千次——一日 夢の柵　三浦雅士——解／篠崎美生子-年
黒井千次選-「内向の世代」初期作品アンソロジー
幸田文——ちぎれ雲　中沢けい——人／藤本寿彦——年
幸田文——番茶菓子　勝又 浩——人／藤本寿彦——年
幸田文——包む　荒川洋治——人／藤本寿彦——年
幸田文——草の花　池内 紀——人／藤本寿彦——年
幸田文——駅｜栗いくつ　鈴村和成——解／藤本寿彦——年
幸田文——猿のこしかけ　小林裕子——解／藤本寿彦——年
幸田文——回転どあ｜東京と大阪と　藤本寿彦——解／藤本寿彦——年
幸田文——さざなみの日記　村松友視——解／藤本寿彦——年

講談社文芸文庫

小島信夫—うるわしき日々	千石英世—解／岡田 啓—年
小島信夫—美濃	保坂和志—解／柿谷浩一—年
小島信夫—公園|卒業式 小島信夫初期作品集	佐々木 敦—解／柿谷浩一—年
小島信夫—靴の話|眼 小島信夫家族小説集	青木淳悟—解／柿谷浩一—年
小島信夫—城壁|星 小島信夫戦争小説集	大澤信亮—解／柿谷浩一—年
後藤明生—挾み撃ち	武田信明—解／著者—年
後藤明生—首塚の上のアドバルーン	芳川泰久—解／著者—年
小林 勇—惜櫟荘主人 一つの岩波茂雄伝	高田 宏—人／小林堯彦他-年
小林秀雄—栗の樹	秋山 駿—人／吉田凞生—年
小林秀雄—小林秀雄対話集	秋山 駿—解／吉田凞生—年
小林秀雄—小林秀雄全文芸時評集 上・下	山城むつみ-解／吉田凞生—年
小堀杏奴—朽葉色のショール	小尾俊人—解／小尾俊人—年
小山 清—日日の麵麭|風貌 小山清作品集	田中良彦—解／田中良彦—年
佐伯一麦—ショート・サーキット 佐伯一麦初期作品集	福田和也—解／二瓶浩明—年
佐伯一麦—日和山 佐伯一麦自選短篇集	阿部公彦—解／著者—年
佐伯一麦—ノルゲ Norge	三浦雅士—解／著者—年
坂上 弘—田園風景	佐伯一麦—解／田谷良一—年
坂上 弘—故人	若松英輔—解／田谷良一、吉原洋一-年
坂口安吾—風と光と二十の私と	川村 湊—解／関井光男—案
坂口安吾—桜の森の満開の下	川村 湊—解／和田博文—案
坂口安吾—白痴|青鬼の褌を洗う女	川村 湊—解／原 子朗—案
坂口安吾—信長|イノチガケ	川村 湊—解／神谷忠孝—案
坂口安吾—オモチャ箱|狂人遺書	川村 湊—解／荻野アンナ-案
坂口安吾—日本文化私観 坂口安吾エッセイ選	川村 湊—解／若月忠信—年
坂口安吾—教祖の文学|不良少年とキリスト 坂口安吾エッセイ選	川村 湊—解／若月忠信—年
阪田寛夫—うるわしきあさも 阪田寛夫短篇集	高橋英夫—解／伊藤英治—年
佐々木邦—凡人伝	岡崎武志—解
佐多稲子—樹影	小田切秀雄-解／林 淑 美—案
佐多稲子—月の宴	佐々木基一-人／佐多稲子研究会-年
佐多稲子—夏の栞 —中野重治をおくる—	山城むつみ-解／佐多稲子研究会-年
佐多稲子—私の東京地図	川本三郎—解／佐多稲子研究会-年
佐多稲子—私の長崎地図	長谷川 啓—解／佐多稲子研究会-年
佐藤紅緑—ああ玉杯に花うけて 少年倶楽部名作選	紀田順一郎-解
佐藤春夫—わんぱく時代	佐藤洋二郎-解／牛山百合子-年

講談社文芸文庫

庄野潤三
星に願いを
ここには穏やかな生活がある。子供が成長し老夫婦の時間が、静かにしずかに息づいて進む。鳥はさえずり、ハーモニカがきこえる。読者待望の、晩年の庄野文学。
解説=富岡幸一郎　年譜=助川徳是
しA13
978-4-06-290319-6

鈴木大拙　訳
天界と地獄
スエデンボルグ著
「禅」を世界に広めた大拙は、米国での学究時代、神秘主義思想の巨人スエデンボルグに強い衝撃を受け、帰国後まず本書を出版した。大拙思想の源流を成す重要書。
解説=安藤礼二　年譜=編集部
すE1
978-4-06-290320-2

室生犀星
我が愛する詩人の伝記
藤村、光太郎、白秋、朔太郎、百田宗治、堀辰雄、津村信夫他、十一名の詩人の生身の姿と、その言葉に託した詩魂を読み解く評伝文学の傑作。毎日出版文化賞受賞。
解説=鹿島茂　年譜=星野晃一
むA9
978-4-06-290318-9